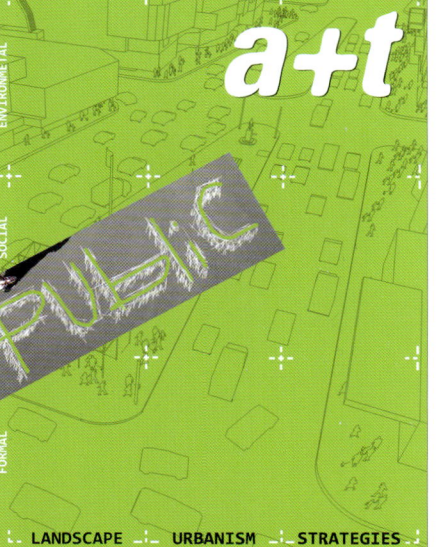

STRATEGY series

With the inauguration of the **STRATEGY series**, *a+t* paves the way towards a new field of editorial research in architecture: project strategies.

STRATEGY series analyzes the strategies undertaken in the projects of urban landscaping in order to achieve the set objectives. Its aims to take an in-depth look at the how so as to give the answers to some whys.

To this end, the publications in the **STRATEGY series** include an illustrated index, where the strategies are grouped by objectives. In turn, in each project the strategies undertaken are identified and set out on co-ordinate axes. The horizontal axis gives the scale of the action: territory, location and object. The vertical axis, the scope of the origin: environmental, social and formal.
Each of the strategies located on the axes of the co-ordinates is analyzed in the project description pages.

Serie STRATEGY

Con la inauguración de la **serie STRATEGY**, *a+t* abre la senda hacia un nuevo campo de investigación editorial en arquitectura: las estrategias de proyecto.

La **serie STRATEGY** analiza proyectos de paisajismo urbano a partir de las estrategias que han utilizado los autores para conseguir los objetivos de programa. Propone profundizar en el cómo para dar respuesta a algunos porqués.

Para ello, las publicaciones de la **serie STRATEGY** cuentan con un índice ilustrado, en donde las estrategias se agrupan por objetivos. A su vez, en cada proyecto se identifican las estrategias seguidas y se localizan en ejes de coordenadas. El eje horizontal compone la escala de acción: territorio, lugar y objeto. El vertical, el ámbito de procedencia: medioambiental, social y formal.
Cada una de las estrategias localizadas en los ejes de coordenadas, se analiza en las páginas de descripción del proyecto.

www.aplust.net

STRATEGY PUBLIC

a+t 35-36
Spring-Autumn 2010
Primavera-Otoño 2010
Pages Páginas: 320
Softcover Tapa blanda
Size Tamaño: 23,5 x 32 cm
English/ Español
ISSN 1132-6409
ISBN 978-84-614-2148-0

STRATEGY SPACE

a+t 37
Spring 2011
Primavera 2011
Pages Páginas: 168
Softcover Tapa blanda
Size Tamaño: 23,5 x 32 cm
English/Español
ISSN 1132-6409
ISBN 978-84-615-2923-0

STRATEGY AND TACTICS in Public Space

a+t 38
Autumn 2011
Otoño 2011
Pages Páginas: 176
Softcover Tapa blanda
Size Tamaño: 23,5 x 32 cm
English/Español
ISSN 1132-6409
ISBN 978-84-615-6137-7

Digital Issue Versión Digital: Zinio.com

INDEPENDENT MAGAZINE OF ARCHITECTURE+TECHNOLOGY
SPRING-AUTUMN 2012. ISSUE 39-40
REVISTA INDEPENDIENTE DE ARQUITECTURA+TECNOLOGÍA
PRIMAVERA-OTOÑO 2012. NÚMERO 39-40
www.aplust.net

FREE OF ADVERTISING
NO CONTIENE PUBLICIDAD

a+t

Editors Dirección: Aurora Fernández Per, Javier Mozas
Editorial staff Redacción: Javier Arpa
Graphic Concept Concepto gráfico: Alex S. Ollero
Layout and production Maquetación y producción:
Ricardo Unquera, Delia Argote
Managing Coordinación: Idoia Esteban
Communication and Press Comunicación y Prensa:
Patricia García
Editor, English-language version
Responsable de la versión en inglés: Ken Mortimer

Submissions and subscriptions Redacción y suscripciones
General Álava,15 2°A. 01005 Vitoria-Gasteiz. Spain
Tel. +34 945 134276
submission@aplust.net
pedidosysuscripciones@aplust.net
www.aplust.net

Publisher Edita: **a+t architecture publishers**
Printing Impresión: Gráficas Dosbi s.l.
Depósito Legal VI-683/94
ISSN 1132-6409
ISBN 978-84-615-6020-2
Periodicidad Frecuency: Bianual (Spring and Autumn)
Semestral (Primavera y Otoño)

Distribution Distribución
- Europe, USA, Canada, Australia, Asia
  Idea Books
  Nieue Herengracht 11. 1011RK Amsterdam. The Netherlands
  Tel. +31 20 6226154
  Fax +31 20 6209299
  idea@ideabooks.nl
  www.ideabooks.nl
- España, Portugal y América del Sur
  a+t architecture publishers
  General Álava,15 2°A. 01005 Vitoria-Gasteiz. España
  Tel.+34 945 134276
  pedidosysuscripciones@aplust.net
  www.aplust.net

This issue has been put together with the collaboration of:
Este número ha sido realizado con la colaboración de:

- Nicolas Pineau (BLOCK ARCHITECTES)
- Marcos Boldarini (BOLDARINI ARQUITETURA E URBANISMO)
- Carlos Arroyo (CARLOS ARROYO)
- Iñaqui Carnicero (CARNICERO, VILA, VIRSEDA)
- Fernando de Juana (CENTRO DE ESTUDIOS AMBIENTALES)
- Cayetana de la Quadra-Salcedo (CHURTICHAGA + QUADRA-SALCEDO)
- Nelson Mota (COMOCO)
- Ctopos Design (CTOPOS DESIGN)
- Chantal Vos (DOEPEL STRIJKERS)
- Paul French (DTAH / DIAMOND SCHMITT ARCHITECTS / CLAUDE CORMIER + ASSOCIÉS)
- Jennifer Conron (DU TOIT ARCHITECTS)
- Sabine Alders (ECTOR HOOGSTAD ARCHITECTEN)
- Rahel Horisberger (EM2N / SCHWEINGRUBER ZULAUF)
- Gemma Brown (EMF)
- Sara Nunes (ENSAMBLE STUDIO)
- Yolanda Ferrero (ESTUDIO DE ARQUITECTURA ARTURO FRANCO)
- Jennifer (FABRE/DEMARIEN)
- Marta Valsassina (FREDERICO VALSASSINA / MANUEL AIRES MATEUS / PROAP)
- Li Lu (INTERBREEDING FIELD)
- Kaki Martin (KLOPFER MARTIN DESIGN GROUP)
- Lacaton Vassal (LACATON & VASSAL)
- Paula (LANGARITA NAVARRO)
- Roger Panadès (LAPEÑA & TORRES)
- Silke Metzler (LATZ + PARTNER)
- Linda Pollak (MARGIE RUDDICK LANDSCAPING / WRT / MARPILLERO POLLAK ARCHITECTS)
- Isabel Pagel (MVRDV)
- Kamiel Klasse (NL ARCHITECTS)
- Núria Salvadó (NÚRIA SALVADÓ + DAVID TAPIAS)
- Ryan Gravel (PERKINS+WILL)
- Shlomi Almagor (RUISANCHEZ ARQUITECTES)
- Doug Staker (STEPHEN DYNIA ARCHITECT, WENK ASSOCIATES, GROUNDWORKS DESIGN)
- Saskia Hebert (SUBSOLAR)
- Kathryn Ewing (TARNA KLITZNER LANDSCAPE ARCHITECTS / JONKER AND BARNES ARCHITECTS)
- Jouke Sieswerda (ZUS [ZONES URBAINES SENSIBLES])

Cover Cubierta: Palais de Tokyo. Paris, 2012.
Lacaton & Vassal
Photo Foto: Philippe Ruault

© **a+t architecture publishers**
No part of this publication, including the cover, may be reproduced or transmitted without the express authorization in writing of the publisher.
Ninguna parte de esta publicación puede reproducirse o transmitirse por ningún medio, incluida la cubierta, sin la expresa autorización escrita de la editorial.

RECLAIM

- Contents Sumario -

ARTICLES ARTICULOS

- **REMEDIATE, REUSE, RECYCLE Re- processes as atonement** Los procesos Re- como expiación by JAVIER MOZAS — 4 – 25
- **PROJECT AND ACTION: On Making Immodest Proposals** Sobre las propuestas audaces by DAVID GOODMAN — 236 – 249

RE- PROCESSES LOS PROCESOS RE-

- **CHAPTER 01 - Remediate** Regenerar — 26 – 91
- **CHAPTER 02 - Reuse** Reutilizar — 92 – 207
- **CHAPTER 03 - Recycle** Reciclar — 208 – 235

RELATED INFORMATION INFORMACIÓN RELACIONADA

- **AGENTS - Timeline of actions** Cronología de acciones — 250 – 277
- **BEFORE & AFTER - Background** Antecedentes — 278 – 305
- **CREDITS** — 306 – 309

REMEDIATE, REUSE, RECYCLE
Re- processes as atonement
Los procesos Re- como expiación

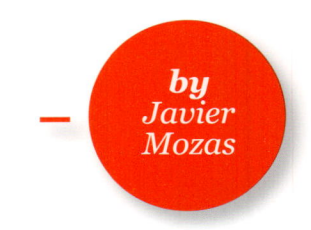

by Javier Mozas

01. APOCALYPTIC RELATIONSHIP

Humanity has, over time, built up a morbid love-hate relationship with Nature. Admiration and contemplation, or domination and submission. In the lecture given by Rem Koolhaas at Harvard on 3rd April 2009 titled Sustainability: advancement versus apocalypse[01], he showed, in the opening images, a painting by Caspar David Friedrich, 1774-1840, depicting three seemingly well-educated people in front of the white cliffs of Rugen Island in the Baltics. According to Koolhaas, the scene displays no tension or alienation but invites the detailed observation of a remarkable natural setting. Friedrich's image was chosen by Koolhaas as it symbolised that romantic sensibility which is essentially anti-modern due to its contemplative and respectful stance.

I, myself am more interested in a challenging and less relaxed painting by another contemporary painter who was also a friend of Friedrich, called Karl Blechen, 1798-1840. His position in the art world was more apocalyptic. When Blechen returned from travelling from Italy to Germany, he crossed the Devil's Bridge in the Gotthard Pass, where at the time a new bridge was being built. His painting *Bau der Teufelsbrücke* represents the reinforcement work being done to this bridge in the Schöllenen Gorge which runs alongside the Reuss river towards Lucerne.

The geographical conditions faced by this type of work, such as that of crossing the Alps, was then so complicated that the enthusiasm for folk legends of the time led to the immediate appearance of superstitions. In the legend, there is a key role; the Devil and a symbol of protection: the sign of the Cross. The pact was made between the main user of the bridge, a goat herder and the Evil one who demanded the soul of the first to cross the bridge as a condition to grant his supernatural help for such a complex task. The astuteness of the goat herder as a builder, who overcame the ambition of the diabolical developer, led him to engineer a risky plan: a goat would be the first to cross the bridge. The Devil, feeling he had been tricked, reacted drastically as happens when nature's forces are unleashed and decided to destroy it all by dropping a large black rock onto the work; but someone painted a cross onto the dark rock so that the incarnation of Evil would not even dare to touch it. The bridge is still standing today.

In this place the human challenges to the forces of nature have not halted since that time and over time new increasingly provocative engineering works have been superimposed. In the 20th Century, as a definitive solution, technology was used to bore a tunnel through the mountain chain. In 2017 the new railway tunnel (the longest in the world for high speed trains) under the Alps is planned for completion. The *Teufelsstein*, the Devil's stone, is still there set to fall when the cross has been worn away by the passing of time.

---

01. Rem Koolhaas' text where he analyses two strands of *Sustainability: advancement versus apocalypse* and which is from the conference Ecological Urbanism held at Harvard University can be found at: http://oma.eu/lectures/sustainability-advancement-vs-apocalypse

01. RELACIÓN APOCALÍPTICA

La Humanidad ha consolidado, a lo largo del tiempo, una morbosa relación de amor y odio con la Naturaleza. Admiración y contemplación, o dominio y sometimiento. En la conferencia que pronunció Rem Koolhaas en Harvard el 3 de abril de 2009 bajo el título Sustainability: advancement versus apocalypse[01], mostró, en las primeras imágenes, una pintura de Caspar David Friedrich, 1774-1840, en la que se reconoce a tres personajes de apariencia cultivada frente a los acantilados blancos de la isla de Rügen en el Báltico. Según Koolhaas, la escena no muestra ninguna tensión ni alienación, sino que invita a la observación detallada de un marco natural insólito. La imagen de Friedrich está elegida por Koolhaas porque simboliza ese sentimiento romántico que es esencialmente anti-moderno por su postura contemplativa y respetuosa.

A mí me interesa más empezar con un caso desafiante y menos relajado de otro pintor contemporáneo y también amigo de Friedrich, llamado Karl Blechen, 1798-1840. Su posición en el mundo del arte era más apocalíptica. Cuando Blechen volvió de un viaje desde Italia hacia Alemania, atravesó el puente del Diablo en el Gotardo, que se estaba duplicando entonces. Su pintura *Bau der Teufelsbrücke* representa el trabajo de consolidación de ese puente en la garganta Schöllenen, en el curso del río Reuss hacia Lucerna.

Las condiciones geográficas de ese tipo de tareas, como la de atravesar los Alpes, eran entonces tan complicadas que el afán fabulador de la época hacía intervenir de inmediato a las supersticiones. En el cuento hay un papel destacado: el Diablo, y una simbología de protección: la señal de la Cruz. El pacto se estableció entre el principal usuario del puente, un pastor de cabras, y el Maligno, quien requirió el alma del primer transeúnte como condición para proporcionar su ayuda sobrenatural en una obra tan ardua. La astucia del cabrero como constructor, que superó a la ambición del diabólico promotor, maquinó una idea arriesgada: que fuera una cabra la primera en atravesar el puente. El Diablo, sintiéndose engañado, reaccionó sin medida, como lo hacen las fuerzas desatadas de la naturaleza, y pensó destruirlo todo dejando caer una gran piedra negra sobre su obra; pero alguien pintó una cruz sobre la oscura roca para que la encarnación del Mal ni siquiera se atreviese a tocarla. Hasta ahora el puente sigue intacto.

En ese lugar, el desafío humano a las fuerzas naturales no ha parado desde entonces y a lo largo del tiempo se han ido superponiendo nuevas obras de ingeniería cada vez más provocadoras. En el siglo XX, como solución definitiva, se echó mano de la tecnología para taladrar un túnel bajo la cadena montañosa. En 2017 está prevista la terminación de un nuevo túnel ferroviario bajo los Alpes (el más largo del mundo para trenes de alta velocidad). La *Teufelsstein*, la piedra del Diablo, sigue allí dispuesta a caer cuando el paso del tiempo borre la cruz.

---

01. El texto de Rem Koolhaas, donde analiza dos facetas de la *Sostenibilidad: avance contra apocalipsis* y que corresponde a la conferencia Ecological Urbanism pronunciada en la Universidad de Harvard, se puede encontrar en: http://oma.eu/lectures/sustainability-advancement-vs-apocalypse

"First comes the human being and then the system, or that's how it was in antiquity. Today, however, society presumes to make prepackaged human beings, ready for consumption. Anyone can propose reform, criticize, violate, and demystify, but always with the obligation to remain within the system. It is forbidden to be free."

Germano Celant. *Flash Art* n. 5. 1967

"Primero está el ser humano y luego el sistema, o así es como era al menos en otros tiempos. Hoy en día, la sociedad se atreve a producir seres humanos pre-empaquetados, listos para el consumo. Cualquiera puede proponer reformas, criticar, violar y desmitificar, pero siempre con la obligación de permanecer dentro del sistema. Está prohibido ser libre".

Germano Celant. *Flash Art* nº 5. 1967

Karl Blechen. *Bau der Teufelsbrücke*. c. 1830-1832. Oil on canvas. 77.8 x 104.5 cm. Bayerische Staatgemäldesammlungen. Munich

Karl Blechen. *Bau der Teufelsbrücke*. c. 1830-1832. Óleo sobre lienzo. 77,8 x 104,5 cm. Bayerische Staatgemäldesammlungen. Munich

Caspar David Friedrich. *Kreidefelsen auf Rügen*. Oil on canvas. 90.5 x 71.0 cm. Museum Oskar Reinhart am Stadtgarten. Winterthur

Caspar David Friedrich. *Kreidefelsen auf Rügen*. Óleo sobre lienzo. 90,5 x 71,0 cm. Museum Oskar Reinhart am Stadtgarten. Winterthur

Ged Quinn. *The Ghost of a Mountain*. 2005. Oil on canvas. 267 x 183 cm. The Saatchi Gallery, London

Ged Quinn. *The Ghost of a Mountain*. 2005. Óleo sobre lienzo. 267 x 183 cm. The Saatchi Gallery. Londres

> At present we are once again regurgitating the romantic era and mistakenly interpreting the advancement of modern progress as a force for evil.

> En este momento estamos regurgitando de nuevo la época romántica y malentendiendo el avance del progreso moderno como una fuerza del mal.

02. THE SIN OF MODERNISM

In summer 2010, the Saatchi Gallery in London held an exhibition with paintings by Ged Quinn[02]. For visitors not paying careful attention these might have seemed, given their apparent serenity, the paintings of a traditional landscape painter, yet on close inspection disturbing circumstances, objects and references come to light.

In *The Ghost of a Mountain* we can see Berghof, Hitler's mountain home in the Bavarian Alps, located in the middle of a clearing in a woodland painted in the purest tradition of northern European romantic landscape painting. The home occupies the centre of the scene and has been vandalized, covered with graffiti, the recognizable texts of one of which reads: Urizen, Los, Luvah and Urthona, referring to the Zoas in an unfinished poem by William Blake written in 1797. The meaning could be: Reason, Imagination, Passion and Creativity, four human capacities which ring out like cries painted on the walls by nameless squatters, to be seen by anyone approaching the refuge. More art and less cruelty they seem to be calling for.

The sinister presence of this construction in this landscape, without which it would have been entirely virgin, has brought the blatant rape of the woodland ecosystem. The deforestation of the central clearing has not exactly been done carefully. In fact it seems more like the aftermath of a war, as smoke is still rising from the small hill on which the refuge rests.

In this painting Ged Quinn gives us clues to understand this continual latent struggle existing between the search for environmental stability and despicable human qualities such as pride and greed which at times go hand in hand with the desire for power and World domination by Humanity. Human perversity, as the endpoint of unlimited ambition, lays waste to everything which lies in its path. In this clearing in the woods there is no trace of life; no surviving ecosystem. Modernism never reached such an extreme situation.

Modernism has ended up associating itself with a moment of conceitedness of Humanity, of the self-importance stemming from technological development. It has been considered that human arrogance has gone too far and as atonement, the forces of nature have seen fit to impose a tax by dropping rocks onto human constructions.

Romanticism always regretted the loss of Paradise. One century before, Blake had gone so far as to illustrate the book *Paradise Lost* by John Milton, 1608-1674, which tells of the breakdown of relations between Humanity and Nature due to the repeated error of disobedience. At present we are once again regurgitating the romantic era and mistakenly interpreting the advancement of modern progress as a force for evil.

02. EL PECADO DE LA MODERNIDAD

En verano de 2010, la Galería Saatchi de Londres organizó una exposición con unas pinturas de Ged Quinn[02]. Para un espectador distraído podrían haber sido, por su serenidad aparente, los cuadros de un paisajista tradicional, pero afinando la mirada se descubren circunstancias, objetos y referencias inquietantes.

En *The Ghost of a Mountain* aparece Berghof, el refugio de Hitler en los Alpes bávaros, colocado en medio del claro de un bosque pintado según la más pura tradición del paisaje romántico del norte de Europa. El refugio ocupa el centro de la escena y está vandalizado, revestido de *grafitti*, entre los que se reconocen los textos: Urizen, Los, Luvah y Urthona, relacionados con las Zoas de un poema inacabado de William Blake escrito en 1797. Su significado puede corresponder a: Razón, Imaginación, Pasión y Creatividad, cuatro capacidades humanas que resuenan como gritos pintados sobre las paredes por anónimos okupas, a la vista de todo aquel que se acerque al refugio. Más arte y menos crueldad, parece que reclaman.

La siniestra presencia de esta construcción en ese paisaje, que sin ella habría sido enteramente virgen, supone la violación descarada del ecosistema del bosque. La deforestación de la zona central del cuadro no ha sido realizada precisamente con cuidado. Parece más bien el resultado de una guerra, porque la pequeña colina sobre la que se asienta el refugio todavía humea.

En esta pintura, Ged Quinn da claves para comprender esa lucha latente y continua que existe entre la búsqueda de la estabilidad ecológica y esas despreciables cualidades humanas como son la soberbia y la avaricia, que acompañan, en algunas ocasiones, al afán de poder y de dominio del Hombre sobre el Mundo. La perversidad humana, como punto final de una ambición sin límites, arrasa con todo lo que encuentra a su paso. En ese claro del bosque no existe ningún rastro de vida; ningún ecosistema pervive. La Modernidad nunca llegó a una situación límite semejante.

La Modernidad ha acabado por asociarse con un momento de envanecimiento de la Humanidad, de engreimiento por el desarrollo tecnológico. Se ha considerado que la arrogancia humana ha ido demasiado lejos y, como expiación, las fuerzas naturales se han propuesto cobrar un impuesto dejando caer piedras sobre las construcciones humanas.

El Romanticismo siempre lamentó la pérdida del paraíso. Un siglo antes, Blake llegó a ilustrar el libro *El paraíso perdido* de John Milton, 1608-1674, en donde se fabula sobre la quiebra de relaciones entre la Humanidad y la Naturaleza por el reiterado error de la desobediencia. En este momento estamos regurgitando de nuevo la época romántica y malentendiendo el avance del progreso moderno como una fuerza del mal.

---

02. Ged Quinn is an artist born in Liverpool, England in 1963. His work was on show in *Newspeak: British Art Now*, Saatchi Gallery. London. 2010

02. Ged Quinn es un artista plástico, nacido en Liverpool, Inglaterra en 1963. Ha expuesto su obra en *Newspeak: British Art Now*, Saatchi Gallery. Londres. 2010

(Left Izquierda)
John Ruskin. *Part of the facade of the destroyed church of San Michele in Foro, Lucca, as it appeared in 1845.* 330 x 233 mm. Watercolour and bodycolour over graphite on grey wove paper. Western Art Print Room. Ashmolean Museum

John Ruskin. *Detalle de fachada de la iglesia destruida de San Michele in Foro, Lucca, tal y como se encontraba en 1845.* 330 x 233 mm. Acuarela, tiza de colores y lápiz de grafito sobre papel gris tipo Whatman. Western Art Print Room. Ashmolean Museum

(Right Derecha)
Eugène-Emmanuel Viollet-le-Duc. Church of la Ferté-Bernard, near Mans. 16th Century vaulted chapels. *Dictionnaire raisonné de l'architecture française du XI au XVI siècle. Construction.* Voûtes.

Eugène-Emmanuel Viollet-le-Duc. Iglesia de la Ferté-Bernard, cerca de Mans. Capillas del siglo XVI abovedadas. *Dictionnaire raisonné de l'architecture française du XI au XVI siècle. Construction.* Voûtes

03. THE EVOCATIVE POWER OF THE RUIN

The different Romantic currents which swept away the rigour of Classicism brought with them the admiration for unfinished worlds which seduced us with past splendours. The ruin was to lead to a change towards an aesthetic universe much more centred on the individual. Caspar David Friedrich wrote that the painter should not just paint what he sees, but what he sees inside himself, by turning his vision inwards. The Gothic ruins of Friedrich's paintings "evoke far-off history through landscapes which stand out for the isolation to which they are submitted by nature, images which bring forth the feeling of the sublime with the stamp of loneliness"[03].

Friedrich's nationalist or romantic aesthetics were continued in the ideas of John Ruskin, 1819-1900, for whom objects from the past were imbued with their own history. Ruskin believed that ruins should be kept intact, without any type of intervention, that restoration work was a deceptive ploy and that carrying this out would cause greater damage than the actual decay of the building. He thought that death was the final fate of all beings and things in this world and that the physical ruin of the object should be the result of a more suggestive process than that rational intervention which might try to recover the "formal unity" of the work. He maintained that the evocation and the memory of what a building could have become should annihilate forever any temptation to pristinely recreate its form.

Eugène Viollet-le-Duc, 1814-1879, whose lifetime coincided with Ruskin's for sixty years, thought very differently. His rational approach was opposed to Ruskin's romantic historicism and he had no qualms about pulling down any additions from other impure times from the buildings he worked on which had hindered the rise of the Gothic as the supreme style. Many of his interventions cancelled out the effects of time and froze History in capricious medieval-style restorations

With the twentieth century came honesty and with it a guilt feeling for having undertaken fake rebuilding works. This involved highlighting the intrinsic value of materials and each historic period, making a fair and accurate evaluation. The phase of documentation and marking out layers began, leaving time to sediment into strata.

Camillo Boito, 1836-1914, reconciled himself with the gods and founded intuition and reason; ruin and pristine form and each style recovered its value and coincidence with its temporal cycle. Boito created an eight-point manifesto which architectural work was to follow. The most significant points are: the need to differentiate old and rebuilt parts, giving references, leaving an epigraph and notoriety of the actual process, where the documentation rather that the actual reconstruction work becomes the most important issue. Since then this approach has become standard practise for work on historical monuments.

---

03. Jorge Luis Marzo. *La ruina o la estética del tiempo.* Universitas, 2-3 1989

Three-day performance. *Arte Povera più Azioni Povere*. Arsenali d'Amalfi. Amalfi. Italy. 1968. Germano Celant, founder of Arte Povera, published a manifesto called *Notes for a Guerrilla*. 1967

Currently the pendulum of history is swinging wildly and no longer is it Viollet-le-Duc's positivism, nor Ruskin's inaction, nor Boito's charter that magnetises the scientific theory which guides the restoration of the built environment. The poles of attraction lie in ecological components and in a new taste for the *povera*-romantic, which recovers the aesthetic enjoyment for contemplating the ruin as desperation in the face of the banalisation of art. From the bureaucratic documentation of the ruin we have returned to a subjectivity which values the, often unusable, remains of recent history and of its consequences.

04. THREE NEGATIVE *AZIONI POVERE*

In the West the bulk of architectural works currently focuses on intervening on the existing built environment. Several European and American cities have been forced to shrink, to fill in the empty gaps and to renovate the obsolete fabrics of their peripheral areas. The *ex novo* planned urban expansions are less and less frequent and it is unusual to find an architect who is not, as part of his or her everyday work, confronted with situations which require urban fabrics, infrastructures, constructions and found materials to be put to use.

The new romanticism channels this attitude of recovery and opportunity offered by the built environment to impose an anti-dogmatic aesthetic which improvises when faced with inherited space. The moral standpoint is similar to that introduced in the Sixties by the Arte Povera movement, by using materials out of context, re-assessing the banal and building a doctrine based upon contesting the working methods employed until now, as a reaction against the excesses of the years of uncontrolled growth and refined taste.

This approach to work on the world of built objects is based on three negative azioni-povere: do not destroy the magic of confronting old and new, do not hold positive or negative judgement on the space worked on and do not attempt to change the character of the existing space, indeed instead strengthen its intrinsic qualities.

The intervention processes on the built environment, in which Re- forms the first syllable, entail certain initial actions, which are based on intellectually laying bare the building to be worked on, in order to fully understand its structure and physical reality. The process includes initial actions enabling the highest amount of possible non-conformist uses and final actions in a concern to balance the efficiency of the technique with ecological content and a poetic nature.

Anne Lacaton and Jean-Philippe Vassal have stated that they have no aesthetic standpoint on the unfinished, on the ruin. Their attention, when they were working on the Palais de Tokyo first time round, focused on "we repaired and then added just what was lacking to put the venue, which was

Palais de Tokyo. Lacaton & Vassal. Second Phase. Paris. 2012. Anne Lacaton and Jean-Philippe Vassal have stated that they have no aesthetic standpoint on the unfinished, on the ruin.
Photo: Javier Mozas

very surprising in itself, back in service. We felt that the existing parts, as they appeared, were part of the whole and that there was no reason to conceal them"[04]. They prefer the term "inhabit" to "rehabilitate" and wish to make it clear that they hold no pro-heritage stance which attempts to preserve everything, to protect by freezing, but that they promote the idea to put the received heritage to use as the capacity offered by a building to perform responsible action on it.

In their initial intervention on the Palais de Tokyo there was also a limited budget, which was sufficient at the outset and which rose substantially in the second re-furbishment phase. As the new President Jean de Loisy stated, the aim was to recreate "A place that lives with the density of its history, the romantic side of an abandoned place, with superb light, and open to all kinds of experiences, a bit like an artistic squat."

The Palais de Tokyo recovers the remains of a recent past. The action is produced by the desperate effort of a city to stop itself losing its label as a leading city in contemporary art even though it has now become a mix of a show for the masses, tourist attraction and Persian bazaar. The original Palais de Tokyo escaped a profound transformation. Bureaucratic red tape and the economic downturn in '90s France led to its being recovered as a space for art. It was about to be converted by a political decision into the City of Cinema and Image with a project lacking in the media significance which the project implemented was to have. The architectural container is not especially appealing yet it is in a desirable urban location and has sufficient historical background to waken the magic of confrontation with contemporary art. The technological resources employed in the reuse of this space for art put this magical effect to good use by means of ecological excuses and poetic arguments to justify the sins committed in the name of progress.

---

04. Like an Endless Landscape. Interviews. Anne Lacaton & Jean-Philippe Vassal. From *Landscape to its Uses*. David Cascaro. 2005-2006

The architectural container is not especially appealing yet it is in a desirable urban location and has sufficient historical background to waken the magic of confrontation with contemporary art.

El contenedor arquitectónico es neutro, pero disfruta de una envidiable situación urbana y de un poso histórico suficiente como para despertar la magia del enfrentamiento con el arte contemporáneo.

Palais de Tokyo. Lacaton & Vassal. Second Phase. Paris. 2012. Photo: Philippe Ruault

Palais de Tokyo. Lacaton & Vassal. Second Phase. Paris. 2012. Photo: Philippe Ruault

The aim was to recreate "a place that lives with the density of its history, the romantic side of an abandoned place, with superb light, and open to all kinds of experiences, a bit like an artistic squat".

Jean de Loisy, Head of Palais de Tokyo

El objetivo ha sido recrear "con la densidad de su historia, el lado romántico de un lugar abandonado, con una iluminación maravillosa y que está abierto a todo tipo de experiencias; un poco como lo haría un okupa-artista".

Jean de Loisy, Presidente del Palais de Tokyo

Palais de Tokyo. Lacaton & Vassal. Second Phase. Paris. 2012. Photo: Philippe Ruault

The technological resources employed in the reuse of this space for art put this magical effect to good use by means of ecological excuses and poetic arguments to justify the sins committed in the name of progress.

Los recursos tecnológicos empleados en la reutilización de este espacio para el arte se aprovechan de ese efecto mágico para justificar con excusas ecológicas y argumentos poéticos los pecados cometidos por el progreso moderno.

Palais de Tokyo. Lacaton & Vassal. Second Phase. Paris. 2012. Photo: Philippe Ruault

The sin of Modernism.
1 The organs and functions necessary for passing a pleasant, useful and propitious day.
2 "Built-up" islands of our present towns.
Le Corbusier. *In the Case of Vertical Garden-City against Urban Tenements. Concerning town planning.* 1948. Drawing 16. P. 71

El pecado de la Modernidad.
1 Los órganos y funciones necesarias para disfrutar de un día placentero, fructífero y favorable.
2 Manzanas construidas en nuestras actuales ciudades.
Le Corbusier. *In the Case of Vertical Garden-City against Urban Tenements. Concerning town planning.* 1948. Dibujo 16. P. 71

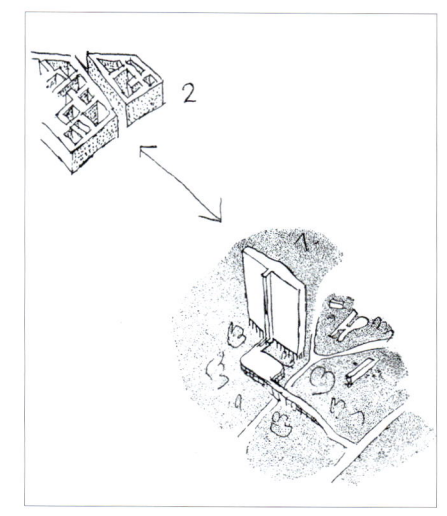

> 05. ECOLOGICAL VALUE VERSUS HISTORICAL CONTENT

Nowadays, the ideological standpoint of those intervening on the world of built objects or on territory tries to do its best to maintain good relations with Nature to avoid waking her demons. In recent years great academic and intellectual efforts have been made to understand how different ecosystems work so as to integrate them into all the Re- processes. The trend is moving away from the modern attitude of domination and submission which characterised previous decades towards a mechanism of atonement for the excesses of the past, towards an attitude of understanding and balance with the legacy which has been received. There is a danger that this balance could become unstable as it is affecting the approach of consolidated disciplines such as architecture and urban planning.

Modernism was not completely innocent as it had no qualms about spreading the violation of natural space and sought for entire neighbourhoods to be torn down. The Modernist building spirit could effortlessly erect a shining city of three million inhabitants in the midst of nature and at the same time proclaim that sanitary conditions, lighting and contact with the environment had all been improved compared to the previous urban conditions. Today, taking one step forward, we are witnessing the fusion of urban and natural with the help of the ecological mantra.

Until a few decades ago architecture held supreme in the field of restoration, reuse and preservation of buildings, especially when it acted on those constructions seen by critics as real monuments integrated into city architecture. The loss of value of the concept "monument" and the application, by extension, of the Re- processes to any "ordinary" architecture, has left in its wake the archaeological approach based on the recovery of memory. The lack of value of many of the examples included in the catalogue of recent heritage means that the intervention theory turns towards environmental, efficiency, or cost or energy saving factors and abandons the precise research from when work was performed on actual historic heritage. Two disguises have been applied to the architect in recent decades: firstly, that of destroyer of the past and secondly, that of interpreter of history, and now it has become an ecologist.

05. VALOR ECOLÓGICO FRENTE A CONTENIDO HISTÓRICO

En este momento, la postura ideológica de quien interviene sobre el mundo de los objetos construidos o sobre el territorio intenta por todos los medios mantener buenas relaciones con la Naturaleza para no despertar a sus demonios. En los últimos años se han realizado tremendos esfuerzos académicos e intelectuales para comprender cómo funcionan los distintos ecosistemas con el fin de integrarlos en todos los procesos Re-. De la actitud moderna de dominio y sometimiento que caracterizó a las décadas anteriores, se está virando, en un mecanismo de expiación por los excesos del pasado, hacia una actitud de comprensión y de equilibrio con el legado recibido. Existe el peligro de que este equilibrio se convierta en inestable, porque está afectando a la manera de hacer de disciplinas consolidadas como son la arquitectura y el urbanismo.

La Modernidad no fue completamente inocente, porque difundió sin escrúpulos la violación del espacio natural y anheló la voladura de barrios enteros. El espíritu constructor moderno podía levantar sin despeinarse una ciudad radiante de tres millones de habitantes en medio de la naturaleza y proclamar al mismo tiempo que se mejoraban las condiciones higiénicas, el soleamiento y el contacto con el medio respecto a la situación urbana precedente. Ahora, en un paso adelante, asistimos a la fusión de lo urbano y lo natural con la ayuda del mantra ecológico.

Hasta hace unas décadas, la arquitectura mantenía su primacía en el campo de la restauración, reutilización y conservación de edificios, sobre todo cuando actuaba en aquellas construcciones decantadas por la crítica como verdaderos monumentos integrados en la arquitectura de la ciudad. La pérdida de valor del concepto "monumento" y la aplicación, por extensión, de los procesos Re- a cualquier arquitectura "ordinaria", ha dejado por el camino al método arqueológico que se basaba en la recuperación de la memoria. El valor inexistente de muchos de los ejemplos incluidos en el catálogo del patrimonio reciente hace que la teoría de la intervención vuelva la cara hacia factores ecológicos, de eficiencia, o de ahorro y abandone la precisión investigadora de cuando se actuaba sobre el verdadero contenido histórico. En las últimas décadas, el arquitecto se ha colocado encima dos disfraces, primero el de dinamitador del pasado y luego el de intérprete de la historia, para terminar ahora invistiéndose de ecólogo.

The Earth seen from Apollo 17. "McHarg opens *Design with Nature* with an Apollo photograph of the planet Earth, eerily alone in a great, empty universe." *Taking measures Across the American Landscape*. James Corner and Alex S. MacLean. P. 16

La Tierra vista desde el Apolo 17. "McHarg inicia *Design with Nature* con una foto desde el Apolo del planeta Tierra observado de forma inquietante en el inmenso y vacío universo." *Taking measures Across the American Landscape*. James Corner and Alex S. MacLean. P. 16

06. RECLAIM

Ecology is the only science capable of combating the Economy, curbing greed and exorcising the markets. **RECLAIM** has the environmental sense to reclaim the territory, the objects, the infrastructures and the materials yet it is also a call to reclaim Dignity and citizen rights. It is a wake-up call to morally reclaim society. Nowadays, when one cannot talk in moral terms, as it seems that this discourse is outside the times, standard practise is to focus on issues such as efficiency or energy, even if these are camouflaged with a green-tinted veneer. Accepted conduct imposes austerity and cuts which must also be applied to Re- processes. Western society has painstakingly set to work trying to put all its available resources to use, without any waste. The motto is: produce with less and maintain the consumption levels necessary to be able to compete with the less regulated economies of the emerging nations.

Alain Touraine sees all this as the result of several superimposed crises: financial, budgetary, economic, political… He corroborates that they have been brought on by inability, mainly due to the "inability of Governments to put forward any other measures except those named "austerity" measures." He states that there also exists a cultural crisis, characterised by the "inability to define a new development and growth model". He suggests that the solution is to use certain economic props, such as the Ecology, which can help us recover our balance: "Let us not be swept away by a general reluctance to act. There are forces which can put the situation right. On the economic level, political ecology denounces our tendency towards collective suicide and proposes we return to the great balance between nature and culture"[05].

These Re- actions, of an environmental nature, included in the Re- processes, are those which we should define critically, without being mesmerised by all that which is currently termed sustainable. In this article the terms sustainable or sustainability only appear in this paragraph and in the following two paragraphs. My indifference to this concept lies in the understanding that History grants limited consideration to ideas with little trajectory. Architecture was sustainable even before the Roman writer, architect and engineer Marcus Vitruvius wrote about "On climate as determining the style of house".

06. RECUPERAR: *RECLAIM*

La Ecología es la única ciencia capaz de combatir a la Economía, de frenar la avaricia y de exorcizar a los mercados. **RECLAIM**, tiene el sentido ecológico de recuperar el territorio, los objetos, las infraestructuras y los materiales, pero también es una llamada para recobrar la Dignidad y los derechos ciudadanos. Es un toque de atención para la recuperación moral de la sociedad. Ahora que no se puede hablar en términos morales, porque parece que ese discurso está fuera de este tiempo, lo procedente es concentrarse en temas como la eficiencia o la energía, aunque estén camuflados por barnices tintados de verde. La conducta aceptada impone austeridad y recortes que también hay que aplicar a los procesos Re-. La sociedad occidental, afanosamente, se ha puesto manos a la obra tratando de aprovechar todos los recursos de los que dispone, sin desperdiciar nada. La consigna es: producir más con menos y mantener el nivel de consumo necesario, para poder así competir con las economías menos reguladas de los países emergentes.

Alain Touraine ve todo ello como la consecuencia de varias crisis superpuestas: financiera, presupuestaria, económica, política… Corrobora que están causadas por incapacidades, fundamentalmente por "la incapacidad de los Gobiernos para proponer otras medidas que no sean esas denominadas "de austeridad"." Señala que también existe una crisis cultural, caracterizada por "la incapacidad para definir un nuevo modelo de desarrollo y crecimiento." Sugiere que la solución está en el empleo de algunos tutores económicos, como la Ecología, que pueden hacernos recuperar el equilibrio: "No nos dejemos arrastrar a una renuncia general a la acción. Existen fuerzas capaces de enderezar la situación. En el plano económico, la ecología política denuncia nuestra tendencia al suicidio colectivo y nos propone el retorno a los grandes equilibrios entre la naturaleza y la cultura"[05].

Estas acciones Re- de carácter ecológico, incluidas dentro de procesos Re- son las que debemos definir críticamente, sin caer en el arrobamiento por todo lo que en este momento lleva el calificativo de sostenible. En este artículo las palabras sostenible, sostenibilidad o sustentabilidad no aparecen más que en este párrafo y en los dos siguientes. Mi displicencia respecto a este concepto parte de la comprensión de que la Historia otorga una limitada consideración a las ideas con poco recorrido. La arquitectura ha sido sostenible o sustentable antes incluso de que el tratadista romano Marco Vitruvio escribiera sobre "El clima como determinante del estilo de la casa".

---

05. Alain Touraine. *La crisis dentro de la crisis*. El País. 26th september 2010

05. Alain Touraine. "La crisis dentro de la crisis". *El País*. 26 de septiembre de 2010

Sulphur Stacks at an oil up-grader facility. Fort Murray. Canada *Industrial Scars* is a aesthetic look of most egregious injuries to the system: "Over time, I began to photograph all these things with an eye to making them both beautiful and frightening simultaneously, (...)." J. Henry Fair. http://www.industrialscars.com

Vertidos de azufre en una instalación de destilación petrolífera en Fort Murray. Canada. *Industrial Scars* es una mirada estética a las heridas más atroces al sistema: "Con el tiempo, he llegado a fotografiar todas esas cosas con una mirada, que las hace bellas y aterradoras al mismo tiempo, (...)." J. Henry Fair. http://www.industrialscars.com

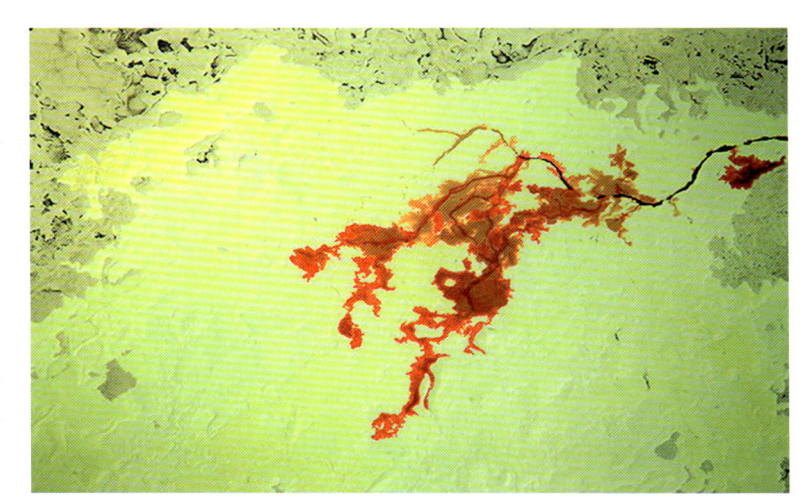

07. REPSONSIBLE DEVELOPMENT

When two reporters from *Spiegel On line*[06] ask Rem Koolhaas why he doesn't like the concept of sustainability, he replies: "Because it's become an empty formula, and because, for that reason, it's getting harder and harder to think about ecology without becoming ironic." Can one discuss environmentally friendly development without mentioning the word sustainability? Of course, but to do this one must raise one's gaze above the woods.

Sustainable development is as much an oxymoron as is Ecological Urbanism. It was defined in 1987, in the report *Our Common Future*[07] by the United Nations Organisation, as: "development that meets the needs of the present without compromising the ability of future generations to meet their own needs". Its main innovations are the present involvement with a long-term future and the responsibility of the present generation in the continuity of the species. What remains clear is that the weight of Ecology as a science is not comparable to the limited scope which lies behind that termed sustainable development.

We have come to the point where within human actions lie certain interests which ensure our survival as a species yet it has also been proved that the theoretical justification for the technological pressure exerted on the environment is reaffirmed or relaxed according to each historical moment. Ian McHarg, 1920-2001, founder of the Department of Landscape Architecture at the University of Pennsylvania, was one of the pioneers of the concept Ecological Planning. Following the publication of his book *Design with Nature*, 1969, the relationship between urban and natural phenomena has become far closer and the two worlds now observe each other from the same side of the fence. McHarg strongly opposed the way industrialised modernity behaved and he would always liken it to the arrogant culture of "Dominate and Destroy".

Modernism was never the same after this moment and concepts appeared such as: environmental impact assessment, coastal zone management, brownfields restoration, river corridor planning and all the ideas linked to regenerative design, in a ceremony of terms of atonement which aims to wash away the guilt for the damage caused[08].

07. DESARROLLO RESPONSABLE

Cuando dos periodistas de *Spiegel On line*[06] le preguntan a Rem Koolhaas por qué no le gusta el concepto de sostenibilidad, responde: "Porque se ha convertido en una fórmula vacua, y porque por ese motivo, cada vez es más difícil pensar sobre Ecología sin parecer irónico". ¿Se puede hablar de desarrollo medioambientalmente responsable sin mencionar la palabra sostenibilidad? Sin duda, pero para ello es necesario elevar la vista por encima del bosque.

Desarrollo sostenible es un oxímoron de igual calibre que Urbanismo Ecológico. Fue definido en 1987, en el informe *Our Common Future*[07] de las Naciones Unidas, como "el desarrollo que satisface las necesidades del presente sin comprometer la posibilidad de que las generaciones futuras hagan lo propio con las suyas". La implicación temporal con un futuro a largo plazo y la responsabilidad de la generación actual en la continuidad de la especie son sus principales novedades. Lo que queda claro es que el peso de la Ecología como ciencia no es comparable al limitado campo de acción que existe detrás del denominado desarrollo sostenible.

Ha llegado un punto en que la actividad humana tiene unos intereses que comprometen su supervivencia como especie, pero también está probado que la justificación teórica de la presión que el progreso tecnológico ejerce sobre el medio se reafirma o se relaja según cada momento histórico. Ian McHarg, 1920-2001, fundador del Departamento de Paisaje de la Universidad de Pensilvania, fue uno de los pioneros del concepto Ecological Planning. Desde la publicación de su libro *Design with Nature*, 1969, la relación entre los fenómenos urbanos y los naturales se ha hecho mucho más íntima y los dos mundos se contemplan ya desde el mismo lado del espejo. McHarg mantuvo un fuerte rechazo a la manera en cómo se comportó la Modernidad industrializada, a la que equiparó siempre con una cultura arrogante de Dominación y de Destrucción.

La Modernidad no fue la misma desde ese momento y aparecieron conceptos como estudio de impacto ambiental, gestión de zonas costeras, recuperación de *brownfields*, planeamiento de corredores fluviales y todas las ideas relacionadas con el diseño regenerativo, en una ceremonia de términos de expiación que se afana por borrar las culpas por el daño causado[08].

---

06. Entrevista titulada: *An Obsessive Compulsion towards the Spectacular* realizada por Stephan Burgdorff y Bernhard Zand. *Spiegel OnLine*. 07.18.2008 http://www.spiegel.de/international/world/0,1518,566655,00.html
07. *UN Documents. Our Common Future*, Chapter 2: Towards Sustainable Development. From A/42/427. *Report of the World Commission on Environment and Development. The Concept of Sustainable Development*
08. Steiner, Frederick Steiner. *Healing the Earth: The Relevance of Ian McHarg's Work for the Future*. Philosophy and Geography 7(1). 2004

06. Entrevista titulada: *An Obsessive Compulsion towards the Spectacular* realizada por Stephan Burgdorff y Bernhard Zand. *Spiegel OnLine*. 07.18.2008 http://www.spiegel.de/international/world/0,1518,566655,00.html
07. *UN Documents. Our Common Future*, Chapter 2: Towards Sustainable Development. In A/42/427. *Report of the World Commission on Environment and Development. The Concept of Sustainable Development*
08. Steiner, Frederick Steiner. *Healing the Earth: The Relevance of Ian McHarg's Work for the Future*. Philosophy and Geography 7(1). 2004

Sustainable development is as much an oxymoron as is Ecological Urbanism.

The deepest wounds caused to the territory which will take years to remedy are those related to hypertrophy of production, with business greed and with the urgency for transportation, three outbursts of the basic tenets of consumer society. The excessive growth which had little respect for the environment and which was imposed by the system of manufacturing, retailing and distributing goods has left dead bodies in its wake once a super-sized model was detected.

The crisis gathers up the remains of the "territorial contamination" resulting from an overconfidence in the rectitude of the path which was to lead us to salvation through consumption. The issue that now requires solving is what to do with the dismantled intensive industry, the derelict malls and the obsolete infrastructures. brownfields, greyfields and junk-infrastructures: tumours, wounds and scars which both mark out and subjugate the territory as they impose conditions which are not based on natural codes.

08. REPAIRING THE DAMAGE CAUSED: RECLAIMING THE BROWNFIELDS

In 1960s Britain Lord Kennet, seeing Cedric Price's clear vision of how to exit the crisis of that period, asked him: Why not tell us what to do? Price took it so seriously that he threw himself into a regeneration project called Potteries Thinkbelt PTb, 1965-1968. He proposed placing 22,000 students in a 174 square kilometre area in North Staffordshire, in a huge project towards industrial recovery mixed with higher education facilities and perfectly overlapping with the social fabric of the region: "The Potteries Thinkbelt was a microcosm of Price's much larger vision for architecture and for England, not limited symbolically "utopian" monuments and megastructures, but instead an integrated system of economic, educational and social relations and factors deployed within an interactive architectural matrix"[09].

09. Stanley Mathews. *From Agit-Prop to Free Space: The Architecture of Cedric Price.* Black Dog Publishing Limited. London. 2007. P. 237.

Cedric Price. Potteries Thinkbelt. North Staffordshire. England. Perspective sketch of transfer area. 1966. Gelatin silver print of photomontage. 24.4 x 47.5 cm. Canadian Centre for Architecture. Montreal

Cedric Price. Potteries Thinkbelt. North Staffordshire. Inglaterra. Croquis en perspectiva del área de transferencia. 1966. Impresión en gelatina de plata de un fotomontaje. 24,4 x 47,5 cm. Canadian Centre for Architecture. Montreal

Five decades ago, the Potteries Thinkbelt territory was absolutely depressing with wastelands, derelict factories, rubbish everywhere and a series of concealed mine shafts which could swallow up any unaware person or animal if subsidence were to occur. For centuries this area had been the most important centre for pottery manufacturing in the country. Clay and coal, which were abundant in the area, had been squandered for raw materials and cheap fuel. Price, who had been born in this mining landscape and was himself a descendant of pottery manufacturers, felt obliged to repair the damage caused by the bleeding dry of the natural resources brought about by several generations of his forefathers. As compensation he got involved in the PTb project based on mobility and imagination as it put to use the rusty infrastructure of the industrial rail network and scattered the area with educational uses and housing.

With this vision of moral recovery above that of a simple physical recovery, Price tried to move the project forward. He spent too long on the design process and he was unable to get any client or any institution excited about the idea. He preferred to work in his calm isolation, playing with one of his basic obsessions: the indeterminacy of processes. This flexible yet diffuse concept acquired too much weight in his approach to work and resulted in most of his ideas being confined to paper.

Price's model for the indeterminacy of action, despite not seeing the light in PTb as a concrete result, was to have theoretical influence on later works. The second implementation phase on the Palais de Tokyo, for instance, took as a point of reference and as a challenge another unbuilt work by Price, the Fun Palace: "an open intelligent container which produces freedom of use, flexibility and the renovation of non-conformist projects"[10].

So the spirit of Price lives on. "The old landscape of the industrial revolution had been reclaimed by entropy and decay, becoming a new "nature", which served as the foundation for Price's interventions. In building atop the ruins of Britain's industrial past, Price did not propose to renew, reclaim, revitalise, or reforest, nor did he intend to rehabilitate the wasteland into the romantic ruins of a nostalgic age of steam and smoke."

Price's standpoint was ahead of its time and he attempted to put to use what he had found in the location since he understood that apart from the architecture, another remedy was necessary. In this case, the implementation of financial, social and educational programmes. "What remains provocative and unique about Price's Potteries Thinkbelt is his recycling and reuse of the obsolete industrial detritus of a bygone epoch as the basic infrastructure for a post-industrial age. More than architectural form, it is this idea that remains most intriguing"[11].

El territorio de Potteries Thinkbelt, hace cinco décadas, era absolutamente deprimente, con terrenos baldíos, fábricas abandonadas, basura por todos lados y una serie de simas mineras encubiertas que eran capaces de tragarse a cualquier persona o animal desprevenido si se producía un hundimiento. Durante varios siglos esa zona había sido el centro de producción de cerámica más importante del país. La arcilla y el carbón, que se encontraban fácilmente en el lugar, fueron esquilmados como materia prima y combustible baratos. Price, que nació en medio de este paisaje minero y era descendiente de industriales ceramistas, se sintió obligado a reparar el daño causado por el sangrado de recursos naturales realizado por varias generaciones de sus antepasados. Como compensación, se enfrascó en el proyecto PTb basado en la movilidad y en la imaginación, pues aprovechaba la infraestructura oxidada de la red ferroviaria industrial y abonaba la zona con usos educativos y viviendas.

Con esta visión de recuperación moral, por encima de una simple recuperación física, Price trató de sacar el encargo adelante. Consumió demasiado tiempo con el diseño y no encontró a un cliente o a una institución que se ilusionaran con su idea. Prefirió trabajar en su calmado aislamiento, jugando con una de sus obsesiones fundamentales: la indeterminación de los procesos. Este concepto flexible y a la vez difuso adquirió demasiado peso en su método de trabajo y tuvo como consecuencia que muchas de sus ideas quedaran plasmadas sólo en el papel.

El modelo de acción indeterminada de Price, si bien no vio la luz en PTb como resultado concreto, sí que ha tenido influencia teórica en intervenciones posteriores. La segunda fase de actuación sobre el Palais de Tokyo, por ejemplo, ha tomado como referente y como desafío otra obra no construida de Price, el Fun Palace: "un contenedor abierto e inteligente, que fabrica la libertad de uso, la flexibilidad y la renovación de proyectos inconformistas"[10].

Luego el espíritu de Price sigue vivo. "El viejo paisaje de la revolución industrial que había sido recuperado por la entropía y la decadencia convirtiéndolo en una "nueva naturaleza", sirvió como base para las intervenciones de Price. Construyendo encima de las ruinas del pasado industrial británico, Price no se propuso renovar, recuperar, revitalizar, o reforestar; ni siquiera intentó rehabilitar el paisaje baldío transformándolo en las ruinas románticas de una época nostálgica llena de humo y vapores."

La posición de Price se adelantó a su tiempo y trató de sacar partido a lo que había encontrado en el lugar, porque entendió que, además de la arquitectura, se requería otra medicina. En este caso, la implantación de programas económicos, sociales y pedagógicos. "Lo que resulta provocativo y único de Potteries Thinkbelt de Price es su reciclaje y la reutilización del detritus industrial obsoleto de una época pasada como infraestructura básica de una era post-industrial. Esta idea es más fascinante que la propia formalización arquitectónica"[11].

---

10. Lacaton-Vassal. http://www.lacatonvassal.com/index.php?idp=20
11. Stanley Mathews. *From Agit-Prop to Free Space: The Architecture of Cedric Price*. Black Dog Publishing Limited. London. 2007. P. 236.

10. Lacaton-Vassal. http://www.lacatonvassal.com/index.php?idp=20
11. Stanley Mathews. *From Agit-Prop to Free Space: The Architecture of Cedric Price*. Black Dog Publishing Limited. London. 2007. P. 236

Southdale in Edina, Minneapolis. The first completely enclosed shopping center. 1956. Victor Gruen. Minnesota Historical Society Collection

Southdale in Edina, Minneapolis. El primer centro comercial cubierto. 1956. Victor Gruen. Minnesota Historical Society Collection

09. MANIFESTING A PROPOSAL FOR AMENDMENT: RECOVERING GREYFIELD SITES

Unlike brownfields which have an industrial component linked to contaminated soils which need remediating, greyfields refers to mistakes made by our civilisation by deploying intensive retail operations in territories which have as yet not been colonised. Greyfields are associated with derelict shopping malls which are characterised by the sight of empty garbage containers in the middle of vast blacktopped parking lots. On an environmental level they bring, among other issues, serious problems in the storm-water run-off treatment system, as this water does not filter naturally into the soil but goes to form part of the residual drainage water which obligatorily ends up being unnecessarily treated.

The original sin was committed by Victor Gruen, who saw in the mall his "Vision of things to come" and designed the first enclosed shopping mall in our era: Southdale, in Edina, Minneapolis, 1956. However, the engineering which created this new entity, the Frankenstein's monster which got out of hand and only now in the far more Eco- post-crisis consumer society, has proposed to put things right. The change of attitude calls for these soulless or simply empty grey extensions to be studied as opportunities to create thriving local communities, putting to use existing road networks whose size is a remnant of the time when the car was at its full potential.

One of the largely unimaginative methods put forward to revitalize the ecology of these areas suggests a combination of traditional Re- actions aiming to recover the conditions preceding the implantation of the retail activity: "In other words, by re-inhabiting, redeveloping, or regreening (or doing these in combination), the best retrofits replace the generic with the particular."[12] The devices which manage these re-processes try to reclaim the structure of a traditional urban setting to later apply this to de-structured retail sites. Inserting a Main Street into the parking lot of a derelict mall and expecting to recreate the retail activity of a historic European city centre, is as difficult as giving Richard Sennet the role of Bluto in Animal House and expecting to get the same effect as John Belushi.

Re-processes, when applied to remediating the excesses of consumer society should assume the generic condition of the city as a contemporary quality and learn to abandon whatever has accomplished its mission. For, in the words of Rem Koolhaas: "The great originality of the Generic City is simply to abandon what doesn't work –what has outlived its use- to break up the blacktop of idealism with the jackhammers of realism and to accept whatever grows in its place."[13], taking for granted that in this case, the greyfields have already fulfilled their mission and that the infrastructures which were created to feed them will create wastelands which will be reused. Bringing in the bulldozers is also, at times, a valid solution to combat this *povera*-romantic idealism which fails to assume the contemporary condition of the generic city.

---

12. Ellen Dunham-Jones, June Williamson. *Retrofitting suburbia: urban design solutions for redesigning suburbs*. 2011 Update. XXI
13. Rem Koolhaas, OMA, Bruce Mau. The Generic City. *SMLXL*. 010 Publishers. Rotterdam.1995. P. 1252

Inserting a Main Street into the parking lot of a derelict mall and expecting to recreate the retail activity of a historic European city centre, is as difficult as giving Richard Sennet the role of Bluto in *Animal House* and expecting to get the same effect as John Belushi.

Introducir una *Main Street* en el estacionamiento de un *mall* abandonado y pretender reproducir la actividad comercial de un centro histórico europeo, es tan difícil como asignar a Richard Sennett el papel de Bluto en *Desmadre a la americana* y pretender conseguir el mismo efecto que con John Belushi.

Photograph of Atlanta's railway infrastructure during the American Civil War. Library of Congress. http://www.brettschulte.net/CWBlog/2010/02/16/the-impact-of-railroads-on-warfare-during-the-american-civil-war/

Fotografía de la infraestructura del ferrocarril en Atlanta durante la Guerra Civil americana. Biblioteca del Congreso. http://www.brettschulte.net/CWBlog/2010/02/16/the-impact-of-railroads-on-warfare-during-the-american-civil-war/

When the BeltLine project is completed, a light transportation system will have been created which reclaims four former freight railway lines now disused, which circles 35 kilometres around the Downtown and Midtown area and which connects up the city landmarks in over forty city neighbourhoods via a green corridor

Cuando el proyecto BeltLine esté terminado, se habrá creado un sistema de transporte ligero aprovechando cuatro antiguas líneas férreas de mercancías en desuso, que a lo largo de 35 kilómetros rodean el Downtown y el Midtown y que conectarán mediante un corredor verde los hitos urbanos destacados de más de cuarenta barrios del área metropolitana

Atlanta is often described as the largest inland port in the world. Margaret Mitchell wrote in *Gone with the Wind*: "Born of a railroad, Atlanta grew as its railroads grew." Husley Freight Yard in downtown Atlanta. Hulsey handles more than 500 trucks and 16 trains per day.

Frecuentemente se describe a Atlanta como el mayor puerto interior del mundo. Margaret Mitchell escribió en *Lo que el viento se llevó*: "Nacida de un ferrocarril, Atlanta siempre creció, cuando creció el ferrocarril." Husley Freight Yard er el centro de Atlanta. Hulsey mueve más de 500 camiones y 16 trenes por día.

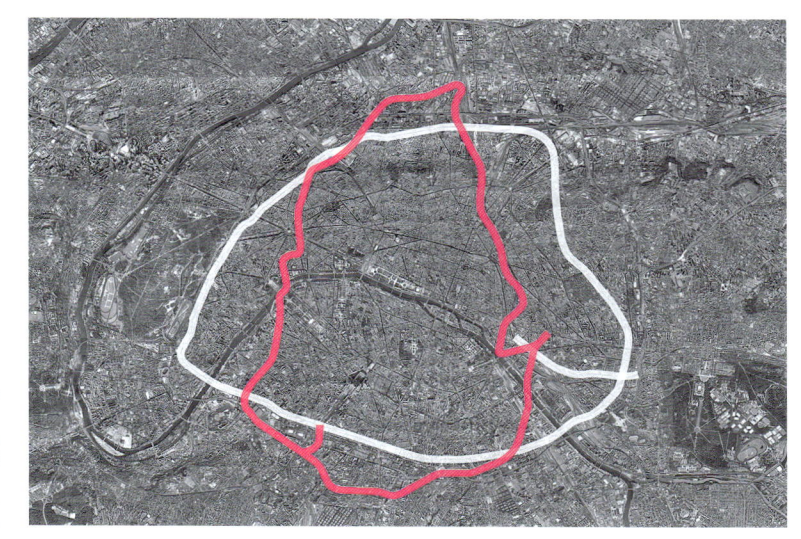

Perimeter of the Atlanta BeltLine, in magenta,
superimposed onto a satellite image of Paris

Perímetro de Atlanta BeltLine, en color magenta,
sobrepuesto en una foto de satélite de París.

10. SERVING THE ALLOCATED PUNISHMENT: RECOVERING JUNK-INFRASTRUCTURES

Atlanta has traditionally been one of the most poluted and gridlocked cities in the United States of America. The exacerbated growth of the State of Georgia, fed by the unlimited consumption of rural space, created a metropolitan environment criss-crossed by interstate highways founded on a complete dependence on the car. The origins of the city are to be found in a small railroad town which grew until it became the main long distance railway hub, both for passengers and cargo, in the south-east of the country. The intense railway use gave way to road transportation and later, to several airlines, which were based in Hartsfield-Jackson Atlanta International Airport, the busiest airport in the world.

The obsolete railway infrastructures had become urban scars which limited growth as they established physical barriers. In 1996 The Clean Air Campaign was launched in Atlanta, which was a government organism aiming to improve mobility, to offer healthier alternatives to exclusive private vehicle use and to shake off the city's "dirty" label. The conception of city mobility needed a change of direction which was not exactly to be brought about by a decision taken by City Hall.

The punishment imposed on Atlanta for the sin of sprawl was illegal dumping, empty lots, contaminated spaces, ruined communities, physical barriers, gridlocked traffic, run-over pedestrians, safety issues, lack of federal funding for not respecting anti-pollution legislation.... and all this in return for junk infrastructures which were merely a burden for urban integration and social interaction.

It was to be Ryan Gravel, a student at the Georgia Technical University who, with his final year project, broke citizen inertia and had the vision of a new urban belt against segregation and sprawl. His thesis, *Belt Line Atlanta. Design of Infrastructure as a Reflection of Public Policy*, which he presented in 1999, kicked off an entire Re- process which took one whole decade to be implemented. His work caught the attention of Atlanta citizens and immediately obtained political support. 1999 was also the year when grassroots pressure served to elect a State Governor, who required the support of a citizen anti-sprawl platform to get elected[14].

10. CUMPLIR EL CASTIGO ASIGNADO: RECUPERANDO LAS *JUNK-INFRASTRUCTURES*

Atlanta ha sido tradicionalmente una de las ciudades más contaminadas y atascadas de Estados Unidos. El exacerbado crecimiento del Estado de Georgia, alimentado por el consumo desmedido de espacio rural, ha creado un entorno metropolitano entretejido por autopistas interestatales basado en la absoluta dependencia del automóvil. El origen de la ciudad se sitúa en un pequeño poblado ferroviario que fue creciendo hasta convertirse en el principal nodo de líneas férreas de larga distancia tanto de pasajeros como de mercancías del sureste del país. La intensidad del ferrocarril dejó paso al transporte por carretera y después a numerosas líneas aéreas, que se asentaron en el aeropuerto Internacional Hartsfield-Jackson, el de mayor densidad de vuelos del mundo.

Las infraestructuras ferroviarias obsoletas se transformaron en cicatrices urbanas que limitaban el crecimiento por las barreras físicas que establecían. En 1996 se creó en Atlanta *The Clear Air Campaign* una organización gubernamental para mejorar la movilidad, procurar alternativas más saludables al uso exclusivo de vehículo privado y poder retirarle a la ciudad la etiqueta de "sucia". La concepción de la movilidad en la ciudad necesitaba un cambio de rumbo, que no se produjo precisamente por una decisión tomada por el Gobierno municipal.

El castigo que estaba sufriendo Atlanta por el pecado del *sprawl* eran los vertidos ilegales, los solares vacíos, los espacios contaminados, las comunidades arruinadas, las barreras físicas, los atascos, los atropellos, la inseguridad, la falta de ayudas federales por el incumplimiento de leyes antipolución... y todo por unas *junk-infrastructures* que no hacían más que constituir una carga para la integración urbana y la interacción social.

Tuvo que ser Ryan Gravel, un estudiante de la Universidad Técnica de Georgia, quien con su proyecto fin de carrera rompiera la inercia ciudadana y tuviera la visión de un nuevo cinturón urbano contra la segregación y el *sprawl*. Su tesis *Belt Line Atlanta. Design of Infrastructure as a Reflection of Public Policy*, presentada en 1999, fue el origen de todo un proceso Re-, que está necesitando más de una década para su puesta en marcha. Su trabajo captó la atención de los ciudadanos de Atlanta y obtuvo de inmediato apoyo político. 1999 fue también el año en el que la presión popular sirvió para elegir a un Gobernador del Estado, que para acceder al cargo se tuvo que apoyar en una plataforma ciudadana *anti-sprawl*[14].

---

14. Ryan Gravel. *Belt Line Atlanta. Design of Infrastructure as a Reflection of Public Policy*. Georgia Institute of Technology. December 1999. P. 1

14. Ryan Gravel. *Belt Line Atlanta. Design of Infrastructure as a Reflection of Public Policy*. Georgia Institute of Technology. December 1999. P. 1

Interconnected treadmills: The treadmills of production and consumption. Each propels the other along and has social and environmental effects. Matthew Robinson and Michael Bell. *An Invitation to Environmental Sociology*. Michael Mayerfeld Bell. Pine Forge Press. 2012. P. 79

Cintas interconectadas: Las cadenas de producción y de consumo se impulsan mutuamente, a la vez que ocasionan efectos medioambientales y sociales. Matthew Robinson and Michael Bell. *An Invitation to Environmental Sociology*. Michael Mayerfeld Bell. Pine Forge Press. 2012. P. 79

When the BeltLine project is completed, a light transportation system will have been created which reclaims four former freight railway lines now disused, which circles 35 kilometres around the Downtown and Midtown area and which connects up the city landmarks in over forty city neighbourhoods via a green corridor. In his thesis, Gravel was brave enough to recommend changes to city planning regulations, in favour of density and quality of urban space and avoiding zoning and recognising past mistakes: "The highway system certainly accomplished its goal of mobility, but it also caused many problems that its visionaries could not have predicted at the time, not least the inefficient use of land and near death of downtowns across the nation"[15].

The city of Atlanta has also put the proposal for remediation on its agenda so as to be sure to not make the same mistakes twice. As penitence, it plans to implement an Eco-transfer system, so that the surpluses created by the implementation of the BeltLine, corresponding to construction rights alongside the corridor, will go towards funding the recovery of the actual infrastructure. It proposes the creation of several Tax Allocation Districts, TADs, located in the area of influence, with the idea that private investment might support space enhancements and this way leverage both government and philanthropic financial support available to the project. The work was financed by bond issuance which will be supported by incremental taxes in the affected areas and this way the city is not put at financial risk[16]. The final aim is to attempt to reinforce the downtown and recover the ecological resources of the city; definitively the moral and ecological regeneration of Atlanta.

Catholic morality requires, before pardon is given for a sin committed, that there be sincere desire for redress and to fulfil the penitence. Only this way can satisfaction be achieved and can one be admitted back among the faithful. Ecological morality recognises Humanity's sins and proposes redressing them through Re- processes which reintegrate human kind back into the environment. Ecological morality withdraws the role of Master of nature from Humanity and grants it an equal position regarding other communities of living beings.

Regenerating ecological morality can only come associated to the questioning of the inevitable irreversibility of the supply chain of consumer goods, the treadmill of production. The logic of this chain can be broken, according to John Bellamy Foster, by acting collectively yet this has a strong effect on individual effort: "If people as individuals could simply change their moral stance with respect to nature and alter their behavior in areas such as propagation, consumption, and the conduct of business, all would be well."[17] From an environmental perspective it seems that there is no other remedy than to resist the great immorality of the industrial production treadmill and that this resistance may leverage recovery Re- processes which remove the guilt for the damage done.

---

15. Ryan Gravel. *Belt Line Atlanta. Design of Infrastructure as a Reflection of Public Policy*. Georgia Institute of Technology. December 1999. P. 3
16. Atlanta BeltLine Redevelopment Plan. Overview of Tax Allocation Districts. 2005. P. 12
17. John Bellamy Foster. *Global Ecology and the Common Good*. Monthly Review. 1995. http://clogic.eserver.org/3-1&2/foster.html

In 1972, in Kalkar, construction work began on Germany's first fast breeder nuclear reactor which was to be fuelled using plutonium. The Chernobyl disaster in 1991 brought about its oficial closure. The building is the most expensive piece of rubbish in the world. It was sold to a Dutch investor who went on to build a theme park there called Wunderland Kalkar. It occupies the site of the nuclear power station and the reactor. A huge swing ride inside the cooling tower is one of its main attractions.

En 1972, en Kalkar, comenzó la construcción del primer nuevo reactor rápido de Alemania que iba a utilizar plutonio. El accidente de Chernobyl, en 1991, hizo que se cancelara oficialmente. El edificio es la basura más cara del mundo. Se vendió a un inversor holandés, que construyó allí un parque de atracciones llamado Wunderland Kalkar. Ocupa el terreno de la central y el propio reactor. Un tiovivo gigante en el interior de la torre de refrigeración es una de las principales atracciones.

11. THREE RE- PROCESSES: REMEDIATE, REUSE, RECYCLE

Of all the set of Re- processes whose aim is to once again intervene on the real world: redistribute, recycle, rebuild, reform, refurbish, remake, reinvent, remediate, renovate, reorganise, repair, restore, reinstate, reuse… (in alphabetical order), *a+t* has chosen three: remediate, reuse y recycle. The rest could be considered sub-processes of the aforementioned or operations which more accurately define the same concept without adding any substance.

Remediate, Reuse and Recycle are Re- processes on which the intensity of the programme, the diversity of uses and the recovery of elements intervene. The former give a name to the approach of taking actions on existing things and territories from open perspectives and cover issues with wide content such as: densification, hybridization and integration.

These three Re- categories proposed by *a+t* operate with the environment, with the uses and with the materials, and do so on three different scales. *Remediate* acts on a large scale, that of territory, and its main *raison d'être* is ecological regeneration. *Reuse*, on the medium scale, that of the building; it includes energy and efficiency issues as it focuses mostly on retrofitting technological systems which facilitate passing from one use to another. *Recycle*, on a small scale, that of material; it involves the theory of putting to use and breathing new life into elements and components which are reincarnated in a different body; its *raison d'être* is above all economic.

In these actions which form part of the Re- phenomena there is no final satisfaction stemming from process completion. They belong to endless cycles which contradict the feeling of permanence which has historically been granted to the "monument" as an object to be restored and preserved. They form part of cycles which do not seek to confront old and new, as their aim is for the magic of mixed uses, epochs, attitudes and technical solutions to emerge. When this magical effect takes place, all is justified, understood and enjoyed.

11. TRES PROCESOS RE-: REGENERAR, REUTILIZAR, RECICLAR

De todo el conjunto de procesos Re- cuyo objetivo es volver a intervenir sobre el mundo real: redistribuir, reciclar, reedificar, reformar, regenerar, rehabilitar, rehacer, reinventar, renovar, reorganizar, reparar, restaurar, restituir, reutilizar… (en orden alfabético), *a+t* ha seleccionado tres: regenerar, reutilizar y reciclar. El resto puede considerarse sub-procesos de los anteriores u operaciones que matizan el mismo concepto sin añadirle sustancia.

Regenerar, reutilizar y *reciclar* son procesos Re- en los que intervienen la intensidad del programa, la diversidad de los usos y la recuperación de elementos. Nombran la manera de intervenir sobre cosas y territorios existentes desde perspectivas abiertas y abarcan temas de amplio contenido como: densificación, hibridación e integración.

Estas tres categorías Re- propuestas por *a+t*, operan con el medioambiente, con los usos y con los materiales y lo hacen desde tres escalas diferentes. *Remediate* actúa en la gran escala, la del territorio, y su sentido principal es la regeneración ecológica. *Reuse*, en la escala media, la del edificio; incluye temas energéticos y de eficiencia, al centrarse principalmente en modificaciones de los sistemas tecnológicos que permitan el paso de un uso a otro. *Recycle*, en la pequeña escala, la del material; consiste en la teoría del aprovechamiento y en dotar de nueva vida a elementos y componentes, que se reencarnan en otro cuerpo diferente; su sentido es eminentemente económico.

En las acciones que forman parte de los fenómenos Re- no existe la satisfacción final por la terminación del proceso. Pertenecen a ciclos sin término, que contradicen el sentido de permanencia que se ha otorgado históricamente al "monumento" como objeto de restauración y conservación. Forman parte de ciclos que no buscan la confrontación entre lo viejo y lo nuevo, pues lo que pretenden es que surja la magia de la mezcla de usos, épocas, actitudes y soluciones técnicas. Cuando ese efecto mágico se produce, todo se justifica, se entiende y se disfruta.

REMEDIATE
- Chapter 01 -

PROCESS INDEX ÍNDICE DE PROCESOS

001 Converting landscape into infrastructure
Conversión del paisaje en infraestructura — 28-31
ATLANTA BELTLINE - Perkins+Will.

002 Defining and re-assessing the city limits
Definición y revalorización de los límites urbanos — 32-33
GREEN BELT - CEA Centro de Estudios Ambientales.

003 Restoration of a landscape using five layers
Regeneración de un paisaje a través cinco capas — 34-35
ATLANTA BELTLINE - Perkins+Will.

004 Restoration of a landscape using four layers
Regeneración de un paisaje a través cuatro capas — 36-37
PARCO DORA - Latz + partner.

005 Hydraulic works for flood prevention
Adecuación hidráulica para prevenir inundaciones — 38-39
GREEN BELT - CEA Centro de Estudios Ambientales.

006 Restoring natural fluxes to a former quarry
Restauración de los flujos naturales en una antigua cantera — 40-41
EVERGREEN/BRICK WORKS - DTAH / Claude Cormier + Associés.

007 Recovering water masses in dry terrain
Recuperación de láminas de agua en terrenos desecados — 42-43
GREEN BELT - CEA Centro de Estudios Ambientales.

008 Extracting and recycling invasive flora
Extracción y reciclaje de flora invasora — 44-45
RESTORATION OF TUDELA-CULIP NATURAL ENVIRONMENT - Martí Franch, Ton Ardèvol.

009 Stabilising land using hydro-seeding
Estabilización de terrenos mediante hidrosiembra — 46-47
RESTORATION OF TUDELA-CULIP NATURAL ENVIRONMENT - Martí Franch, Ton Ardèvol.

010 Recovering the landscape using a green roof
Recuperación paisajística mediante cubierta ajardinada — 48-51
WATER TREATMENT PLANT REVAMP - Frederico Valsassina / Manuel Aires Mateus / Proap.

011 Road and path layout in a natural setting
Trazado de viario y sendas en un entorno natural — 52-53
RESTORATION OF TUDELA-CULIP NATURAL ENVIRONMENT - Martí Franch, Ton Ardèvol.

012 Creating a landscape route
Creación de un itinerario paisajístico — 54-55
RESTORATION OF TUDELA-CULIP NATURAL ENVIRONMENT - Martí Franch, Ton Ardèvol.

013 Converting a railway track to a walkway with observation deck
Conversión de via férrea en paseo con mirador — 56-57
RAILWAY TRANSFORMATION - 3S Studio.

014 Converting a railway track into a pedestrian path
Conversión de una via férrea en ruta peatonal — 58-59
LETTEN VIADUCTS REFURBISHMENT - Em2n/Schweingruber Zulauf.

015 Creating routes in a peri-urban environment
Creación de sendas en un entorno periurbano — 60-61
GREEN BELT - CEA Centro de Estudios Ambientales.

016 Building a strip with different speeds
Construcción de una banda de diferentes velocidades — 62-63
ATLANTA BELTLINE - Perkins+Will.

017 Converting a natural setting into a productive park
Conversión de un entorno natural en parque productivo — 64-65
OOSTCAMPUS - Carlos Arroyo.

018 Storm-water management using rain gardens and channels
Gestión de pluviales mediante jardines de lluvia y canales — 66-67
FREIGHT BUILDINGG, TAXI'S PUBLIC SPACE - Stephen Dynia, Groundworks Design, Wenk.

019 Storm-water management and heat island effect reduction
Gestion de pluviales y reducción del efecto isla de calor — 68-69
QUEENS PLAZA - Margie Ruddick Landscaping / WRT / Marpillero Pollak Architects.

020 Selective removal of asphalt from a parking lot
Substracción selectiva de asfalto en un aparcamiento — 70-71
FREIGHT BUILDINGG, TAXI'S PUBLIC SPACE - Stephen Dynia, Groundworks Design, Wenk.

021 Capping and permeability of a contaminated site
Sellado y permeabilización de un terreno contaminado — 72-73
THE STEEL YARD - Klopfer Martin Design Group.

022 Integration of vegetable gardens in a green belt
Integración de huertos de ocio en un anillo verde — 74-75
GREEN BELT - CEA Centro de Estudios Ambientales.

023 Inserting routes into a setting of ruins
Introducción de itinerarios en un entorno de ruinas — 76-77
TURÓ DE LA ROVIRA - Jansana, de la Villa, de Paauw, AAUP Jordi Romero.

024 Converting a parking lot into a rest area
Conversión de aparcamiento en zona de estancia — 78-79
QUEENS PLAZA - Margie Ruddick Landscaping / WRT / Marpillero Pollak Architects.

This is a process which is applied at the territory scale and the main aim is environmental regeneration. Even though the term remediate was used in the eighties in interventions carried out on territories with industrial use, in this chapter it is also applied to processes taking place in derelict urban spaces. The connotations of the term remediate with reparation imply the atonement for actions committed by reinstating existing values, in the case of the natural environments, or by recovering uses, in the case of the urban environments.

Es un proceso que se aplica a escala del territorio y su sentido principal es la regeneración ecológica. Si bien el término *remediate* se ha utilizado desde los años ochenta en las intervenciones realizadas sobre territorios sometidos a explotaciones industriales, en este capítulo se aplica también a procesos que se desarrollan en espacios urbanos deteriorados. La connotación reparadora del término *remediate* implica la expiación de las acciones cometidas por medio de una restitución de los valores existentes en el caso de los entornos naturales, o de una recuperación de los usos en el caso de los entornos urbanos.

025 Integration of recreational areas in a peri-urban environment
Integración de áreas de estancia en un entorno periurbano — 80-81
- GREEN BELT - CEA Centro de Estudios Ambientales.

026 Repairing paving in a deconstructed environment
Reparación de pavimentos en un entorno deconstruido — 82-83
- TURÓ DE LA ROVIRA - Jansana, de la Villa, de Paauw, AAUP Jordi Romero.

027 Introduction of sewerage systems into the informal city
Introducción de canalizaciones en la ciudad informal — 84-85
- CANTINHO DO CEU PARK - Boldarini Arquitetura E Urbanismo.

028 Introduction of public space into the informal city
Creación de espacio público en la ciudad informal — 86-87
- CANTINHO DO CEU PARK - Boldarini Arquitetura e Urbanismo.

029 Creating a safe route in the informal city
Creación de un itinerario seguro en la ciudad informal — 88-89
- KHAYELITSHA URBAN UPGRADING - Tarna Klitzner / Jonker and Barnes.

030 Restoration systems analysis
Análisis de los sistemas relacionados con una regeneración — 90-91
- ATLANTA BELTLINE - Perkins+Will.

CHAPTER 01. REMEDIATE / RECLAIM SERIES

001

REMEDIATE
Converting landscape into infrastructure
Conversión del paisaje en infraestructura

BELONGS TO PROJECT: **ATLANTA BELTLINE** - Perkins+Will
Atlanta (United States) 2006-2031

Site area Superficie de la parcela (m²) 26,300.000
Project budget Presupuesto del proyecto (euros/m²) 85.55

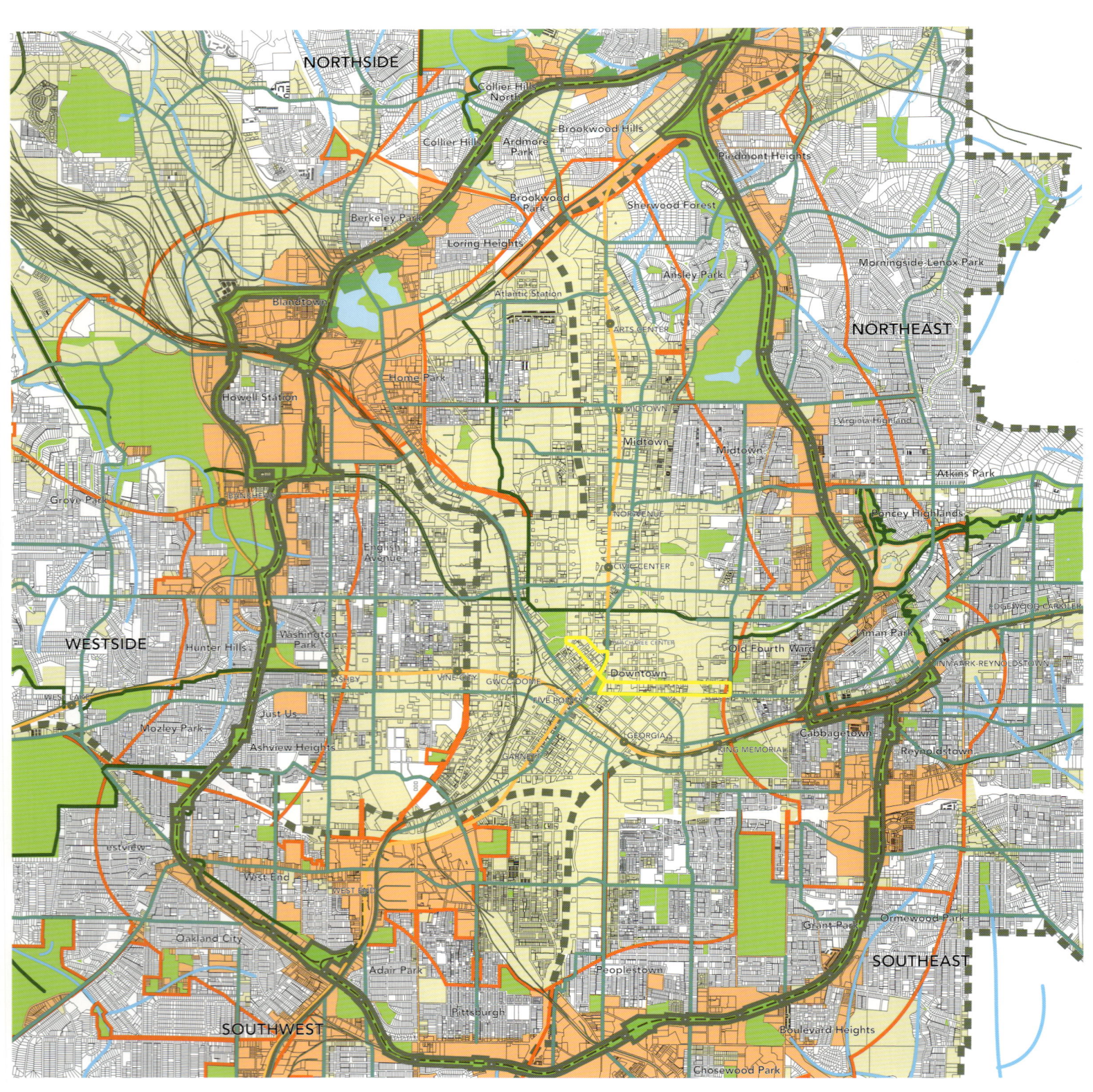

(252) (280) (34) (62) (90)

28

CHAPTER 01. REMEDIATE / RECLAIM SERIES

In the 80s and 90s, suburban sprawl left in its wake many hectares of land in the heart of Atlanta, including the land running alongside disused railway lines. A landscape overrun by weeds where illegal dumping was common. In addition to soil contamination, these territories also witnessed the neighbourhoods adjoining the tracks become run-down, lacking in quality facilities and public spaces. This project aims to take advantage of the existing network as the basis for a new tramway linked to the existing subway network, pedestrian and cycle paths to boost the transformation of neighbouring areas. The public investment plan is also committed to building accesses, renewing existing parks and adding new ones. The route will come with a programme for public art and regeneration of the area with a linear botanical garden along the entire length of the infrastructure.

En los años 70 y 80, la dispersión de las urbanizaciones dejó vacías muchas hectáreas de terreno en el corazón de Atlanta, incluidos los bordes del cinturón ferroviario abandonado. Se trata de un paisaje colonizado por la maleza y sometido a vertidos ilegales. A la contaminación de los terrenos se suma la degradación de los barrios cercanos a las vías, que carecen de equipamientos y espacios públicos de calidad. El proyecto propone aprovechar el anillo existente como soporte a una nueva línea de tranvía conectada a la red existente de metro, sendas peatonales y carril-bici que impulse la transformación de las áreas próximas. El plan de inversiones públicas se compromete además a construir los accesos, renovar los parques existentes y añadir parques nuevos. El recorrido irá acompañado de un programa de arte público y la regeneración del territorio con un jardín botánico lineal a lo largo de toda la infraestructura.

CHAPTER 01. REMEDIATE / RECLAIM SERIES

The tram will make some 2,000 hectares of land accessible on foot from the tram stops on the new line. This potential, given over to private developers, will serve to finance the infrastructure. 15% of revenues are being set aside for social housing to ensure social diversity.

El tranvía hará accesibles a pie desde las paradas de la nueva línea unas 2.000 hectáreas de terreno. Este potencial, puesto en manos de la promoción privada, sirve para financiar la infraestructura. El 15 % de esta recaudación está siendo destinado a vivienda protegida para asegurar la diversidad social.

EXISTING CONDITIONS
CONDICIONES EXISTENTES

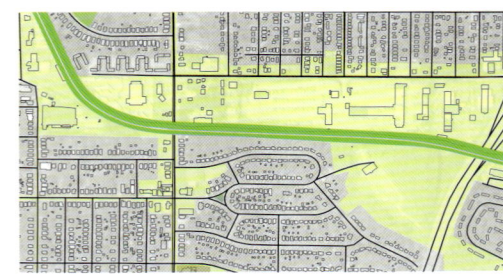

CONNECTING TRAILS
CONEXIÓN DE SENDEROS

EXPANDED CITY PARKS
AMPLIACIÓN DE PARQUES URBANOS

CHAPTER 01. REMEDIATE / RECLAIM SERIES

EXISTING CONDITIONS
· 4,000+ acres of vacant and underutilized urban land
· 45 "streetcar" neighborhoods built around 1900-1930
· Historic structures
· Environmental challenges

PUBLIC INFRASTRUCTURE
· 22 miles of transit
· 22 miles of trails
· Public space
· Connecting trails
· New, renovated + expanded city parks

PRIVATE DEVELOPMENT
· 4,000-6,000 acres of underutilized urban land within walking distance of the corridor
· Mixed/income
· Medium density
· Live + work + play + shop + learn

CONDICIONES EXISTENTES
· Mas de 1.600 ha de terreno urbano vacío e infrautilizado
· Barrios construidos en torno al Tranvía 45 entre 1900-1930
· Edificios históricos
· Problemas medioambientales

INFRAESTRUCTURAS PÚBLICAS
· 35 km de tráfico rodado
· 35 km de senderos
· Espacio público
· Senderos de conexion
· Parques urbanos nuevos, renovados y ampliados

PROMOCIÓN PRIVADA
· Entre 1.600 y 2.500 ha de terreno urbano infrautilizado dentro de una distancia a pie del corredor
· Ingresos por edificios comerciales
· Densidad media
· Vivienda, trabajo, juego, comercio y educación

UNDERUTILIZED URBAN LAND WITHIN WALKING DISTANCE OF THE CORRIDOR
TERRENO URBANO INFRAUTILIZADO DENTRO DE UN RECORRIDO A PIE DEL CORREDOR

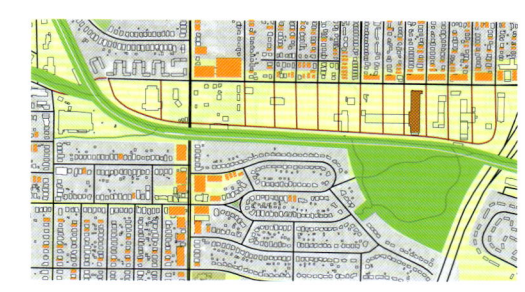

PRIVATE DEVELOPMENT
PROMOCIÓN PRIVADA

LIVE + WORK + PLAY + SHOP + LEARN
VIVIENDA, TRABAJO, JUEGO, COMERCIO Y EDUCACIÓN

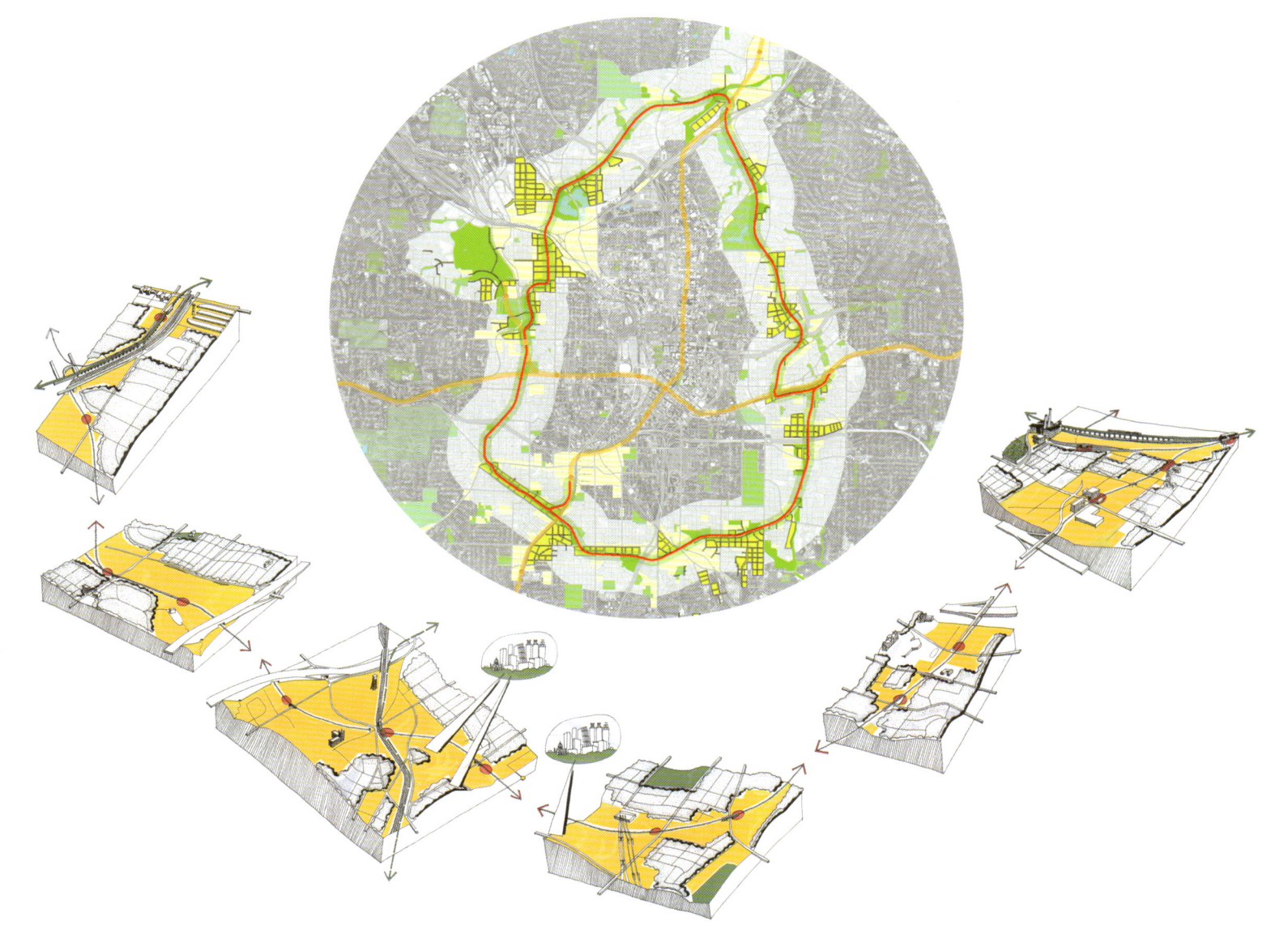

CHAPTER 01. REMEDIATE / RECLAIM SERIES

002

REMEDIATE
Defining and re-assessing the city limits
Definición y revalorización de los límites urbanos

BELONGS TO PROJECT: **GREEN BELT** - CEA Centro de Estudios Ambientales
Vitoria-Gasteiz (Spain) 2011

Site area Superficie de la parcela (m²) 8,250,000
Project budget Presupuesto del proyecto (euros/m²) 2.69

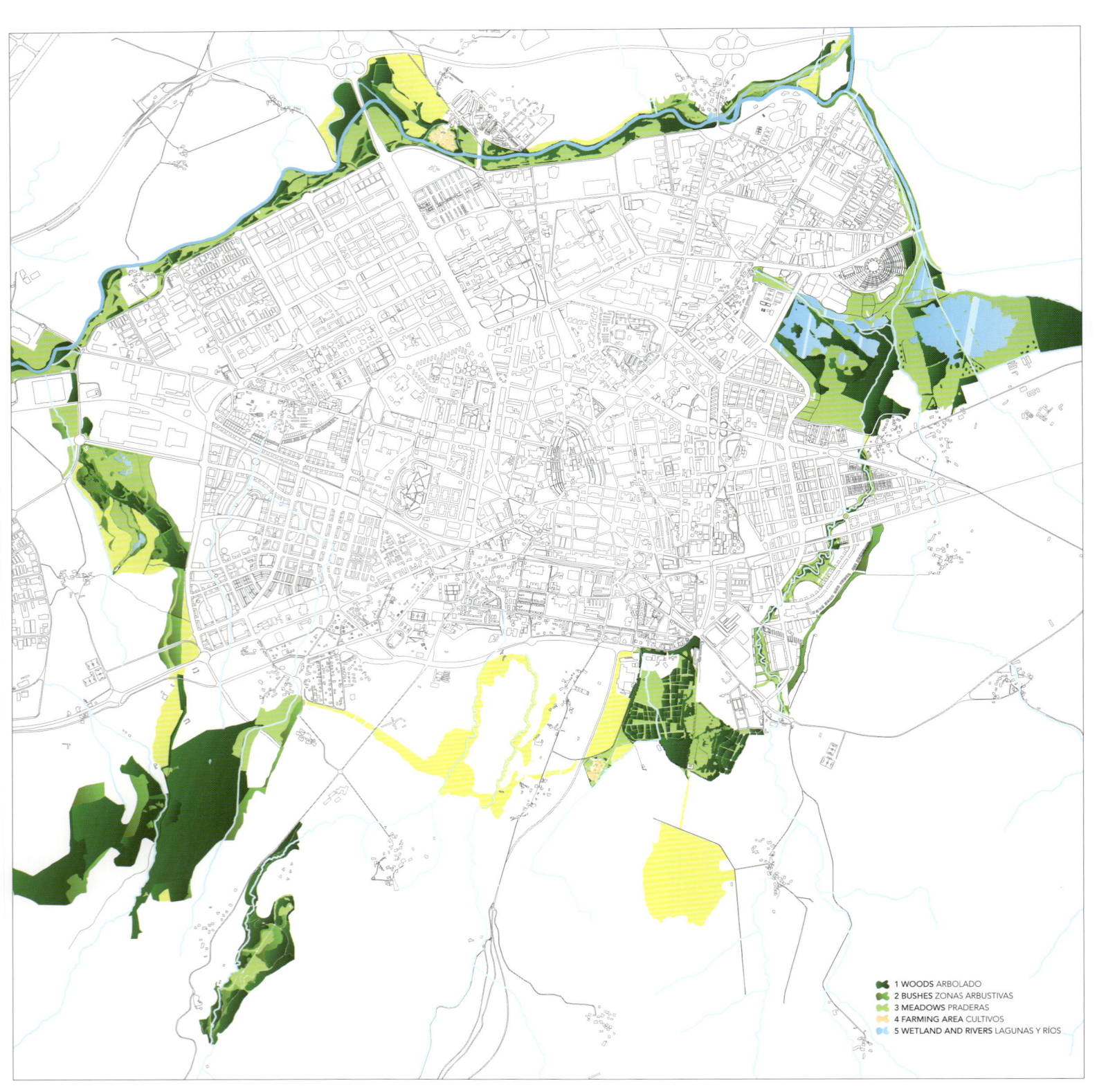

(252) (280) 38 42 60 74 80

1 WOODS ARBOLADO
2 BUSHES ZONAS ARBUSTIVAS
3 MEADOWS PRADERAS
4 FARMING AREA CULTIVOS
5 WETLAND AND RIVERS LAGUNAS Y RÍOS

CHAPTER 01. REMEDIATE/ RECLAIM SERIES

In 2003, an extension of 900 hectares in the urbanized land in the city Vitoria-Gasteiz was approved, in which 30,000 dwellings could be built. The bulk of this land was concentrated in the West: Salburua and in the East: Zabalgana. The Green Belt and its inclusion in urban planning as a belt containing the urban perimeter have consolidated a model of a compact city which has resisted the temptation to sprawl out into the vast neighbouring farmland. The financial benefits of the Green Belt also contribute to raising property prices in the residential areas adjoining the parks in the peri-urban belt. Housing developments nearby the Green Belt are seen by the population as having an added value for their close contact with nature.

En el año 2003 se aprobó un crecimiento del suelo urbanizado de la ciudad de Vitoria-Gasteiz de casi 900 hectáreas, en las que se podían construir hasta 30.000 viviendas. La mayor parte de este suelo se concentró en el Oeste: Salburúa y en el Este: Zabalgana. El Anillo Verde y su inclusión en el planeamiento como un cinturón de contención del perímetro urbano han consolidado un modelo de ciudad compacta, que evita la tentación de invadir de forma dispersa las extensas superficies agrícolas colindantes. Los beneficios económicos del Anillo Verde se traducen además en la revalorización de las zonas residenciales contiguas a los parques del cinturón periurbano. Las promociones próximas al Anillo Verde son identificadas por la población como poseedoras de valor añadido por su íntimo contacto con el medio natural.

CHAPTER 01. REMEDIATE / RECLAIM SERIES

003

REMEDIATE
Restoration of a landscape using five layers
Regeneración de un paisaje a través cinco capas

BELONGS TO PROJECT: **ATLANTA BELTLINE** - Perkins+Will
Atlanta (United States) 2006-2031

Site area Superficie de la parcela (m²) 26,300.000
Project budget Presupuesto del proyecto (euros/m²) 85.55

252 280 28 62 90

Eastside Board detail Detalle del plan previsto para la zona Este

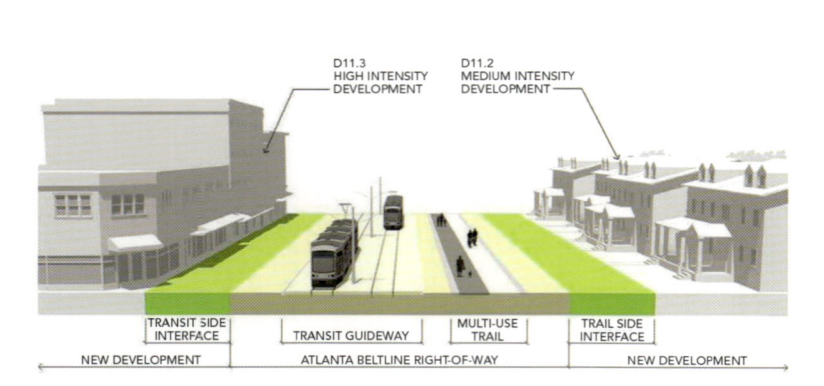

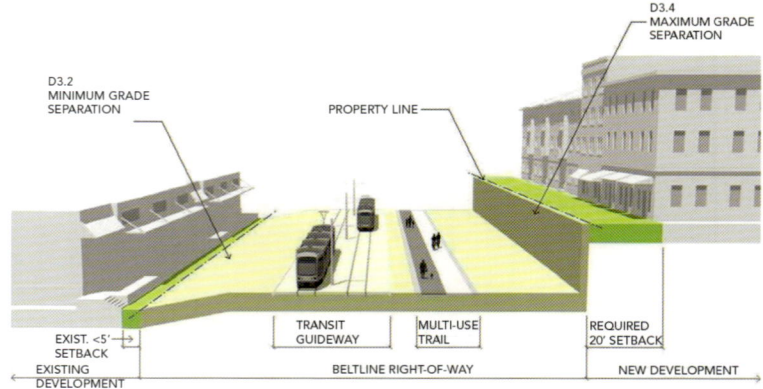

CHAPTER 01. REMEDIATE / RECLAIM SERIES

The design to transform the Atlanta railroad corridor into a landscape generating infrastructures establishes a continuous identity for the whole project by using uniform solutions for the tram stops, pedestrian paths, accesses, urban furniture and signage. In contrast, the many landscape scenarios, the different social and historical contexts and a public art programme ensure the variety of the planned scenarios. These scenarios are the consequence of adding five layers to that existing: renovated landscape, connectivity, traffic flow, a strengthened ecosystem and finance operations.

El diseño para transformar el corredor ferroviario de Atlanta en un paisaje generador de infraestructuras establece una identidad continua para todo el proyecto, a través de soluciones uniformes para las paradas del tranvía, sendas peatonales, accesos, mobiliario y señalización. En contraposición, la multitud de secuencias paisajísticas, los diferentes contextos sociales e históricos y un programa de arte público aseguran la variedad de escenarios propuestos. Estos escenarios resultan de sumar cinco capas a lo existente: acondicionamiento paisajístico, conectividad, orientación del tráfico, potenciación del ecosistema y operaciones de financiación.

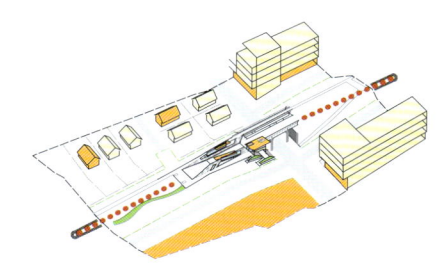

5. ECONOMIC STRATEGIES, OPERATIONS, NEW SUPPORT INFRASTRUCTURE
OPERACIONES DE FINANCIACIÓN DE LA INFRAESTRUCTURA

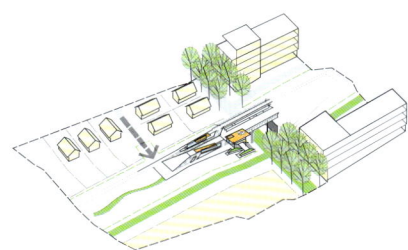

4. ACCESS, CONNECTIVITY, ADJACENCIES, INTERFACE
ACCESO, CONECTIVIDAD, EDIFICIOS ADYACENTES

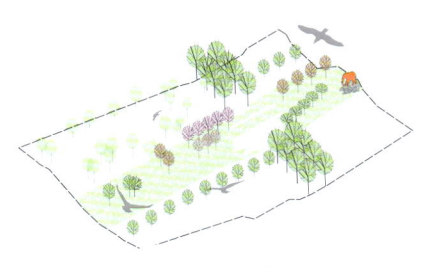

3. BIODIVERSITY, ARBORETUM, PUBLIC ART, SIGNAGE, INTERPRETATION
POTENCIACIÓN E INTERPRETACIÓN DEL ECOSISTEMA, ARTE URBANO, SEÑALÉTICA

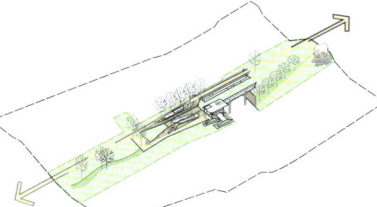

2. LANDSCAPE, EDGES, TRAIL INTEGRATION, SITE FURNISHINGS
ACONDICIONAMIENTO PAISAJÍSTICO, BORDES, INTEGRACIÓN DE SENDEROS, MOBILIARIO

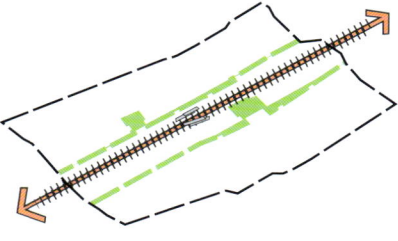

1. TRANSIT ALIGNMENT, STATION, LOCATION, GUIDEWAY PRESERVATION
ORIENTACIÓN DEL TRÁFICO, ESTACIONES, ATENUACIÓN DEL IMPACTO MEDIOAMBIENTAL

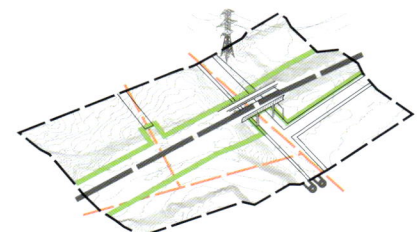

UTILITIES, STORMWATER, EXISTING CONDITIONS, HISTORIC FEATURES
CONDICIONES EXISTENTES, EQUIPAMIENTOS, ESCORRENTÍAS, CONTENIDOS HISTÓRICOS

CHAPTER 01. REMEDIATE / RECLAIM SERIES

004

REMEDIATE
Restoration of a landscape using four layers
Regeneración de un paisaje a través cuatro capas

BELONGS TO PROJECT:

PARCO DORA - Latz + partner
Turin (Italy) 2012

Site area Superficie de la parcela (m²) 456,000
Project budget Presupuesto del proyecto (euros/m²) 49.20

(252) (280) (110) (112)

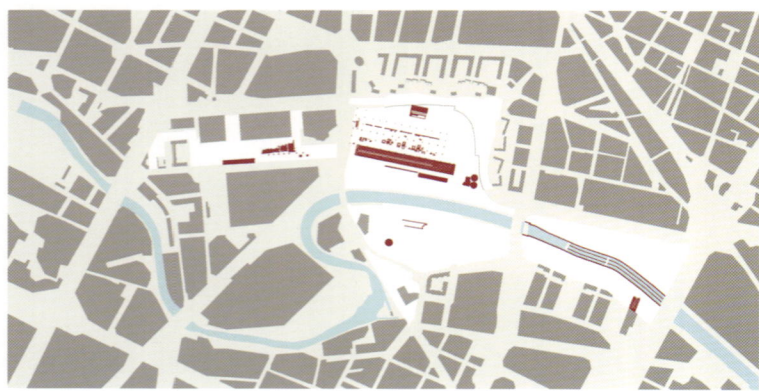

1. The remains of the industrial past Los restos del pasado industrial

2. The water courses Los cursos de agua

36

CHAPTER 01. REMEDIATE / RECLAIM SERIES

The project takes place on the Dora riverside area. On the banks of this river there used to be iron and steel works, metallurgical plants and tyre factories which have been replaced by a public park. The new landscape comprises five interlinked spaces, each with its own distinct character, which incorporate the existing industrial heritage. Implementing four common layers in the five sites has unified the intervention. Dora Park is the result of superimposing the remains of the industrial past (cooling towers, canals and industrial units); the water courses (the Dora River and the canals built for the industrial processes); the links between the different sites to create a continuous park (bridges over the river and elevated walkways); and the bordering woodlands to mitigate the scale of the neighbouring buildings.

El proyecto se desarrolla a lo largo del curso del río Dora. En sus orillas se concentraban siderurgias, industrias metalúrgicas y de fabricación de neumáticos que han sido sustituidas por un parque público. El nuevo paisaje se compone de cinco espacios concatenados, de carácter distinto, que incorporan la herencia industrial existente. El despliegue de cuatro capas comunes a los cinco recintos unifica la intervención. El parque Dora es el resultado de la superposición de los restos del pasado industrial (torres de refrigeración, canalizaciones y naves industriales); de los cursos de agua (el río Dora y las canalizaciones realizadas para asegurar los procesos industriales); de conexiones entre los recintos para crear un parque continuo (puentes sobre el río y pasarelas elevadas); y de las masas forestales que lo bordean para mitigar la escala de las construcciones vecinas.

3. **The links** Las conexiones

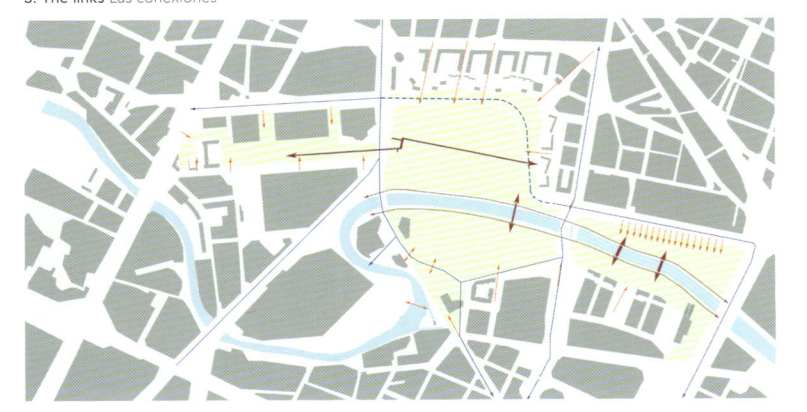

4. **The woodlands** Las masas forestales

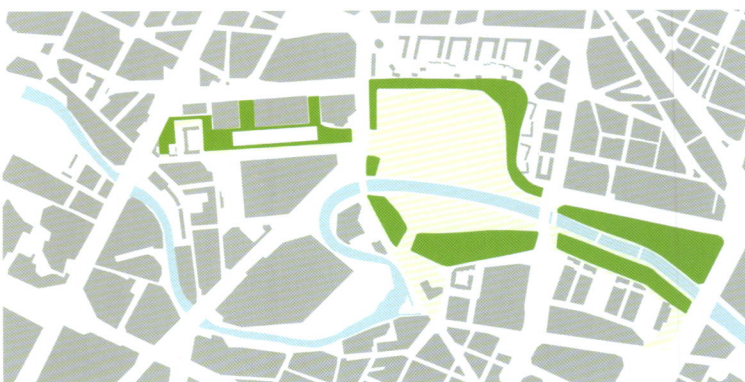

CHAPTER 01. REMEDIATE / RECLAIM SERIES

005

REMEDIATE
Hydraulic works for flood prevention
Adecuación hidráulica para prevenir inundaciones

BELONGS TO PROJECT:

GREEN BELT - CEA Centro de Estudios Ambientales
Vitoria-Gasteiz (Spain) 2011

Site area Superficie de la parcela (m²)...8,250,000
Project budget Presupuesto del proyecto (euros/m²).................................2.69

(252) (280) 32 42 60 74 80

CHAPTER 01. REMEDIATE / RECLAIM SERIES

The River Zadorra runs across the alluvial plain of the Alava flatlands. A long time ago, this plain acted as floodable meadow land which filled the basin with the periodical high water levels. Reservoirs being built upstream in the fifties led to the regulation of the water levels along with the subsequent occupation of the meadow lands for industrial purposes. Between 2003 and 2005, a change was made to the original course of the river as an alternative option for the times when the reservoir gates were opened and an area of nearly 100 hectares was set aside on the right bank of the river, as a basin to take in flood level water, to prevent flooding of the industrial estate, located in the north of the city Vitoria-Gasteiz.

El río Zadorra discurre a lo largo de la llanura aluvial de la Llanada a avesa. Antiguamente, esta llanura actuaba como vega de inundación que laminaba las avenidas periódicas en la cuenca. La construcción de unos embalses aguas arriba, en los años cincuenta, ocasionó la regulación de los caudales y la consiguiente ocupación para uso industrial.
Entre 2003 y 2005, se realizó una desviación del cauce original del río como alternativa para momentos de desembalse y se habilitó una superficie próxima a las 100 hectáreas en la margen derecha del río, como cuenca de laminación de avenidas, que evita las inundaciones en la zona industrial, situada al norte de la ciudad de Vitoria-Gasteiz.

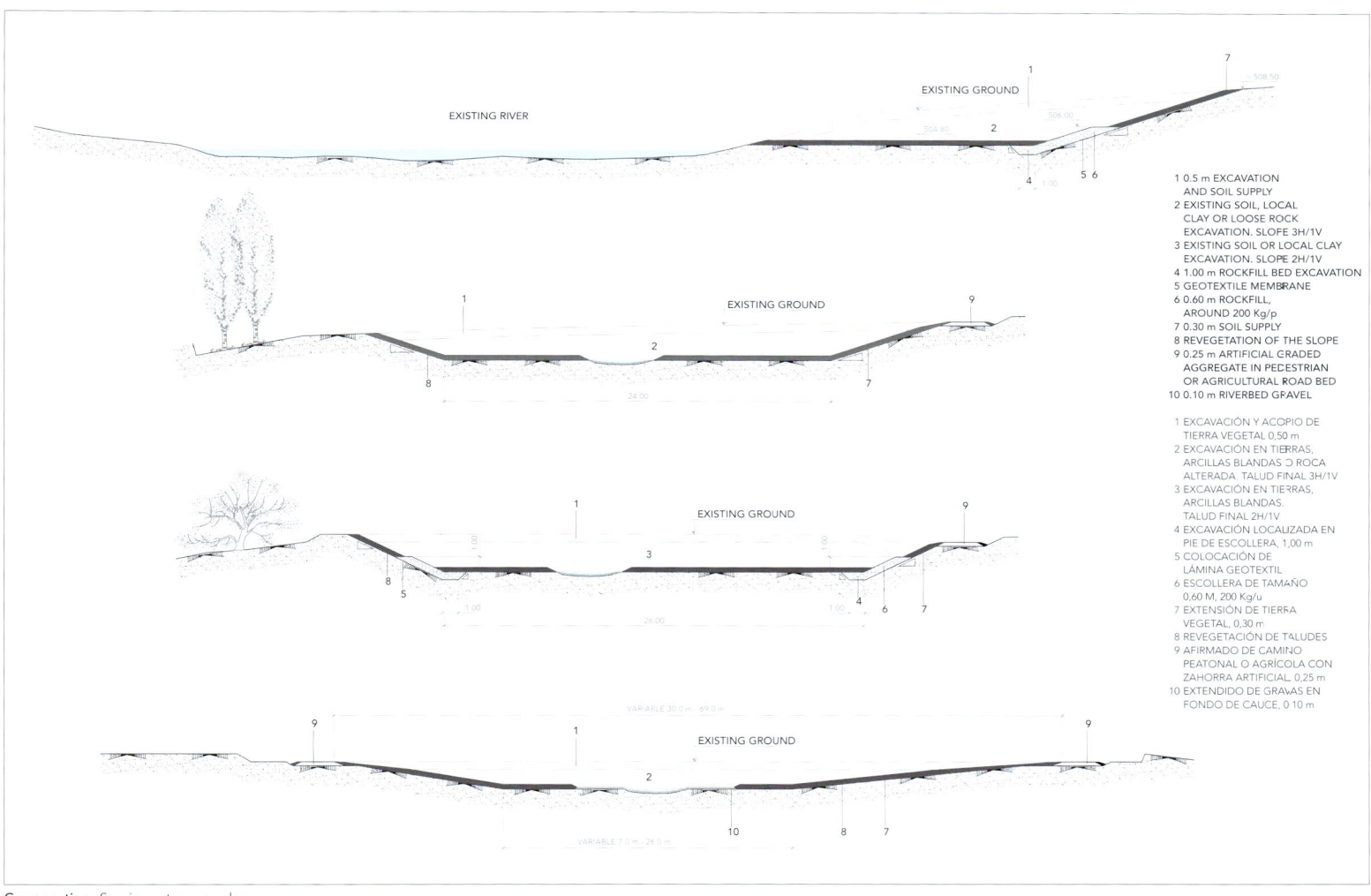

1 0.5 m EXCAVATION AND SOIL SUPPLY
2 EXISTING SOIL, LOCAL CLAY OR LOOSE ROCK EXCAVATION. SLOPE 3H/1V
3 EXISTING SOIL OR LOCAL CLAY EXCAVATION. SLOPE 2H/1V
4 1.00 m ROCKFILL BED EXCAVATION
5 GEOTEXTILE MEMBRANE
6 0.60 m ROCKFILL, AROUND 200 Kg/p
7 0.30 m SOIL SUPPLY
8 REVEGETATION OF THE SLOPE
9 0.25 m ARTIFICIAL GRADED AGGREGATE IN PEDESTRIAN OR AGRICULTURAL ROAD BED
10 0.10 m RIVERBED GRAVEL

1 EXCAVACIÓN Y ACOPIO DE TIERRA VEGETAL 0,50 m
2 EXCAVACIÓN EN TIERRAS, ARCILLAS BLANDAS O ROCA ALTERADA. TALUD FINAL 3H/1V
3 EXCAVACIÓN EN TIERRAS, ARCILLAS BLANDAS. TALUD FINAL 2H/1V
4 EXCAVACIÓN LOCALIZADA EN PIE DE ESCOLLERA, 1,00 m
5 COLOCACIÓN DE LÁMINA GEOTEXTIL
6 ESCOLLERA DE TAMAÑO 0,60 M, 200 Kg/u
7 EXTENSIÓN DE TIERRA VEGETAL, 0,30 m
8 REVEGETACIÓN DE TALUDES
9 AFIRMADO DE CAMINO PEATONAL O AGRÍCOLA CON ZAHORRA ARTIFICIAL, 0,25 m
10 EXTENDIDO DE GRAVAS EN FONDO DE CAUCE, 0.10 m

Cross sections Secciones transversales

CHAPTER 01. REMEDIATE / RECLAIM SERIES

006

REMEDIATE
Restoring natural fluxes to a former quarry
Restauración de los flujos naturales en una antigua cantera

BELONGS TO PROJECT: **EVERGREEN/BRICK WORKS** - DTAH / Diamond Schmitt Architects / Claude Cormier + Associés
Toronto (Canada) 2010

Site area Superficie de la parcela (m²) 49,000
Project budget Presupuesto del proyecto (euros/m²) 525.92

(254) (282)

CHAPTER 01. REMEDIATE / RECLAIM SERIES

The brick works and quarries in the Don river valley had interrupted the hydrological flows and broken up the continuity of the natural landscape which enters the city from the ravines. The project to renovate the factory and the surrounding territory required soil decontamination and re-routing run-offs. Furthermore, the quarries have been replanted and the accesses and pedestrian paths routed to facilitate the fluid flow of visitors around the site.

La fábrica de ladrillos y las canteras en el fondo del valle del río Don habían interrumpido los flujos hidrológicos, y roto la continuidad del paisaje natural que se introduce por los barrancos en la ciudad. El proyecto de rehabilitación de la fábrica y el territorio que la rodea ha necesitado de la descontaminación de los suelos y la reordenación de la escorrentía. Además, se han reforestado las canteras y ordenado los accesos y recorridos peatonales para permitir el flujo de visitantes a través del recinto.

Valley water flows Cursos de agua del valle

Hydrology Hidrología

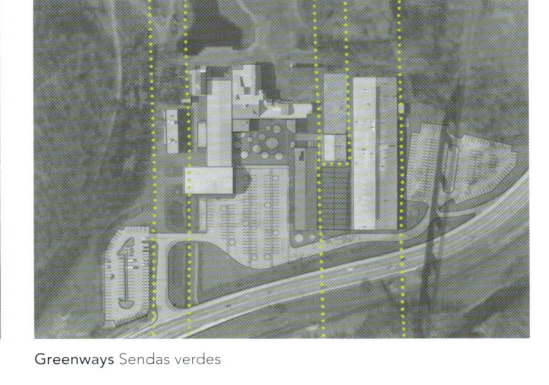

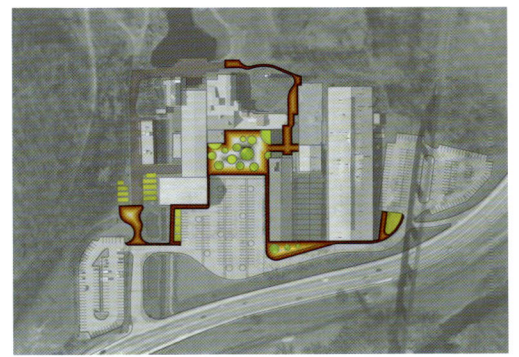

Greenways Sendas verdes

Pathways Caminos peatonales

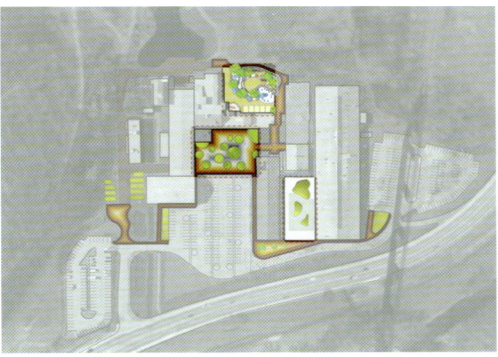

Open spaces within the complex Espacios abiertos en el complejo

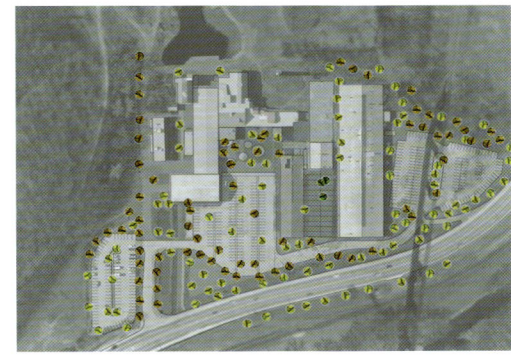

Tree plantation Nueva plantación de árboles

CHAPTER 01. REMEDIATE / RECLAIM SERIES

007

REMEDIATE
Recovering water masses in dry terrain
Recuperación de láminas de agua en terrenos desecados

BELONGS TO PROJECT:

GREEN BELT - CEA Centro de Estudios Ambientales
Vitoria-Gasteiz (Spain) 2011

Site area Superficie de la parcela (m²)...8,250,000
Project budget Presupuesto del proyecto (euros/m²).........................2.69

(252) (280) 32 38 60 74 80

2011

1991

2001

42

CHAPTER 01. REMEDIATE/ RECLAIM SERIES

Originally the aquifer which occupies most of the Vitoria-Gasteiz sub-soil emerged in a network of wetland areas which were dried for farming. From the mid-19th Century to the 1980s the surface water masses reduced considerably. Reclaiming the Salburua wetlands came about due to the deliberate action of removing the principal drainage. With this action alone, the water mass came to maintain its presence most of the year. This way the fauna and the plant species of the wetland area have been recovered. At present, this area is one of the most important wintering and breeding places for water birds in the Basque Country.

Originalmente el acuífero que ocupa gran parte del subsuelo de Vitoria-Gasteiz afloraba en una red de humedales que fueron desecados para aprovechamiento agrícola. Desde mediados del siglo XIX hasta los años 80 del siglo XX se redujeron notablemente las láminas de agua superficiales. La regeneración del humedal de Salburúa se produjo por la acción intencionada de la eliminación del drenaje principal. Sólo con esto se ha conseguido la permanencia de la lámina de agua la mayor parte del año. Mediante esta acción, se ha recuperado la fauna y los vegetales palustres del humedal. Actualmente, esta zona es uno de los lugares de invernada y reproducción de aves acuáticas más importantes del País Vasco.

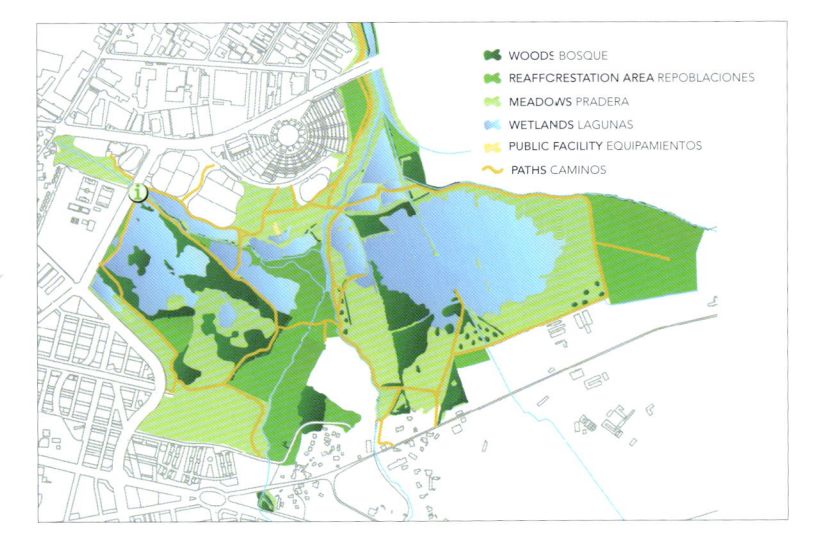

CHAPTER 01. REMEDIATE / RECLAIM SERIES

008

REMEDIATE
Extracting and recycling invasive flora
Extracción y reciclaje de flora invasora

BELONGS TO PROJECT: **RESTORATION OF TUDELA-CULIP NATURAL ENVIRONMENT** - Martí Franch, Ton Ardèvol
Creus (Spain) 2010

Site area Superficie de la parcela (m²) 900,000
Project budget Presupuesto del proyecto (euros/m²) 12.22

(254) (282) (46) (52) (54) (210)

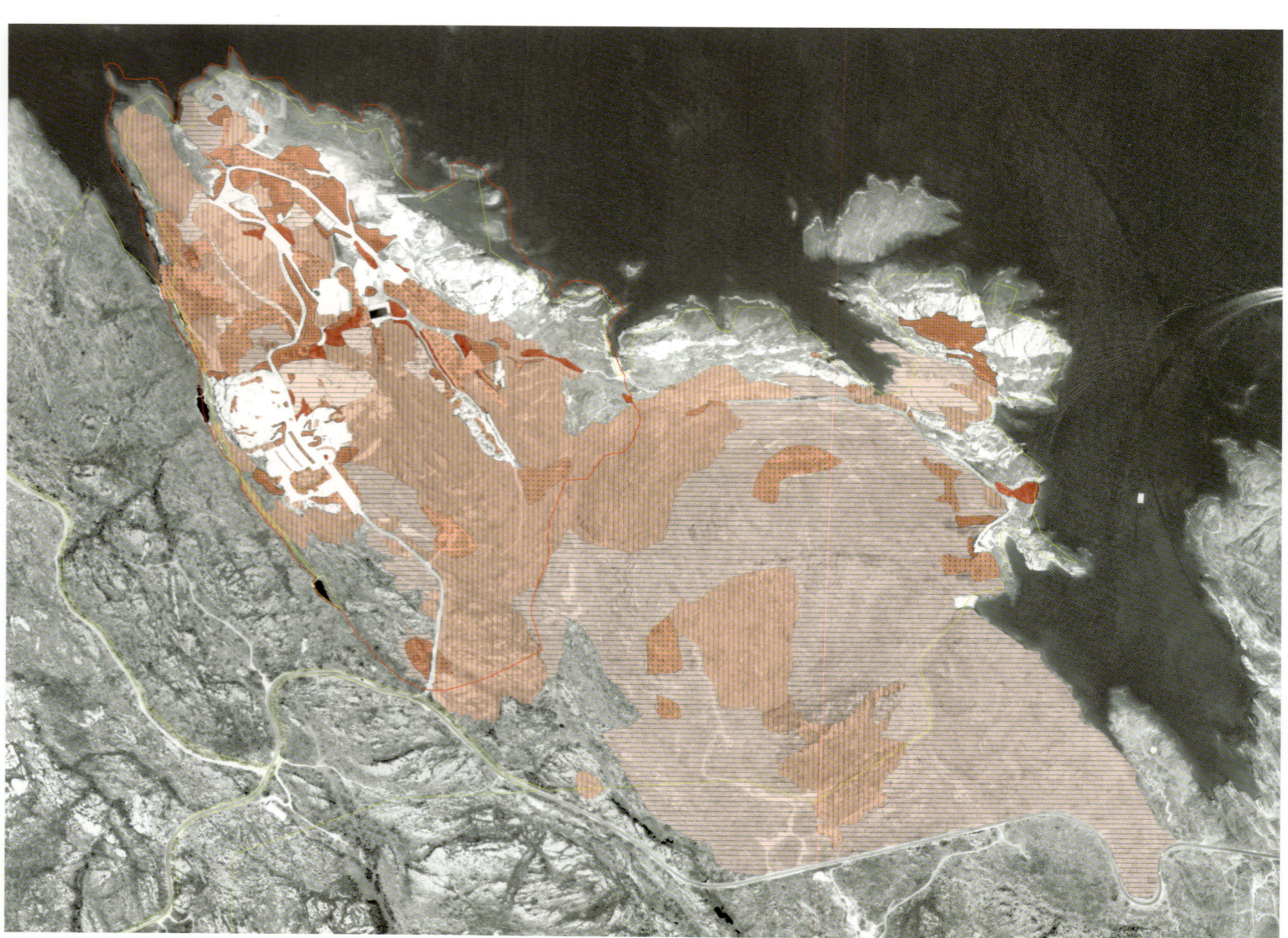

Invasive exotic plants Flora exótica invasora

Before Antes

After Después

44

CHAPTER 01. REMEDIATE / RECLAIM SERIES

Constructing the tourist complex Cabo de Creus involved landscaping the common areas with exotic species. Over time, some 21 hectares of the park was overrun by *aizoaceae* which displaced the native flora and produced significant changes in the composition, structure and functioning of the original ecosystem. The environmental restoration of the park began by completely uprooting and eliminating the aforementioned vegetation. The uprooted plants, piled up in 1 m³ mounds were left to dry for 4 months. After this period, the remains, which now weighed 70% less, were used as substrate over which one layer of crushed stone and another layer of earth from the surroundings was laid. This recycled land reinstates the original relief and now native flora grows there.

La construcción de un complejo turístico en el Cabo de Creus conllevó el ajardinamiento de las áreas comunes con especies exóticas. Con el tiempo, unas 21 hectáreas del parque fueron invadidas por aizoáceas que desplazaron la flora autóctona, produciendo cambios significativos en la composición, estructura y funcionamiento del ecosistema original. La restauración ecológica del parque empezó por la eliminación total de esta vegetación y sus raíces. Los restos, amontonados en montículos de 1 m³, se dejaron secar durante 4 meses. Tras este periodo, los residuos, que terminaron por pesar un 70% menos, fueron utilizados como sustrato sobre el que tender una capa de piedra triturada y otra de tierra de las inmediaciones. Estos terrenos reciclados restituyen el relieve original y sobre ellos crece ahora la flora autóctona.

EXTRACTION OF INVASIVE EXOTIC PLANTS
EXTRACCIÓN DE FLORA EXÓTICA INVASORA

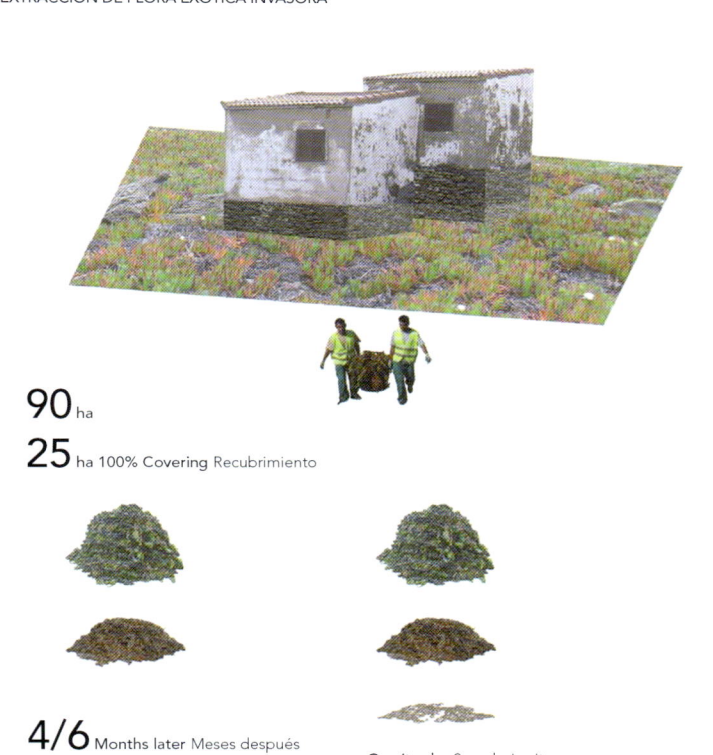

90 ha
25 ha 100% Covering Recubrimiento

4/6 Months later Meses después
On site-dry Secado *in situ*
70% Weight loss Reducción del peso

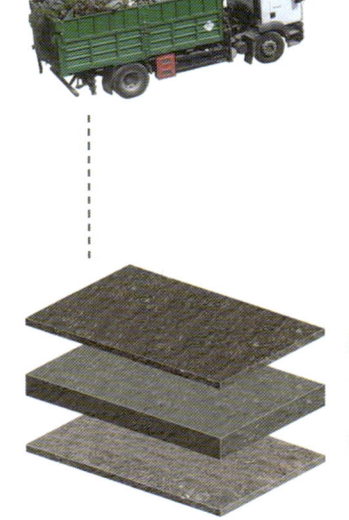

0.5 m Existing ground Suelo del lugar
1.5 Local crushed stone Piedra local triturada
0.5-1 m Dry IEP FEI seca

45

CHAPTER 01. REMEDIATE / RECLAIM SERIES

009

REMEDIATE
Stabilising land using hydro-seeding
Estabilización de terrenos mediante hidrosiembra

BELONGS TO PROJECT:

RESTORATION OF TUDELA-CULIP NATURAL ENVIRONMENT - Martí Franch, Ton Ardèvol
Creus (Spain) 2010

Site area Superficie de la parcela (m^2) 900,000
Project budget Presupuesto del proyecto (euros/m^2) 12.22

(254) (282) (44) (52) (54) (210)

CHAPTER 01. REMEDIATE / RECLAIM SERIES

A great part of the restoration of Cabo de Creus as a nature park has involved recovering the geographical land relief altered by the construction of a tourist hotel complex. New land banks have been created on the esplanades changing the contours of the original orography. Seeds from native species gathered from the area were sown to stabilise these mounds. Hydro-seeders contain a water cannon which takes care of ensuring favourable conditions for fast germination, moisture retention and maintenance of the micro-climate.

Buena parte de la restauración del Cabo de Creus como parque natural ha consistido en la recuperación del relieve modificado tras la construcción de un complejo hotelero. Se han construido nuevos taludes de tierra sobre las explanadas que redibujan la orografía original. Para estabilizar estos montículos se introdujeron en ellos semillas de plantas autóctonas recolectadas in situ. Las hidro-sembradoras disponen de un cañón hidráulico, que se encarga de asegurar unas condiciones favorables para una rápida germinación, con las funciones de proteger, retener la humedad, y mantener el microclima para favorecer el desarrollo de la semilla.

Previous state *Estado inicial*

1 RECLAIMED PEGMATITE OUTCROP
2 ENTRANCE. TOTEMS
3 THE PEGMATITE 'WOK'
4 'CAMEL' ANIMAL-ROCK VIEWPOINT AND TERTIARY PATH
5 SEASONAL PARKING (72 CARS)
6 PERMANENT PARKING (55 CARS)
7 MOUNTS. 3,800 m³ OF CRASHED BUILDING BASES OF LOCAL STONE

1 AFLORAMIENTO DE PEGMATITA REGENERADO
2 ACCESO. TÓTEMS
3 EL WOK DE PEGMATITA
4 PUNTO DE VISTA DE LA ROCA "EL CAMELLO" Y RECORRIDO TERCIARIO
5 ESTACIONAMIENTO DE TEMPORADA (72 VEHÍCULOS)
6 ESTACIONAMIENTO PERMANENTE (55 VEHÍCULOS)
7 MONTÍCULOS. 3.800 m³ DE LOS ZÓCALOS TRITURADOS DE LOS EDIFICIOS REALIZADOS CON PIEDRA LOCAL

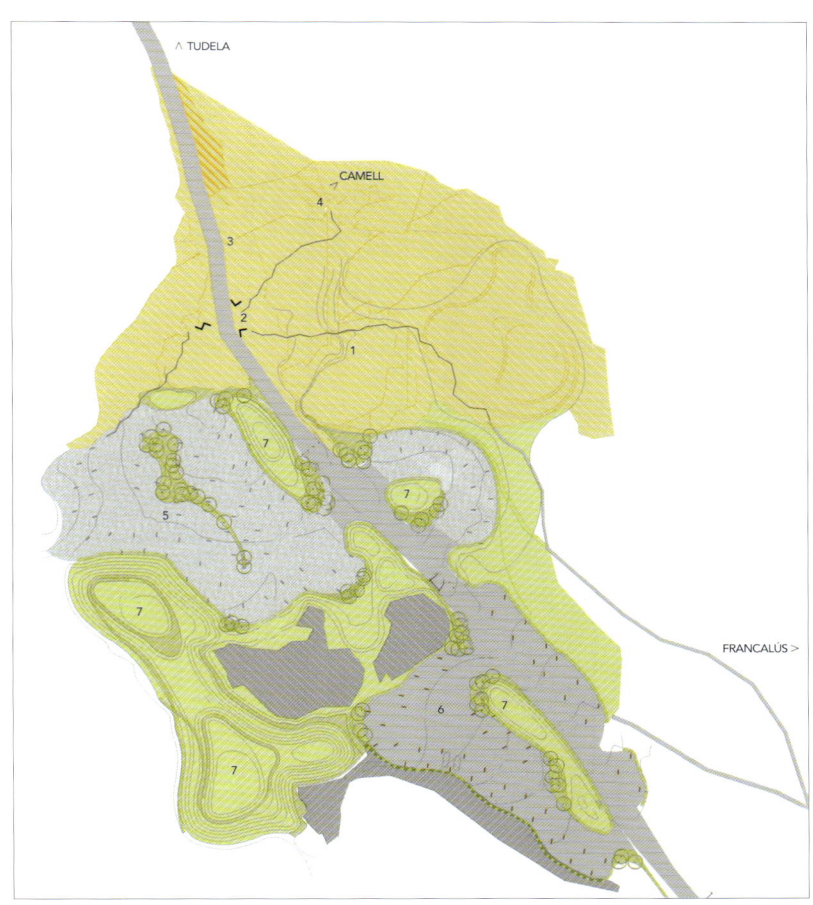

Restoration plan *Plan de regeneración*

CHAPTER 01. REMEDIATE / RECLAIM SERIES

010

REMEDIATE
Recovering the landscape using a green roof
Recuperación paisajística mediante cubierta ajardinada

BELONGS TO PROJECT:

WATER TREATMENT PLANT REVAMP - Frederico Valsassina / Manuel Aires Mateus / Proap
Lisbon (Portugal) 2011

Site area Superficie de la parcela (m²) 48,996
Project budget Presupuesto del proyecto (euros/m²) 1,314.39

(254) (282)

CHAPTER 01. REMEDIATE / RECLAIM SERIES

The new water treatment plant recovers the visual, hydrological and ecological links which were lost when the first facilities were opened in 1989. The structure recreates the original landscape of the area and tries to bridge the gap produced by the numerous infrastructures which make their presence felt. The roof is a thick living layer which contains both the water treatment facilities and the offices of the company which manages them. This layer is opened up to allow for the circulation elements, the ventilation and daylight to be brought to the interior of the plant. The exterior accesses are passageways closed off by concrete walls or glazing.

La nueva planta depuradora recupera las conexiones visuales, hidrológicas y ecológicas que se perdieron con la puesta en funcionamiento de la primera instalación en 1989. La estructura reproduce la topografía original de los terrenos e intenta atenuar la brecha que producen las múltiples infraestructuras que coinciden en el lugar. La cubierta es una capa espesa y habitable, que contiene tanto las instalaciones de depuración como las oficinas de la compañía explotadora. Esta capa se rasga para permitir las circulaciones, la ventilación y la iluminación del interior de la planta. Los accesos exteriores son pasadizos cerrados con muros de hormigón o paños de vidrio.

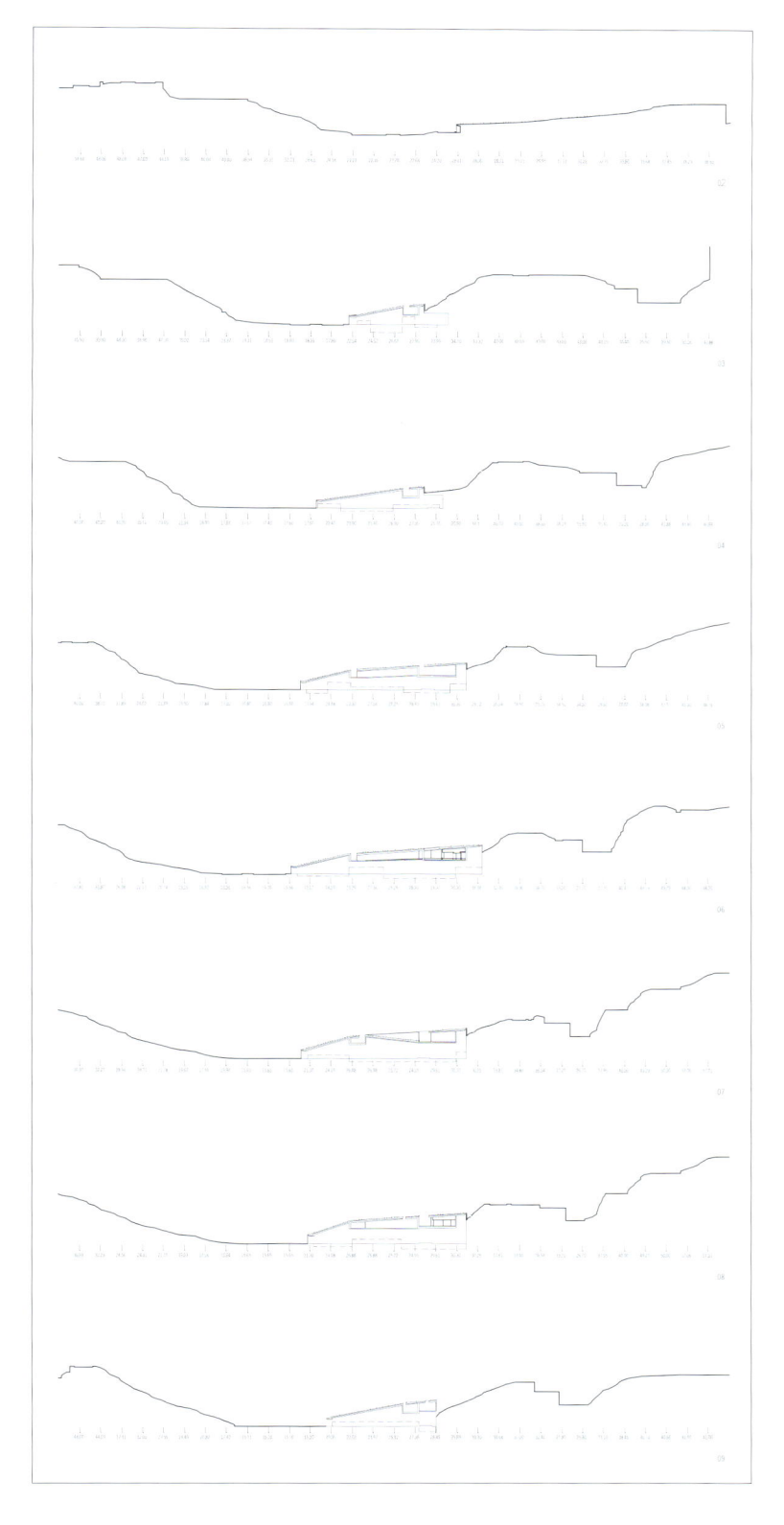

CHAPTER 01. REMEDIATE / RECLAIM SERIES

The inclined plane of the structure supports a uniformly thick layer of earth. The native species growing are laid out according to a distribution which recreates the lines of the former crops in the valley lowlands and highlights the artificial nature of the planting.

El plano inclinado de la estructura soporta un manto de tierra de espesor uniforme. Las especies nativas que crecen sobre él están dispuestas según un trazado que reproduce las trazas de los antiguos cultivos del fondo del valle y enfatiza el carácter artificial de las plantaciones.

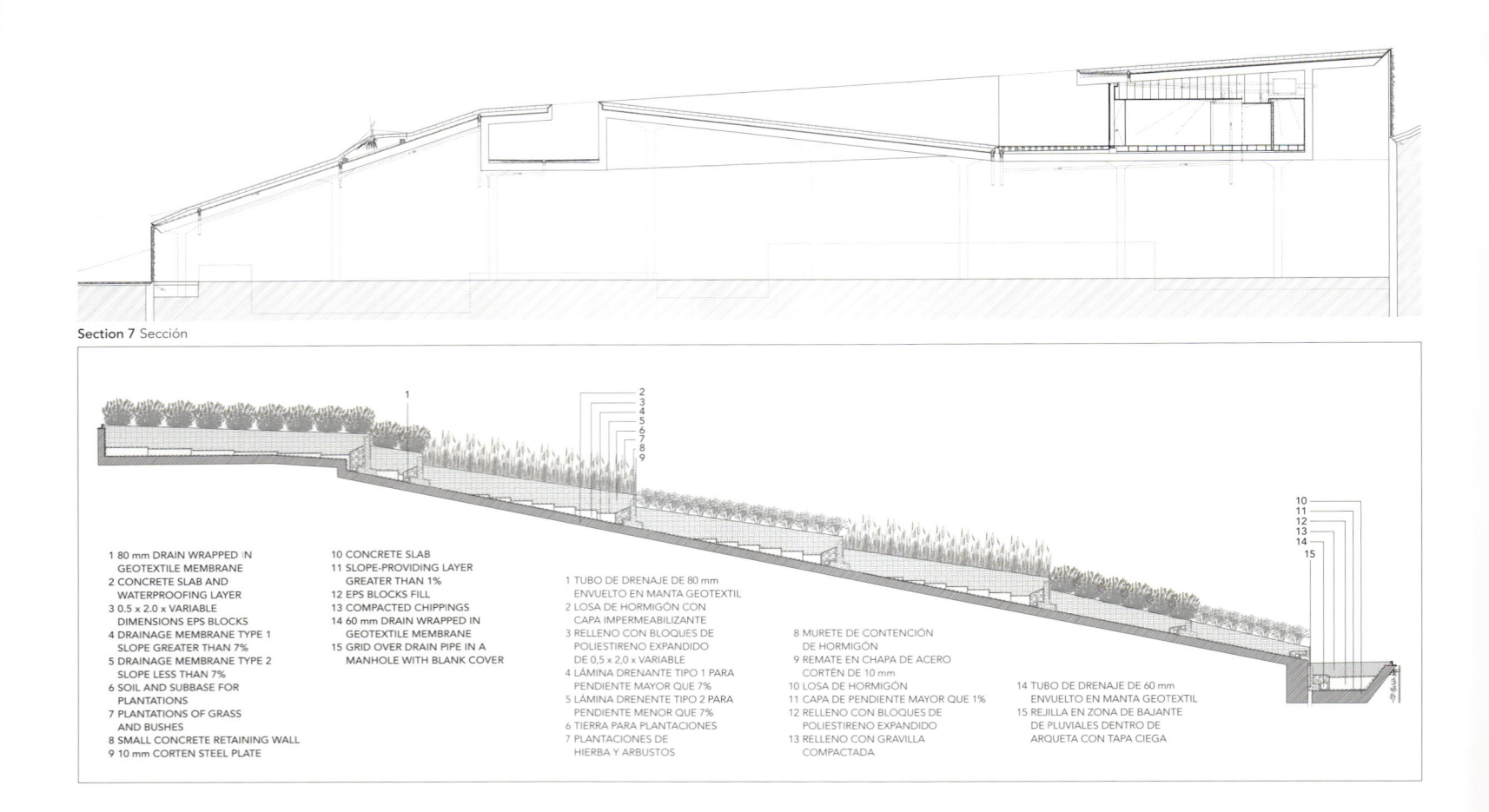

Section 7 Sección

1 80 mm DRAIN WRAPPED IN GEOTEXTILE MEMBRANE
2 CONCRETE SLAB AND WATERPROOFING LAYER
3 0.5 x 2.0 x VARIABLE DIMENSIONS EPS BLOCKS
4 DRAINAGE MEMBRANE TYPE 1 SLOPE GREATER THAN 7%
5 DRAINAGE MEMBRANE TYPE 2 SLOPE LESS THAN 7%
6 SOIL AND SUBBASE FOR PLANTATIONS
7 PLANTATIONS OF GRASS AND BUSHES
8 SMALL CONCRETE RETAINING WALL
9 10 mm CORTEN STEEL PLATE
10 CONCRETE SLAB
11 SLOPE-PROVIDING LAYER GREATER THAN 1%
12 EPS BLOCKS FILL
13 COMPACTED CHIPPINGS
14 60 mm DRAIN WRAPPED IN GEOTEXTILE MEMBRANE
15 GRID OVER DRAIN PIPE IN A MANHOLE WITH BLANK COVER

1 TUBO DE DRENAJE DE 80 mm ENVUELTO EN MANTA GEOTEXTIL
2 LOSA DE HORMIGÓN CON CAPA IMPERMEABILIZANTE
3 RELLENO CON BLOQUES DE POLIESTIRENO EXPANDIDO DE 0,5 x 2,0 x VARIABLE
4 LÁMINA DRENANTE TIPO 1 PARA PENDIENTE MAYOR QUE 7%
5 LÁMINA DRENENTE TIPO 2 PARA PENDIENTE MENOR QUE 7%
6 TIERRA PARA PLANTACIONES
7 PLANTACIONES DE HIERBA Y ARBUSTOS
8 MURETE DE CONTENCIÓN DE HORMIGÓN
9 REMATE EN CHAPA DE ACERO CORTÉN DE 10 mm
10 LOSA DE HORMIGÓN
11 CAPA EN PENDIENTE MAYOR QUE 1%
12 RELLENO CON BLOQUES DE POLIESTIRENO EXPANDIDO
13 RELLENO CON GRAVILLA COMPACTADA
14 TUBO DE DRENAJE DE 60 mm ENVUELTO EN MANTA GEOTEXTIL
15 REJILLA EN ZONA DE BAJANTE DE PLUVIALES DENTRO DE ARQUETA CON TAPA CIEGA

51

CHAPTER 01. REMEDIATE/ RECLAIM SERIES

011

REMEDIATE
Road and path layout in a natural setting
Trazado de viario y sendas en un entorno natural

BELONGS TO PROJECT:

RESTORATION OF TUDELA-CULIP NATURAL ENVIRONMENT - Martí Franch, Ton Ardèvol
Creus (Spain) 2010

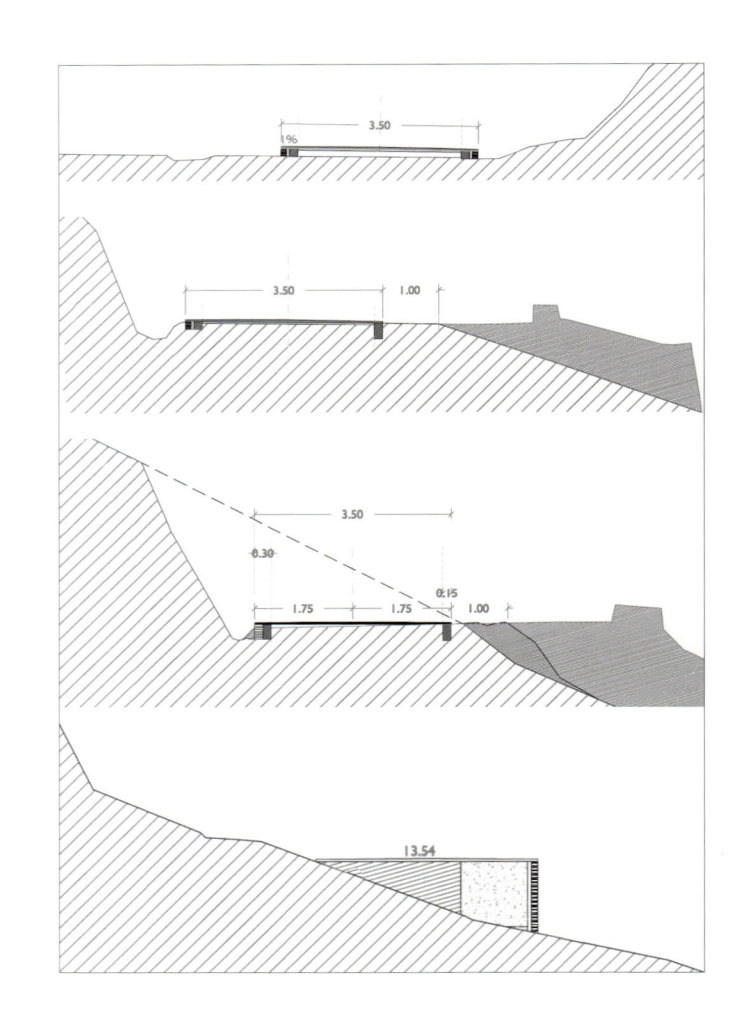

Site area Superficie de la parcela (m²) 900,000
Project budget Presupuesto del proyecto (euros/m²) 12.22

254 | 282 | 44 | 46 | 54 | 210

CHAPTER 01. REMEDIATE / RECLAIM SERIES

Following the demolition of the constructions and the recovery of the setting as a nature park, the road network was adapted for limited visitor circulation. The main road (2 km) was reduced to a single 3.5 metre section and was uniformly resurfaced with asphalt. Only two roads which divided the beach have been taken up and replaced by one single road further away.
The section type of the reused road comprises two steel lateral profiles between which the asphalt surfacing is laid out.
The ceramic residues have been used as a base layer. As far as the crushed stone is concerned, mixed with earth it was used to create mounds which were later cut back to create the original rock formations. When they were not mixed in with earth the finest grains of crushed earth were used to surface the main parking lot.

Tras la demolición de las edificaciones y la recuperación del entorno como parque natural, el viario se adecúa a una circulación limitada de visitantes. La carretera principal (de 2 km) se reduce a una sección única 3,5 metros y ha sido repavimentada con un tratamiento homogéneo de asfalto. Tan solo dos viales que fraccionaban la playa han sido demolidos y sustituidos por una nueva y única ruta más alejada. La sección tipo de los viales reutilizados consta de dos perfiles laterales de acero entre los que se tiende el pavimento asfáltico.
Los residuos cerámicos se han empleado como capa base. Por su parte, la piedra triturada, mezclada con tierra, sirve para crear montículos, que son tallados posteriormente para recrear las formaciones rocosas originales. Cuando no se mezclan con tierra, los granos más finos de piedra machacada se han usado como pavimento del aparcamiento principal.

CHAPTER 01. REMEDIATE/ RECLAIM SERIES

012

REMEDIATE
Creating a landscape route
Creación de un itinerario paisajístico

BELONGS TO PROJECT: **RESTORATION OF TUDELA-CULIP NATURAL ENVIRONMENT** - Martí Franch, Ton Ardèvol
Creus (Spain) 2010

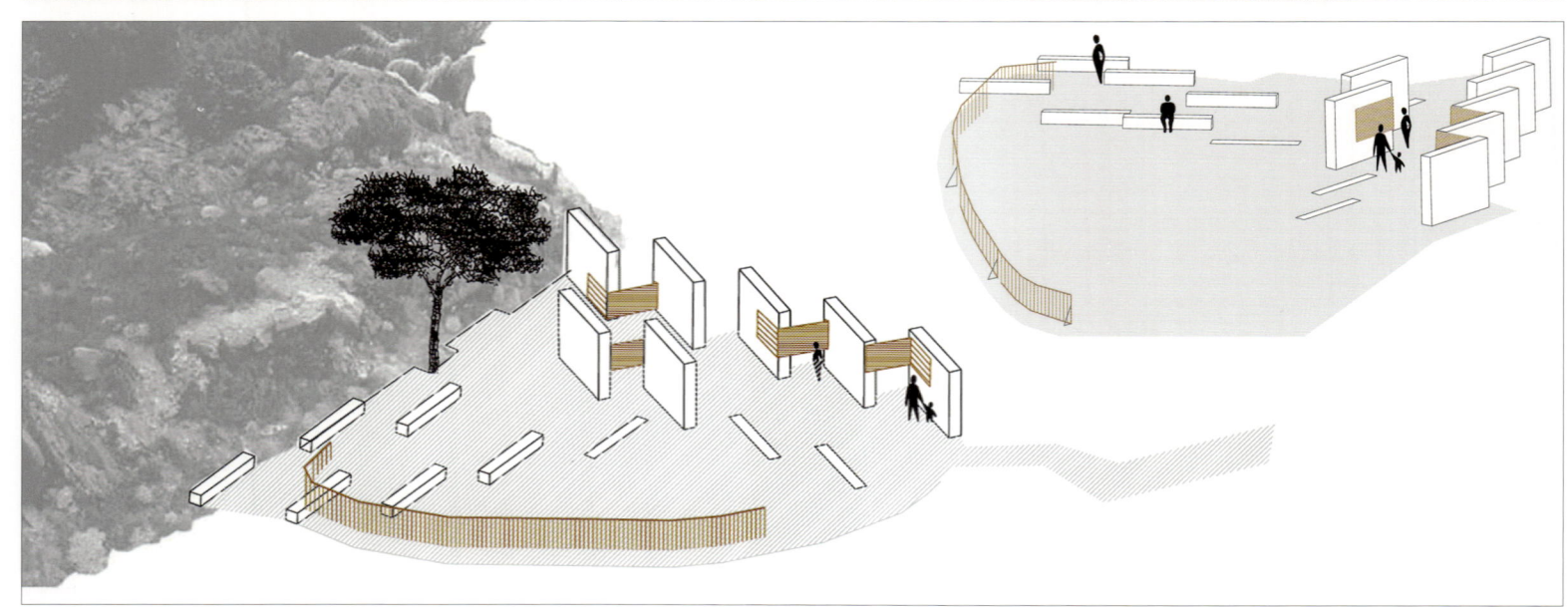

Site area Superficie de la parcela (m²) 900,000
Project budget Presupuesto del proyecto (euros/m²) 12.22

(254) (282) (44) (46) (52) (210)

CHAPTER 01. REMEDIATE / RECLAIM SERIES

Restoring the Cabo de Creus as a natural setting meant introducing routes to make the new observation decks scattered around the site accessible. Some Corten steel walkways and balustrades, resistant to the saline environment, rest on rock showing the way to the observation decks or indicating the places with the best views. The steel plates fixed to the sides of the main road inform as to the location of the rocks whose shapes have been traditionally likened to different animals.

Most buildings were knocked down and the demolition waste recycled. However, certain elements were maintained. The plinths and stone walls of some buildings serve as the bases for the Corten steel cladding of the observation decks and information points dotted around the route.

La restauración del Cabo de Creus como parque natural ha supuesto la introducción de recorridos que hagan accesibles los nuevos miradores distribuidos por el recinto. Algunas pasarelas y balaustradas de acero cortén, resistente al medio salino, se posan sobre la roca, señalan el recorrido hacia los miradores o indican el emplazamiento de las mejores visuales. Por su parte, las planchas de acero ancladas a los bordes de la carretera principal indican la ubicación de aquellas rocas cuya forma ha sido asociada tradicionalmente con distintos animales.

La mayoría de los edificios fueron demolidos y sus escombros reciclados. Sin embargo, se han mantenido determinados elementos. Los zócalos y muros de piedra de algunos edificios dispersos sirven como base a los acabados de acero cortén de los miradores y puntos de información a lo largo del recorrido.

55

CHAPTER 01. REMEDIATE / RECLAIM SERIES

013

REMEDIATE
Converting a railway track to a walkway with observation deck
Conversión de via férrea en paseo con mirador

BELONGS TO PROJECT: **RAILWAY TRANSFORMATION** - 3S Studio
Albissola (Italy) 2011

Site area Superficie de la parcela (m²) 5,600
Project budget Presupuesto del proyecto (euros/m²) 350.81

(256) (284) (100)

CHAPTER 01. REMEDIATE / RECLAIM SERIES

Part of a former railway line has been made into a walkway and alongside an overhanging observation deck has been installed. The floor is wooden decking and large benches are set 30 cm above the level of the path. The few existing lamp posts have been replaced by wallwashers throughout the route, while the benches have had embedded down-lighting installed.

Una parte de una antigua línea férrea se ha convertido en paseo y junto a él se ha instalado un mirador en voladizo. La superficie es de madera, con grandes bancos situados 30 cm por encima de la cota del camino.
Las pocas farolas existentes han sido sustituidas por bañadores de pared a lo largo del recorrido, mientras que los bancos están dotados de luminarias encastradas dirigidas hacia el suelo.

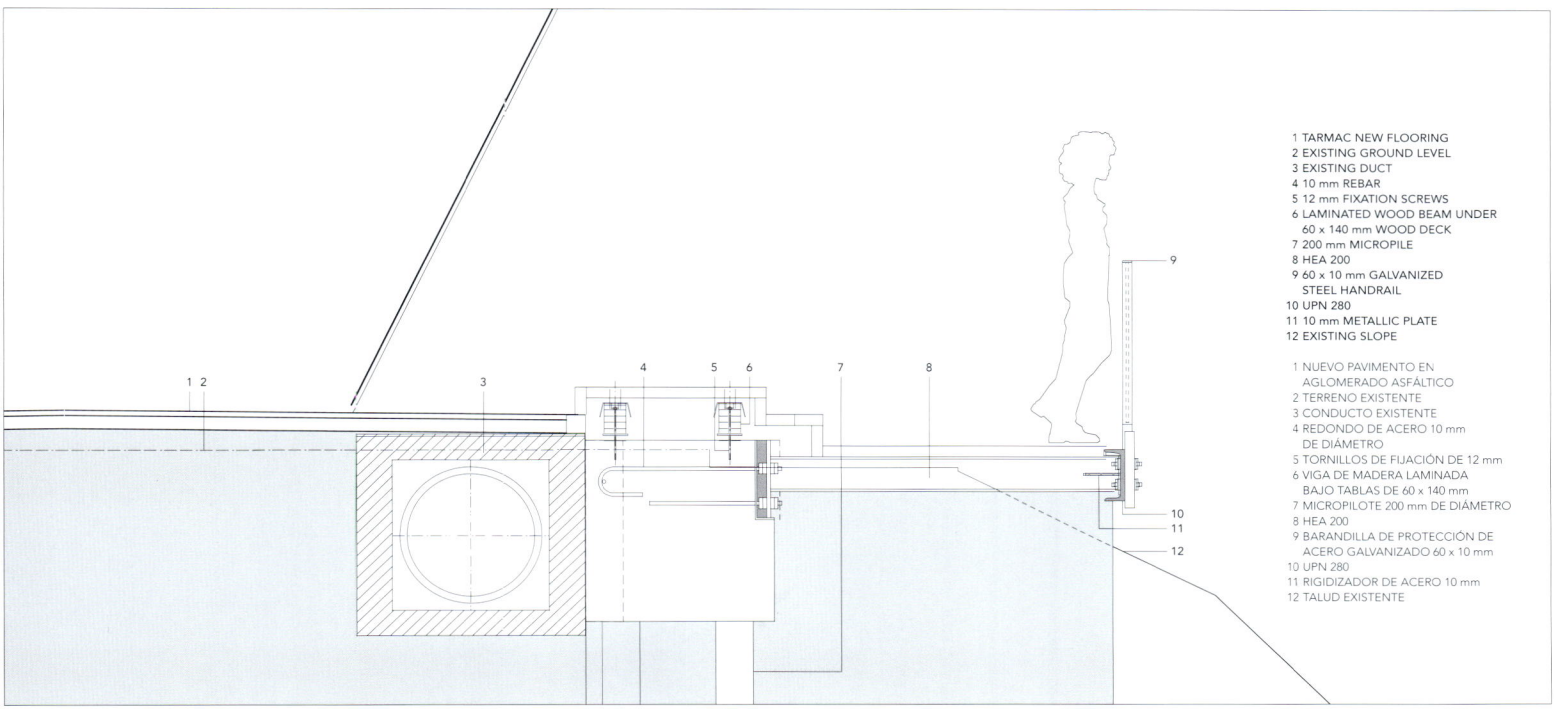

1 TARMAC NEW FLOORING
2 EXISTING GROUND LEVEL
3 EXISTING DUCT
4 10 mm REBAR
5 12 mm FIXATION SCREWS
6 LAMINATED WOOD BEAM UNDER 60 x 140 mm WOOD DECK
7 200 mm MICROPILE
8 HEA 200
9 60 x 10 mm GALVANIZED STEEL HANDRAIL
10 UPN 280
11 10 mm METALLIC PLATE
12 EXISTING SLOPE

1 NUEVO PAVIMENTO EN AGLOMERADO ASFÁLTICO
2 TERRENO EXISTENTE
3 CONDUCTO EXISTENTE
4 REDONDO DE ACERO 10 mm DE DIÁMETRO
5 TORNILLOS DE FIJACIÓN DE 12 mm
6 VIGA DE MADERA LAMINADA BAJO TABLAS DE 60 x 140 mm
7 MICROPILOTE 200 mm DE DIÁMETRO
8 HEA 200
9 BARANDILLA DE PROTECCIÓN DE ACERO GALVANIZADO 60 x 10 mm
10 UPN 280
11 RIGIDIZADOR DE ACERO 10 mm
12 TALUD EXISTENTE

CHAPTER 01. REMEDIATE / RECLAIM SERIES

014

REMEDIATE
Converting a railway track into a pedestrian path
Conversión de una via férrea en ruta peatonal

BELONGS TO PROJECT: **LETTEN VIADUCTS REFURBISHMENT** - Em2n/Schweingruber Zulauf
Zurich (Switzeland) 2010

Site area Superficie de la parcela (m²) 11,838
Project budget Presupuesto del proyecto (euros/m²) 2,594

(256)　(284)　**102**

REMEDIATE 01. REMEDIATE / RECLAIM SERIES

On the viaduct, the pedestrian walkway which has replaced the railway line connects the bathing huts on the banks of the river Limmat with Josefswiese Park. The route runs above the roofs of the retail space built underneath the stone archways. The concrete paving slabs recall the railway sleepers they replace.

Benches which match the design of the paving slabs have been installed on the gravelled edges of the walkway.

The joints between the paving slabs ensure the habitual movement of the local lizard population from the banks of the river to Josefswiese Park.

Sobre el viaducto, el paseo peatonal que sustituye al ferrocarril conecta las casas de baños a orillas del río Limmat con el Parque Josefswiese. La ruta discurre sobre las cubiertas de los espacios comerciales construidos bajo los arcos de piedra. El pavimento de losas de hormigón hace referencia a las traviesas del ferrocarril a las que sustituye.

En los bordes de grava del paseo se han instalado bancos que se ajustan al diseño de las losas.

Las ranuras entre losas aseguran el movimiento habitual de la población local de lagartijas desde las orillas del río hasta el Parque Josefswiese.

CHAPTER 01. REMEDIATE / RECLAIM SERIES

015

REMEDIATE
Creating routes in a peri-urban environment
Creación de sendas en un entorno periurbano

BELONGS TO PROJECT: **GREEN BELT** - CEA Centro de Estudios Ambientales
Vitoria-Gasteiz (Spain) 2011

Site area Superficie de la parcela (m²)................................8,250,000
Project budget Presupuesto del proyecto (euros/m²)................2.69

252 280 32 38 42 74 80

CHAPTER 01. REMEDIATE / RECLAIM SERIES

The creation of the Green Belt has led to 47 kilometres of paths being installed for walkers and cyclists. There is a main 30 kilometre route which links up six parks: Armentia, Olarizu, Salburua, Alegria, Zadorra and Zabalgana. The treatment of this section is mostly like that of an urban park with a low level of facilities, lacking irrigation and lighting. The surfaces are compacted all-in-one except in areas prone to flooding. The aim was to reduce execution and maintenance costs.

El Anillo Verde ha permitido la creación de 47 kilómetros de paseos acondicionados para peatones y ciclistas. Existe un recorrido principal de 30 kilómetros, que conecta seis parques: Armentia, Olárizu, Salburúa, Alegría, Zadorra y Zabalgana. El tratamiento de este trazado es, en su mayor parte, similar al de un parque urbano con bajo nivel de equipamiento, con ausencia de riego y de alumbrado público. Los firmes son de todo-uno compactado, excepto en zonas susceptibles de ser inundadas. Se persigue la reducción de los costes de ejecución y de mantenimiento.

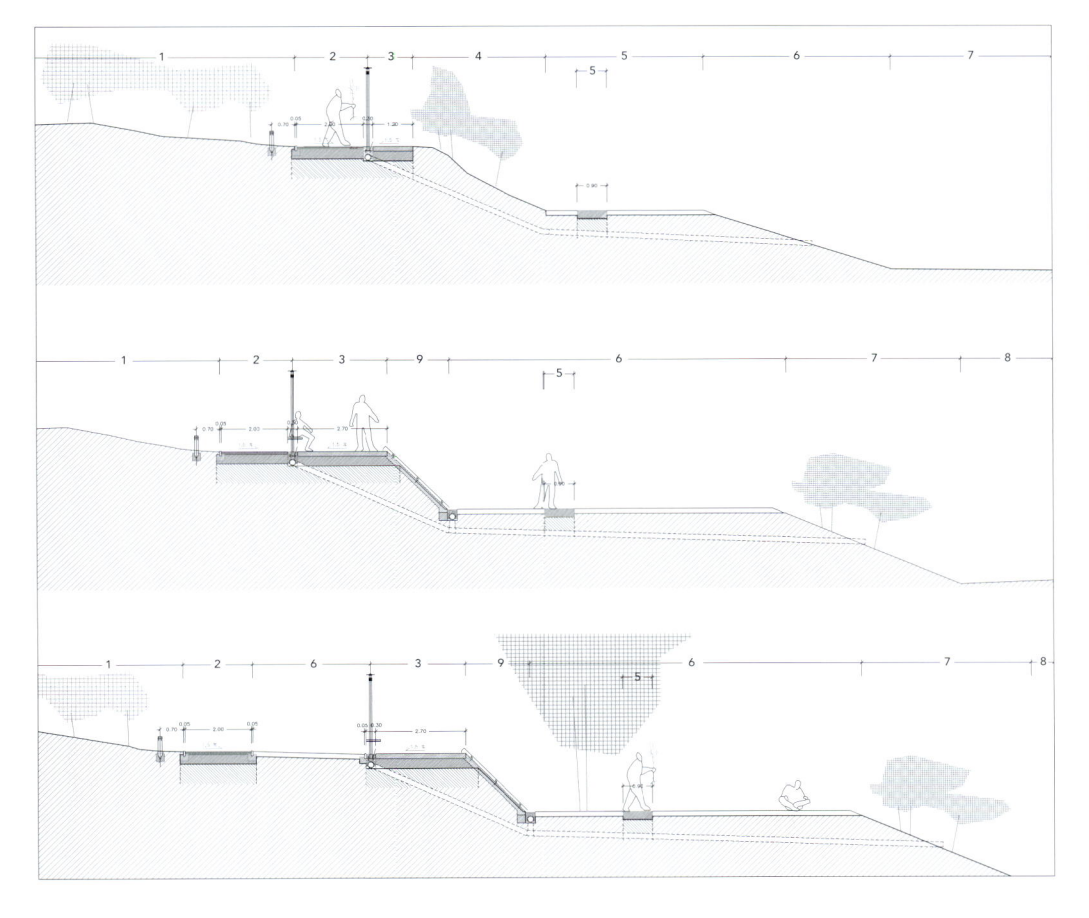

1 FORESTRY PLANTATIONS	1 PLANTACIÓN FORESTAL
2 BICYCLE LANE	2 BICICARRIL
3 PEDESTRIAN PATH	3 PASEO
4 EXISTING SLOPE	4 TALUD NATURAL
5 LOWER LEVEL PATH	5 SENDA
6 GREEN AREA	6 SUPERFICIE AJARDINADA
7 RIVER BANK	7 RIBERA
8 RIVER BED	8 LECHO FLUVIAL
9 CORTEN STEEL SHEET	9 CHAPA DE ACERO CORTÉN

CHAPTER 01. REMEDIATE / RECLAIM SERIES

016

REMEDIATE
Building a strip with different speeds
Construcción de una banda de diferentes velocidades

BELONGS TO PROJECT: **ATLANTA BELTLINE** - Perkins+Will
Atlanta (United States) 2006-2031

Site area Superficie de la parcela (m²) 26,300.000
Project budget Presupuesto del proyecto (euros/m²) 85.55

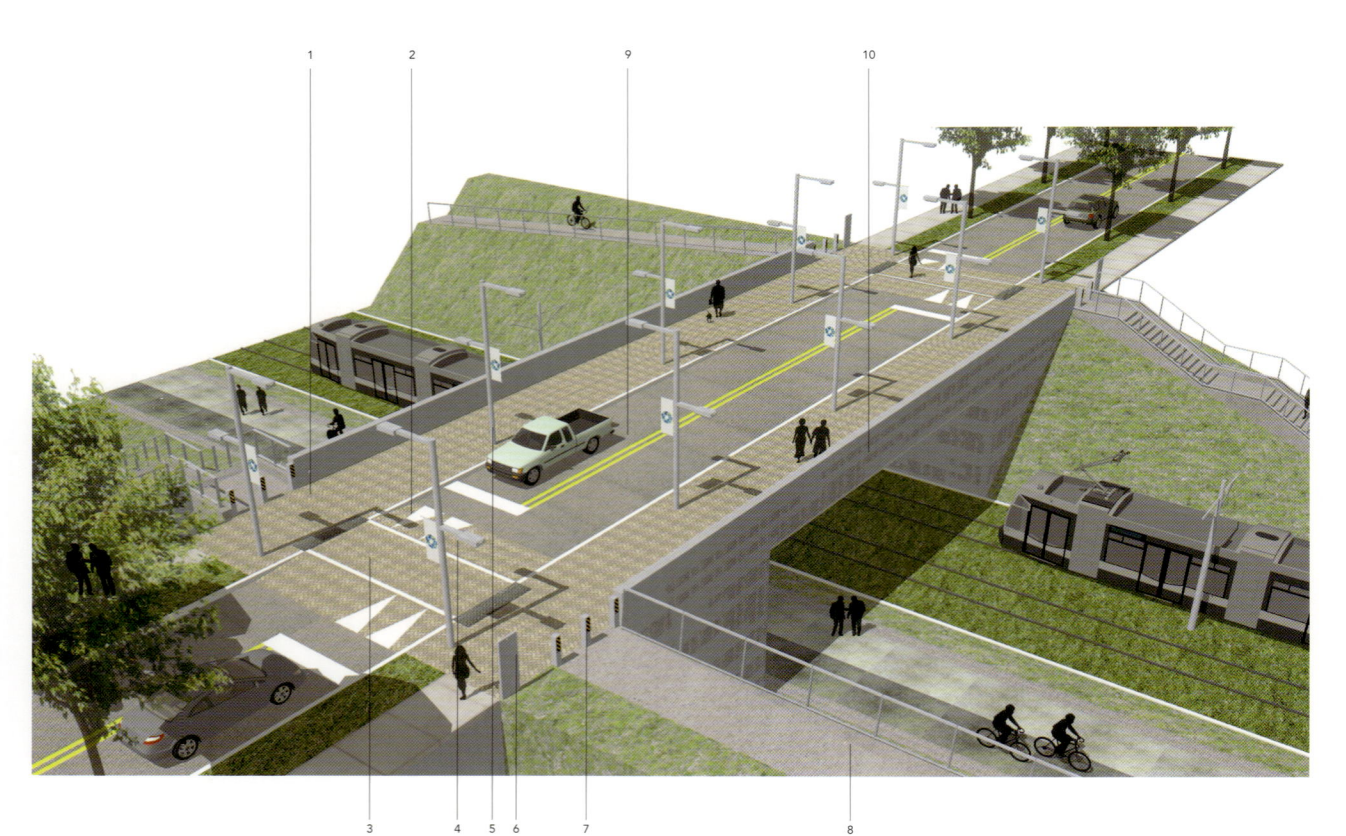

(252) (280) (28) (34) (90)

1 POROUS PAVERS
2 DETECTABLE WARNING AT STREET CROSSING
3 CONCRETE RAMP TO RAISED CROSSING
4 RAISED CROSSING
5 BELT LINE STREET LIGHTING FUTURE
6 BETLINE SIGNAGE
7 BETLINE BOLLARDS
8 CONNECTING PATHWAY TO BETLINE TRAIL
9 ROAD PAVEMENT
10 STRUCTURE ARTICULATION

1 PAVIMENTO POROSO
2 BALDOSAS TÁCTILES EN LOS PASOS
3 RAMPA DE HORMIGÓN REDUCTORA DE VELOCIDAD
4 PASOS ELEVADOS
5 LUMINARIA
6 SEÑALÉTICA
7 BOLARDOS
8 SENDERO DE CONEXIÓN
9 CALZADA
10 ARTICULACIÓN ESTRUCTURAL

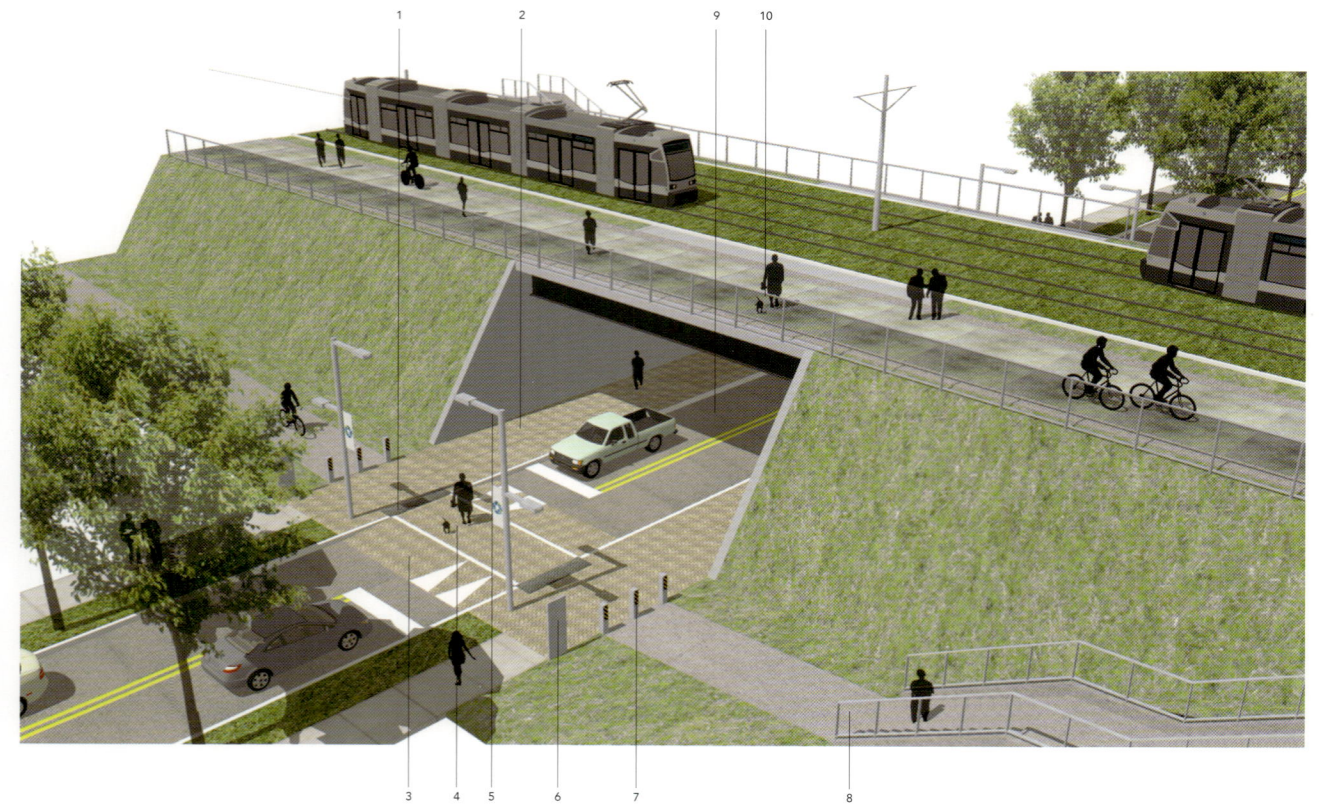

CHAPTER 01. REMEDIATE / RECLAIM SERIES

The design is based on constructing a strip along which the tram runs in both directions and another parallel strip for bikes and pedestrians. This system is in place along the 35 kilometre route of the Atlanta Beltline. The only variations come when these strips encounter a changing geographical relief, the built environment or the roads which cross the beltline.

El diseño se basa en la construcción de una banda por la que circula el tranvía en ambos sentidos, y otra banda paralela para bicicletas y peatones. Este sistema se mantiene en los 35 kilómetros del trazado del Atlanta Beltline. Las variaciones llegan de la mano de los encuentros de estas bandas con el relieve cambiante, el entorno construido, o el viario que atraviesa el recorrido.

EXISTING SECTION SECCIÓN PREVIA

PROPOSED SECTION SECCIÓN PROPUESTA

CHAPTER 01. REMEDIATE / RECLAIM SERIES

017

REMEDIATE
Converting a natural setting into a productive park
Conversión de un entorno natural en parque productivo

BELONGS TO PROJECT:

OOSTCAMPUS - Carlos Arroyo
Oostkamp (Belgium) 2012

Site area Superficie de la parcela (m²) 40,000
Project budget Presupuesto del proyecto (euros/m²) 161.25

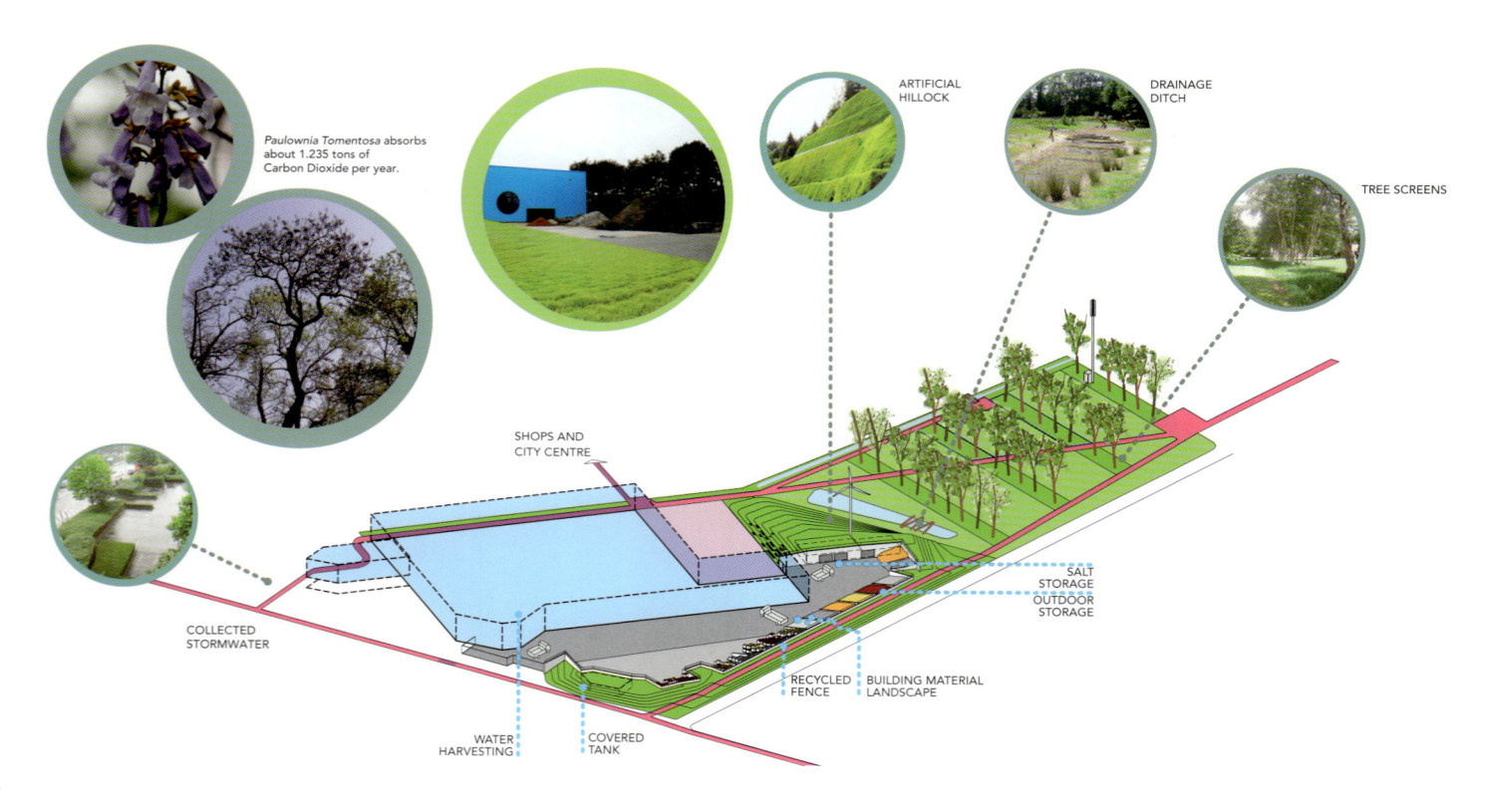

(256) (284) 116　130　162　196　230

Paulownia Tomentosa absorbs about 1.235 tons of Carbon Dioxide per year.

ARTIFICIAL HILLOCK

DRAINAGE DITCH

TREE SCREENS

SHOPS AND CITY CENTRE

COLLECTED STORMWATER

WATER HARVESTING

COVERED TANK

RECYCLED FENCE

BUILDING MATERIAL LANDSCAPE

SALT STORAGE

OUTDOOR STORAGE

CHAPTER 01. REMEDIATE / RECLAIM SERIES

The setting of this former warehouse, converted into offices, council workshops and a civic centre was converted into a productive landscape with specific functions. A hillock absorbs the excessive earthworks from the town and houses a sealed grit bin for snowfalls. The need to store materials outdoors is dealt with in a space marked out using giant Lego-style pieces, on a raised path which runs the length of the perimeter of the work area.
The storm water collected in the park flows into a drainage ditch where crisscrossed logs convert the drain into an adventure playground. Once the water has been filtered it is used in the road sweepers. The new trees form wind screens in a traditional local layout. The lawns have been sown with forage crop.

El entorno de este antiguo almacén, convertido en oficinas, talleres municipales y centro cívico se convierte en un paisaje productivo con unas funciones determinadas. Una colina asume el excedente de excavaciones del municipio y alberga un depósito estanco de sal anti-nieve. La necesidad de almacenar materiales al aire libre se soluciona con un espacio delimitado por unas piezas tipo Lego gigante, situadas en un camino elevado que recorre el perímetro de la zona de trabajo.
El agua de lluvia recogida en el parque fluye hacia un surco de drenaje, donde unos troncos atravesados convierten el dren en un lugar de aventura. Una vez filtrada, llena los tanques de los camiones de limpieza viaria. Los nuevos árboles se alinean como pantallas contra el viento, siguiendo un esquema tradicional en la zona. Los prados son productores de forraje.

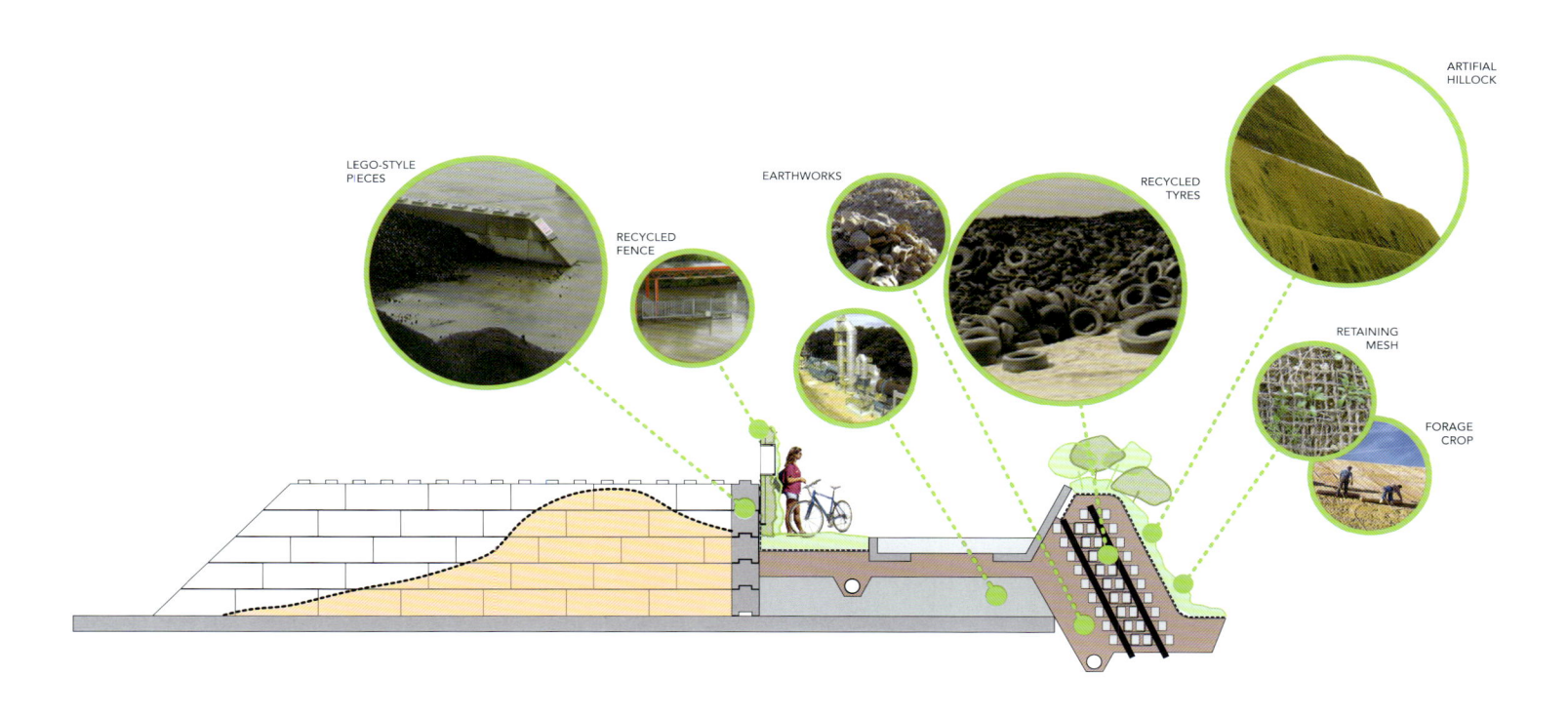

CHAPTER 01. REMEDIATE / RECLAIM SERIES

018

REMEDIATE
Storm·water management using rain gardens and channels
Gestión de pluviales mediante jardines de lluvia y canales

BELONGS TO PROJECT:

FREIGHT BUILDING AND TAXI'S PUBLIC SPACE - Stephen Dynia, Groundworks Design, Wenk
Denver (United States) 2011

Site area Superficie de la parcela (m²) 73,000
Project budget Presupuesto del proyecto (euros/m²) .... -

(258) (286) (70) (114) (198) (214)

1 EAST PLAZA
2 FUEL CAFÉ
3 TAXI 1 ENTRY COURT
4 TAXI 2 ENTRY COURT
5 COMMERCIAL FLEX SPACE
6 WEST PLAZA
7 STORMWATER GARDEN
8 GRASS SWALE
9 SHALLOW DRY POND

1 PLAZA ESTE
2 FUEL CAFÉ
3 PATIO DE ENTRADA A TAXI 1
4 PATIO DE ENTRADA A TAXI 2
5 ESPACIO COMERCIAL FLEXIBLE
6 PLAZA OESTE
7 JARDÍN PARA AGUA
  DE ESCORRENTÍA
8 ACEQUIA CON CÉSPED
9 ESTANQUE PLANO
  DE RECOGIDA

CHAPTER 01. REMEDIATE / RECLAIM SERIES

Reusing this land, previously used as a cargo terminal, meant an infill of over one metre high had to be inserted in order for storm-water run-off to be channelled along traditional pipes. The alternative solution to the infill and the installation of tubes was to transform the garden areas into permeable surfaces to collect the run-off. Using rain gardens, located alongside the pedestrian and car parking spaces, the storm-water is drained off naturally and the need to implement a traditional drainage system has been avoided.

La reutilización de este terreno, dedicado previamente a terminal de carga, requería un relleno de más de un metro de altura para poder realizar una evacuación de escorrentías mediante conductos tradicionales. La solución para evitar el relleno y la instalación de los conductos fue convertir los espacios ajardinados en superficies permeables que recogieran la escorrentía. Mediante jardines de recogida de lluvia, situados junto a los espacios peatonales y de aparcamiento, se absorbe naturalmente el agua y se evita la ejecución de un sistema de drenaje tradicional en zanja.

CHAPTER 01. REMEDIATE / RECLAIM SERIES

019

REMEDIATE
Storm-water management and heat island effect reduction
Gestion de pluviales y reducción del efecto isla de calor

BELONGS TO PROJECT: **QUEENS PLAZA** - Margie Ruddick Landscaping / WRT / Marpillero Pollak Architects
New York (United States) 2012

Site area Superficie de la parcela (m²) 6,070
Project budget Presupuesto del proyecto (euros/m²) 5,683.69

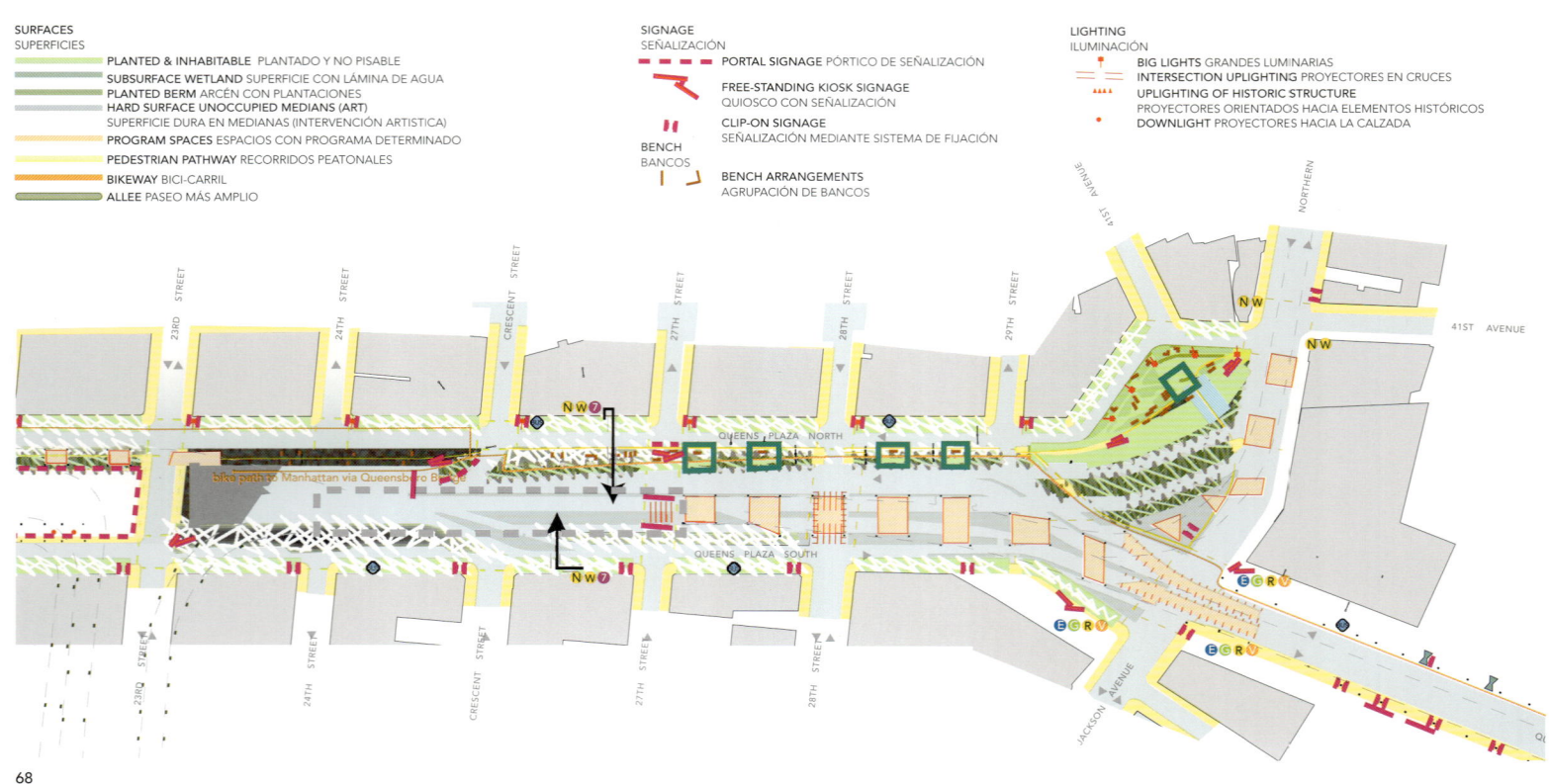

258 286 78

SURFACES
SUPERFICIES
- PLANTED & INHABITABLE PLANTADO Y NO PISABLE
- SUBSURFACE WETLAND SUPERFICIE CON LÁMINA DE AGUA
- PLANTED BERM ARCÉN CON PLANTACIONES
- HARD SURFACE UNOCCUPIED MEDIANS (ART)
  SUPERFICIE DURA EN MEDIANAS (INTERVENCIÓN ARTÍSTICA)
- PROGRAM SPACES ESPACIOS CON PROGRAMA DETERMINADO
- PEDESTRIAN PATHWAY RECORRIDOS PEATONALES
- BIKEWAY BICI-CARRIL
- ALLEE PASEO MÁS AMPLIO

SIGNAGE
SEÑALIZACIÓN
- PORTAL SIGNAGE PÓRTICO DE SEÑALIZACIÓN
- FREE-STANDING KIOSK SIGNAGE QUIOSCO CON SEÑALIZACIÓN
- CLIP-ON SIGNAGE SEÑALIZACIÓN MEDIANTE SISTEMA DE FIJACIÓN

BENCH
BANCOS
- BENCH ARRANGEMENTS AGRUPACIÓN DE BANCOS

LIGHTING
ILUMINACIÓN
- BIG LIGHTS GRANDES LUMINARIAS
- INTERSECTION UPLIGHTING PROYECTORES EN CRUCES
- UPLIGHTING OF HISTORIC STRUCTURE PROYECTORES ORIENTADOS HACIA ELEMENTOS HISTÓRICOS
- DOWNLIGHT PROYECTORES HACIA LA CALZADA

CHAPTER 01. REMEDIATE / RECLAIM SERIES

The new landscape of the area adjoining Queens Plaza is home to a retention pond planted with native plant species which filter out contaminants. This way, the excess run-off draining straight back into the general sewer network is reduced. The asphalt or pre-cast concrete pavements are permeable and filter or redirect the run-off to side canals leading to the retention ponds or the planted central reservations.
The storm-water collected in Queens Plaza accumulates and runs down towards the river by the forces of gravity. In addition, it can be used for watering purposes and for fountains and ponds. Planting helps to mitigate air and noise pollution.

La nueva topografía de los alrededores de Queens Plaza acomoda una balsa de retención plantada con especies autóctonas que filtran la contaminación. De esta manera se reduce el paso inmediato del exceso de agua al sistema general de alcantarillado. Los pavimentos de asfalto u hormigón prefabricado son permeables y filtran o redirigen la escorrentía por canales laterales hacia las balsas de retención o las zonas de plantación de las medianas.
El agua recogida en Queens Plaza se acumula y es dirigida por gravedad hacia el río. Además, sirve para regar y alimentar fuentes y estanques.
Las plantaciones ayudan a mitigar la contaminación atmosférica y acústica.

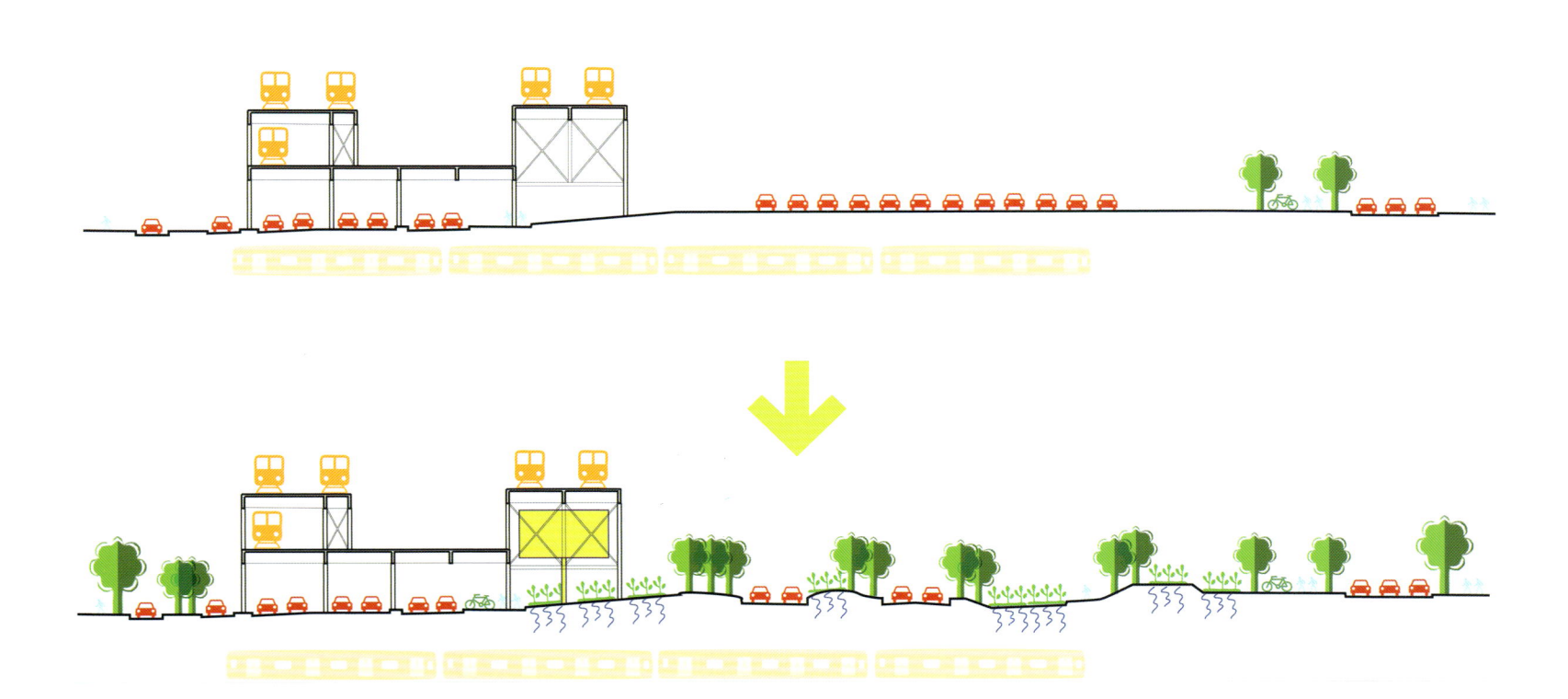

CHAPTER 01. REMEDIATE / RECLAIM SERIES

020

REMEDIATE
Selective removal of asphalt from a parking lot
Substracción selectiva de asfalto en un aparcamiento

BELONGS TO PROJECT: **FREIGHT BUILDING AND TAXI'S PUBLIC SPACE** - Stephen Dynia, Groundworks Design, Wenk
Denver (United States) 2011

Site area Superficie de la parcela (m²) 73,000   258   286   66   114   198   214
Project budget Presupuesto del proyecto (euros/m²) .... -

CHAPTER 01. REMEDIATE / RECLAIM SERIES

In this former parking lot opposite an old cargo unloading terminal, now transformed into a business incubator, the first action undertaken to make it into public space was removal. Some sections of the existing asphalt and concrete were selectively removed, uncovering the original soil. The size of the sections to be removed was according to the dimensions of the trucks which used to unload into the building. The deliberate cracks were filled in by planting Virginian native wild grass and poplars. The slabs of concrete removed were piled up for them to be used later on as paving stones. As the pioneer plants grow the cracks open up, sketching out the lines between the deliberate and the accidental.

La primera acción que se ejecuta en esta antigua zona de aparcamiento, situada frente a una antigua terminal de carga, es substractiva. Se eliminan de manera selectiva algunas secciones del asfalto y del hormigón existente, dejando a la vista el terreno original. El patrón para suprimir bandas de pavimento se basa en las dimensiones de los camiones que antiguamente descargaban en el edificio. Las fisuras intencionadas se plantan con césped salvaje nativo y chopos. Las losas de hormigón eliminadas se apilan para volverlas a usar como adoquines. A medida que las plantas pioneras maduren, las fisuras se agrandarán, desdibujando los límites entre lo intencionado y lo accidental.

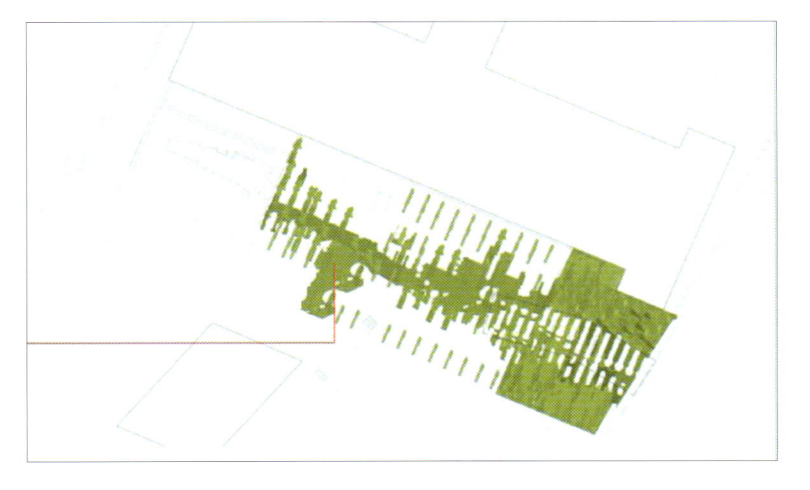

CHAPTER 01. REMEDIATE / RECLAIM SERIES

021

REMEDIATE
Capping and permeability of a contaminated site
Sellado y permeabilización de un terreno contaminado

BELONGS TO PROJECT:

THE STEEL YARD - Klopfer Martin Design Group
Providence (United States) 2010

Site area Superficie de la parcela (m²) 14,163
Project budget Presupuesto del proyecto (euros/m²) 64.67

(258) (286) (216)

CHAPTER 01. REMEDIATE / RECLAIM SERIES

Using the courtyard of this former factory meant the prior capping of lead-contaminated land in accordance with responsible regeneration criteria, that is avoiding any filtering outside the site. For this reason the elements lie on a 30 cm layer of clean soil.

A large central space combining permeable and impermeable flooring is the basis of the circulation elements and functions as an events space.

The perimeter is surrounded by bioswales with bridges crossing over them giving access to the site buildings. The bioswales have been planted with species which filter the storm-water.

El uso del patio de esta antigua fábrica requería el sellado previo del terreno contaminado con plomo, de acuerdo a criterios de regeneración responsable, esto es, evitando toda filtración fuera del recinto. Por eso todos los elementos reposan sobre un relleno de terreno limpio de 30 cm de espesor.

Un gran espacio central que combina pavimentos permeables e impermeables organiza las circulaciones y sirve como marco de eventos. Su perímetro está rodeado de fosos atravesados con puentes de acceso a los edificios del complejo. Los fosos de lluvia están plantados con especies que filtran el agua.

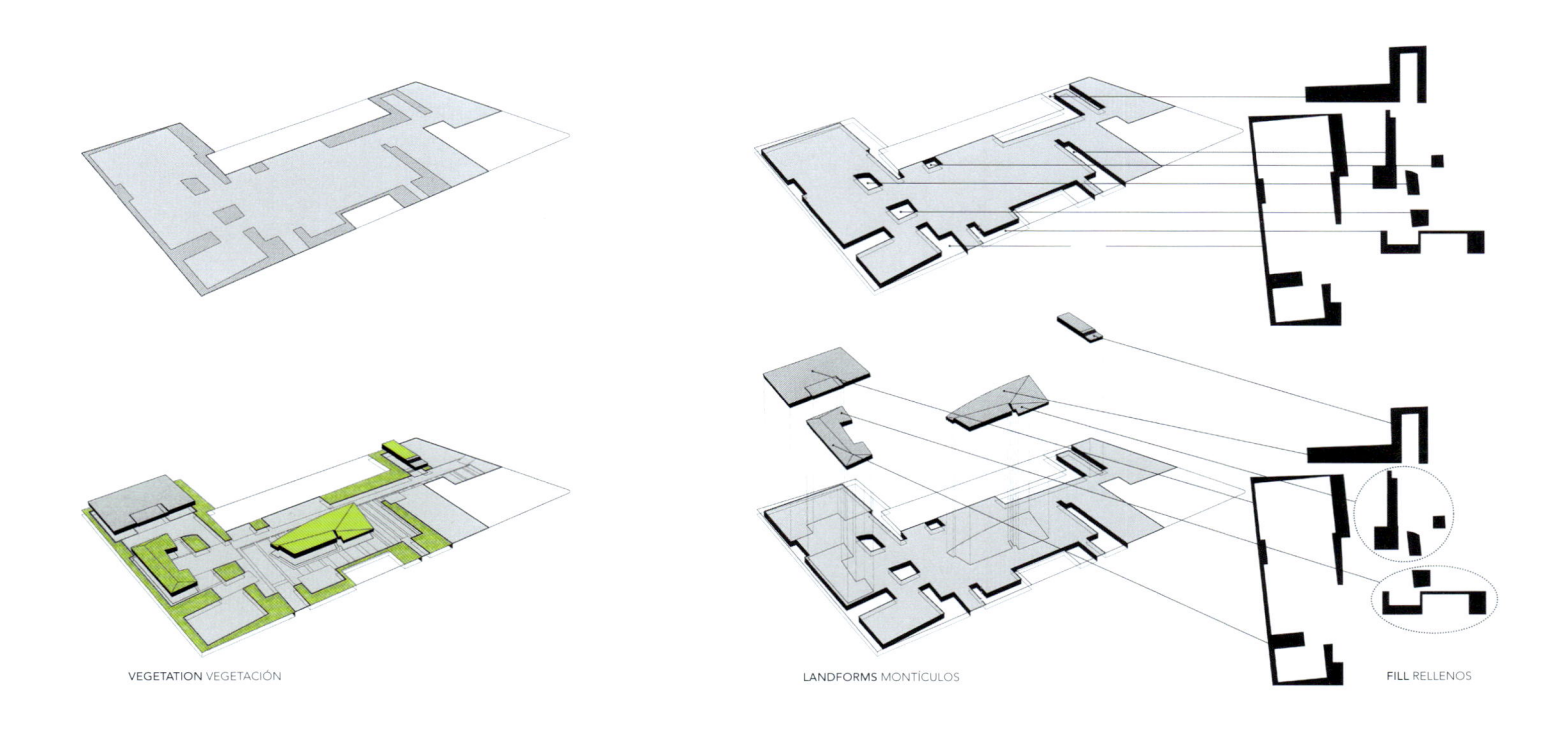

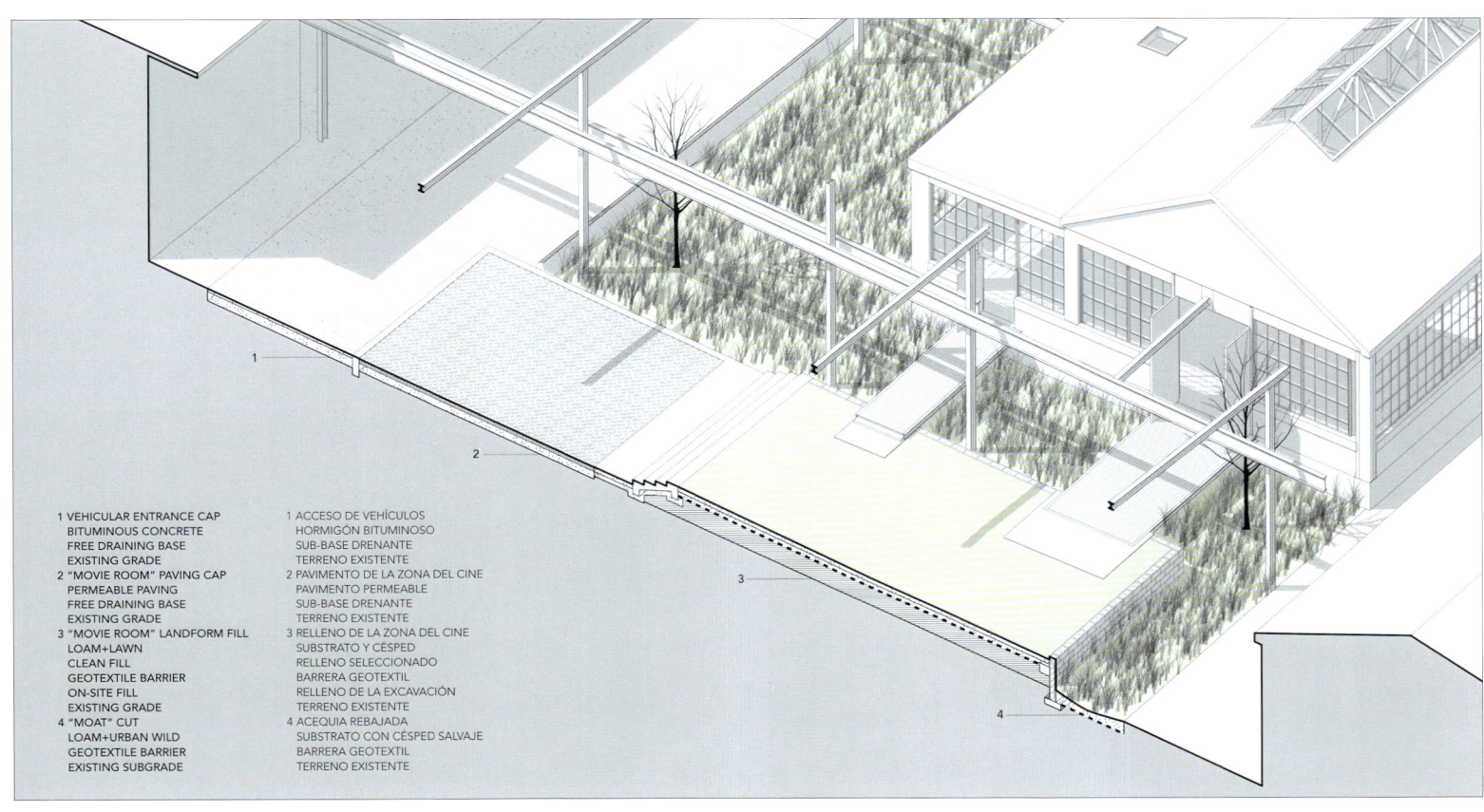

VEGETATION VEGETACIÓN

LANDFORMS MONTÍCULOS

FILL RELLENOS

1 VEHICULAR ENTRANCE CAP
  BITUMINOUS CONCRETE
  FREE DRAINING BASE
  EXISTING GRADE
2 "MOVIE ROOM" PAVING CAP
  PERMEABLE PAVING
  FREE DRAINING BASE
  EXISTING GRADE
3 "MOVIE ROOM" LANDFORM FILL
  LOAM+LAWN
  CLEAN FILL
  GEOTEXTILE BARRIER
  ON-SITE FILL
  EXISTING GRADE
4 "MOAT" CUT
  LOAM+URBAN WILD
  GEOTEXTILE BARRIER
  EXISTING SUBGRADE

1 ACCESO DE VEHÍCULOS
  HORMIGÓN BITUMINOSO
  SUB-BASE DRENANTE
  TERRENO EXISTENTE
2 PAVIMENTO DE LA ZONA DEL CINE
  PAVIMENTO PERMEABLE
  SUB-BASE DRENANTE
  TERRENO EXISTENTE
3 RELLENO DE LA ZONA DEL CINE
  SUBSTRATO Y CÉSPED
  RELLENO SELECCIONADO
  BARRERA GEOTEXTIL
  RELLENO DE LA EXCAVACIÓN
  TERRENO EXISTENTE
4 ACEQUIA REBAJADA
  SUBSTRATO CON CÉSPED SALVAJE
  BARRERA GEOTEXTIL
  TERRENO EXISTENTE

CHAPTER 01. REMEDIATE / RECLAIM SERIES

022

REMEDIATE
Integration of vegetable gardens in a green belt
Integración de huertos de ocio en un anillo verde

BELONGS TO PROJECT:

GREEN BELT - CEA Centro de Estudios Ambientales
Vitoria-Gasteiz (Spain) 2011

Site area Superficie de la parcela (m²) 8,250,000
Project budget Presupuesto del proyecto (euros/m²) 2.69

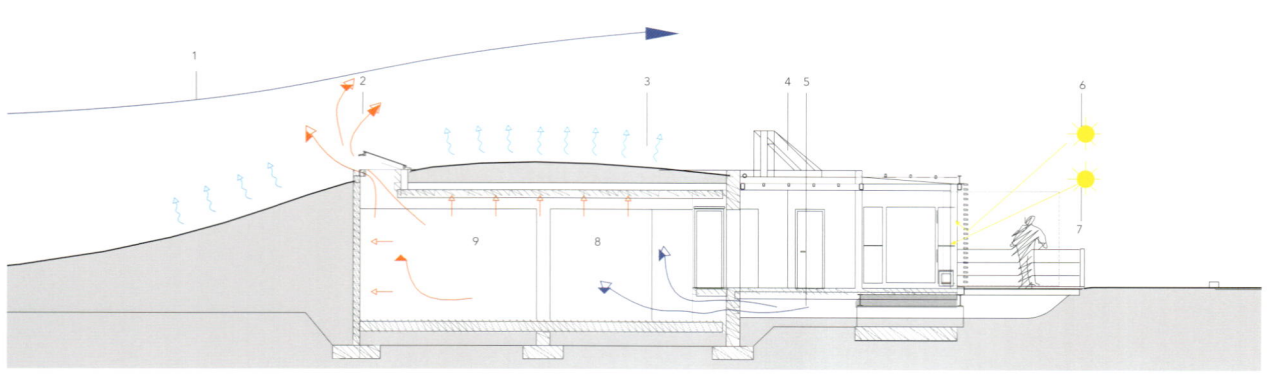

(252) (280) 32 38 42 60 80

Public facilities in a bioclimatic building Edificio de servicio con sistemas energéticos pasivos

1 DOMINANT WINDS (NORTH)
2 CONVECTION CAUSED BY HOT AIR GOING OUT
3 NATURAL EVAPORATION FROM SOIL
4 PHOTOVOLTAIC CELLS
5 FRESH AIR ACCUMULATED UNDER THE BUILDING
6 SUMMER REFLECTED LIGHT
7 WINTER INCIDENT LIGHT
8 STORAGE
9 ENERGY CONTRIBUTION IN CEILING AND WALLS

1 VIENTOS DOMINANTES (NORTE)
2 CONVENCCIÓN CREADA POR EL AIRE CALIENTE QUE ESCAPA
3 EVAPORACIÓN: HUMEDAD DEL TERRENO
4 PANELES FOTOVOLTAICOS
5 AIRE FRESCO ACUMULADO BAJO EL EDIFICIO
6 VERANO: ILUMINACIÓN REFLEJADA
7 INVIERNO: ILUMINACIÓN DIRECTA
8 ALMACEN
9 APORTE DE ENERGÍA EN TECHO Y PAREDES

CHAPTER 01. REMEDIATE / RECLAIM SERIES

The vegetable gardens in the Green Belt setting comprise an alternative to the illegal vegetable gardens which had long existed on the riverbanks of the Vitoria-Gasteiz municipality. Two areas of vegetable gardens have been built for this purpose: Urarte y Olarizu. The Urarte garden area is located over 6 hectares and divided up into 240 individual allotments; in addition to greeenhouses, collective allotments, facilities, gardens, rest and recreational areas. The Olarizu allotments also contain a bio-climatic building and a two-storey greenhouse. These vegetable gardens are multi-purpose areas which are also used for educational uses related to horticulture.

Los huertos de ocio construidos en el entorno cel Anillo Verde constituyen una alternativa a las huertas ilegales que existían desde antiguo en las márgenes de los ríos del municipio de Vitoria-Gasteiz. Se construyen con este objetivo dos zonas de huertos: Urarte y Olárizu. El huerto de Urarte ocupa una superficie de 6 hectáreas repartida en 240 huertos individuales, además de invernaderos, huertos colectivos, infraestructuras, jardines, áreas de estancia y esparcimiento. Los huertos de Olárizu contienen además un edificio con sistemas pasivos de energía y un invernadero en dos niveles. Estos huertos son zonas multifuncionales que desarrollan labores educativas relacionadas con la horticultura.

CHAPTER 01. REMEDIATE / RECLAIM SERIES

023

REMEDIATE
Inserting routes into a setting of ruins
Introducción de itinerarios en un entorno de ruinas

BELONGS TO PROJECT: **TURÓ DE LA ROVIRA** - Jansana, de la Villa, de Paauw, AAUP Jordi Romero
Barcelona (Spain) 2011

Site area Superficie de la parcela (m²) 9,611
Project budget Presupuesto del proyecto (euros/m²) 100.83

(260) (288) (82)

CHAPTER 01. REMEDIATE / RECLAIM SERIES

The intervention on the Cima del Turó is imbued with archaeological and historical content for which two routes have been established: one paved, with safety railings and another with a small path which runs alongside mainly farmland areas.

The railings have been adapted to the existing steps with a plate which runs along their length onto which solid bars and handrails have been welded. Protecting the interior spaces of the old artillery units has been carried out using rusty steel rebars, as if they were an *objet trouvé* aiming to highlight the ephemeral nature.

All along the routes information panels provide a detailed history of the site.

La intervención sobre la Cima del Turó tiene un contenido histórico-arqueológico para el que se establecen dos recorridos: uno pavimentado, con protecciones de barandillas y otro como un pequeño sendero que discurre por las zonas más agrícolas.

Las barandillas se adaptan a las escaleras existentes con una pletina que recorre todo su perfil, y a la que se sueldan los barrotes macizos y los pasamanos. Las protecciones de los espacios interiores de las antiguas baterías militares se realizan con unas rejas de redondo de acero oxidado, como si de un *objet trouvé* se tratara, con la voluntad de reflejar su provisionalidad.

A lo largo de los recorridos se encuentran paneles explicativos de la historia del lugar.

Q	QUERCUS ILEX SUBSPECIES ILEX
PH	PINUS HALEPENSIS
CA	CELTIS AUSTRALIS
SD	SORBUS DOMESTICA
FC	FICUS CARICA
CM	CRATAEGUS MONOGYNA
PS	PRUNUS SPINOSA
CS	CORNUS SANGUINEA
ROS	ROSA SPINOSA
RA	RHAMUS ALATERNUS
JO	JUNIPERUS OXYCEDRUS
JP	JUNIPERUS PHOENICEA
AU	ARBUTUS UNEDO
BF	BUPLEURUM FRUTICOSUM
OS	OLEA EUROPAEA SYLVESTRIS
PL	PISTACIA LENTISCUS
QC	QUERCUS COCCIFERA
PA	PHYLLIREA ANGUSTIFOLIA
SP	SPARTIUM JUNCEUM
JO	JUNIPERUS OXYCEDRUS
CSI	CERATONIA SILIQUA
RT	RETAMA MONOSPERMA
OP	OPUNTIA
RO	ROSMARINUS OFFICINALLIS
EM	ERICA MULTIFLORA
SC	SANTOLINA CHAMAECYPARISSSUS
SO	SALVIA OFFICINALLIS LAVANDULIFOLIA
CAL	CISTUS ALBIDUS
CCL	CISTUS CLUSII
CC	CISTUS CRETICUS
CF	CISTUS FLORENTINUS
CS	CISTUS SALVIIFOLIUS
CMO	CISTUS MONSPELIENSIS
LL	LAVANDULA LATIFOLIA
AR	ALLIUM ROSEUM
AS	ALLIUM SPHAEROCEPHALON
AC	ALLIUM CAERULEUM
GI	GLADIOLUS ILLYRICUS
IL	IRIS LUTESCENS
IG	IRIS GERMANICA
MN	MUSCARI NEGLECTUM
TE+AH	WEED CONTROL AND SOIL ADITION
HDS	HYDRO SOWING

CHAPTER 01. REMEDIATE / RECLAIM SERIES

024

REMEDIATE
Converting a parking lot into a rest area
Conversión de aparcamiento en zona de estancia

BELONGS TO PROJECT:

QUEENS PLAZA - Margie Ruddick Landscaping / WRT / Marpillero Pollak Architects
New York (United States) 2012

Site area Superficie de la parcela (m²) 6,070
Project budget Presupuesto del proyecto (euros/m²) 5,683.69

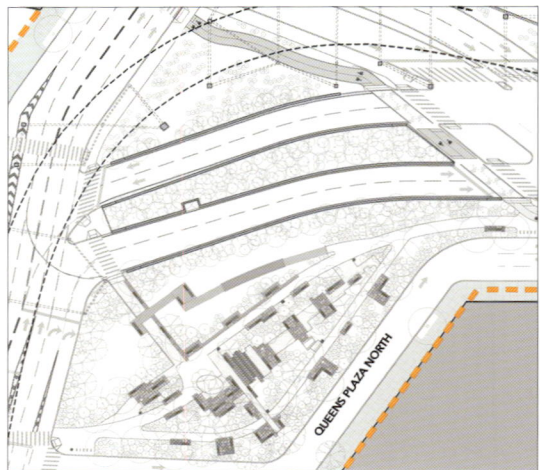

258 286 68

| CHAPTER 01. REMEDIATE / RECLAIM SERIES

The subway turn loop linking Queens and Manhattan Island created a residual space between the viaduct and the buildings which was often used as a park and ride car park. This space is now a public square with gardens and rest areas and was renamed Dutch Kills Green.
The benches offer spaces for relaxation in the midst of a noisy environment and encourage social interaction in a seemingly unsuitable setting.
The benches help to correct the differences in levels, protect the trees and determine the location of the plant beds. The benches are made of concrete elements whose texture is reiterated in the surfaces of the paving slabs in some areas.

El radio de giro del ferrocarril que une Queens con la isla de Manhattan originó un espacio residual entre el viaducto y los edificios, que se usaba habitualmente como aparcamiento disuasorio. Este espacio es ahora una plaza pública con jardines y zonas de descanso, bautizada como Ducth Kills Green. Las agrupaciones de bancos ofrecen espacios para el descanso en medio del ambiente ruidoso y favorecen la interacción social en un entorno poco propicio. Los bancos permiten salvar las diferencias de cota del terreno, protegen a los árboles y determinan la ubicación de las fosas de plantación. Están fabricados con piezas de hormigón cuya textura repite en algunas zonas el acabado de las losas del pavimento.

CHAPTER 01. REMEDIATE / RECLAIM SERIES

025

REMEDIATE
Integration of recreational areas in a peri-urban environment
Integración de áreas de estancia en un entorno periurbano

BELONGS TO PROJECT: **GREEN BELT** - CEA Centro de Estudios Ambientales
Vitoria-Gasteiz (Spain) 2011

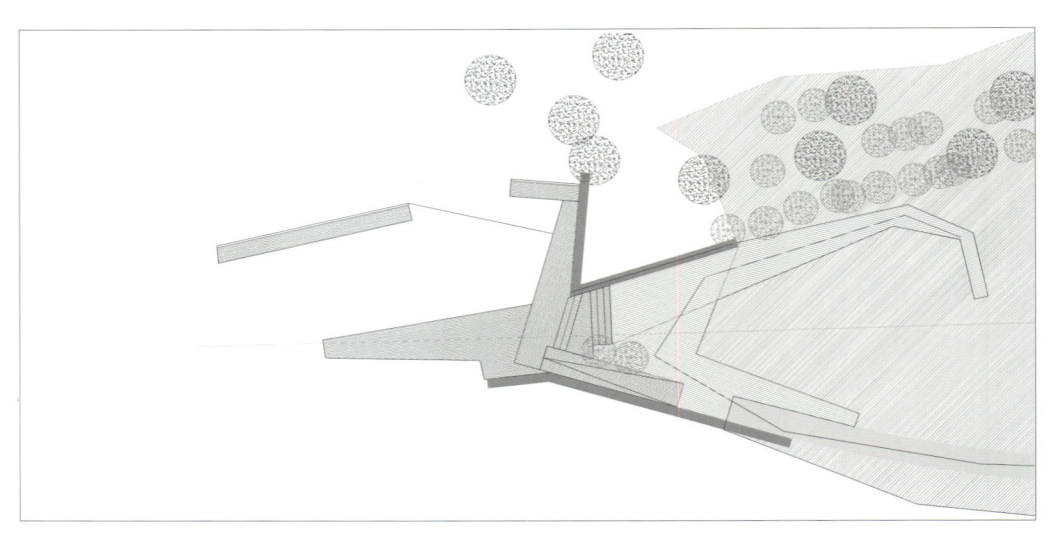

Site area Superficie de la parcela (m²) 8,250,000
Project budget Presupuesto del proyecto (euros/m²) 2.69

(252) (280) (32) (38) (42) (60) (74)

CHAPTER 01. REMEDIATE/ RECLAIM SERIES

At significant points in the Green Belt surrounding Vitoria-Gasteiz, the recreational and leisure areas serve to articulate the route and to equip it with elements for relaxation, contemplation and fun. In these areas, different materials are combined, mostly stone, steel and wood. The vegetation tends to be native species coming from the council nursery and is chosen with environmental, rather than landscape or aesthetic, criteria in mind. Where there are the best views, observation decks have been built in specific locations, enabling views of significant landmarks in the Alava plains.

En puntos destacados del Anillo Verde que rocea Vitoria-Gasteiz, las áreas de estancia y ocio sirven para articular el recorrido y equiparlo con elementos para reposo, contemplación y diversión. En estas zonas se combinan distintos materiales, principalmente, piedra, acero y madera. La vegetación suele ser autóctona, procedente de vivero propio y se escoge con criterios ecológicos, más que paisajísticos o estéticos. Cuando la excepcionalidad de las vistas así lo aconseja, se construyen miradores en enclaves señalados, que permiten identificar puntos significativos de la Llanada alavesa.

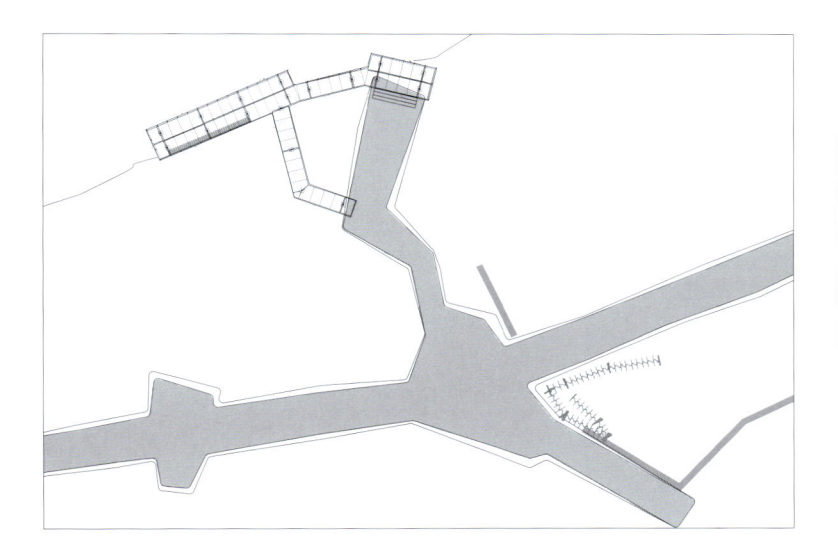

CHAPTER 01. REMEDIATE / RECLAIM SERIES

026

REMEDIATE
Repairing paving in a deconstructed environment
Reparación de pavimentos en un entorno deconstruido

BELONGS TO PROJECT: **TURÓ DE LA ROVIRA** - Jansana, de la Villa, de Paauw, AAUP Jordi Romero
Barcelona (Spain) 2011

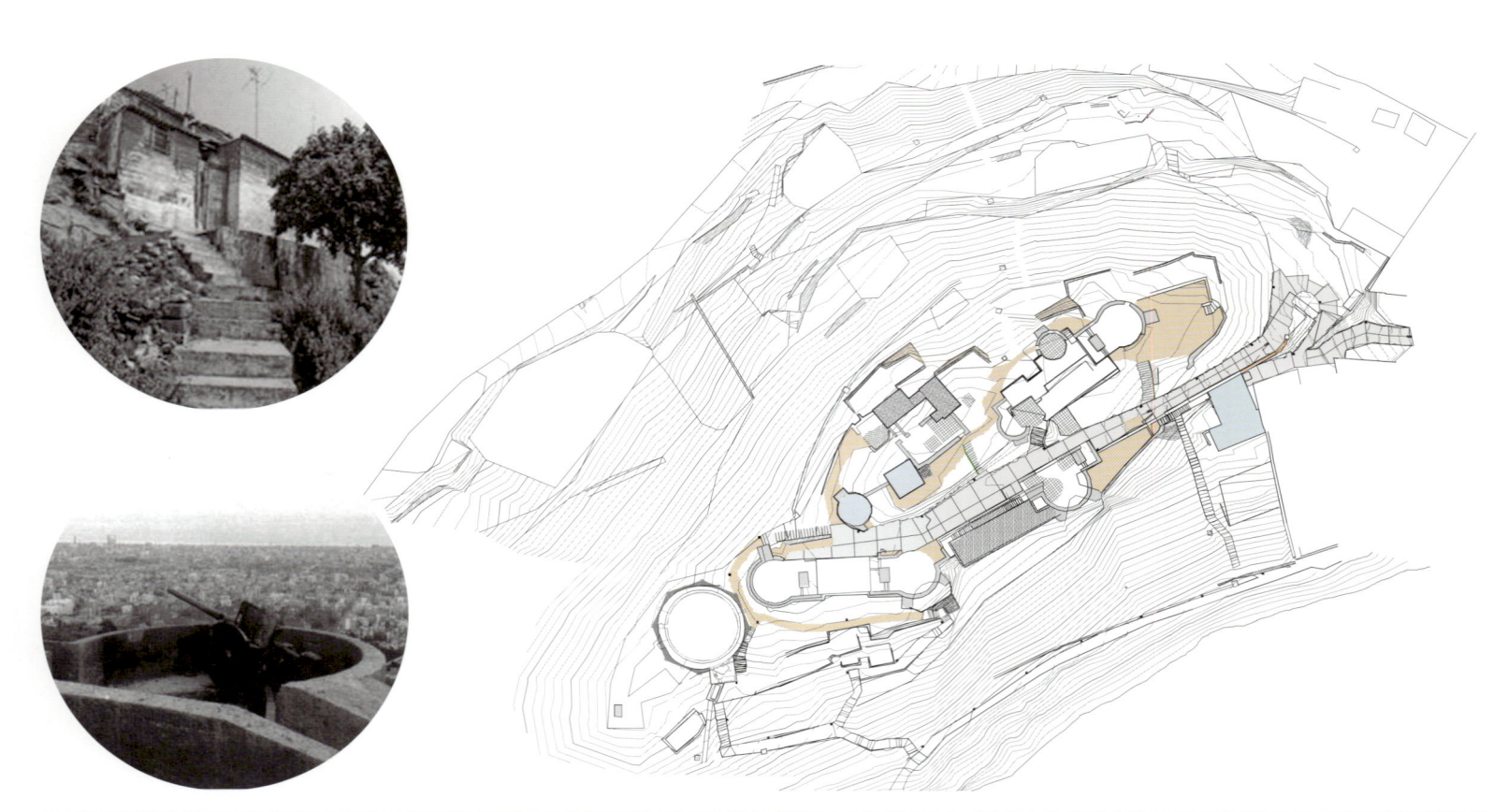

Site area Superficie de la parcela (m²) 9,611
Project budget Presupuesto del proyecto (euros/m²) 100.83

(260) (288) **76**

82

CHAPTER 01. REMEDIATE / RECLAIM SERIES

The intervention on the successive strata of use to be found in the Cima del Turó involved leaving existing paving and lines on show, displaying the historical cohabitation of the military constructions of the thirties with the informal buildings of the fifties. The paving of the former barracks, the access steps, the defensive walls have all been repaired with materials similar to those found in place. The approach was for maximum conservation and reinforcement of that existing and minimum intervention aiming to maintain the vision of superimposed strata, hence displaying an evolving landscape.

La intervención sobre los sucesivos estratos de uso encontrados en la Cima del Turó consiste en dejar a la vista los pavimentos y trazas existentes, que manifiestan la convivencia histórica de las construcciones militares de los años treinta con los asentamientos informales de los cincuenta. Los pavimentos de las antiguas barracas, las escaleras de acceso, los muros defensivos, se reparan con materiales similares a los encontrados. El criterio ha sido de una máxima conservación y potenciación de lo existente y una mínima intervención, para mantener la visión de superposición de estratos, mostrándolo como un paisaje en evolución.

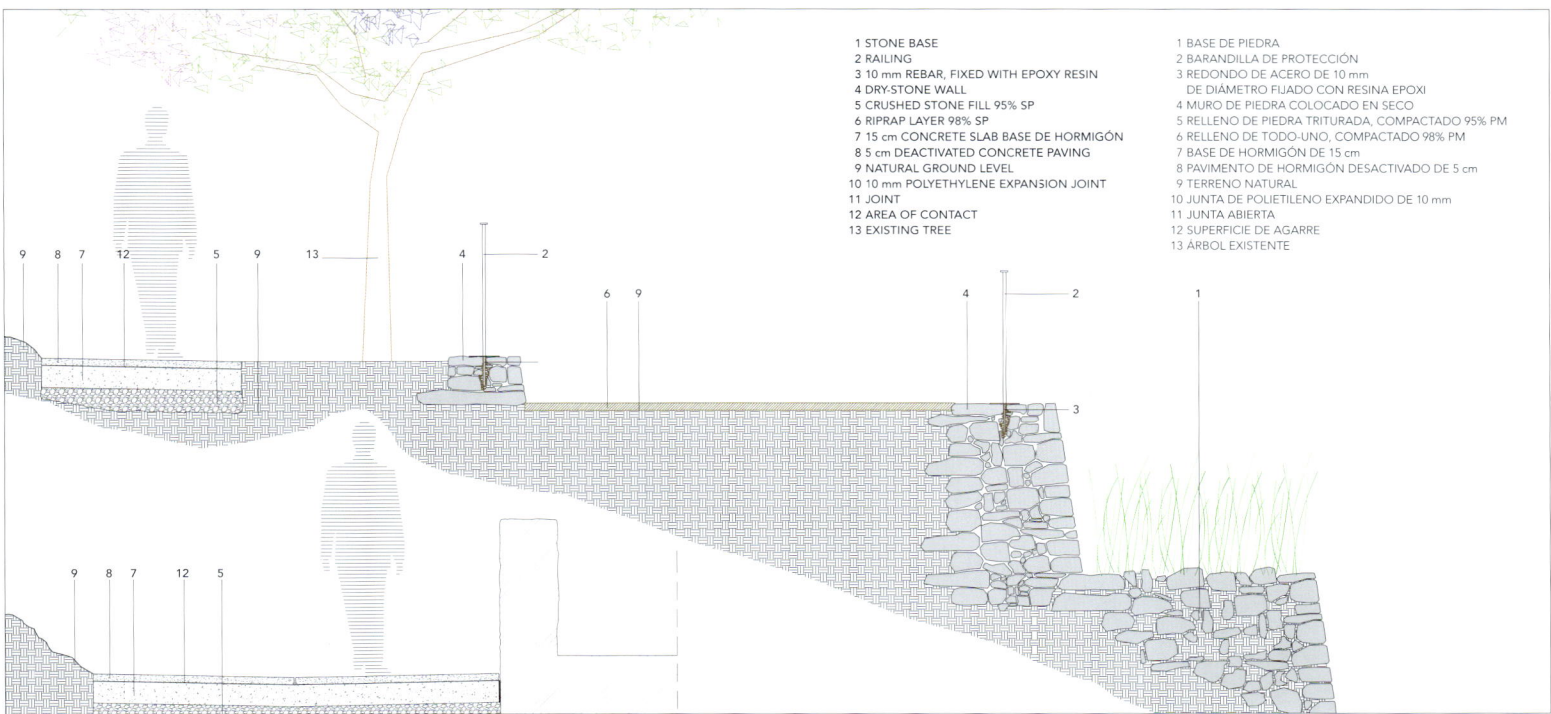

1 STONE BASE
2 RAILING
3 10 mm REBAR, FIXED WITH EPOXY RESIN
4 DRY-STONE WALL
5 CRUSHED STONE FILL 95% SP
6 RIPRAP LAYER 98% SP
7 15 cm CONCRETE SLAB BASE DE HORMIGÓN
8 5 cm DEACTIVATED CONCRETE PAVING
9 NATURAL GROUND LEVEL
10 10 mm POLYETHYLENE EXPANSION JOINT
11 JOINT
12 AREA OF CONTACT
13 EXISTING TREE

1 BASE DE PIEDRA
2 BARANDILLA DE PROTECCIÓN
3 REDONDO DE ACERO DE 10 mm DE DIÁMETRO FIJADO CON RESINA EPOXI
4 MURO DE PIEDRA COLOCADO EN SECO
5 RELLENO DE PIEDRA TRITURADA, COMPACTADO 95% PM
6 RELLENO DE TODO-UNO, COMPACTADO 98% PM
7 BASE DE HORMIGÓN DE 15 cm
8 PAVIMENTO DE HORMIGÓN DESACTIVADO DE 5 cm
9 TERRENO NATURAL
10 JUNTA DE POLIETILENO EXPANDIDO DE 10 mm
11 JUNTA ABIERTA
12 SUPERFICIE DE AGARRE
13 ÁRBOL EXISTENTE

CHAPTER 01. REMEDIATE / RECLAIM SERIES

027

REMEDIATE
Introduction of sewerage systems into the informal city
Introducción de canalizaciones en la ciudad informal

BELONGS TO PROJECT: **CANTINHO DO CEU PARK** - Boldarini Arquitetura e Urbanismo
Sao Paulo (Brazil) 2012

Site area Superficie de la parcela (m²) 1,543
Project budget Presupuesto del proyecto (euros/m²) 38.81

260   288   86

CONSOLIDATED BUILDINGS CONSTRUCCIONES CONSOLIDADAS
REMOVED BUILDINGS CONSTRUCCIONES ELIMINADAS
HIGH-TENSION CABLE LÍNEA DE ALTA TENSIÓN

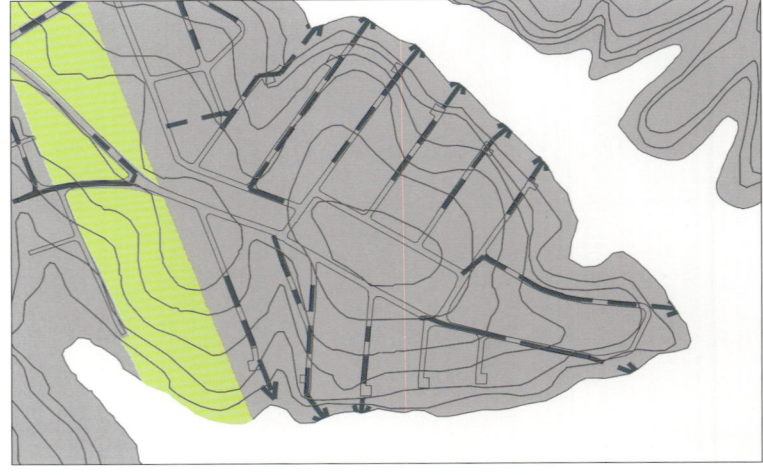

DRAINAGE CANALIZACIONES
HIGH-TENSION CABLE LÍNEA DE ALTA TENSIÓN

CHAPTER 01. REMEDIATE / RECLAIM SERIES

Residencial dos Lagos was built on a peninsula which protrudes into the Billings Reservoir and it had particularly precarious links to the exterior areas. For this reason, the roads set aside for vehicles have been improved and pedestrian and cycle transit has been set apart. The streets have been asphalted over with permeable materials to avoid the run-off and drainage channels have been built. A new sewerage system prevents waste water from spilling into the reservoir and the lands have been shored up to avoid landslides.

Residencial dos Lagos se construyó sobre una península que se adentra en el embalse Billings y su conexión con el exterior era especialmente precaria. Por eso se han mejorado las vías de tráfico rodado y diferenciado la circulación de peatones y bicicletas. Se han asfaltado las calles con pavimentos permeables para evitar la escorrentía e implantado canales de drenaje. Una nueva red de alcantarillado evita el vertido de residuos al lago y los terrenos se han consolidado para evitar derrumbes.

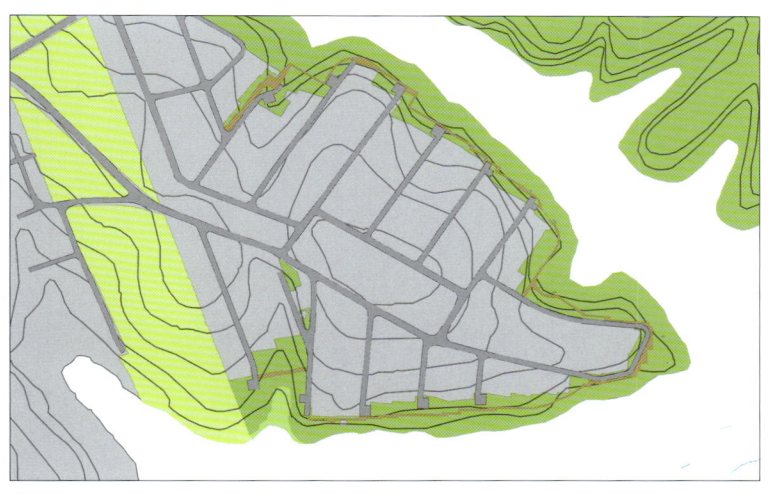

- GREEN AREAS ZONAS VERDES
- ROADS VIARIO
- PEDESTRIAN PATHS CAMINOS PEATONALES

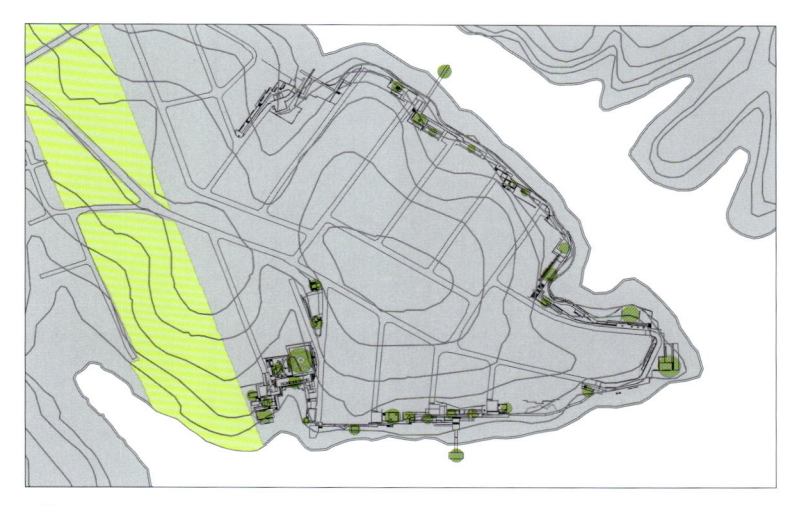

- LEISURE ACTIVITIES ACTIVIADES DE OCIO
- HIGH-TENSION CABLE LÍNEA DE ALTA TENSIÓN

CHAPTER 01. REMEDIATE / RECLAIM SERIES

028

REMEDIATE
Introduction of public space into the informal city
Creación de espacio público en la ciudad informal

BELONGS TO PROJECT:

CANTINHO DO CEU PARK - Boldarini Arquitetura e Urbanismo
Sao Paulo (Brazil) 2012

Site area Superficie de la parcela (m²) 1,543
Project budget Presupuesto del proyecto (euros/m²) 38.81

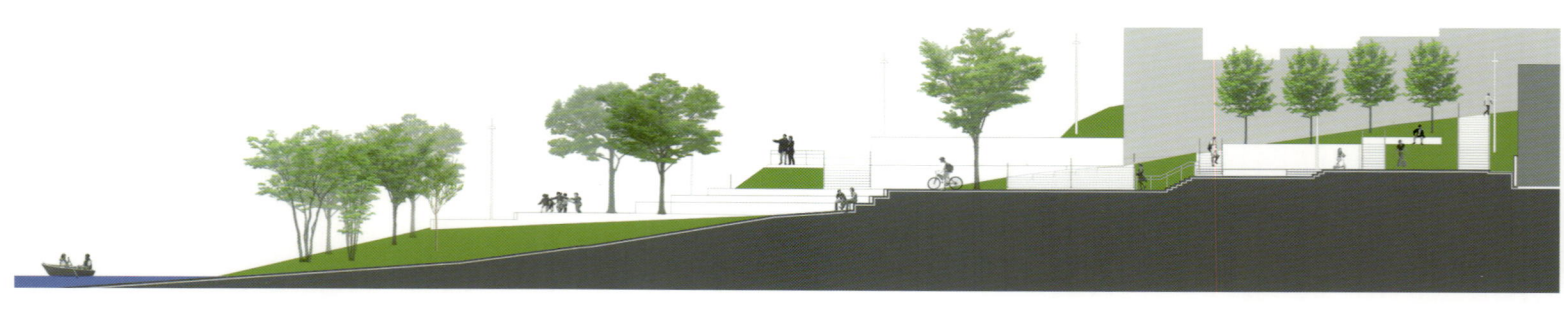

(260) (288) **84**

CHAPTER 01. REMEDIATE / RECLAIM SERIES

This project is part of a program which legally recognises the favelas and aims to enhance residents' living conditions and guarantee social inclusion. A public use corridor was built. This is a 7 km long strip which connects up several open air facilities where plantations of native species of plants have been preserved and restored. The park opens up views from within the favela out to the reservoir; with this, a part of the illegally occupied lands passes into the hands of the collective. A walkway paved with permeable materials links up sports areas, seating areas, observation decks, platforms over the water and an open air cinema. The walls of the dwellings facing the park have been painted the colours of a project by the artist Mauricio Adinolfi.

Este proyecto forma parte de un programa que reconoce legalmente las favelas y desea mejorar las condiciones de vida de sus habitantes. Se ha construido un corredor de uso público en una franja de 7 km de longitud que enlaza varios equipamientos al aire libre, donde se han mantenido y restaurado las plantaciones de especies nativas. El parque abre visuales desde el interior de la favela hacia el lago; con él, una parte de los terrenos ocupados ilegalmente pasa a manos de la colectividad. Un paseo pavimentado con materiales permeables enlaza pistas deportivas, gradas, miradores, plataformas en el agua y un cine al aire libre. Los muros de las viviendas que dan al parque están pintados de colores según el proyecto del artista Mauricio Adnolfi.

1 PLAYGROUND
2 BELVEDERE
3 SKATE PARK
4 SOCCER FIELD
5 WOOD DECK
6 ACADEMY SENIORS
7 CAPOEIRA AND DANCE STREET
8 FLOATING DECK
9 PING-PONG
10 BOARDWALK WOOD
11 FRUIT TREES
12 PARKING
13 BLEACHERS
14 BIKE RENTAL
15 MESH COURT
16 WETLAND
17 GARDEN
18 CINE OPEN
19 BEACH SOCCER
20 SAND VOLLEYBALL
21 DIRECTIONS PUBLIC TRANSPORTATION

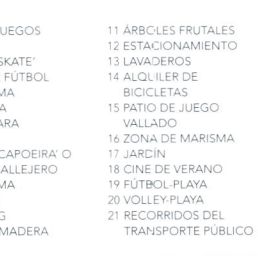

1 ZONA DE JUEGOS
2 MIRADOR
3 ZONA DE 'SKATE'
4 CAMPO DE FÚTBOL
5 PLATAFORMA DE MADERA
6 CENTRO PARA MAYORES
7 ZONA DE 'CAPOEIRA' O DE BAILE CALLEJERO
8 PLATAFORMA FLOTANTE
9 PING-PONG
10 PASEO DE MADERA
11 ÁRBOLES FRUTALES
12 ESTACIONAMIENTO
13 LAVADEROS
14 ALQUILER DE BICICLETAS
15 PATIO DE JUEGO VALLADO
16 ZONA DE MARISMA
17 JARDÍN
18 CINE DE VERANO
19 FÚTBOL-PLAYA
20 VOLLEY-PLAYA
21 RECORRIDOS DEL TRANSPORTE PÚBLICO

87

CHAPTER 01. REMEDIATE / RECLAIM SERIES

029

REMEDIATE
Creating a safe route in the informal city
Creación de un itinerario seguro en la ciudad informal

BELONGS TO PROJECT: **KHAYELITSHA URBAN UPGRADING** - Tarna Klitzner / Jonker and Barnes
Cape Town (South Africa) 2014

Site area Superficie de la parcela (m²) 78,000
Project budget Presupuesto del proyecto (euros/m²) 183.97

(260) (288)

Harare urban park Parque urbano en Harare

CHAPTER 01. REMEDIATE / RECLAIM SERIES

Harare is one of the areas identified as a priority by residents regarding crime reduction along the pedestrian footpaths. This project was the first to go ahead and involves creating landmarks along a safe pedestrian route: Harare Urban Park and Harare Square are now multi-purpose public spaces which incorporate the functions of the storm-water retention basins on which they have been built. In order to prevent flooding, permeable paving has been used and a system has been adopted which collects the storm-water to water the plantings. The access and circulation elements have been clearly defined and each space looks both different and recognisable. The physical barriers have been removed and use by all citizens has been aimed at. A long term management and maintenance plan guarantees the future success of the projects.

Harare es una de las zonas identificadas como prioritarias por los residentes para la reducción de la delincuencia a lo largo de las rutas peatonales. El proyecto ha sido el primero en realizarse y se basa en la creación de hitos que puntúan un recorrido peatonal seguro: Harare Urban Park y Harare Square son ahora espacios públicos multifuncionales que incorporan las funciones de las cuencas de retención de pluviales sobre la que se han construido. Para evitar inundaciones, se han empleado pavimentos porosos y dispuesto un sistema de recogida de aguas que recicla la escorrentía para regar las plantaciones. Los accesos y circulaciones están claramente definidos y cada espacio tiene un aspecto diferente y reconocible. Las barreras físicas han sido eliminadas y se ha previsto la utilización por parte de todos los ciudadanos. En el futuro, el éxito está asegurado por un plan de gestión y mantenimiento a largo plazo.

Harare Square Plaza en Harare

Safe places and walkways Lugares seguros y senderos en Monwabisi Park

Managed areas at start Antes de la intervención

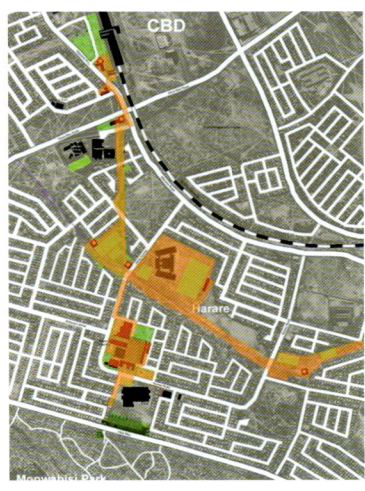

Managed areas Situación actual

CHAPTER 01. REMEDIATE / RECLAIM SERIES

030

REMEDIATE
Restoration systems analysis
Análisis de los sistemas relacionados con una regeneración

BELONGS TO PROJECT:

ATLANTA BELTLINE - Perkins+Will
Atlanta (United States) 2006-2031

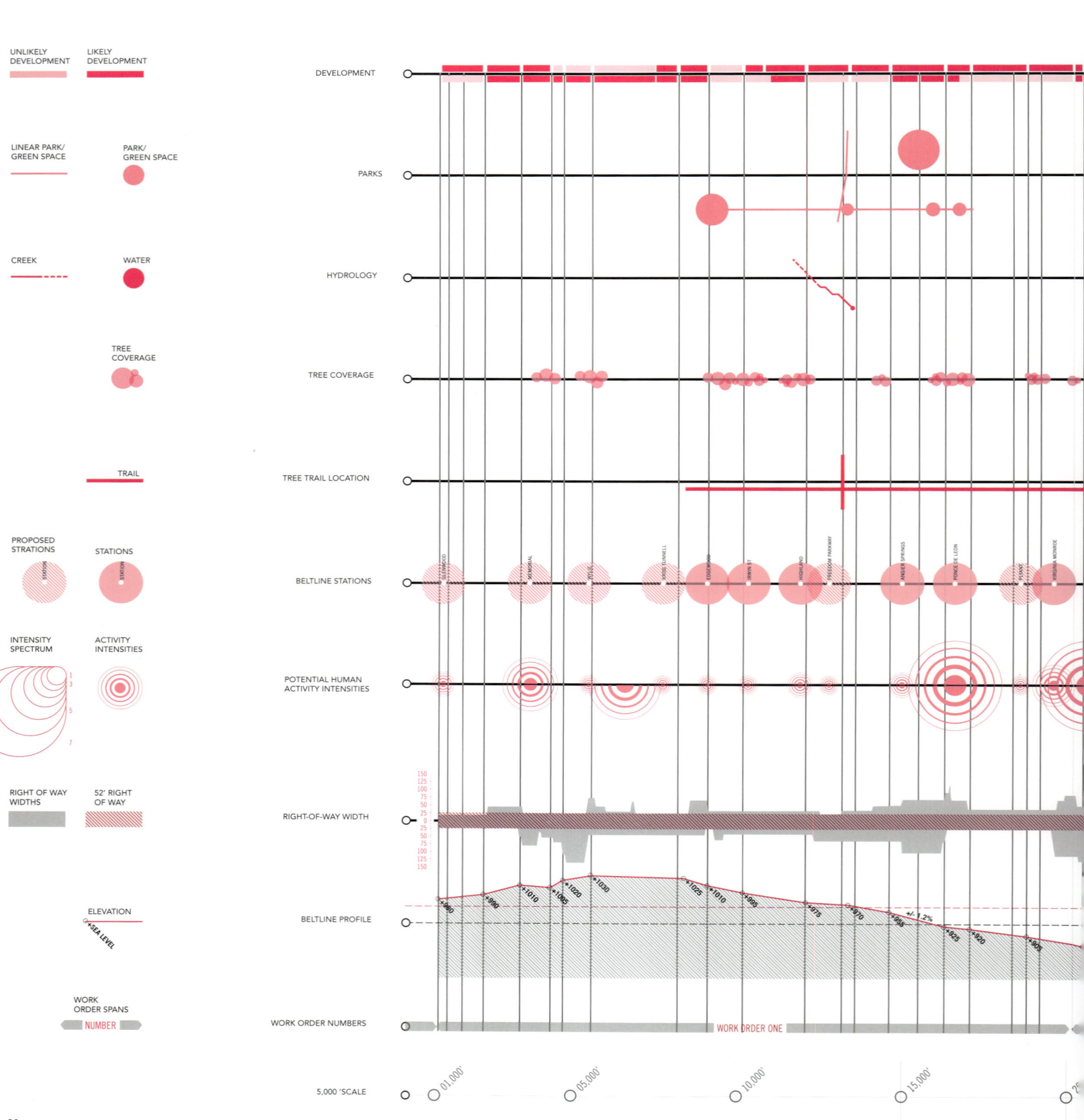

Site area Superficie de la parcela (m²).................................26,300.000
Project budget Presupuesto del proyecto (euros/m²).................85.55

252 | 280 | 28 | 34 | 62

Legend		Category
UNLIKELY DEVELOPMENT / LIKELY DEVELOPMENT		DEVELOPMENT
LINEAR PARK/GREEN SPACE / PARK/GREEN SPACE		PARKS
CREEK / WATER		HYDROLOGY
TREE COVERAGE		TREE COVERAGE
TRAIL		TREE TRAIL LOCATION
PROPOSED STRATIONS / STATIONS		BELTLINE STATIONS
INTENSITY SPECTRUM / ACTIVITY INTENSITIES		POTENTIAL HUMAN ACTIVITY INTENSITIES
RIGHT OF WAY WIDTHS / 52' RIGHT OF WAY		RIGHT-OF-WAY WIDTH
ELEVATION / SEA LEVEL		BELTLINE PROFILE
WORK ORDER SPANS / NUMBER		WORK ORDER NUMBERS

5,000 'SCALE   01,000'   05,000'   10,000'   15,000'

90

CHAPTER 01. REMEDIATE / RECLAIM SERIES

The systems analysis map demonstrates the hundreds of individual conditions that define the Atlanta BeltLine corridor. The design considers every scale, everything from watersheds and migratory patterns to transit networks, traffic patterns and thousands of specific site conditions. It must consider the nighttime as much as the day, and should enhance the experience of every season. It must allow for implementation of many discrete projects over time including fast-track components that will begin construction long before the design process itself concludes, and projects that will not be implemented for years to come. The design should work for all people, for everything from commuting trips to romantic strolls to children's explorations. It must work for the existing communities as well as for the future thousands who will live in greater densities within its redeveloped districts.

El mapa de sistemas analizados muestra los cientos de condicionantes individuales que define el corredor Atlanta Beltline. El diseño tiene en cuenta cada escala, desde los cauces de agua y las rutas migratorias hasta las redes de tráfico y miles de condiciones específicas del lugar. Estudia tanto la noche como el día e intenta mejorar la experiencia de cada estación. Debe permitir la inclusión de pequeños proyectos a lo largo del tiempo, incluso los más inmediatos, aquellos que se ponen en marcha mucho antes de que todo el proceso de diseño concluya. También debe prever los de largo plazo.
El diseño debe ser útil para los usuarios, tanto para sus viajes diarios como para sus paseos o las excursiones infantiles, y tanto para los usuarios actuales como para los que vendrán en un futuro a vivir en estas áreas regeneradas, en donde aumentarán las densidades.

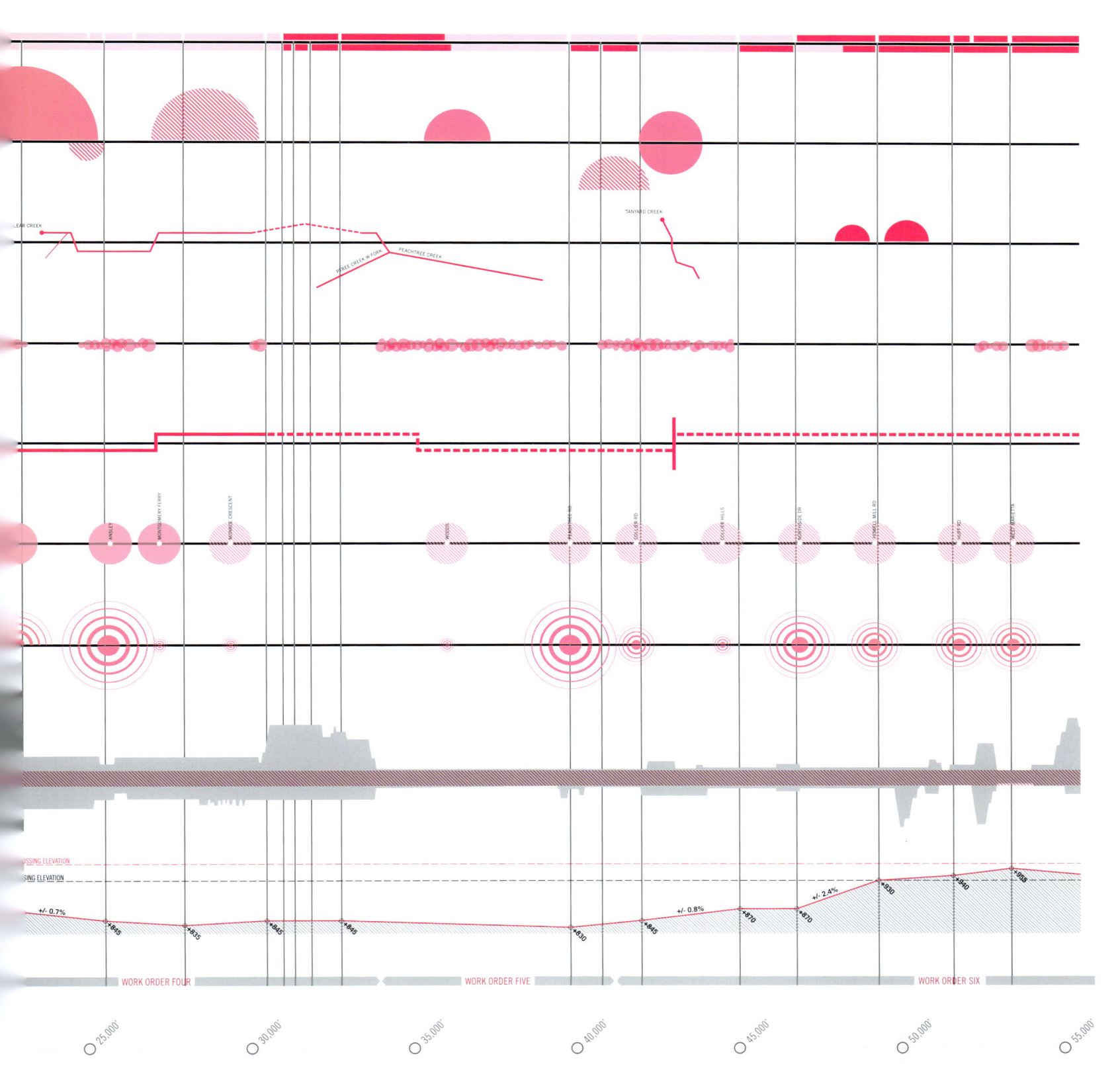

REUSE
- Chapter 02 -

PROCESS INDEX ÍNDICE DE PROCESOS

031 Short-term intervention on a derelict unit
Intervención efímera en una nave en ruinas — 94-95
SHIHLIN PAPER MILL - Interbreeding Field.

032 Building a landscape from rubble
Construcción de topografía con escombros — 96-97
SIDE EFFECT - Amir Lotan.

033 Removing and adding a roof on a former warehouse
Sustracción y adición de cubierta en un antiguo almacén — 98-99
VILLA DE MURPH - Bldgs.

034 Converting a tunnel to exhibition space
Conversión de túnel en espacio expositivo — 100-101
RAILWAY TRANSFORMATION - 3S Studio.

035 Converting a residual space into an active fronts
Conversión de un espacio residual en frente activo — 102-105
LETTEN VIADUCTS REFURBISHMENT - Em2n/Schweingruber Zulauf.

036 Conversion of an open air stage into a sheltered-theatre
Conversión de podio en hangar-teatro — 106-109
OPEN AIR THEATRE - Subsolar.

037 Conversion of a factory premises into a multipurpose space
Conversión de una nave industrial en espacio multiuso — 110-111
PARCO DORA - Latz + partner.

038 Conversion of cooling towers into storm-water tanks
Reconversión de central térmica en tanque de tormentas — 112-113
PARCO DORA - Latz + partner.

039 Adding an envelope to a cargo terminal
Adición de cerramiento a una terminal de carga — 114-115
FREIGHT BUILDING, TAXI'S PUBLIC SPACE - Stephen Dynia, Groundworks Design, Wenk.

040 Making openings in a former storage depot
Apertura de huecos en una antigua nave de almacenaje — 116-117
OOSTCAMPUS - Carlos Arroyo.

041 Renovating a facade with QR code impressions
Renovación de fachada con impresiones de código QR — 118-119
TELETECH CAMPUS - MVRDV, Arkos, Seturec.

042 Creating a continual work space
Creación de un espacio de trabajo contínuo — 120-123
TELETECH CAMPUS - MVRDV, Arkos, Seturec.

043 Reocuppying an existing office building
Reocupación de un edificio de oficinas — 124-125
THE SCHIEBLOCK - ZUS (Zones Urbaines Sensibles).

044 Applying a degree of intervention
Aplicación de un gradiente de intervención — 126-129
LE 308 - Fabre/Demarien.

045 Adapting using an exuberantly sustainable approach
Adaptación bajo el criterio de exuberancia sostenible — 130-133
OOSTCAMPUS - Carlos Arroyo.

046 Incorporating a sports facility into an existing warehouse
Introducción de pista deportiva en una nave existente — 134-135
N10-II SPORTS FACILITY - COMOCO arquitectos.

047 Introducing free-standing structures
Introducción de construcciones exentas — 136-137
MATADERO MUSIC ACADEMY - Langarita Navarro.

048 Incorporating communication shafts
Introducción de núcleos de comunicaciones — 138-141
CCCB - Lapeña & Torres.

049 Making good use of supporting walls
Aprovechamiento de muros portantes — 142-143
MATADERO FILM ARCHIVES - Churtichaga + Quadra-Salcedo.

050 Incorporating a top floor using prefab beams
Introducción de un nivel superior mediante vigas-puente — 144-147
MATADERO READER'S HOUSE - ENSAMBLE STUDIO.

051 Structural reinforcement awaiting new loads
Consolidación estructural a la espera de nuevas cargas — 148-149
MATADERO NAVES 8-9 (STRUCTURAL CONSOLIDATION WORKS) - Arturo Franco.

052 Flexible compartmentalization using tilting elements
Compartimentación flexible con elementos pivotantes — 150-151
MATADERO NAVE 16 - Carnicero, Vila, Virseda.

053 Enclosing openings using tilt or turn elements
Cerramiento de huecos con elementos oscilantes o batientes — 152-153
MATADERO NAVE 16 - Carnicero, Vila, Virseda.

054 Compartmentalization using industrialised construction
Compartimentación mediante construcción industrializada — 154-157
MATADERO MUSIC ACADEMY - Langarita Navarro.

This is a process which is applied at the plot or building scale and its main aim is to take advantage of grey energy, that is the energy consumed during the construction of that existing. Reusing structures or infrastructures is a way of economising on resources and avoiding land consumption. Reuse is based on reprogramming the uses rather than on refurbishing the building. The main aim of the interventions is not to preserve the heritage but to take advantage of that already in place to develop new functions. The Reuse processes are applied not only to solids but also to the voids between them.

Es un proceso que se aplica a escala de parcela o edificio y su sentido principal es el aprovechamiento de lo que se conoce como energía gris, aquella consumida durante la construcción de lo existente. La reutilización de estructuras o infraestructuras es una manera de economizar recursos y de evitar el consumo de territorio. *Reuse* o reutilización se basa en la reprogramación de los usos más que en la rehabilitación del edificio. El principal objetivo de las intervenciones no es preservar el patrimonio, sino aprovechar lo construido para desarrollar nuevas funciones. Los procesos de *reuse* se ejercen no sólo sobre los sólidos, también sobre los vacíos que existen entre ellos.

055 Computer-assisted compartmentalization / Compartimentación mediante producción computerizada — 158-161
SVARTLAMOEN NURSERY - Brendeland & Kristoffersen.

056 Compartmentalization using industrialised modules / Compartimentación mediante módulos industrializados — 162-163
OOSTCAMPUS - Carlos Arroyo.

057 Compartmentalization using a grid structure / Compartimentación mediante una estructura reticular — 164-167
N10-II SPORTS FACILITY - COMOCO arquitectos.

058 Systematizing partitions and wood panelling / Sistematización de particiones y revestimientos con madera — 168-171
MASSÓ DISTILLERY - Núria Salvadó + David Tapias.

059 Systematizing partitions and enclosures using plates / Sistematización de particiones y cerramientos con pletina — 172-175
MASSÓ DISTILLERY - Núria Salvadó + David Tapias.

060 Creating a green filter for an existing facade / Creación de un filtro vegetal para una fachada existente — 176-179
MASSÓ DISTILLERY - Núria Salvadó + David Tapias.

061 Compartmentalization using greenhouse envelope elements / Compartimentación con cierres de invernadero — 180-181
LE VOYAGE À NANTES OFFICES - Block Architectes.

062 Easy to dismantle compartmentalization / Compartimentación de fácil desmontaje — 182-183
NOTWEG GARAGE - nl architects.

063 Flexible compartmentalization using tarpaulins / Compartimentación flexible con lonas — 184-185
CREATION FACTORY - Manuel Ruisánchez, Francesc Bacardit, Architects.

064 Horizontal protection with safety net / Protección horizontal con malla náutica — 186-187
LE VOYAGE À NANTES OFFICES - Block Architectes.

065 Compartmentalization using rope / Compartimentación con maromas — 188-189
MATADERO NAVES 8-9 (STRUCTURAL CONSOLIDATION WORKS) - Arturo Franco.

066 Cutting down on energy consumption in a tram shed / Reducción de consumo energético en una cochera — 190-193
ARTSCAPE WYCHWOOD BARNS - Du Toit Architects.

067 Selective HVAC for an industrial unit / Climatización selectiva de una nave industrial — 194-195
IMD OFFICES - Ector Hoogstad Architecten.

068 Selective HVAC using layers / Climatización selectiva a través de capas — 196-197
OOSTCAMPUS - Carlos Arroyo.

069 Sky-lighting for a cargo terminal / Iluminación cenital de una terminal de carga — 198-199
FREIGHT BUILDING, TAXI'S PUBLIC SPACE - Stephen Dynia, Groundworks Design, Wenk.

070 Back-lighting using hosepipes / Retroiluminación a través de mangueras de riego — 200-201
MATADERO FILM ARCHIVES - Churtichaga + Quadra-Salcedo.

071 Soundproofing using sandbags / Insonorización con sacos terreros — 202-203
MATADERO MUSIC ACADEMY - Langarita Navarro.

072 Acoustic absorption using upholstered domes / Absorcion acústica mediante cúpulas tapizadas — 204-207
MATADERO MUSIC ACADEMY - Langarita Navarro.

CHAPTER 02. REUSE / RECLAIM SERIES

031

REUSE
Short-term intervention on a derelict unit
Intervención efímera en una nave en ruinas

BELONGS TO PROJECT: **SHIHLIN PAPER MILL** - Interbreeding Field
Taipei (Taiwan) 2010

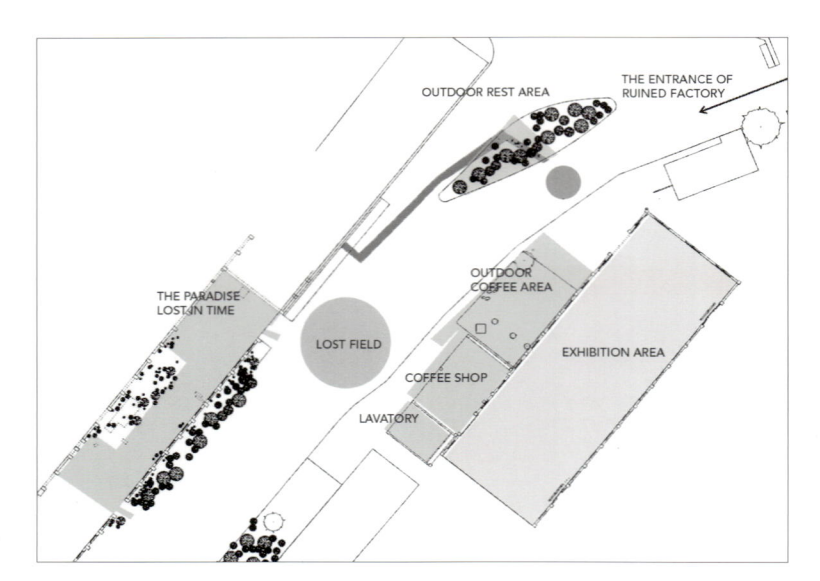

Site area Superficie de la parcela (m²) 4,800
Project budget Presupuesto del proyecto (euros/m²) 15,21

(262)　(290)　**220**

CHAPTER 02. REUSE / RECLAIM SERIES

The industrial units of a former paper mill, built by the Japanese on the island of Taiwan during the time of their occupation, were chosen by Kazuyo Sejima as the main exhibition venue for her work. The occasion was to allow the temporary recovery of the spaces as meeting, rest or meditation areas. The space receives natural light and ventilation from the shafts which the passage of time had opened in the roof. A wooden walkway runs through the premises and flanks the vegetation which has grown in the soil and on one of the walls.

Las naves de una antigua fábrica de papel, construida por los japoneses en la isla de Taiwan durante su periodo de ocupación, fue elegida por Kazuyo Sejima como sede para la exposición de su obra. La ocasión permitió recuperar efímeramente algunos de los espacios como zonas de reunión, descanso o meditación. El espacio se ilumina y ventila de forma natural a través de los huecos que el tíempo abrió en la cubierta. Una pasarela de madera recorre el local y flanquea las plantaciones que han crecido espontáneamente en el terreno y sobre uno de los muros.

CHAPTER 02. REUSE / RECLAIM SERIES

032

REUSE
Building a landscape from rubble
Construcción de topografía con escombros

BELONGS TO PROJECT:

SIDE EFFECT - Amir Lotan
Bat Yam (Israel) 2010
Site area Superficie de la parcela (m²).. 2,000
Project budget Presupuesto del proyecto (euros/m²)............................. 31.5

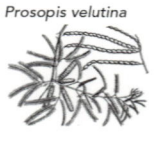

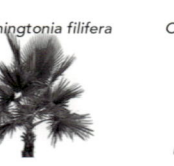

(262) (290) (212)

Tipuana tipu   *Washingtonia filifera*   *Oenothera grummondii*   *Nicotiana glauca*   *Eucalyptus camaldulens*   *Lantana camara*   *Schinus molles*   *Parkinsonia aculeate*

Prosopis velutina   *Datura ferox*   *Acacia saligna*   *Solanum eleaagnifolium*   *Pennisetum setaceum*   *Ricinus communis*   *Melia azedarach*   *Ailanthus altissima*

96

CHAPTER 02. REUSE / RECLAIM SERIES

Interstitial voids are often colonised by invasive plant species which grow spontaneously. The project pays homage to ruderal vegetation and its aesthetic value, identifying the different species found in the vicinity and planting them in this abandoned site.

At some points, the flooring has been perforated to enable the larger trees to be planted. Given the difficulties to implement the planned enclosure for the planting holes, the construction company proposed using old tyres found in the area. Around these, the waste from the demolished elements was accumulated and they were used to make a new asphalt-covered landscape. Planters for larger trees and shrubs were built into these mounds.

Los vacíos intersticiales son a menudo colonizados por especies invasivas que crecen de forma de forma espontánea. El proyecto rinde homenaje a la vegetación ruderal y su valor estético, identificando las diferentes especies encontradas en las inmediaciones para implantarlas en este solar abandonado. En algunos puntos, la solera ha sido perforada para permitir la plantación de margosas de mayor porte. Ante la dificultad para ejecutar el cierre previsto para las fosas de plantación, el constructor propuso la utilización de neumáticos encontrados en el lugar. Alrededor de ellos se acumularon los escombros procedentes de los elementos derribados, con los que se conformó una nueva topografía, recubierta con asfalto. En los montículos se insertan jardineras para plantaciones de menor porte.

CHAPTER 02. REUSE / RECLAIM SERIES

033

REUSE
Removing and adding a roof on a former warehouse
Sustracción y adición de cubierta en un antiguo almacén

BELONGS TO PROJECT:

VILLA DE MURPH - Bldgs
Atlanta (United States) 2008

Site area Superficie de la parcela (m²)............................... 334
Project budget Presupuesto del proyecto (euros/m²) 286.27

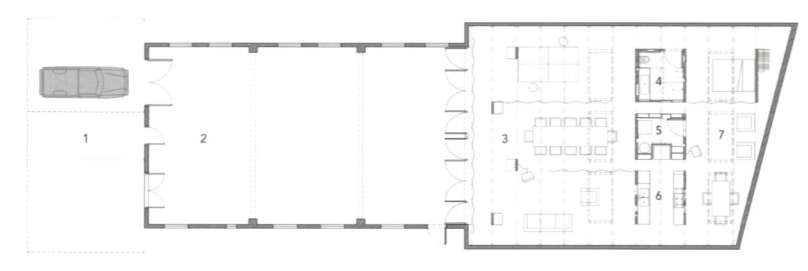

(262) (290)

1 Canopy 2 Courtyard 3 Studio 4 Shower room
5 Utility room 6 Kitchen 7 Living 1 Marquesina 2 Patio
3 Estudio 4 Baño 5 Zona de lavado 6 Cocina 7 Estar

98

CHAPTER 02. REUSE / RECLAIM SERIES

This former automobile parts warehouse, which was built in 1947, closed down in 1992. A five metre high rusty steel canopy was to become the entrance to the building: this is an open air hall, without walls. Behind this, an open courtyard, invisible from the street, contains a table for 16 guests and a fireplace. The girders from the former roof are exposed as are four blind openings: this is an open air hall, with walls. In total, 17 tonnes of steel gear components found in the warehouse were recycled. At the rear, the living areas are located, under a new metal-frame roof.

Este viejo almacén de componentes de automóvil construido en 1947 cesó su actividad en 1992. Una marquesina de acero oxidado de cinco metros de altura sirve como acceso al edificio. Es una sala cubierta, sin muros. Tras ella, un patio descubierto, invisible desde la calle, acoge una mesa para 16 invitados y una chimenea. A la vista quedan las vigas del antiguo techo y cuatro huecos ciegos. Es una sala descubierta, con muros. En total, se reciclaron 17 toneladas de engranajes de acero encontrados en el almacén. Al fondo se sitúan los espacios habitables, bajo una nueva cubierta de estructura metálica.

CHAPTER 02. REUSE / RECLAIM SERIES

034

REUSE
Converting a tunnel to exhibition space
Conversión de túnel en espacio expositivo

BELONGS TO PROJECT:

RAILWAY TRANSFORMATION - 3S Studio
Albissola (Italy) 2011

Site area Superficie de la parcela (m^2) 5,600
Project budget Presupuesto del proyecto (euros/m^2) 350.81

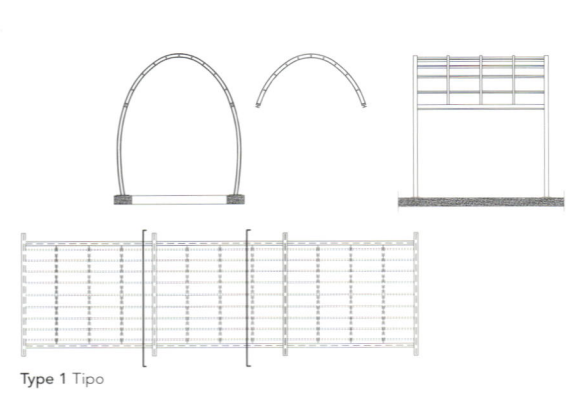

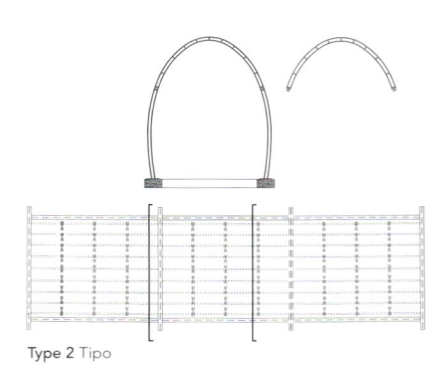

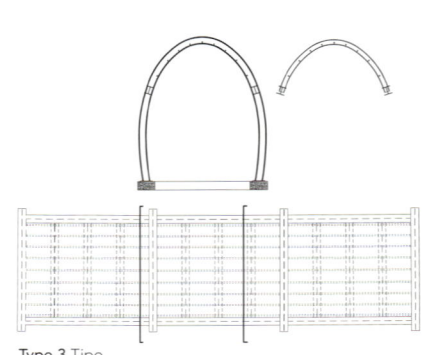

(256) (284) **56**

1 STRUCTURE TYPE 1 ESTRUCTURA TIPO 1
2 STRUCTURE TYPE 2 ESTRUCTURA TIPO 2
3 STRUCTURE TYPE 3 ESTRUCTURA TIPO 3

Type 1 Tipo

Type 2 Tipo

Type 3 Tipo

CHAPTER 02. REUSE / RECLAIM SERIES

A tunnel, half-way along a disused railway line which is now a walkway, becomes an exhibition space. To this end, the brick walls of the tunnel have been reinforced and cleaned. Most of the route has been clad with Corten steel panels. These panels allow a partial view of fragments of the original wall.

The Corten steel panels, which are easily recyclable, rest against a detachable structure which makes no contact with the brick walls. This means that, if necessary, the walls can easily be returned to their former aspect.

Un túnel, en mitad de una línea férrea abandonada, ahora convertida en paseo, se transforma en espacio expositivo. Para ello, los muros de ladrillo del túnel se han consolidado y limpiado. La mayor parte del recorrido está revestida con paneles de acero cortén. Estos paneles permiten la visión parcial de fragmentos del muro original.

Los paneles de acero cortén, fácilmente reciclables, se posan sobre una subestructura desmontable que no toca los muros de ladrillo. Esto permitirá recuperar, si es necesario, el aspecto original de los muros de forma sencilla.

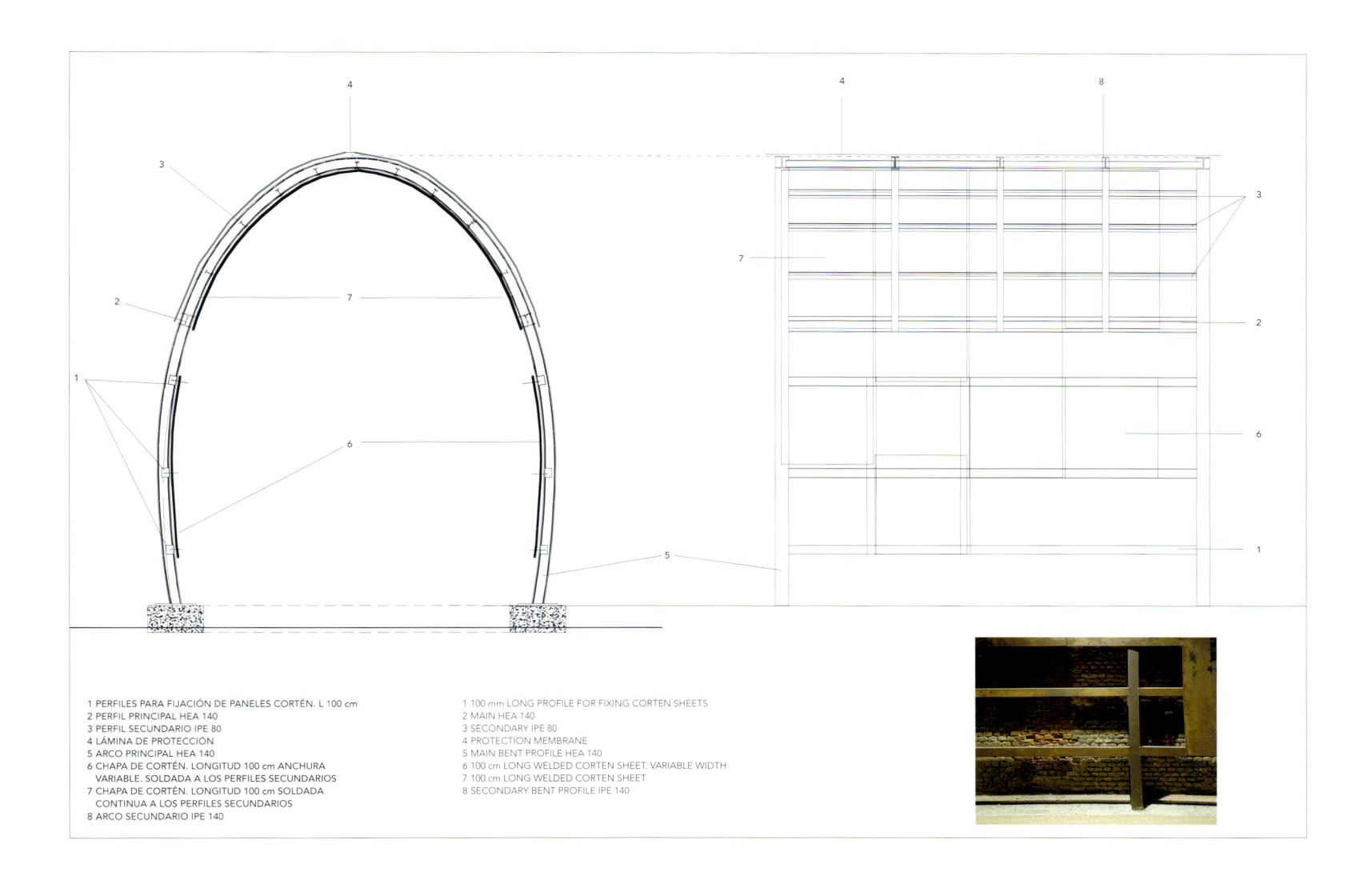

1 PERFILES PARA FIJACIÓN DE PANELES CORTÉN. L 100 cm
2 PERFIL PRINCIPAL HEA 140
3 PERFIL SECUNDARIO IPE 80
4 LÁMINA DE PROTECCIÓN
5 ARCO PRINCIPAL HEA 140
6 CHAPA DE CORTÉN. LONGITUD 100 cm ANCHURA VARIABLE. SOLDADA A LOS PERFILES SECUNDARIOS
7 CHAPA DE CORTÉN. LONGITUD 100 cm SOLDADA CONTINUA A LOS PERFILES SECUNDARIOS
8 ARCO SECUNDARIO IPE 140

1 100 mm LONG PROFILE FOR FIXING CORTEN SHEETS
2 MAIN HEA 140
3 SECONDARY IPE 80
4 PROTECTION MEMBRANE
5 MAIN BENT PROFILE HEA 140
6 100 cm LONG WELDED CORTEN SHEET. VARIABLE WIDTH
7 100 cm LONG WELDED CORTEN SHEET
8 SECONDARY BENT PROFILE IPE 140

CHAPTER 02. REUSE / RECLAIM SERIES

035

REUSE
Converting a residual space into an active front
Conversión de un espacio residual en frente activo

BELONGS TO PROJECT:

LETTEN VIADUCTS REFURBISHMENT - Em2n/Schweingruber Zulauf
Zurich (Switzerland) 2010

Site area Superficie de la parcela (m²) 11,838
Project budget Presupuesto del proyecto (euros/m²) 2,594

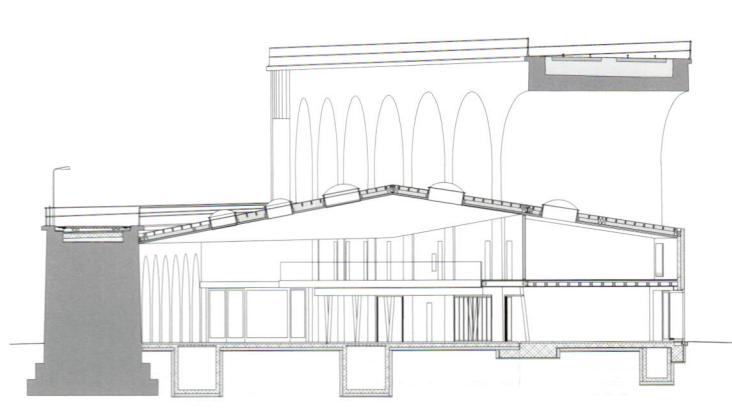

(256) (284) **58**

CHAPTER 02. REUSE / RECLAIM SERIES

At street level this railway viaduct was a barrier, full of derelict sheds and warehouses. The new retail front has the area buzzing with activity and ensures the permeability of the infrastructure with frequent wide and safe access points to the pedestrian viaduct and pedestrian walkways between the neighbourhoods it used to separate.

Using new materials in the interior space has been restricted with the aim to safeguard the potential of the arches. Tenants of the premises can choose from several options for interior layouts proposed by the architects.

A nivel de calle, este viaducto de ferrocarril era una barrera, repleta de tinglados y almacenes en desuso. El nuevo frente comercial ha llenado la zona de actividad y garantiza la permeabilidad de la infraestructura mediante accesos al viaducto y pasos peatonales frecuentes, amplios y seguros, entre los barrios que separaba.

El empleo de nuevos materiales en los interiores está restringido con el fin de salvaguardar la potencia de los arcos. Los arrendatarios de los locales pueden elegir entre varias soluciones de distrubución interior propuestas por los arquitectos.

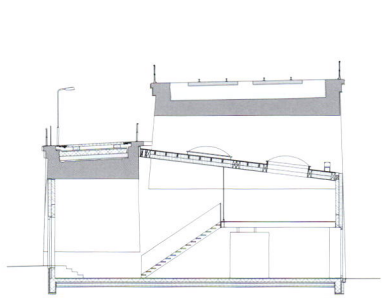

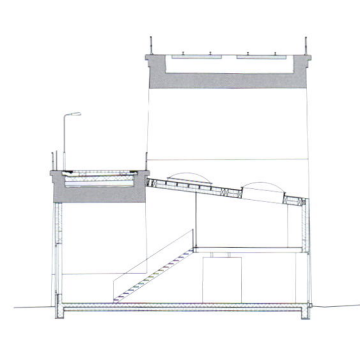

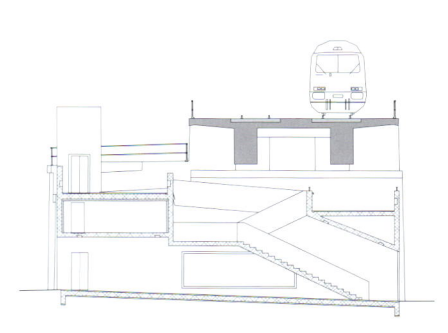

CHAPTER 02. REUSE / RECLAIM SERIES

The original stone fabric of the arches dominates the interior of the retail units. Roofs containing circular lighting have been added running the length of the varying distance between the two viaducts.

La fábrica original de piedra de los arcos domina el interior de los locales comerciales. Se han añadido cubiertas con lucernarios circulares que perforan la distancia variable entre los dos viaductos.

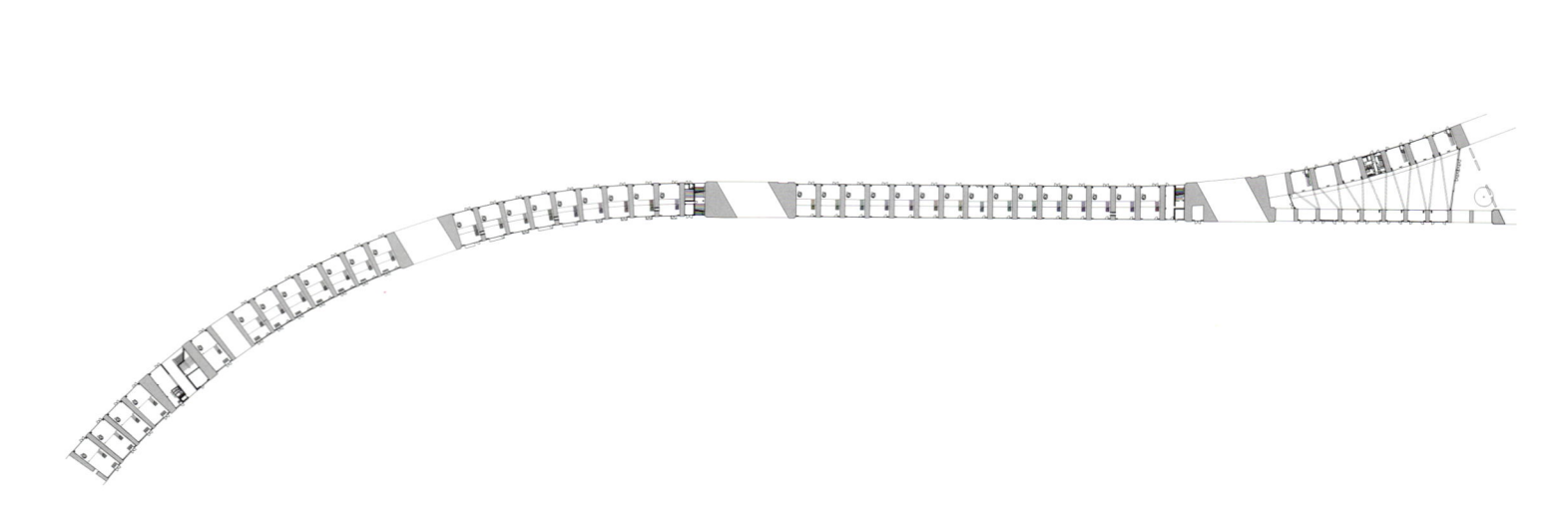

104

105

CHAPTER 02. REUSE / RECLAIM SERIES

036

REUSE
Conversion of an open air stage into a sheltered-theatre
Conversión de podio en hangar-teatro

BELONGS TO PROJECT:

OPEN AIR THEATRE - Subsolar
Spremberg (Germany) 2010

Site area Superficie de la parcela (m²) 4,172
Project budget Presupuesto del proyecto (euros/m²) 311.60

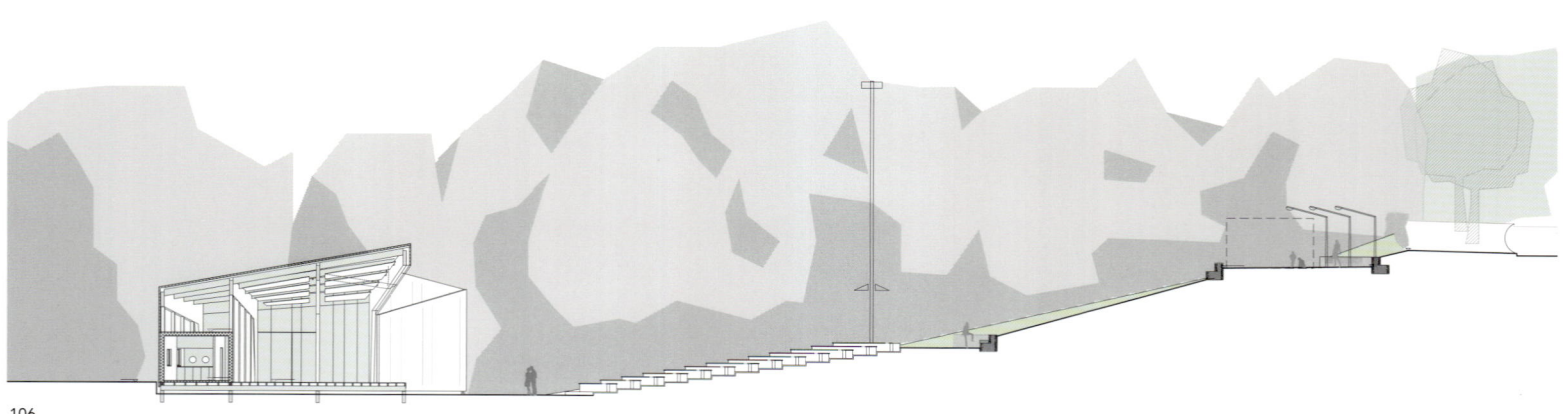

(264) (292)

CHAPTER 02. REUSE / RECLAIM SERIES

The refurbishment work is based on building on top of the existing podium a structure which contains the stage and the additional spaces. Two large doors close off the installations in the winter months enabling activities to take place inside.
Both the exterior envelope and the stage area have been built using Douglas-fir laminate wooden panels. The interior has been finished with beech wood laminate panel cladding. All the objects can be easily dismantled, generate zero construction waste and can be reused or recycled.
The new theatre can stage open air concerts (up to 3,500 spectators) and cinema (1,000 spectators) and has seating capacity for 200 people inside.

La reforma se basa en la construcción sobre el podio existente de una estructura que alberga el escenario y los espacios auxiliares. Dos grandes puertas mantienen cerradas las instalaciones durante los meses de invierno para que se puedan realizar actividades en su interior.
Tanto el cerramiento exterior como la superficie del escenario están realizados con paneles de madera laminada de pino oregón. El revestimiento interior es de paneles laminados de haya. Todos los elementos son fácilmente desmontables, no generan escombros y pueden ser reutilizados o reciclados posteriormente.
El nuevo teatro permite la realización de conciertos (hasta 3.500 espectadores) y cine (1.000 espectadores) al aire libre y tiene capacidad para albergar 200 personas en su interior.

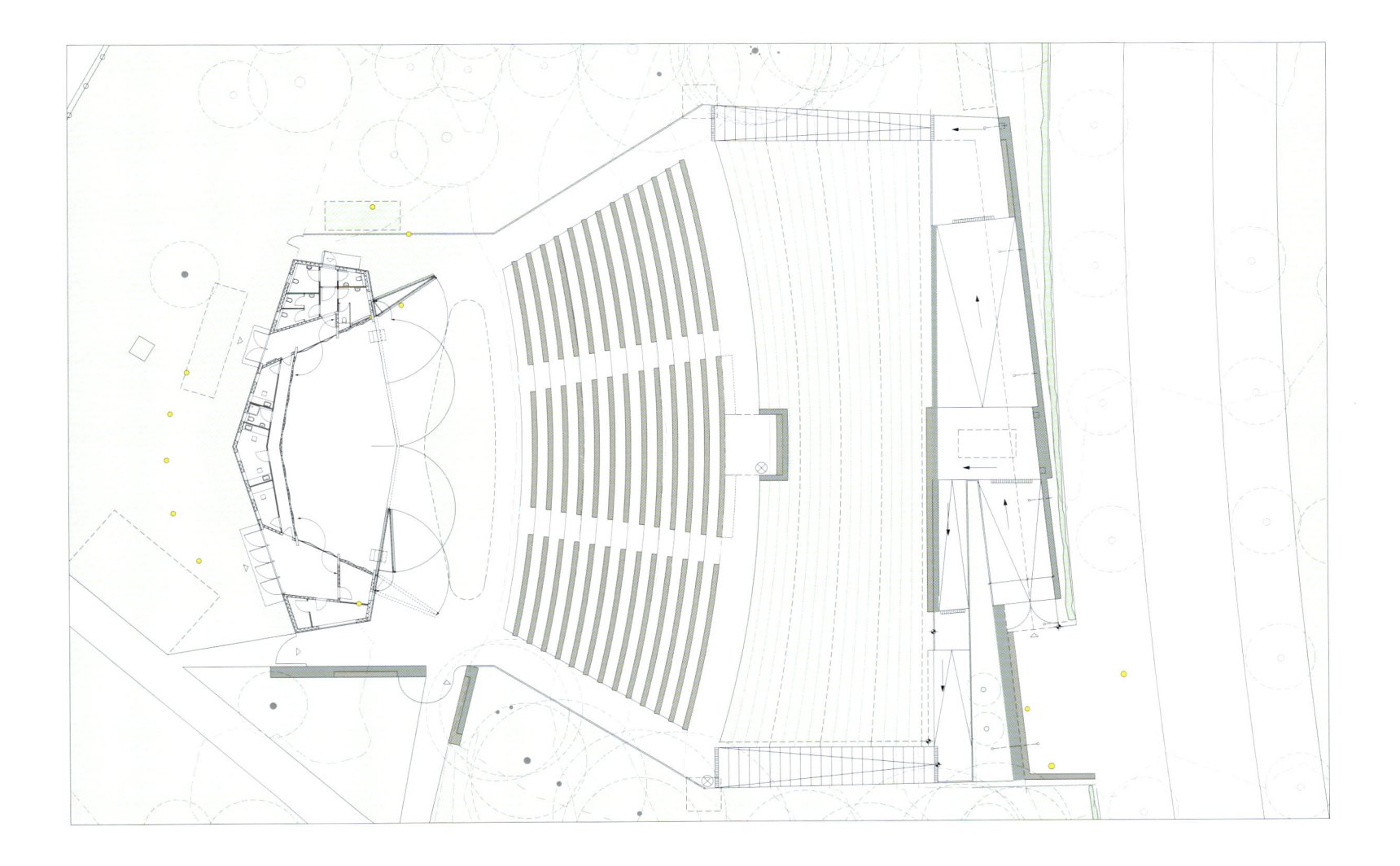

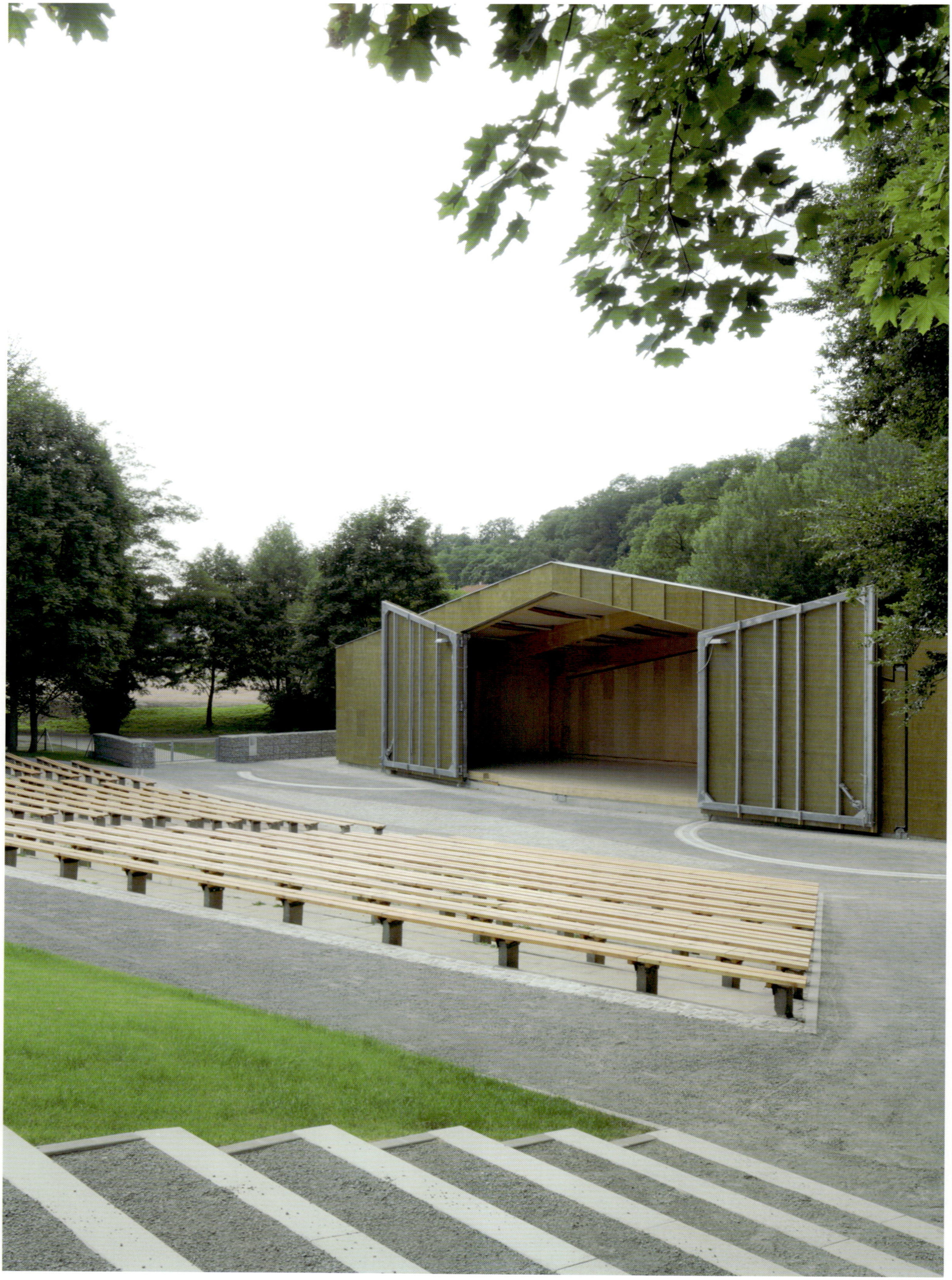

CHAPTER 02. REUSE / RECLAIM SERIES

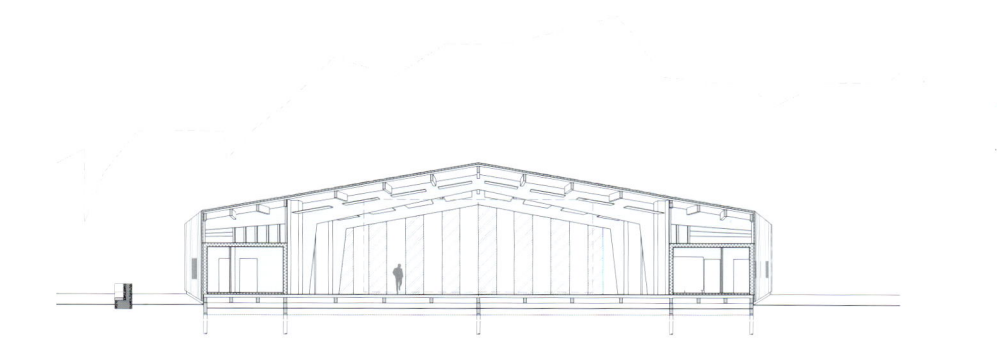

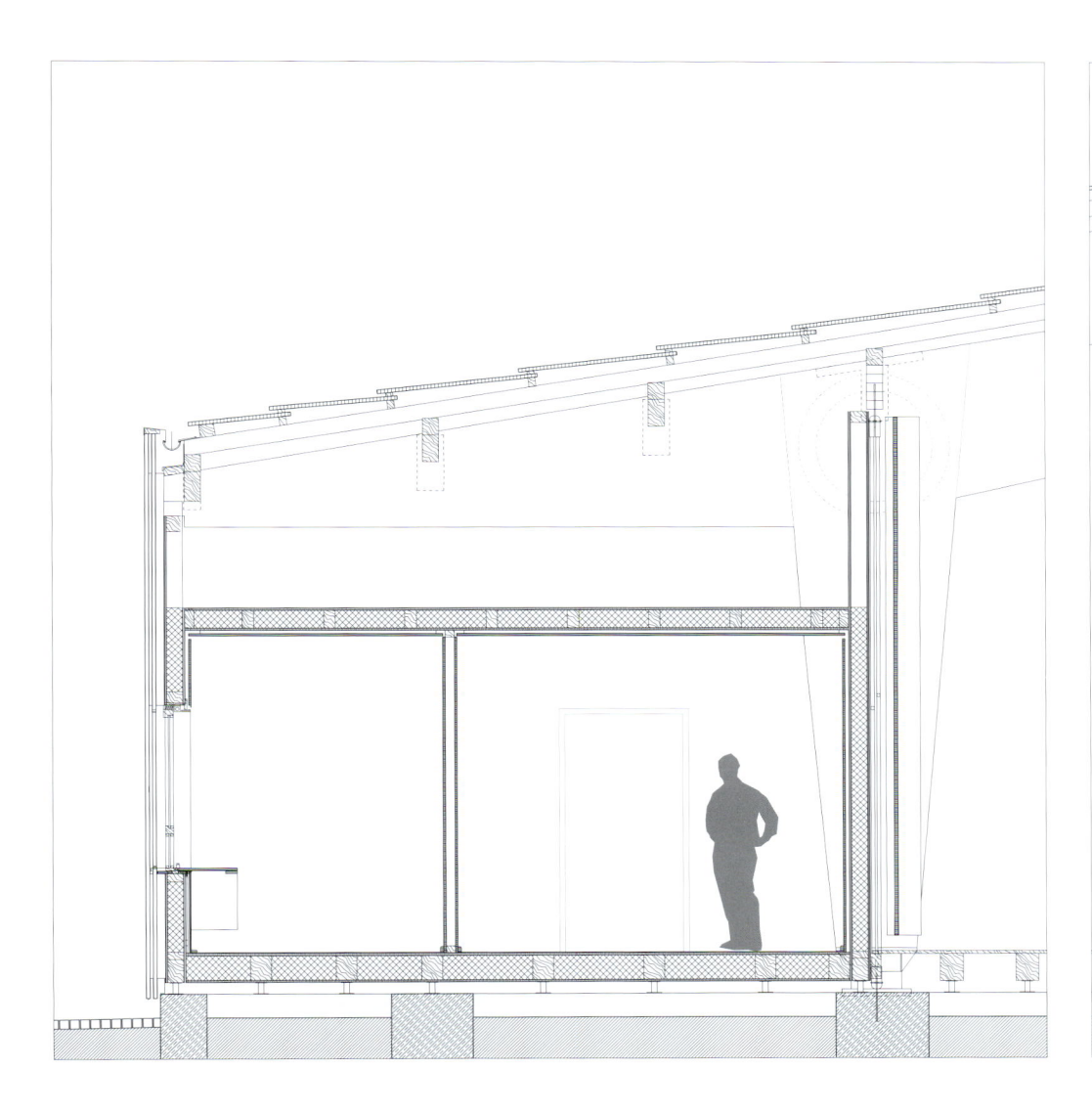

CHAPTER 02. REUSE / RECLAIM SERIES

037

REUSE
Conversion of a factory premises into a multipurpose space
Conversión de una nave industrial en espacio multiuso

BELONGS TO PROJECT:

PARCO DORA - Latz + partner
Turin (Italy) 2012

Site area Superficie de la parcela (m²) 456,000
Project budget Presupuesto del proyecto (euros/m²) 49.20

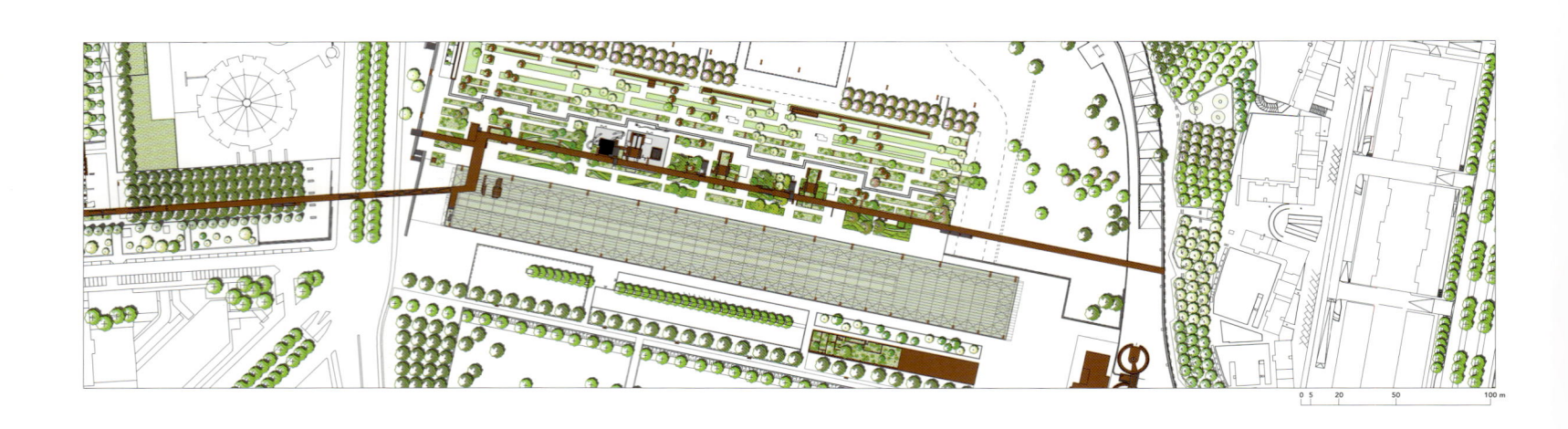

(252) (280) (36) (112)

CHAPTER 02. REUSE / RECLAIM SERIES

The Vitali steelworks occupies the central park area, bordered by the Dora River to the south and by the new tunnel covering Mortara Avenue to the north. The walkway crosses the site linking it up with the Ingest sector. The space is arranged according to the remains of the steelworks buildings: one of the buildings still has its original roof and this now shelters the multi-purpose recreational space; from the other buildings part of a concrete wall and four rows of steel supports have been preserved and in accordance with this planting has been carried out in parallel strips.

La planta de transformación de aceros Vitali ocupa el área central del parque, flanqueada al sur por el río Dora y al norte por el nuevo túnel que cubre la avenida Mortara. El recinto está atravesado por la pasarela peatonal que conecta con el sector Ingest. Los restos de las naves de la acería organizan el espacio: una de las naves conserva la cubierta y ahora protege la zona de recreo multiusos; de las demás naves se conserva parte de un muro de hormigón y cuatro filas de soportes de acero que condicionan la plantación en bandas paralelas.

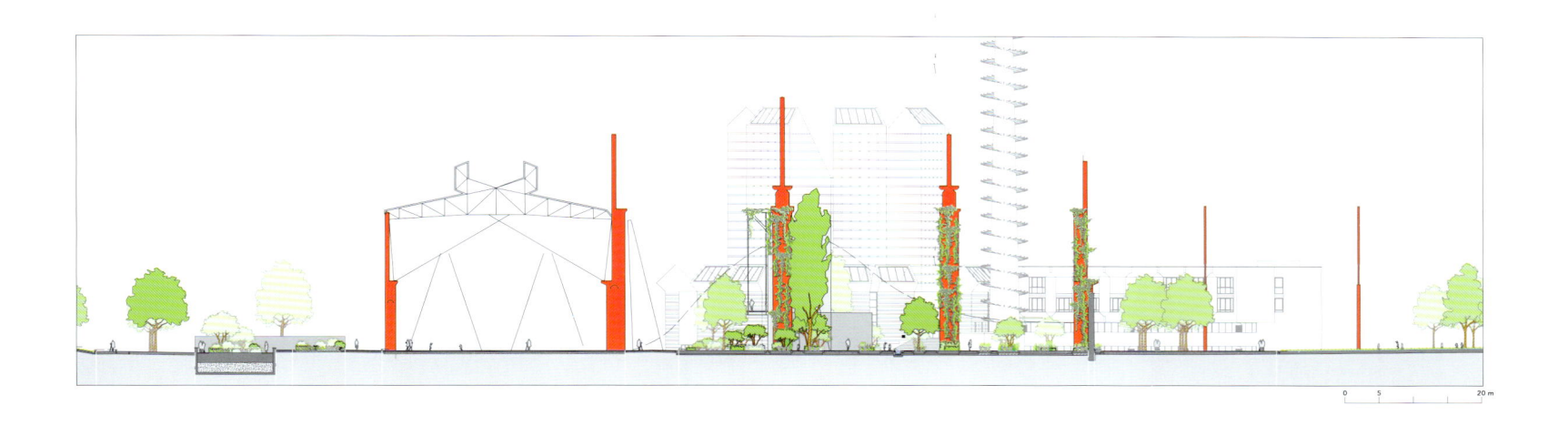

CHAPTER 02. REUSE / RECLAIM SERIES

038

REUSE
Conversion of cooling towers into storm-water tanks
Reconversión de central térmica en tanque de tormentas

BELONGS TO PROJECT:

PARCO DORA - Latz + partner
Turin (Italy) 2012

Site area Superficie de la parcela (m²) 456,000
Project budget Presupuesto del proyecto (euros/m²) 49.20

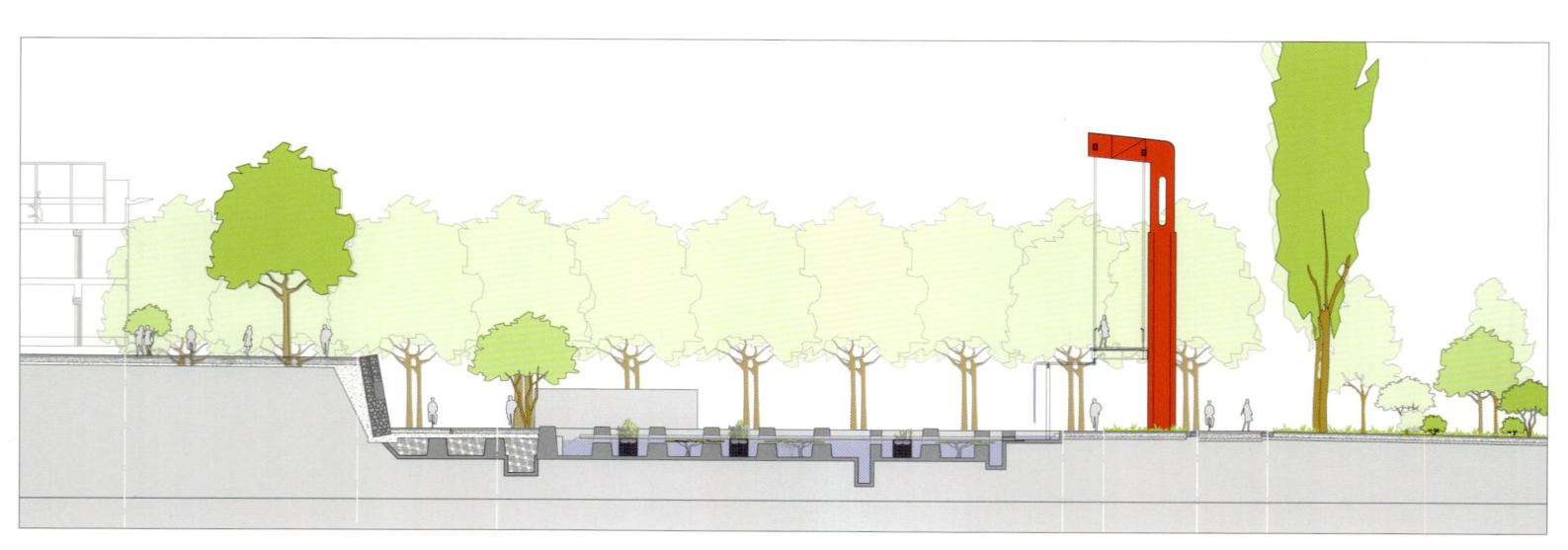

252 280 36 110

112

CHAPTER 02. REUSE / RECLAIM SERIES

In the new park developed on the Dora riverside, the former cooling towers at the northern edge of the site now function as storm-water tanks. The storm-water raining down on roofs and paths is channelled to these along open canals which crisscross the park.

En el nuevo parque que discurre a lo largo del río Dora, las antiguas torres de refrigeración del complejo industrial existente en la zona funcionan ahora como tanque de tormentas. El agua que cae sobre cubiertas y caminos llega hasta ellas por canales a cielo abierto que recorren todo el parque.

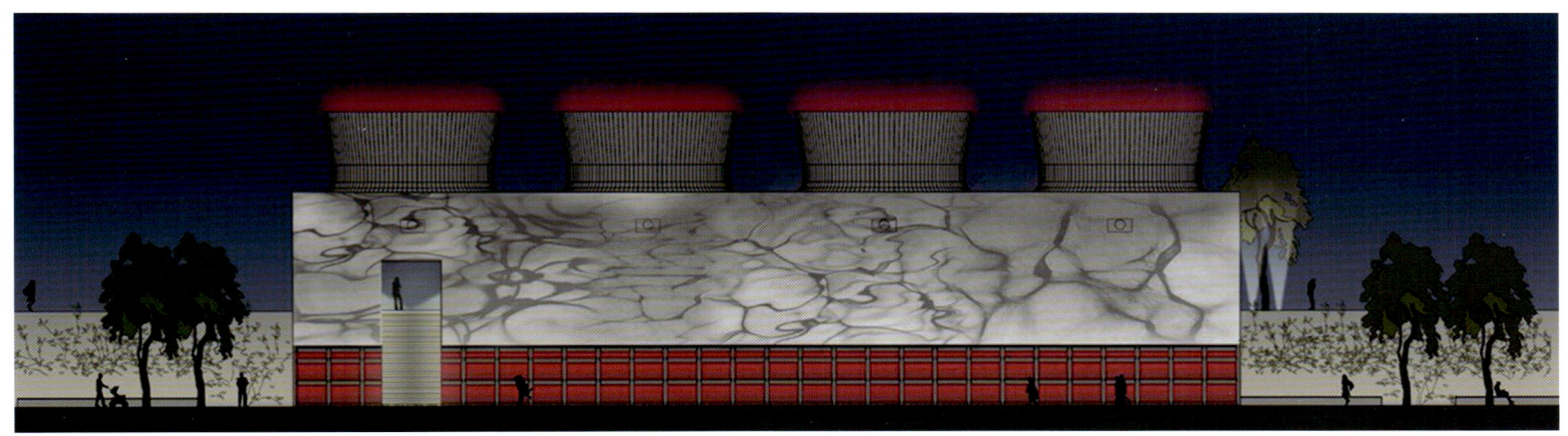

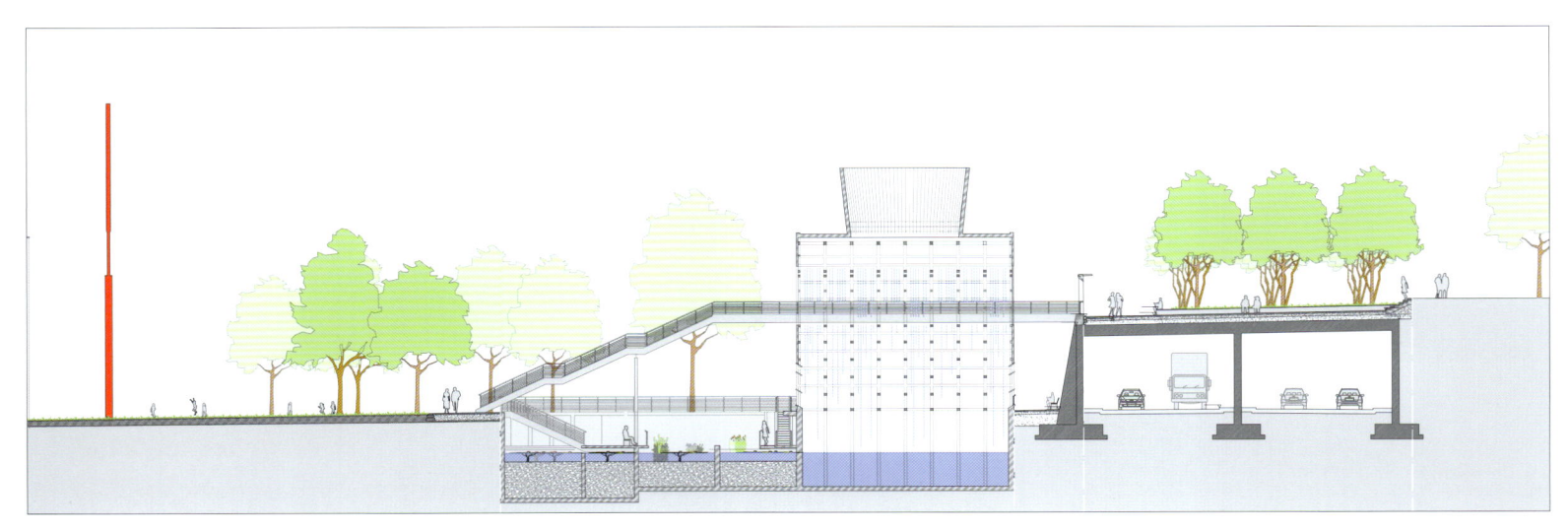

113

CHAPTER 02. REUSE / RECLAIM SERIES

039

REUSE
Adding an envelope to a cargo terminal
Adición de cerramiento a una terminal de carga

BELONGS TO PROJECT:

FREIGHT BUILDING AND TAXI'S PUBLIC SPACE - Stephen Dynia, Groundworks Design, Wenk
Denver (United States) 2011

Site area Superficie de la parcela (m²) 73,000   258   286   66   70   198   214
Project budget Presupuesto del proyecto (euros/m²) .... -

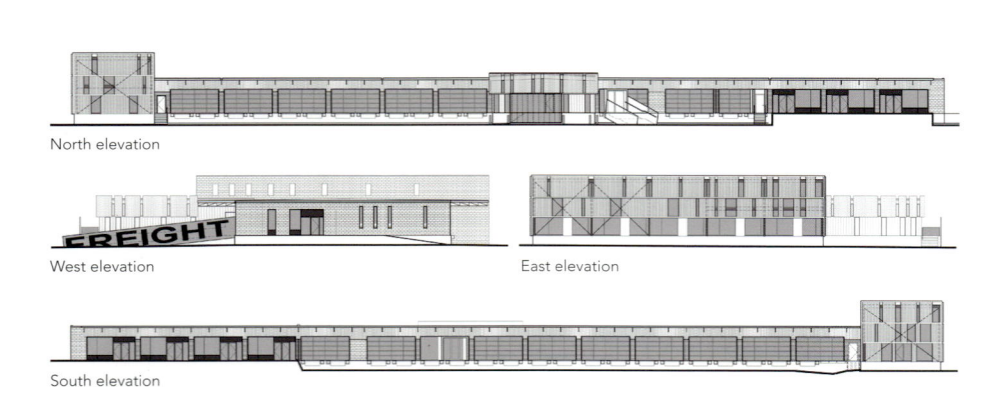

1 MEMBRANE ROOF & COVERBOARD ON RIGID INSULATION, SLOPE TO DRAIN
2 EXPOSED METAL DECK
3 REFLECTIVE FLAT METALLIC PANEL
4 WINDOW FLASHING AS REQUIRED
5 INTEGRAL LIGHTING BEYOND TO ILLUMINATE STRUCTURE
6 NEW STEEL BEAM
7 RE USE EXISTING BAR JOISTS SALVAGED FROM EXISTING BUILDING
8 STEEL COLUMN BEYOND
9 HEADER
10 ALUMINIUM NAIL-IN WINDOW
11 CONCRETE SLAB ON METAL DECK
12 STEEL ANGLE AT WINDOW LOCATION
13 POUR STOP
14 METALLIC FLASHING
15 ALUMINIUM FRAME GLAZING SYSTEM
16 SLOPE 2%
17 NEW GRADE BEAM
18 EXISTING & NEW GRADE

1 LÁMINA DE CUBIERTA Y TABLERO SOBRE AISLAMIENTO RÍGIDO, CON LIGERA PENDIENTE
2 CHAPA GRECADA VISTA AL INTERIOR
3 PANEL METÁLICO
4 REMATE DE CARPINTERÍA COMO GOTERÓN
5 SISTEMA INTERIOR DE ILUMINACIÓN DE LA ESTRUCTURA
6 NUEVA VIGA DE ACERO
7 CERCHAS REUTILIZADAS Y RECUPERADAS DEL EDIFICIO EXISTENTE
8 SOPORTE DE ACERO
9 CARGADERO METÁLICO
10 CARPINTERÍA DE ALUMINIO AJUNQUILLADA
11 FORJADO COLABORANTE
12 ANGULAR METÁLICO EN ZONA DE VENTANAS
13 SELLADO
14 REVESTIMIENTO DE CHAPA
15 SISTEMA DE ACRISTALAMIENTO CON ALUMINIO
16 INCLINACIÓN 2%
17 NUEVO ZÓCALO DE HORMIGÓN
18 NIVEL DE PAVIMENTO EXISTENTE

North elevation

West elevation

East elevation

South elevation

CHAPTER 02. REUSE / RECLAIM SERIES

The former goods terminal contained a main building with one floor with a face brick finish. Reusing the facade involved replacing the original factory brick with a much lighter brick. Metal elements were used, along with fixed glass windows. An intermediate framework was built and the roof level was raised.

La antigua terminal de carga tenía un edificio cabecera de una planta con fachada de ladrillo cara vista. La reutilización de la fachada ha consistido en la sustitución de la obra de fábrica de ladrillo por una nueva mucho más ligera. Se han aprovechado elementos metálicos, combinados con huecos fijos de vidrio. Se ha construido un forjado intermedio y se ha elevado la altura de la cubierta.

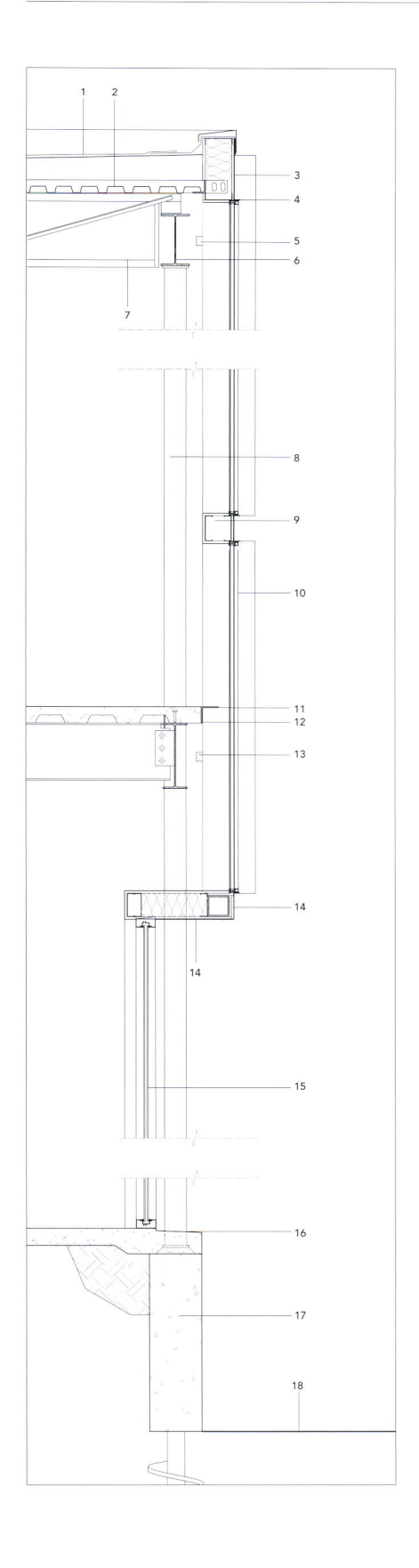

CHAPTER 02. REUSE / RECLAIM SERIES

040

REUSE
Making openings in a former storage depot
Apertura de huecos en una antigua nave de almacenaje

BELONGS TO PROJECT: **OOSTCAMPUS** - Carlos Arroyo
Oostkamp (Belgium) 2012

Site area Superficie de la parcela (m²) 40,000
Project budget Presupuesto del proyecto (euros/m²) 161.25

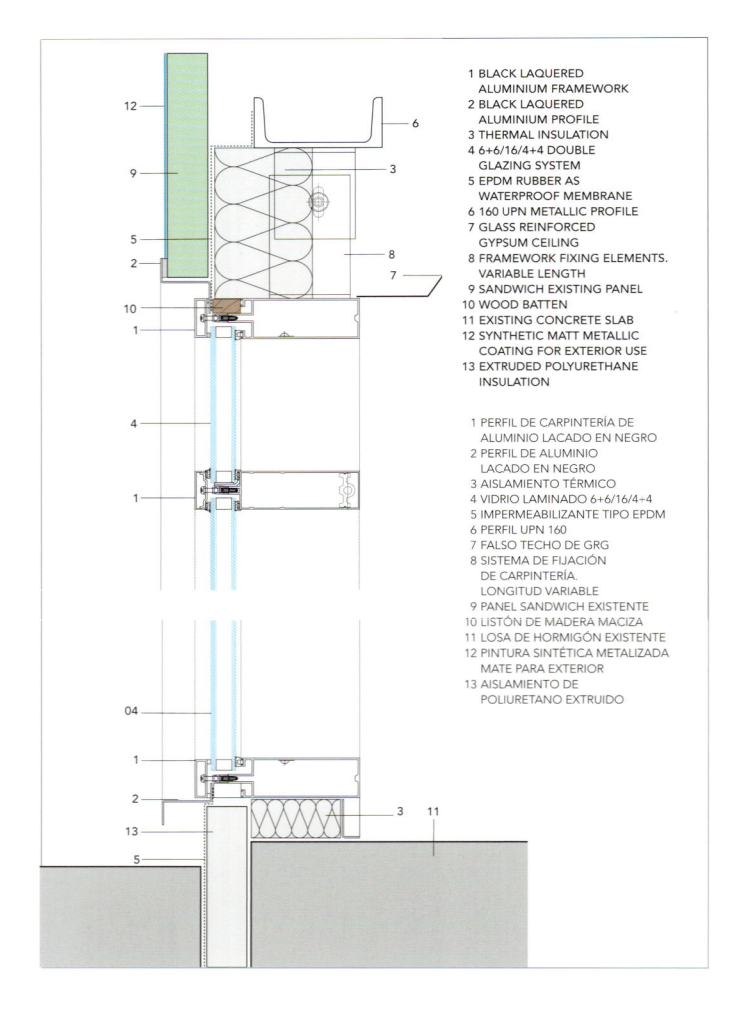

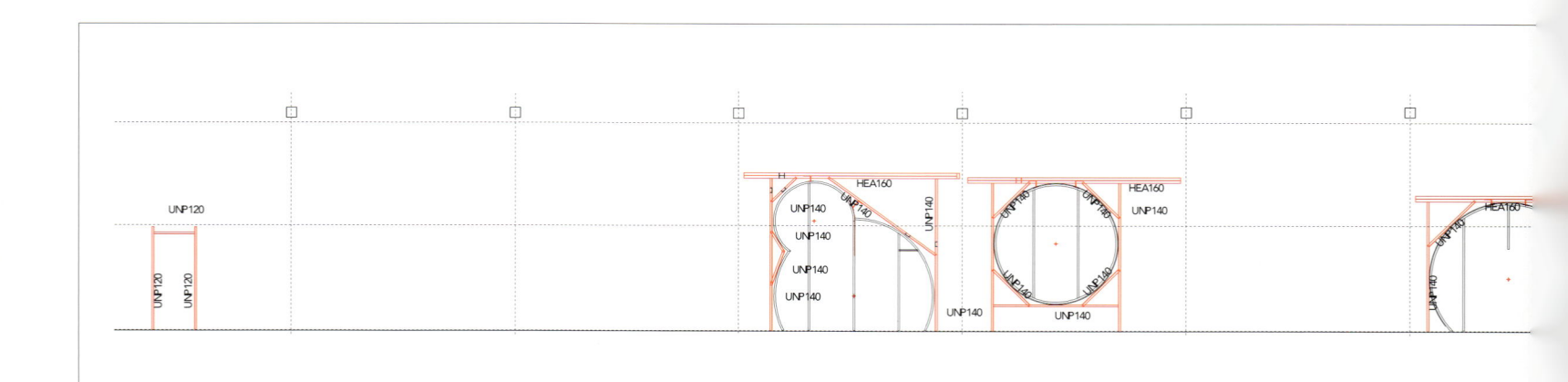

(256) (284) (64) (130) (162) (196) (230)

1 BLACK LAQUERED ALUMINIUM FRAMEWORK
2 BLACK LAQUERED ALUMINIUM PROFILE
3 THERMAL INSULATION
4 6+6/16/4+4 DOUBLE GLAZING SYSTEM
5 EPDM RUBBER AS WATERPROOF MEMBRANE
6 160 UPN METALLIC PROFILE
7 GLASS REINFORCED GYPSUM CEILING
8 FRAMEWORK FIXING ELEMENTS. VARIABLE LENGTH
9 SANDWICH EXISTING PANEL
10 WOOD BATTEN
11 EXISTING CONCRETE SLAB
12 SYNTHETIC MATT METALLIC COATING FOR EXTERIOR USE
13 EXTRUDED POLYURETHANE INSULATION

1 PERFIL DE CARPINTERÍA DE ALUMINIO LACADO EN NEGRO
2 PERFIL DE ALUMINIO LACADO EN NEGRO
3 AISLAMIENTO TÉRMICO
4 VIDRIO LAMINADO 6+6/16/4+4
5 IMPERMEABILIZANTE TIPO EPDM
6 PERFIL UPN 160
7 FALSO TECHO DE GRG
8 SISTEMA DE FIJACIÓN DE CARPINTERÍA. LONGITUD VARIABLE
9 PANEL SANDWICH EXISTENTE
10 LISTÓN DE MADERA MACIZA
11 LOSA DE HORMIGÓN EXISTENTE
12 PINTURA SINTÉTICA METALIZADA MATE PARA EXTERIOR
13 AISLAMIENTO DE POLIURETANO EXTRUIDO

CHAPTER 02. REUSE / RECLAIM SERIES

The intervention on the facade of this old storage plant, now converted into council offices and a civic centre involved in puncturing the existing sandwich panel envelope at different points and repainting. The openings required an additional interior structure which was later concealed using GRG shells.

La intervención sobre la fachada de esta antigua planta de almacenaje, convertida ahora en oficinas municipales y centro cívico, consiste en perforar el cerramiento de panel *sandwich* existente en determinados puntos y pintarla de nuevo. Las aperturas requieren de una estructura auxiliar interior, que se oculta posteriormente con las cáscaras de GRG.

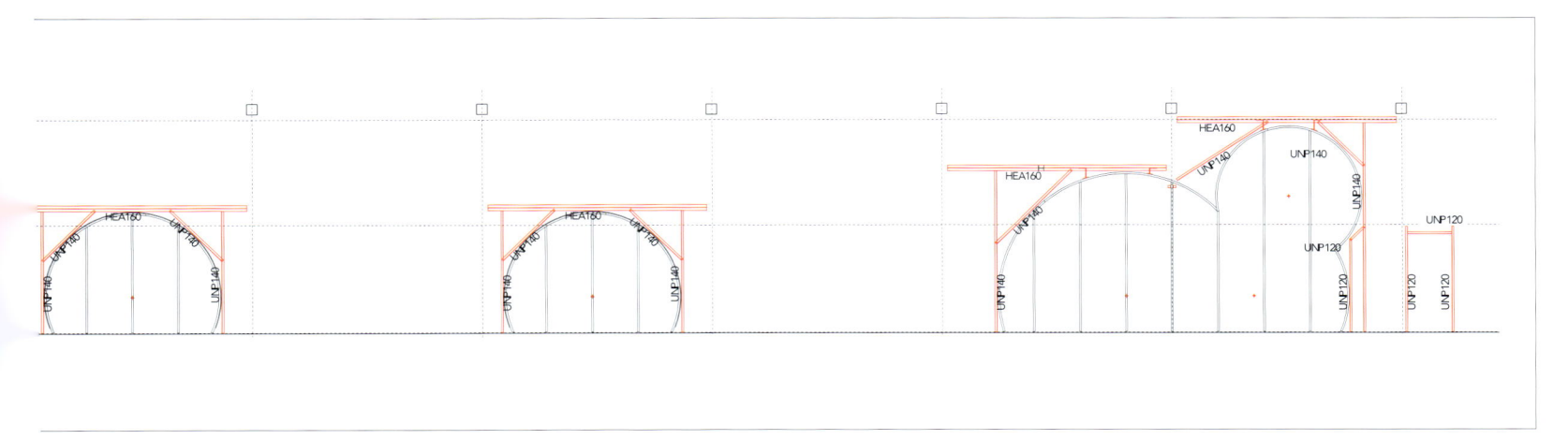

CHAPTER 02. REUSE / RECLAIM SERIES

041

REUSE
Renovating a facade with QR code impressions
Renovación de fachada con impresiones de código QR

BELONGS TO PROJECT:

TELETECH CAMPUS - MVRDV, Arkos, Seturec
Dijon (France) 2012

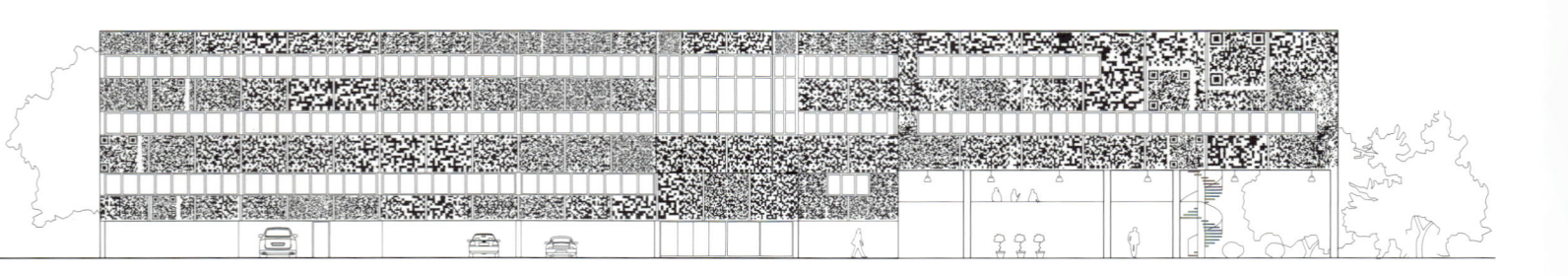

Site area Superficie de la parcela (m²) 6,000
Project budget Presupuesto del proyecto (euros/m²) 600

264 292 120

CHAPTER 02. REUSE / RECLAIM SERIES

The facade of this food laboratory, built in 2004 and disused since 2009, was created using metal panels. The conversion of the building into a Call Centre was displayed on the envelope by attaching a highly stable polymer on which eleven QR codes were stamped. Hence the facade now became a corporate communication device as it was able to supply instant information to any smart phones located in the local area.

La fachada de este laboratorio alimentario, construido en 2004 y en desuso desde 2009, estaba realizada con paneles metálicos. La reconversión del edificio en Centro de llamadas se manifiesta en el cerramiento mediante la adhesión de un polímero de gran estabilidad, en el que se han impreso once códigos de respuesta rápida (QR Code). La fachada se convierte así en un elemento de comunicación de la compañía, al ser capaz de suministrar información instantánea a través de cualquier teléfono inteligente situado en su entorno.

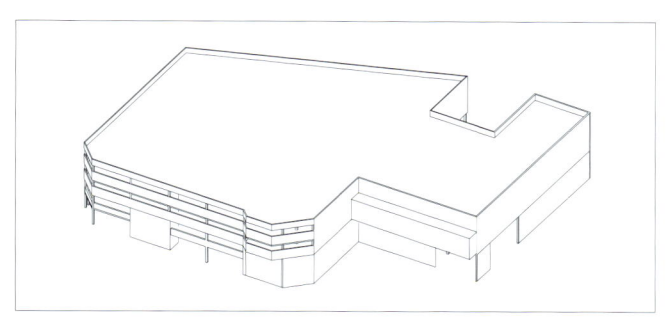

Existing facade Fachada existente

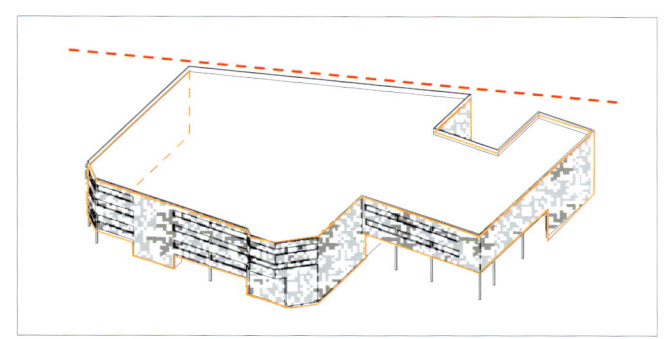

New enveloppe Nueva capa

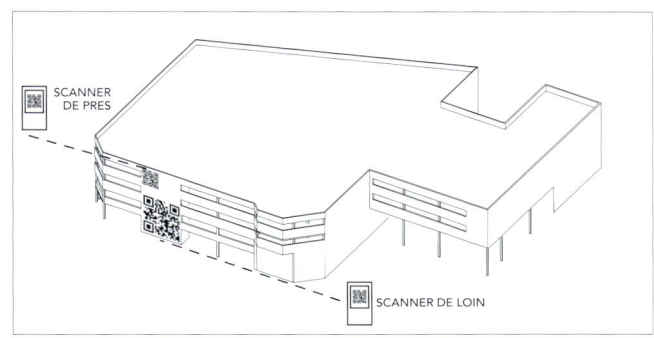

QR code Código QR

CHAPTER 02. REUSE / RECLAIM SERIES

042

REUSE
Creating a continual work space
Creación de un espacio de trabajo continúo

BELONGS TO PROJECT:

TELETECH CAMPUS - MVRDV, Arkos, Seturec
Dijon (France) 2012

Site area Superficie de la parcela (m²) 6,000
Project budget Presupuesto del proyecto (euros/m²) 600

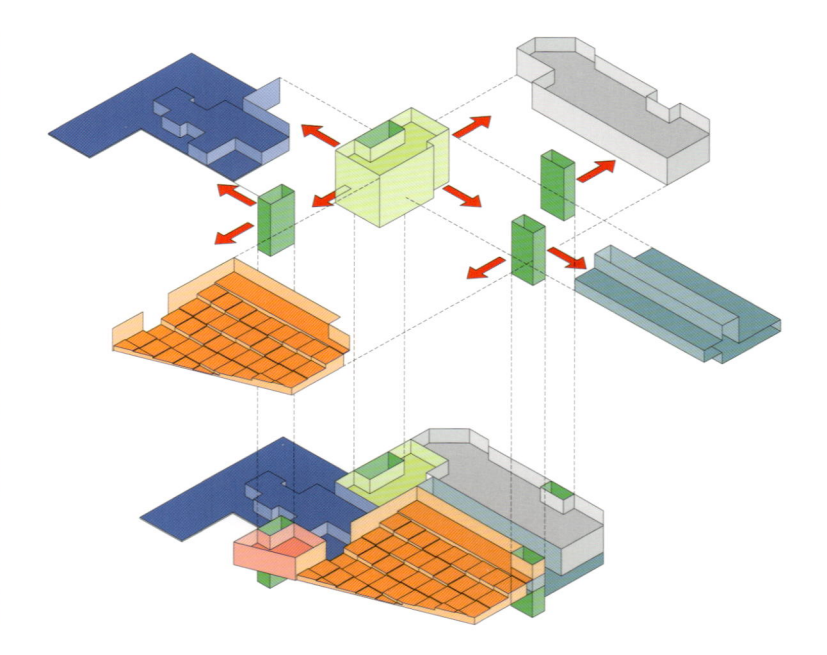

(264) (292) **118**

CHAPTER 02. REUSE / RECLAIM SERIES

Removing sections of the framework enabled part of the interior of this former food laboratory to be converted to a continual work space. Being a Call Centre, each work station comprises a laptop computer which facilitates employee mobility throughout the building with no need for a fixed location. The platforms make use of the split level of the original building to create an interior landscape and a changing vision outwards to the exterior, a tree-covered environment known as the Coulée Verte de Dijon.
The acoustic panels, installed both on ceilings and partition walls, enhance call quality and mean employees can choose to work in any part of the building.

La eliminación de algunas secciones del forjado ha permitido convertir parte del interior de este antiguo laboratorio alimentario en un espacio laboral continuo. Al tratarse de un Centro de llamadas, cada puesto de trabajo se concreta en un ordenador portátil, lo que facilita la movilidad de los empleados por el edificio sin necesidad de una ubicación fija. Las plataformas aprovechan la doble altura del espacio original del laboratorio para crear un paisaje interior y una visión cambiante hacia el exterior, un entorno arbolado conocido como la Coulée Verte de Dijon.
Los paneles acústicos, instalados tanto en techos como en particiones, facilitan las conversaciones telefónicas, de manera que los empleados pueden elegir cualquier punto del edificio como lugar de trabajo.

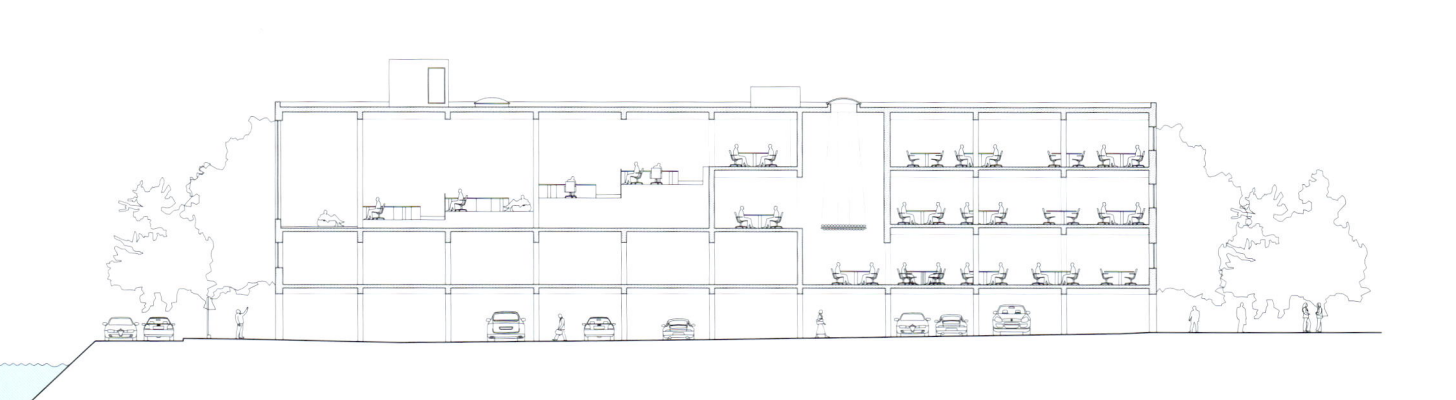

1

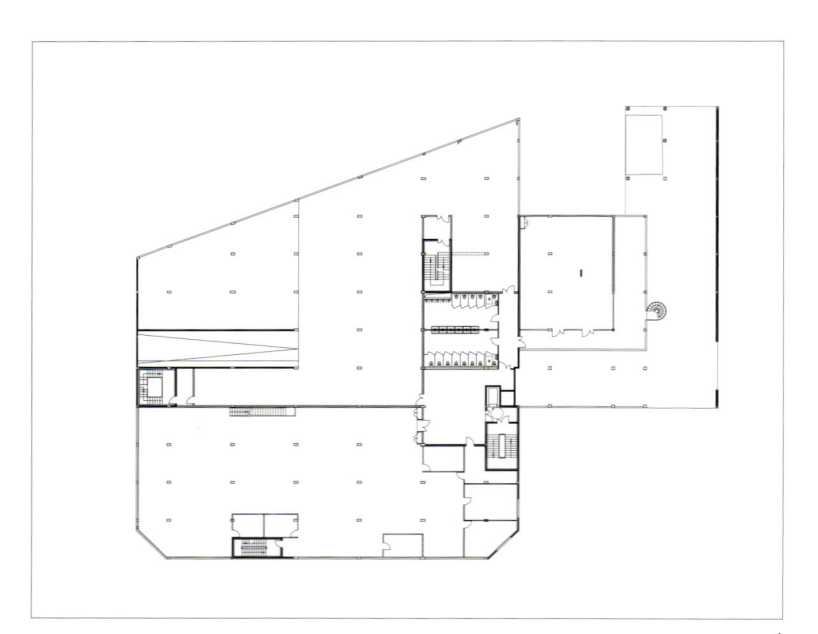

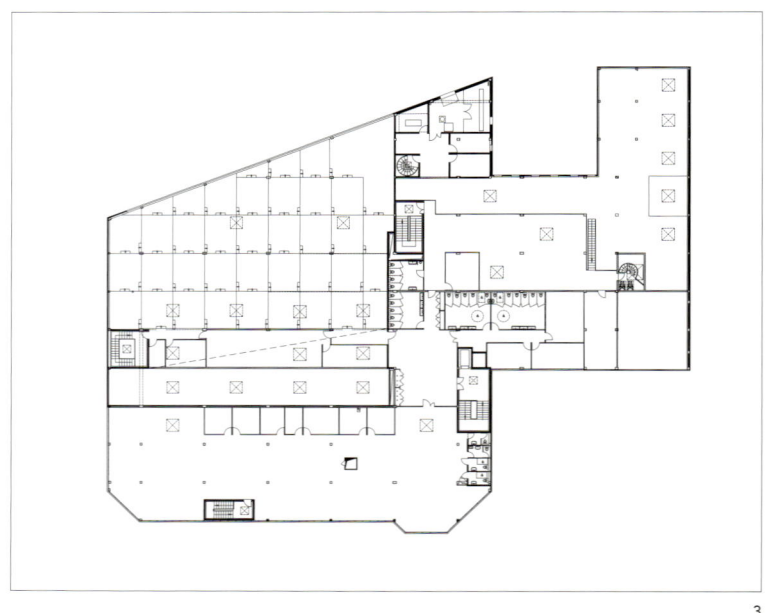

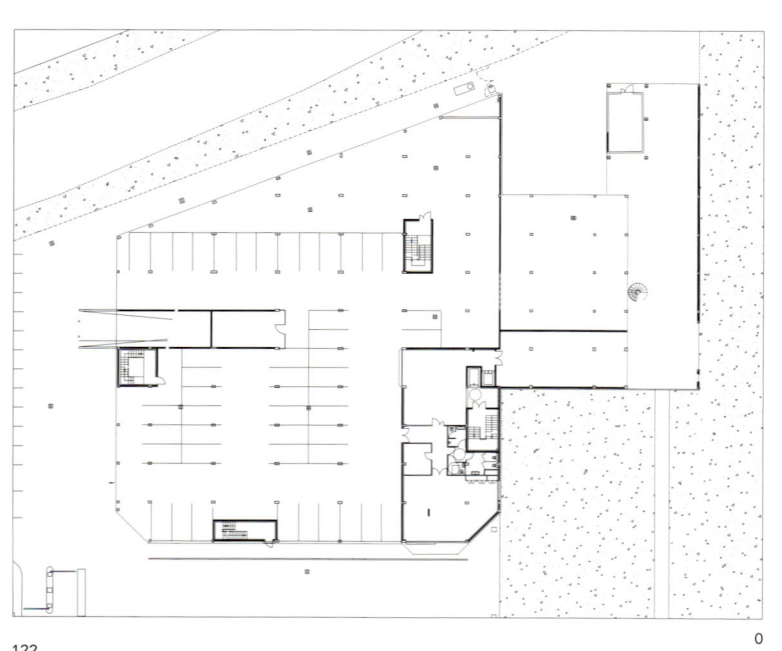

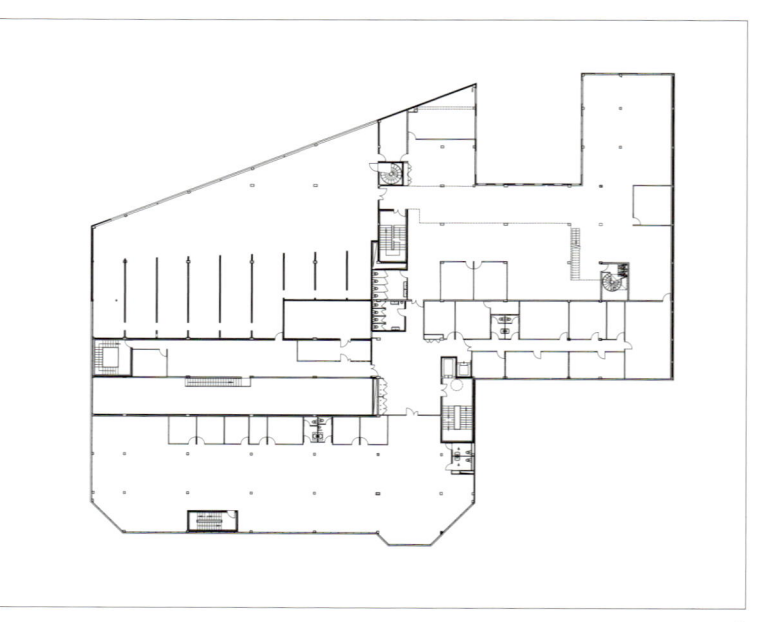

3

0

2

CHAPTER 02. REUSE / RECLAIM SERIES

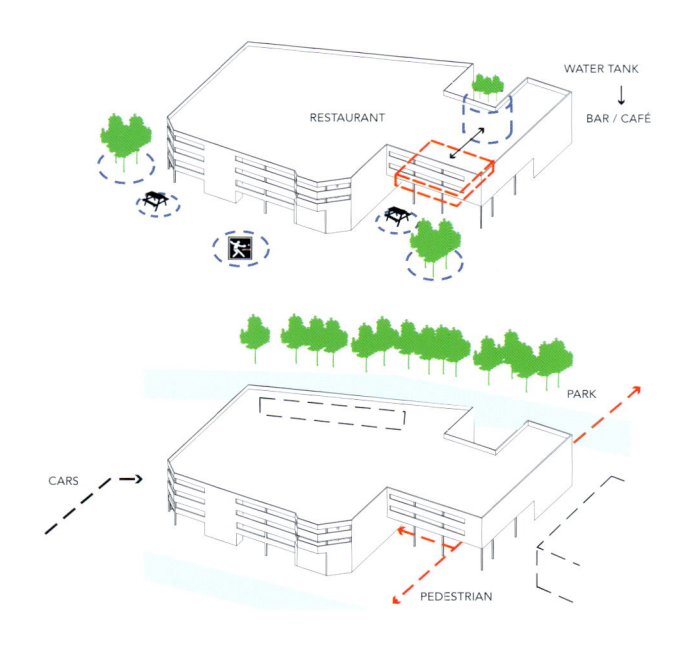

123

CHAPTER 02. REUSE / RECLAIM SERIES

043

REUSE
Reocuppying an existing office building
Reocupación de un edificio de oficinas

BELONGS TO PROJECT:

THE SCHIEBLOCK - ZUS (Zones Urbaines Sensibles)
Rotterdam (The Netherlands) 2010

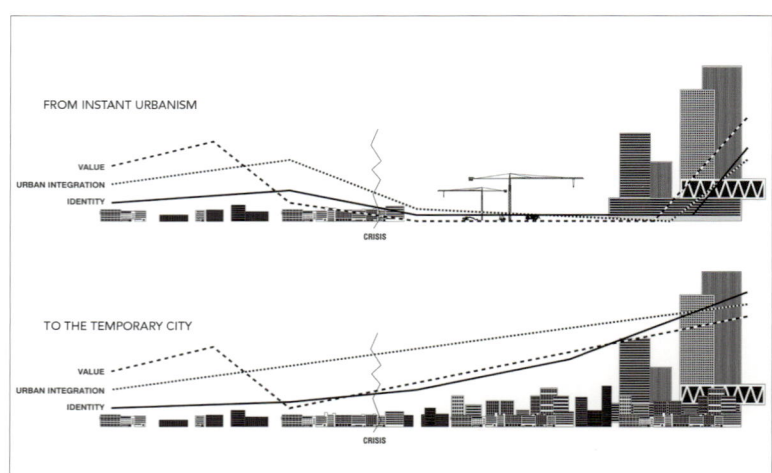

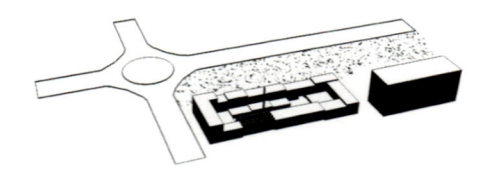

Site area Superficie de la parcela (m²) 8,000
Project budget Presupuesto del proyecto (euros/m²) 187.5

(264) (292)

FROM INSTANT URBANISM
VALUE
URBAN INTEGRATION
IDENTITY
CRISIS

TO THE TEMPORARY CITY
VALUE
URBAN INTEGRATION
IDENTITY
CRISIS

1958
CONSTRUCTION OF DELFTSEHOF
CONSTRUCCIÓN DE DELFTSEHOF

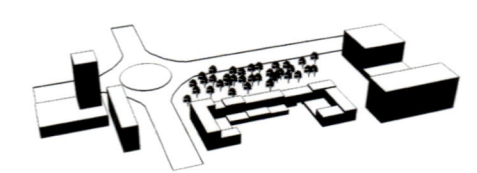

1970
DEVELOPMENT HOFPLEIN
DESARROLLO DE HOFPLEIN

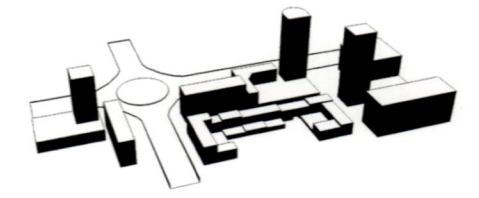

1980
DEVELOPMENT WEENA
DESARROLLO DE WEENA

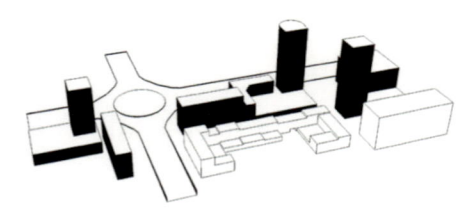

1990
ABANDONMENT DELFTSEHOF
ABANDONO DE DELFTSEHOF

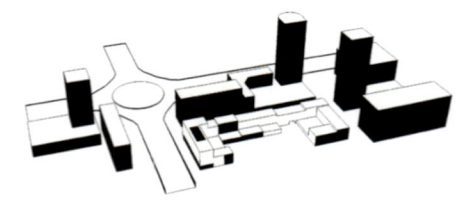

2009
PIONEERS LOCAL ECONOMY
PIONEROS DE LA ECONOMÍA LOCAL

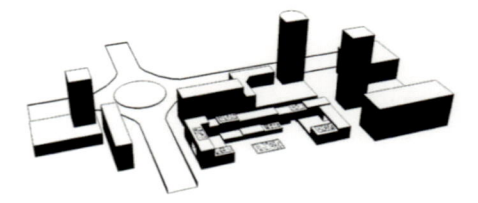

2010
ROOFSCAPE
CUBIERTAS AJARDINADAS

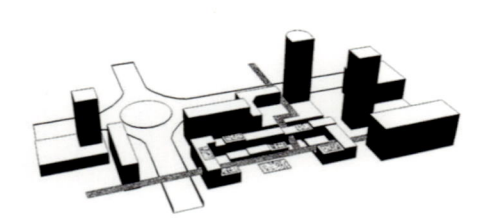

2015
NEW LUCHTSINGEL
NUEVO LUCHTSINGEL

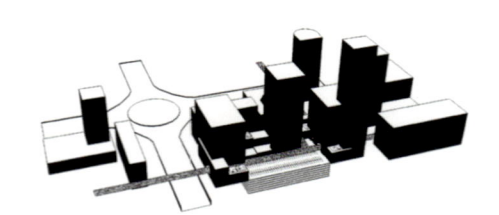

2025
FIRST HIGHRISE
PRIMER EDIFICIO ALTO

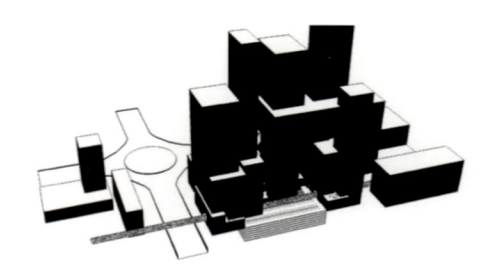

2050
MAXIMUM VOLUME
VOLUMEN MÁXIMO

CHAPTER 02. REUSE / RECLAIM SERIES

Unlike instant urbanism, which is based on starting from scratch, tearing down the existing and drafting defined plans which take years to complete, the temporary city is a process involving reuse and longer-term growth. It is a process meaning that the existing buildings, as this officce block in Rotterdam city centre, are given new uses over time.

The building is based on a very simple functional design using concrete porticoes and a rationalist facade. These two features have been preserved: what has changed are the interior partition walls which on each floor have been adapted to accommodate as many as 80 different occupants. ZUS made the feasibility plan for the project and selected the occupants from a vast array of cultural institutions.

Frente al urbanismo instantáneo, basado en volver a empezar de cero, demoliendo lo existente y trazando planes definidos que tardan años en completarse, la ciudad temporal es un proceso de reutilización y crecimiento gradual en el tiempo. Es un proceso por el que los edificios existentes, como este antiguo bloque de oficinas en el centro de Róterdam, se van rellenando de nuevos usos a lo largo del tiempo.

El edificio se basa en un esquema funcional de pórticos de hormigón y una fachada racionalista. Estos dos rasgos se han mantenido: lo que cambia ahora son las particiones interiores, ajustadas en cada planta para acomodar hasta 80 inquilinos diferentes. ZUS trazó el plan de viabilidad del proyecto y seleccionó a los ocupantes entre una gran variedad de instituciones culturales.

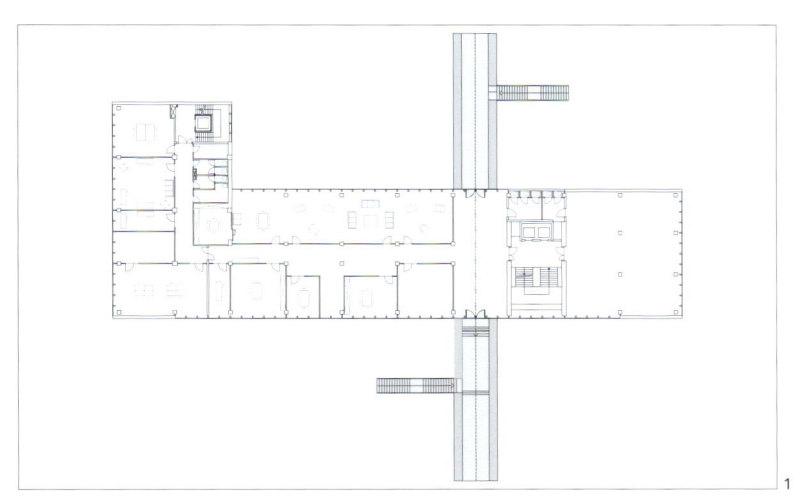

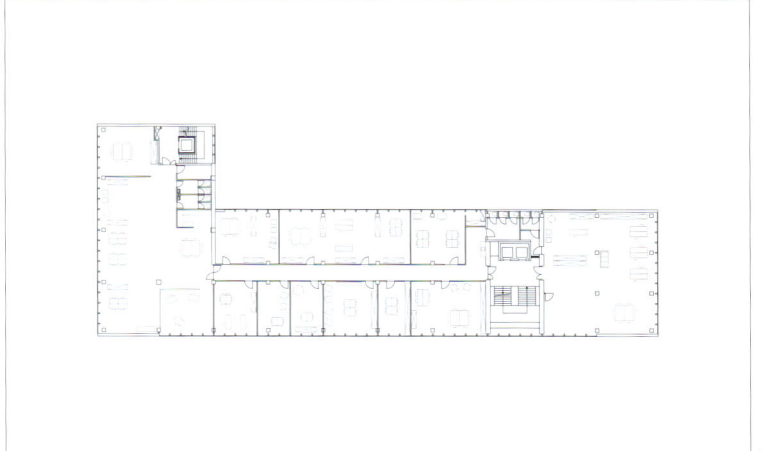

CHAPTER 02. REUSE / RECLAIM SERIES

044

REUSE
Applying a degree of intervention
Aplicación de un gradiente de intervención

BELONGS TO PROJECT:
LE 308 - Fabre/Demarien
Bordeaux (France) 2009

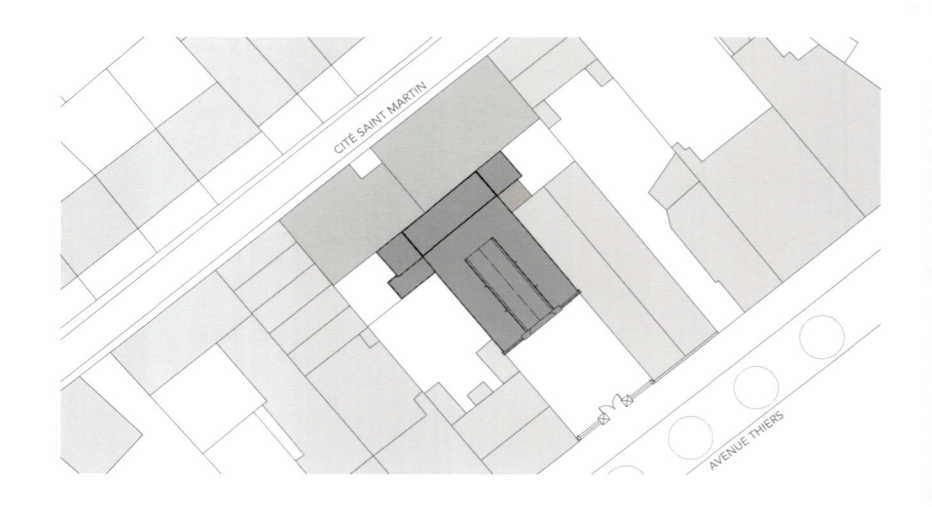

Site area Superficie de la parcela (m²) 950
Project budget Presupuesto del proyecto (euros/m²) 1,168

(266) (294)

126

CHAPTER 02. REUSE / RECLAIM SERIES

Adapting this power station into the head office of the House of Architecture involved intervening by degrees, increasing the intensity of renovating a sequence which moves from left to right along the section. Hence the main facade undergoes slight modifications. A second glass facade is added which runs right up to the top of the building, creating a space with better insulation, and which is in turn enclosed by another glass skin on the top floor. Subsequently, some joists were removed to house a circulation shaft. Access and ventilation shafts are built into the final body of the existing building. Finally, a new element is attached on the ground floor and is clad with formed metal sheet. All the outlines of the intervention are white in colour while the existing elements remain in the raw original unfinished concrete.

La adaptación de esta central eléctrica como sede de la Casa de la Arquitectura se basa en la intervención por gradientes, aumentando la intensidad de la renovación en una secuencia que discurre sobre la sección de izquierda a derecha. Así, la fachada principal sufre pequeñas modificaciones. Se añade una segunda fachada de vidrio que recorre toda la altura del edificio y crea un espacio de mayor aislamiento, que se cierra, más adelante, con otra piel de vidrio en la planta superior. A continuación, se suprime parte del forjado para acomodar un núcleo de circulaciones. Sobre el último cuerpo de la nave existente se abren huecos de acceso y ventilación. Finalmente, se adosa en planta baja un nuevo espacio, que se forra con chapa plegada. Todos los elementos de la intervención son de color blanco, mientras que lo existente se mantiene con el hormigón original desprovisto de acabados.

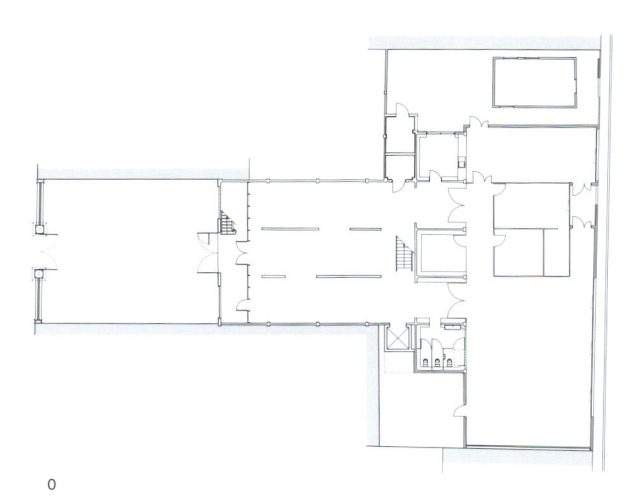

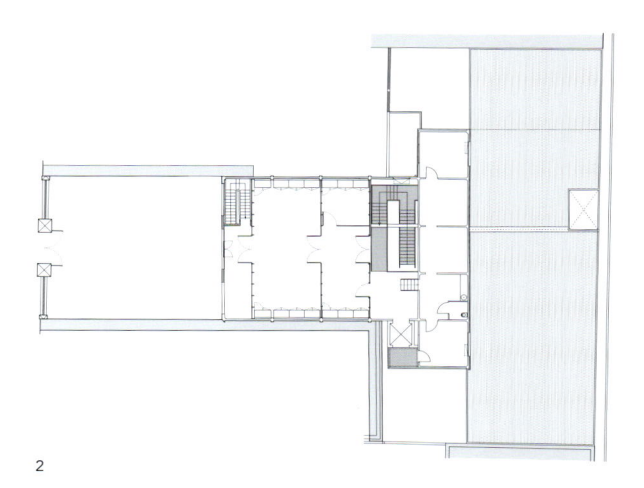

Salle de conférence
Centre de Formation des Architectes d'Aquitaine
Maison de l'Architecture
Conseil Régional de l'Ordre des Architectes d'Aquitaine
Architecture et Commande Publiq

CHAPTER 02. REUSE / RECLAIM SERIES

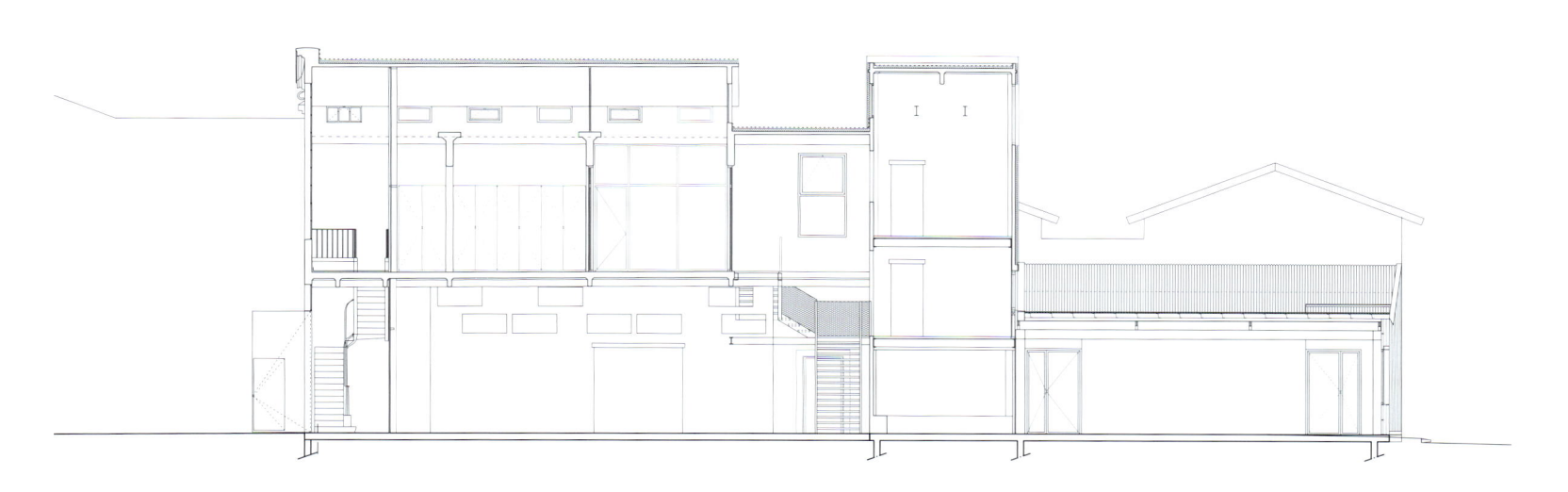

CHAPTER 02. REUSE / RECLAIM SERIES

045

REUSE
Adapting using an approach of sustainable exuberance
Adaptación bajo el criterio de exuberancia sostenible

BELONGS TO PROJECT:

OOSTCAMPUS - Carlos Arroyo
Oostkamp (Belgium) 2012

Site area Superficie de la parcela (m²) 40,000
Project budget Presupuesto del proyecto (euros/m²) 161.25

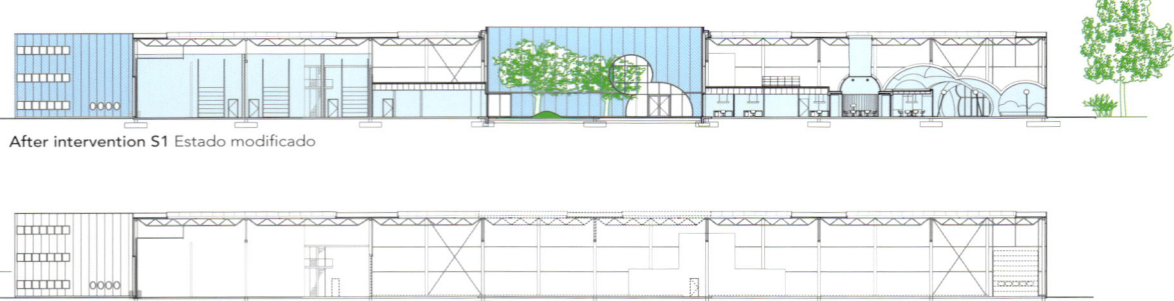

(256) (284) (64) (116) (162) (196) (230)

After intervention S1 Estado modificado

Existing condition S1 Estado original

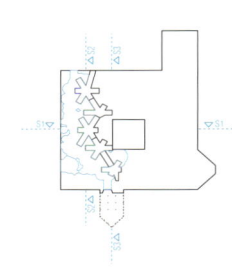

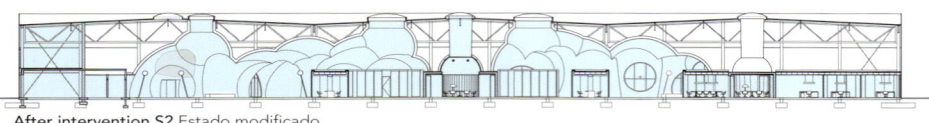

After intervention S2 Estado modificado

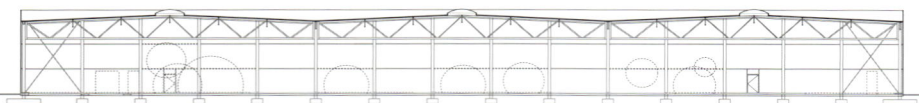

Existing condition S2 Estado original

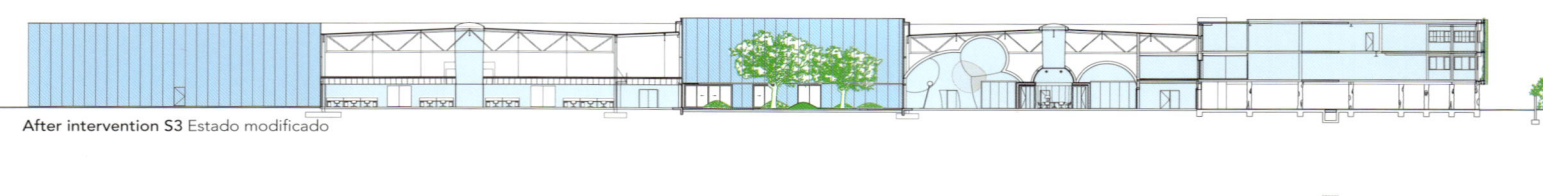

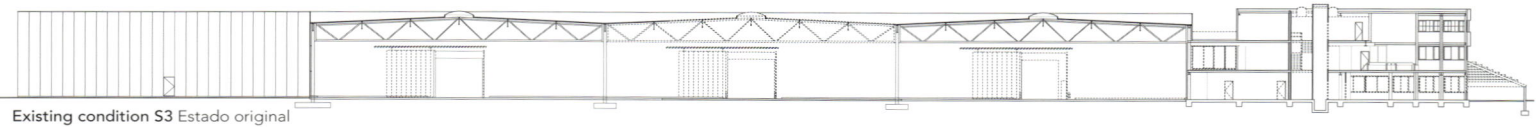

After intervention S3 Estado modificado

Existing condition S3 Estado original

130

CHAPTER 02. REUSE / RECLAIM SERIES

A unit formerly used as a Coca-Cola depot becomes a Town Hall and a Civic Centre. The industrial standard foundations and flooring, the load-bearing frame, the exterior skin with its insulation and weatherproofing, services, installations and equipment, boilers, water pipes, anti-fire installations, plumbing, drainage and even parking facilities, fencing and access have all been preserved.

The author focuses the intervention with the approach of sustainable exuberance which involves reusing the existing elements as far as possible and retrofitting using simple technology with incredible results, as is the case with the GRG shells, which with minimum energy and financial costs completely transform the spatial experience.

Una antigua nave de almacenamiento de Coca-Cola se transforma en sede del Ayuntamiento y Centro Cívico. Se mantienen los cimientos y soleras de capacidad industrial, la estructura portante, la piel exterior con su aislamiento e impermeabilización, servicios, instalaciones y equipos, la estación transformadora de electricidad, calderas, conductos de agua, instalación contra incendios, saneamiento, drenaje e incluso aparcamiento, vallado y accesos.

El autor enfoca la intervención con el criterio de exuberancia sostenible, que consiste en reusar al máximo todo lo existente y añadir lo nuevo mediante una tecnología sencilla con resultados espectaculares, como es el caso de las conchas GRG, que con un mínimo coste energético y económico, transforman por completo la experiencia espacial.

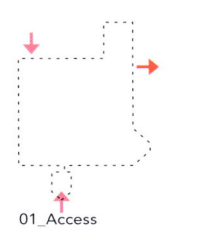

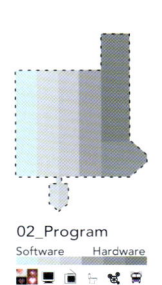

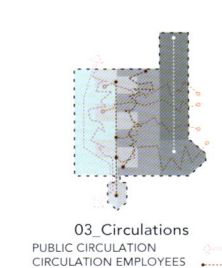

01_Access
02_Program — Software / Hardware
03_Circulations — PUBLIC CIRCULATION / CIRCULATION EMPLOYEES / CIRCULATION WORKERS / TRANSVERSAL CIRCULATION
04_Thermal Onion
05_Clusters
06_Clusters + Public Space
07_Weather Map — Weather Change / Constant Natural Light / Protection Against Sunlight — INSIDE / OUTSIDE — PUBLIC SPACE / OFFICE SPACE / BACK OFFICE / STORAGE SPACE

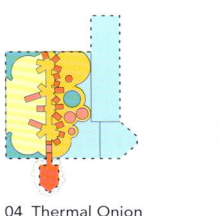

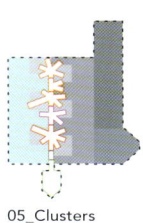

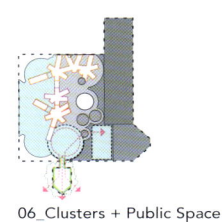

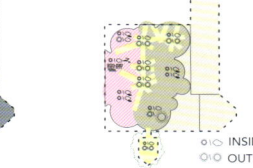

CHAPTER 02. REUSE / RECLAIM SERIES

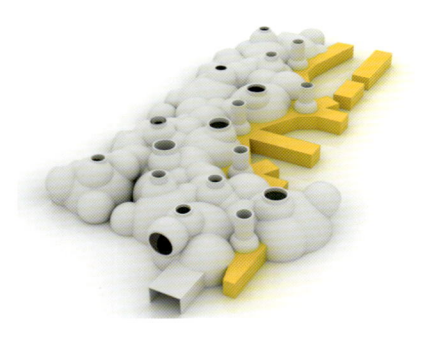

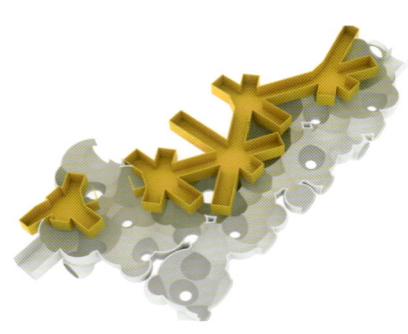

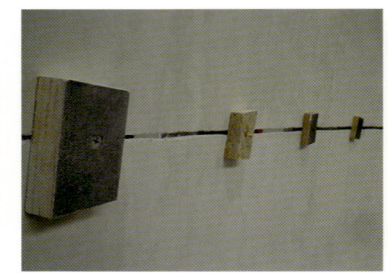

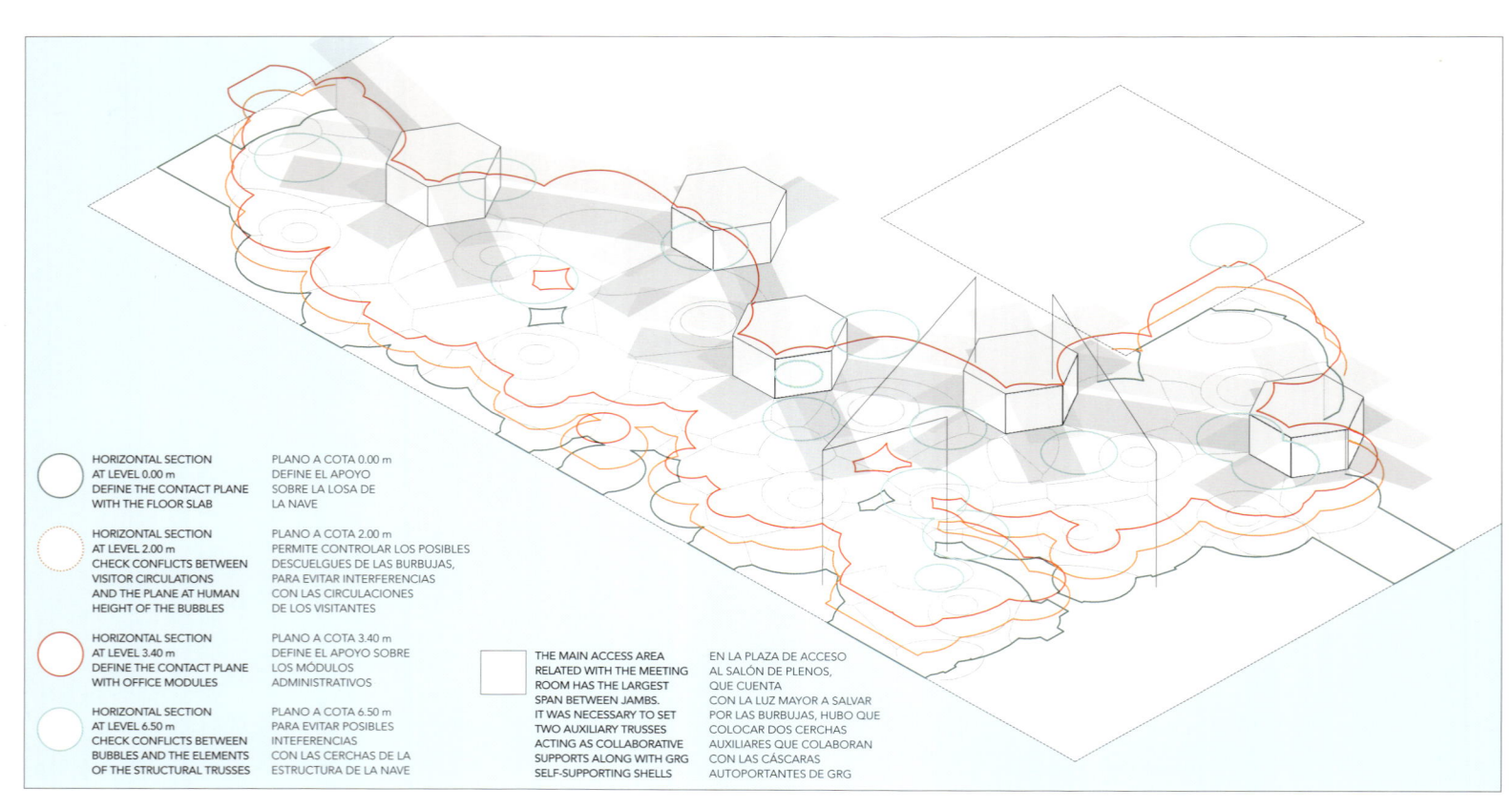

○	HORIZONTAL SECTION AT LEVEL 0.00 m DEFINE THE CONTACT PLANE WITH THE FLOOR SLAB	PLANO A COTA 0.00 m DEFINE EL APOYO SOBRE LA LOSA DE LA NAVE
○	HORIZONTAL SECTION AT LEVEL 2.00 m CHECK CONFLICTS BETWEEN VISITOR CIRCULATIONS AND THE PLANE AT HUMAN HEIGHT OF THE BUBBLES	PLANO A COTA 2.00 m PERMITE CONTROLAR LOS POSIBLES DESCUELGUES DE LAS BURBUJAS, PARA EVITAR INTERFERENCIAS CON LAS CIRCULACIONES DE LOS VISITANTES
○	HORIZONTAL SECTION AT LEVEL 3.40 m DEFINE THE CONTACT PLANE WITH OFFICE MODULES	PLANO A COTA 3.40 m DEFINE EL APOYO SOBRE LOS MÓDULOS ADMINISTRATIVOS
○	HORIZONTAL SECTION AT LEVEL 6.50 m CHECK CONFLICTS BETWEEN BUBBLES AND THE ELEMENTS OF THE STRUCTURAL TRUSSES	PLANO A COTA 6.50 m PARA EVITAR POSIBLES INTERFERENCIAS CON LAS CERCHAS DE LA ESTRUCTURA DE LA NAVE
□	THE MAIN ACCESS AREA RELATED WITH THE MEETING ROOM HAS THE LARGEST SPAN BETWEEN JAMBS. IT WAS NECESSARY TO SET TWO AUXILIARY TRUSSES ACTING AS COLLABORATIVE SUPPORTS ALONG WITH GRG SELF-SUPPORTING SHELLS	EN LA PLAZA DE ACCESO AL SALÓN DE PLENOS, QUE CUENTA CON LA LUZ MAYOR A SALVAR POR LAS BURBUJAS, HUBO QUE COLOCAR DOS CERCHAS AUXILIARES QUE COLABORAN CON LAS CÁSCARAS AUTOPORTANTES DE GRG

CHAPTER 02. REUSE / RECLAIM SERIES

The slim lightweight white bubbles are self-supporting GRG shells (Glass Reinforced Gypsum) which are 7-8 mm thick and weigh only 7 kg/m². They are made from gypsum reinforced with glass. The geometric design of the bubbles took place simultaneously in 3D and on site. The central nerve of the dendrites divide off public and private space, casting off branches one way and another, interlinking both functions with informal meeting rooms at the joints. The dendrite system also serves to lay out the installations, hardly touching the existing concrete floor.

Las burbujas blancas, delgadas y ligeras, son cáscaras autoportantes de GRG (yeso con refuerzo de fibra de vidrio), de 7-8 milímetros de grosor, con un peso de tan sólo 7 kg/m². Están realizadas en yeso reforzado con fibra de vidrio. El diseño de la geometría de las burbujas se desarrolló paralelamente en 3D y en planta. El nervio central de las dendritas separa el espacio publico del privado, lanzando ramales en uno y otro sentido, entrelazando ambas funciones, y con salas de reuniones informales en las articulaciones. El sistema de dendritas sirve también para distribuir las instalaciones, sin apenas tocar la solera de hormigón existente.

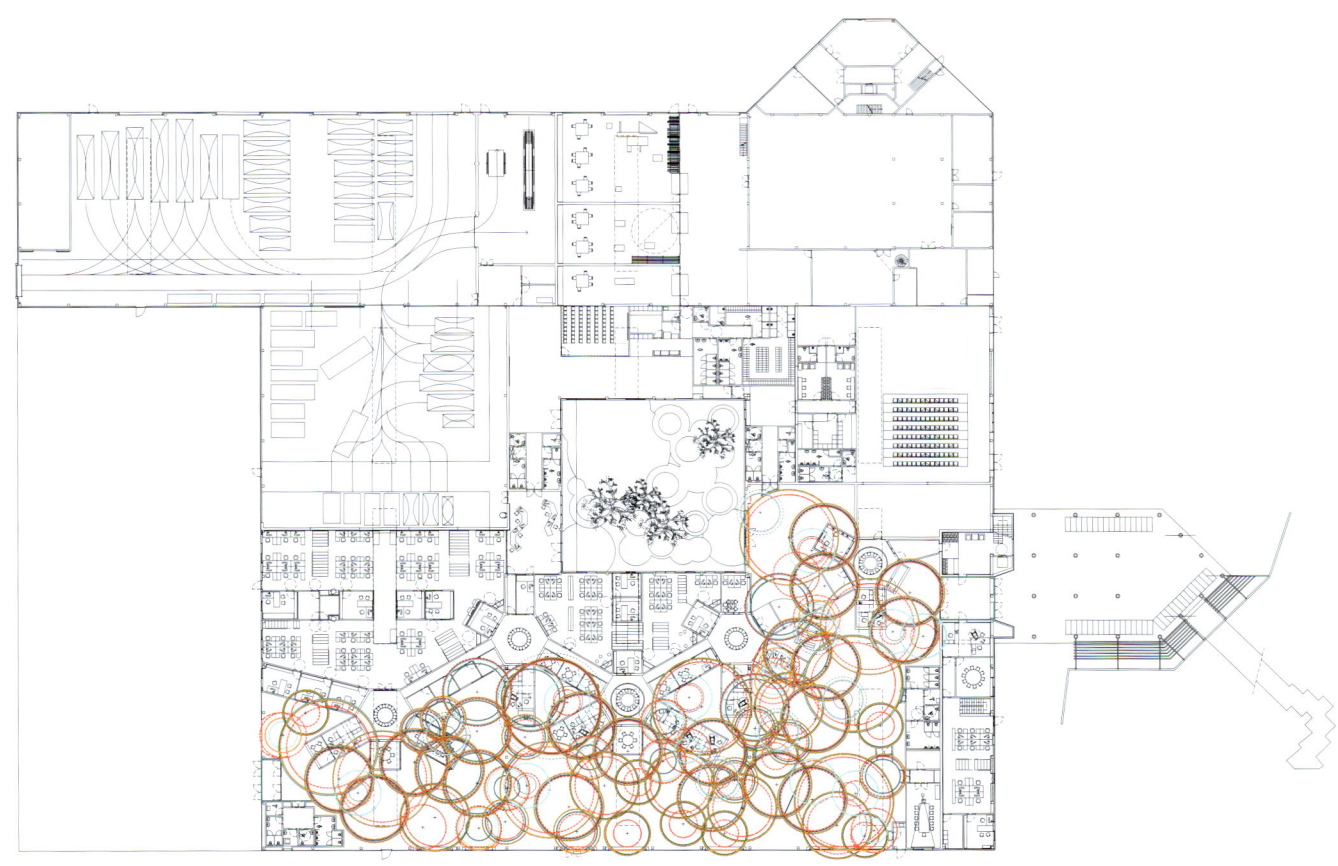

CHAPTER 02. REUSE / RECLAIM SERIES

046

REUSE
Incorporating a sports facility into an existing warehouse
Introducción de pista deportiva en una nave existente

BELONGS TO PROJECT:
N10-II SPORTS FACILITY - COMOCO arquitectos. Luís Miguel Correia, Nelson Mota, Susana Constantino
Coimbra (Portugal) 2012

Site area Superficie de la parcela (m²) 2,385
Project budget Presupuesto del proyecto (euros/m²) 419.29

(266) (294) (164)

CHAPTER 02. REUSE / RECLAIM SERIES

The shell of the industrial unit comprises exterior concrete walls and a metal structure which supports the roof. These elements are given new uses without undergoing alterations. Both demolition work and contact between the new and old perimeter walls have been avoided. The existing structure supports HVAC and lighting equipment and this has only been altered to open a new access from the street which is the only external sign of refurbishment.

La carcasa de la nave industrial se compone de muros exteriores de hormigón y una estructura metálica que sostiene la cubierta. Estos elementos acogen los nuevos usos sin sufrir modificaciones. Se han evitado al máximo, tanto las demoliciones, como el contacto de los muros perimetrales con la nueva construcción. Lo existente sirve de soporte a las instalaciones de aire acondicionado e iluminación, y sólo se modifica para abrir un nuevo acceso desde la calle, que es el único signo externo de la rehabilitación.

CHAPTER 02. REUSE / RECLAIM SERIES

047

REUSE
Introducing free-standing structures
Introducción de construcciones exentas

BELONGS TO PROJECT:

MATADERO MUSIC ACADEMY - Langarita Navarro
Madrid (Spain) 2011

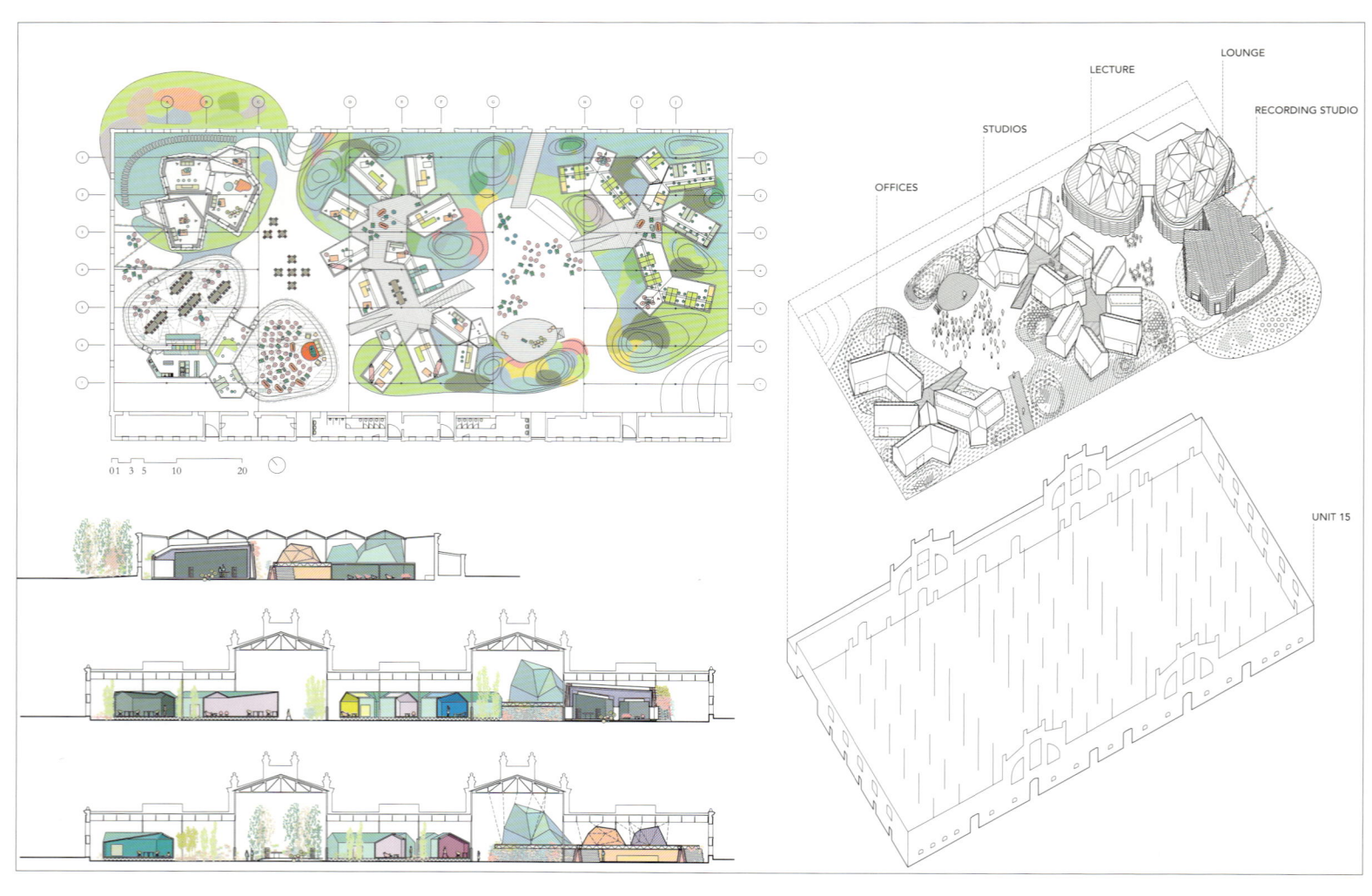

Site area Superficie de la parcela (m²) 4,750
Project budget Presupuesto del proyecto (euros/m²) 1,293

(266) (294) (154) (202) (204)

CHAPTER 02. REUSE / RECLAIM SERIES

Unit 15 of the former Madrid Matadero (Abbatoir) is an open space, with no weatherproofing elements, which is metal-framed and brick facade. The proposal was to convert it into a music studio with the criteria to not intervene on the building itself leaving it as it was before. With this in mind, the programme is distributed into several lightweight structures which perch on the land without making contact with either the facade or the roof. The intervention also has a garden which divides off the booths from the public circulation elements. In total, four areas stand out: an office area, music studios, a recording studio and a conference room. The project is designed to be taken apart leaving no trace and all the elements are easily recyclable.

La nave 15 del antiguo Matadero de Madrid es un espacio diáfano, sin protección climática, de estructura metálica y fachada de ladrillo. La propuesta para convertirla en centro de producción musical toma como criterio no actuar sobre el edificio, dejándolo tal y como estaba antes de la intervención. Por este motivo, el programa se distribuye en varias construcciones ligeras que se posan sobre el terreno sin tocar ni la fachada ni la cubierta. Un jardín acompaña la intervención y separa las cabinas de las circulaciones públicas. En total se distinguen cuatro áreas: zona de oficinas, estudios para músicos, estudio de grabación y un pabellón de conferencias. El proyecto se ha pensado para ser desmantelado sin dejar huella y todos sus elementos permiten un fácil reciclaje.

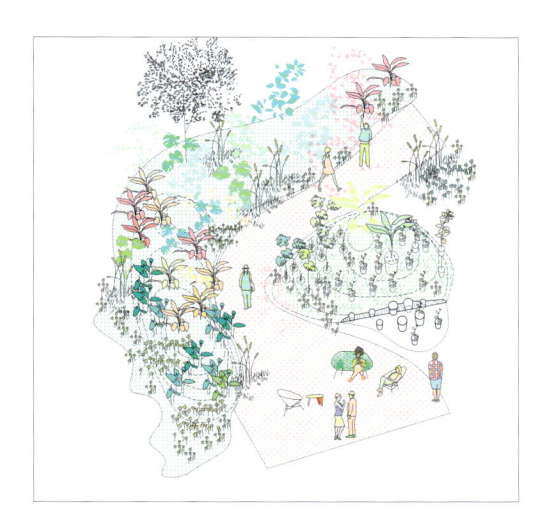

CHAPTER 02. REUSE / RECLAIM SERIES

048

REUSE
Incorporating communication shafts
Introducción de núcleos de comunicaciones

BELONGS TO PROJECT: **CCCB** - Lapeña & Torres
Barcelona (Spain) 2011

Site area Superficie de la parcela (m²) 3,164
Project budget Presupuesto del proyecto (euros/m²) 1,373.76

(268) (296)

138

CHAPTER 02. REUSE / RECLAIM SERIES

Adapting this former annex of the Casa de la Caritat (Almshouse) into theatre and exhibition halls required incorporating several communication shafts which pierce the building vertically. The main shaft runs parallel to the facade of the former cloister and creates a vestibule the entire height of the unit, lit by a skylight in the roof. At basement level, a horizontal connection joins the building to the CCCB (Barcelona Contemporary Culture Centre) which it is part of.

La adaptación de esta antigua dependencia de la Casa de la Caritat a salas de teatro y exposiciones ha requerido la introducción de varios núcleos de comunicaciones que atraviesan verticalmente edificio. El principal discurre paralelo a la fachada del antiguo claustro y crea un vestíbulo de la altura total de la nave, iluminado por un lucernario en cubierta. A nivel del sótano, una conexión horizontal une el edificio con el Centro de Cultura Contemporánea de Barcelona, CCCB, del que forma parte.

New sections Secciones nuevas

Existing sections Secciones existentes

CHAPTER 02. REUSE / RECLAIM SERIES

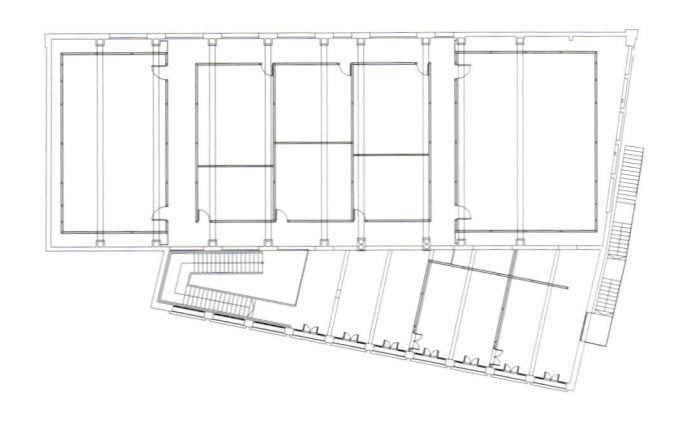

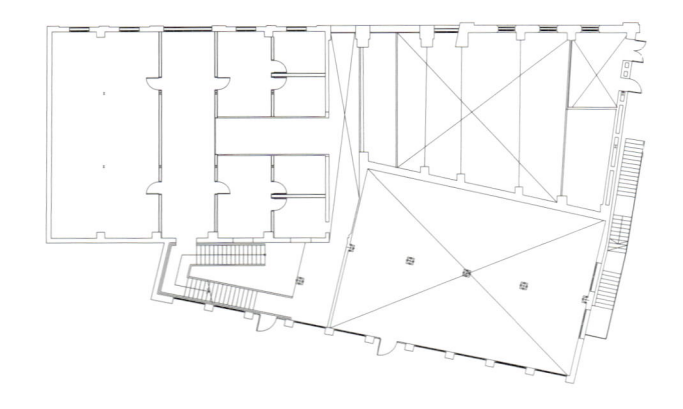

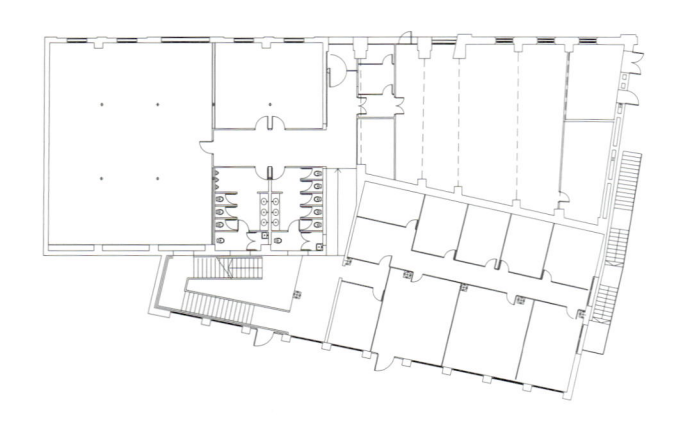

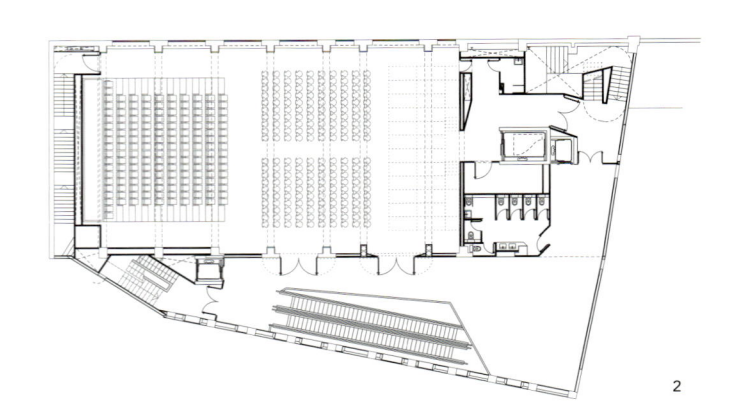

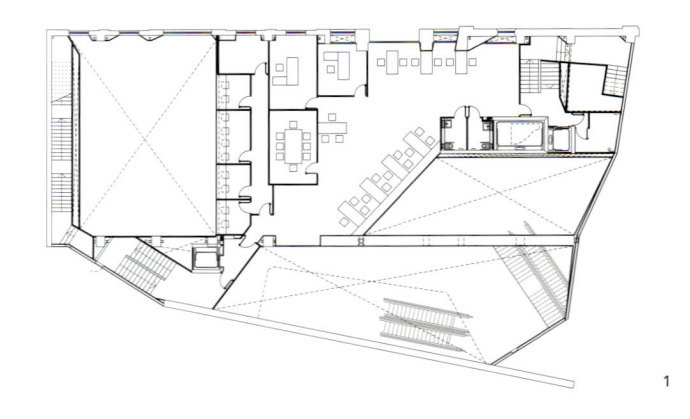

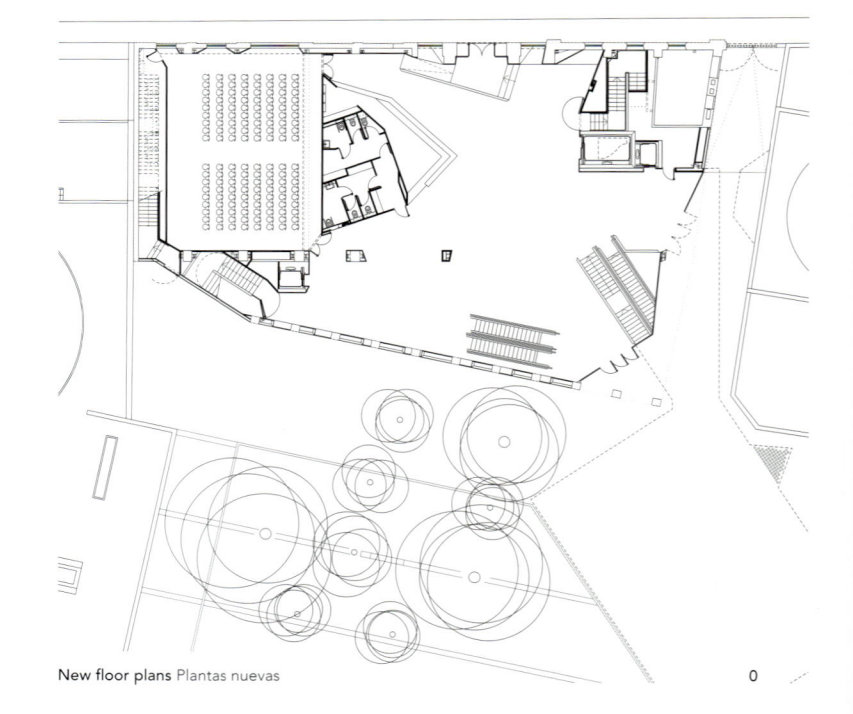

Existing floor plans Plantas existentes

New floor plans Plantas nuevas

140

CHAPTER 02. REUSE / RECLAIM SERIES

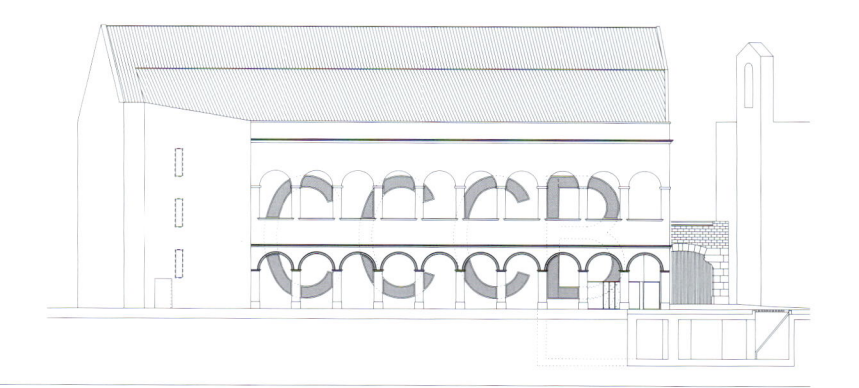

CHAPTER 02. REUSE / RECLAIM SERIES

049

REUSE
Making good use of supporting walls
Aprovechamiento de muros portantes

BELONGS TO PROJECT:

MATADERO - FILM ARCHIVES - Churtichaga + Quadra-Salcedo
Madrid (Spain) 2011

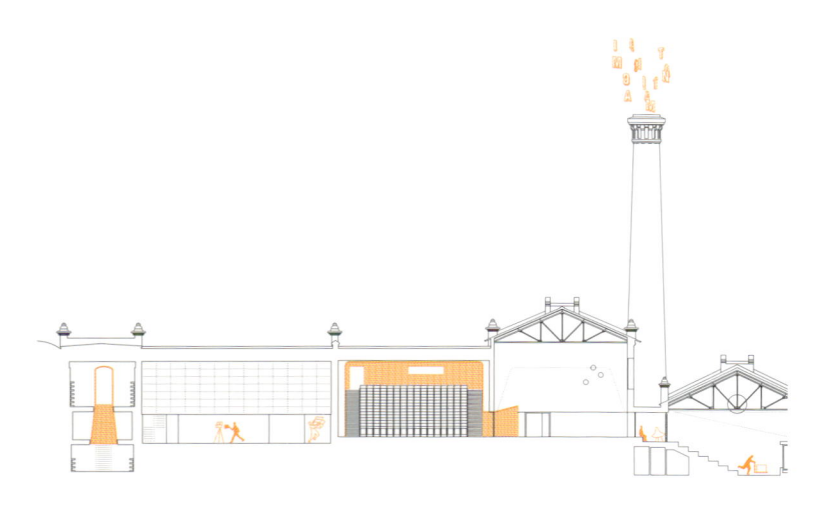

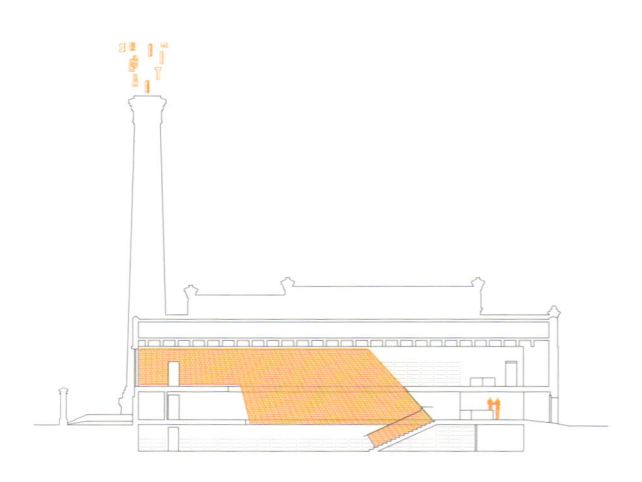

Site area Superficie de la parcela (m²) 2,688
Project budget Presupuesto del proyecto (euros/m²) 4,104

268 296 200

CHAPTER 02. REUSE / RECLAIM SERIES

The programme required a long span structure in this former unit of the Madrid Matadero as it houses both the cinema screens and the recording stage. The existing walls, made of solid brick and lime mortar, made this possible. Most walls needed little more than the cracks sealing whilst only a few others needed mortaring over and new foundations laid to improve stability. For the horizontal structure, reinforced concrete slabs were used, whose bidirectional work and toothing with the existing fabric formed a complete system of vertical load-bearing walls.

El programa requería grandes luces para albergar en esta antigua nave del Matadero de Madrid, tanto las salas de proyección de la cineteca como un plató de grabación. Los muros existentes, de ladrillo macizo y mortero de cal, han satisfecho esa necesidad. La mayoría de los muros necesitaron cosidos de grietas y solo algunos un recrecido y una nueva cimentación para favorecer su estabilidad. La estructura horizontal se ha resuelto con losas de hormigón armado, cuyo trabajo bidireccional y enjarjes con la fábrica existente hacen del conjunto un sistema completo de muros verticales portantes.

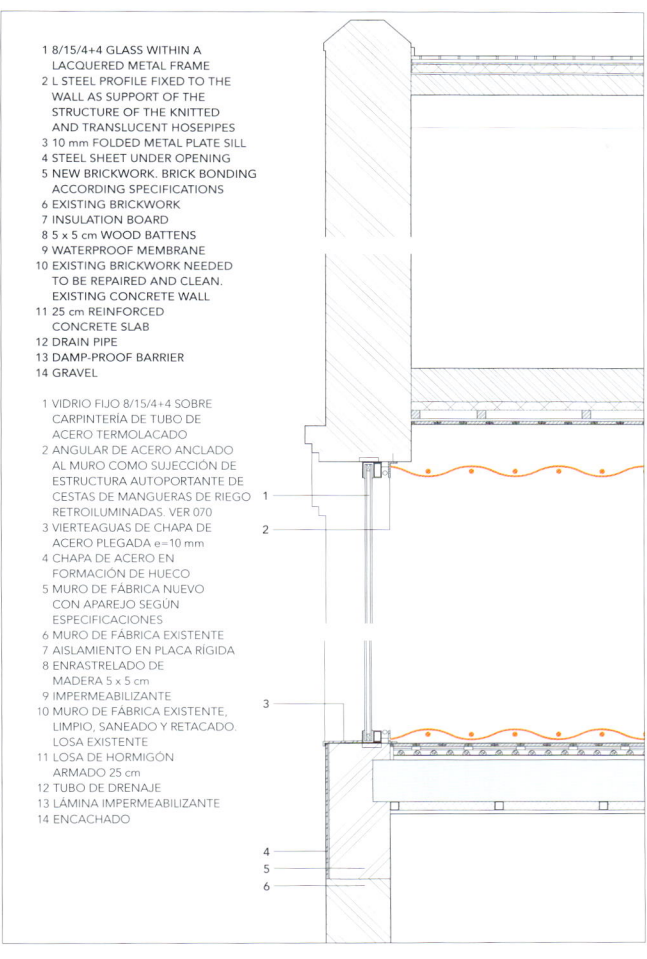

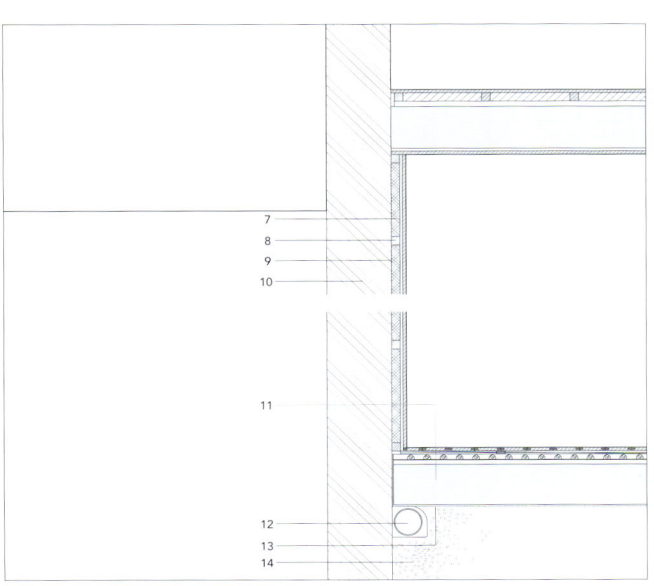

1 8/15/4+4 GLASS WITHIN A LACQUERED METAL FRAME
2 L STEEL PROFILE FIXED TO THE WALL AS SUPPORT OF THE STRUCTURE OF THE KNITTED AND TRANSLUCENT HOSEPIPES
3 10 mm FOLDED METAL PLATE SILL
4 STEEL SHEET UNDER OPENING
5 NEW BRICKWORK. BRICK BONDING ACCORDING SPECIFICATIONS
6 EXISTING BRICKWORK
7 INSULATION BOARD
8 5 x 5 cm WOOD BATTENS
9 WATERPROOF MEMBRANE
10 EXISTING BRICKWORK NEEDED TO BE REPAIRED AND CLEAN. EXISTING CONCRETE WALL
11 25 cm REINFORCED CONCRETE SLAB
12 DRAIN PIPE
13 DAMP-PROOF BARRIER
14 GRAVEL

1 VIDRIO FIJO 8/15/4+4 SOBRE CARPINTERÍA DE TUBO DE ACERO TERMOLACADO
2 ANGULAR DE ACERO ANCLADO AL MURO COMO SUJECCIÓN DE ESTRUCTURA AUTOPORTANTE DE CESTAS DE MANGUERAS DE RIEGO RETROILUMINADAS. VER 070
3 VIERTEAGUAS DE CHAPA DE ACERO PLEGADA e=10 mm
4 CHAPA DE ACERO EN FORMACIÓN DE HUECO
5 MURO DE FÁBRICA NUEVO CON APAREJO SEGÚN ESPECIFICACIONES
6 MURO DE FÁBRICA EXISTENTE
7 AISLAMIENTO EN PLACA RÍGIDA
8 ENRASTRELADO DE MADERA 5 x 5 cm
9 IMPERMEABILIZANTE
10 MURO DE FÁBRICA EXISTENTE, LIMPIO, SANEADO Y RETACADO. LOSA EXISTENTE
11 LOSA DE HORMIGÓN ARMADO 25 cm
12 TUBO DE DRENAJE
13 LÁMINA IMPERMEABILIZANTE
14 ENCACHADO

CHAPTER 02. REUSE / RECLAIM SERIES

050

REUSE
Incorporating a top floor using prefab beams
Introducción de un nivel superior mediante vigas-puente

BELONGS TO PROJECT: **MATADERO READER'S HOUSE** - Ensamble Studio
Madrid (Spain) 2012

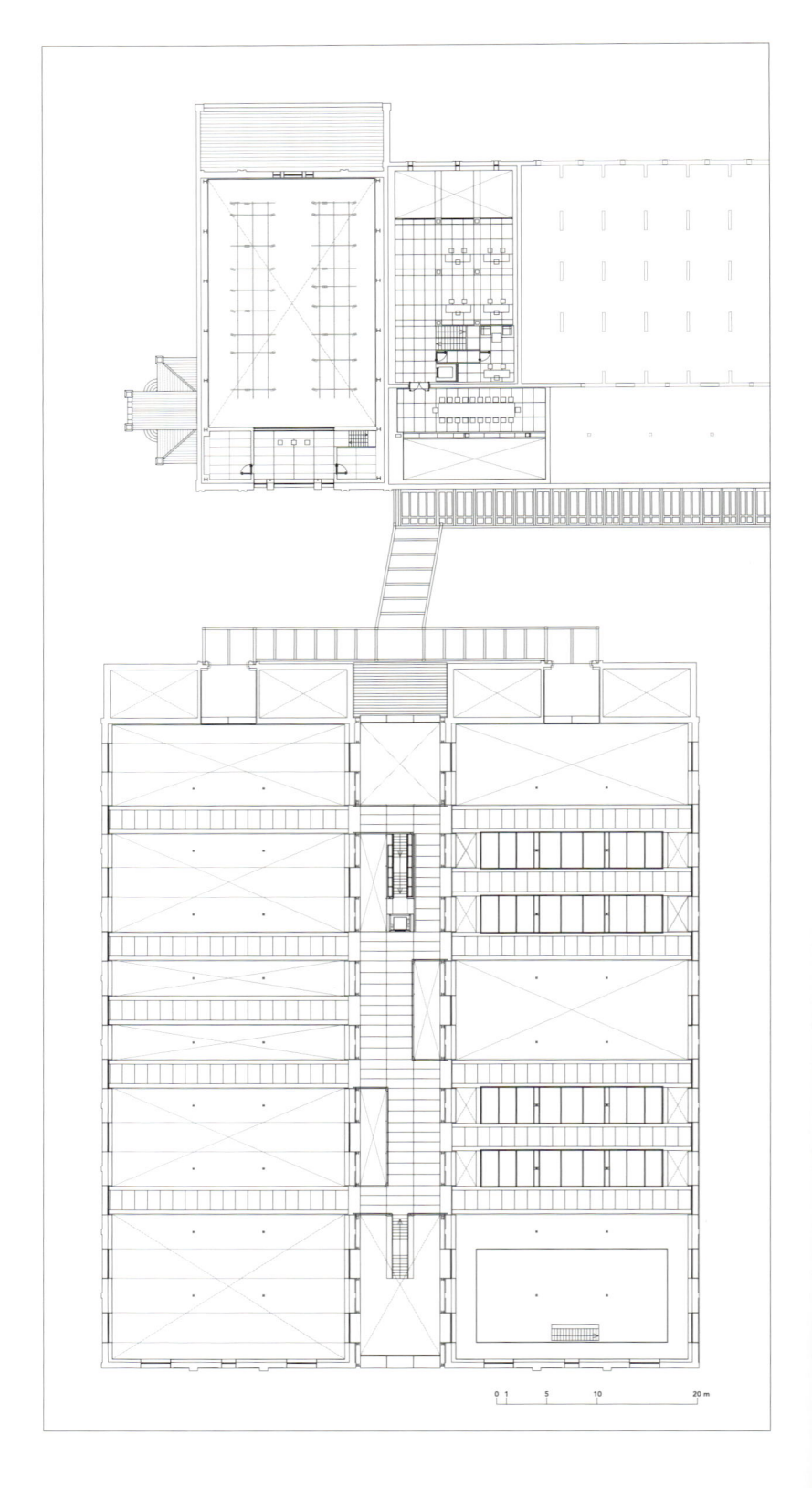

Site area Superficie de la parcela (m²) .... -
Project budget Presupuesto del proyecto (euros/m²) .... -

(268) (296)

CHAPTER 02. REUSE / RECLAIM SERIES

Reworking the two units of the former Madrid Matadero (Abbatoir) as the Casa del Lector (House for the Reader) meant a second storey needed to be built. The top floor, built using 52 tonne pre-fabricated pre-stressed concrete U beams, is a space for both research and work. Unlike the light metal-framed basilica-like structure of industrial units, the concrete beams are inserted by crossing the existing voids and criss-crossing over the space. The lower storey, on the other hand, will be for training and culture-based activities.

La reordenación de dos naves del antiguo Matadero de Madrid como Casa del lector obliga a incorporar un segundo nivel. El plano superior, construido con vigas prefabricadas de hormigón pretensado de 52 toneladas, es un espacio de investigación y trabajo. Frente a la estructura basilical de las naves, longitudinal, ligera y metálica, los puentes de hormigón se insertan atravesando los huecos existentes y cosen el espacio transversalmente. El plano inferior, por su parte, acogerá actividades de formación y difusión cultural.

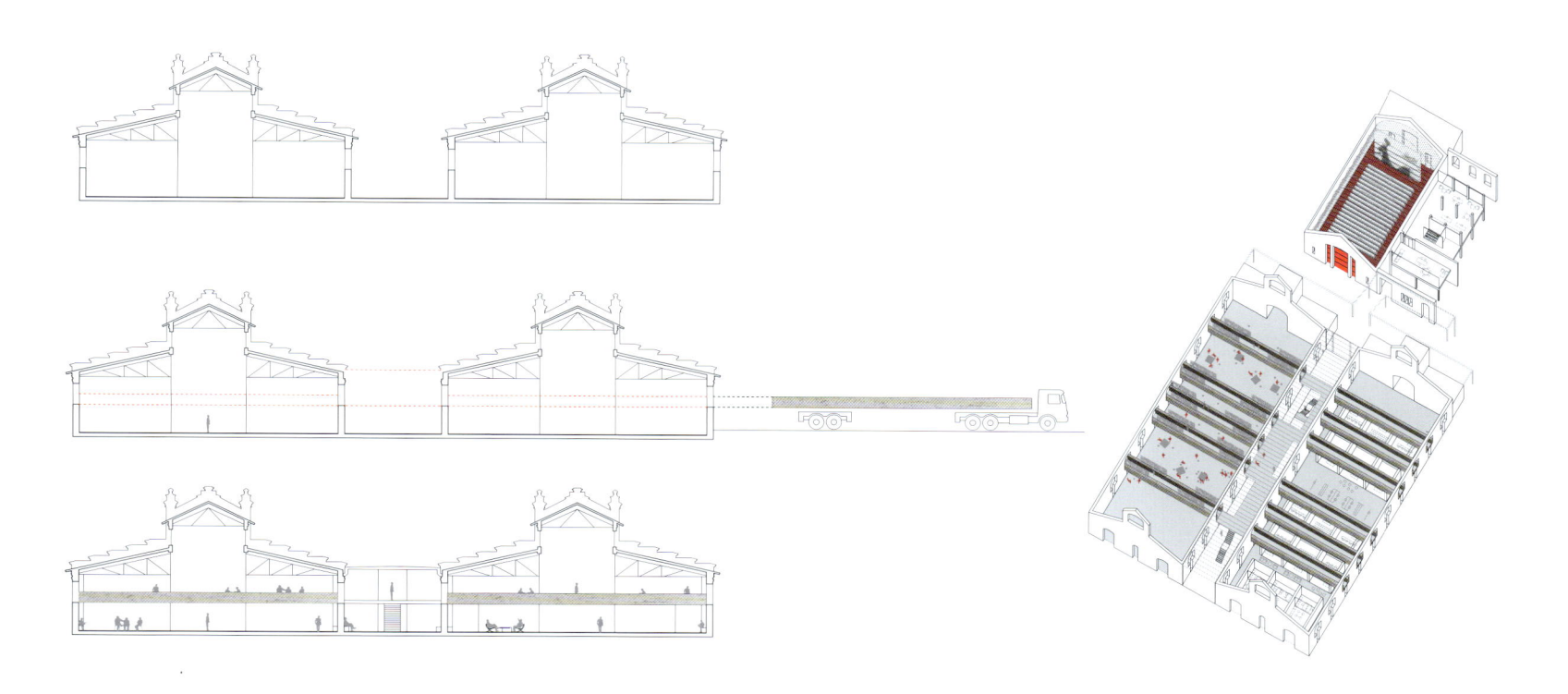

CHAPTER 02. REUSE / RECLAIM SERIES

1 ALUMINIUM FRAMEWORK	1 CARPINTERÍA DE ALUMINIO
2 PREFAB CONCRETE BEAM	2 VIGA DE HORMIGÓN PREFABRICADO
3 5 mm ACOUSTIC MEMBRANE OF FLEXIBLE RETICULATED POLYETHYLENE FILM	3 MEMBRANA ACÚSTICA DE POLIETILENO RETICULADO NO ESPUMADO e=5 mm
4 5 mm EXPANDED POLYETHYLENE BOARD	4 PLACA MOLDEADA DE POLIESTIRENO EXPANDIDO e=5 mm
5 UNDERFLOOR HEATING AND COOLING	5 SUELO RADIANTE Y REFRIGERANTE
6 BATTENS IN MORTAR LAYER	6 RASTRELES EMBEBIDOS EN MORTERO DE NIVELACIÓN
7 22 mm WOOD CEMENT BOARD ON WOOD BATTENS	7 TABLERO DE MADERA-CEMENTO e=22 mm SOBRE RASTRELES DE MADERA
8 20 mm STEEL PLATE	8 CHAPA DE REVESTIMIENTO DE ACERO e=20 mm
9 10+10/12/6+6 DOUBLE GLAZING FIXED TO METALLIC FRAME	9 VIDRIO CLIMALIT 10+10/12/6+6 SUJETO A ESTRUCTURA METÁLICA OCULTA
10 ALUMINIUM LATTICE ELEMENTS AS CLADDING ON GALVANIZED STEEL FRAMES	10 REVESTIMIENTO LINEAL DE LAMAS DE ALUMINIO SOBRE PERFILERÍA DE ACERO GALVANIZADO
11 50 mm SELF-LEVELING MORTAR LAYER	11 RECRECIDO AUTONIVELANTE DE MORTERO e=50 mm
12 EXTRUDED POLYSTYRENE BOARD AS INSULATION LAYER	12 AISLAMIENTO DE PANELES RÍGIDOS DE POLIESTIRENO EXTRUSIONADO
13 250 mm CONCRETE SLAB ON DRAIN SHEET AND 300 mm GRAVEL	13 SOLERA DE HORMIGÓN SOBRE LÁMINA DRENANTE Y ENCHACHADO e=250 + 300 mm

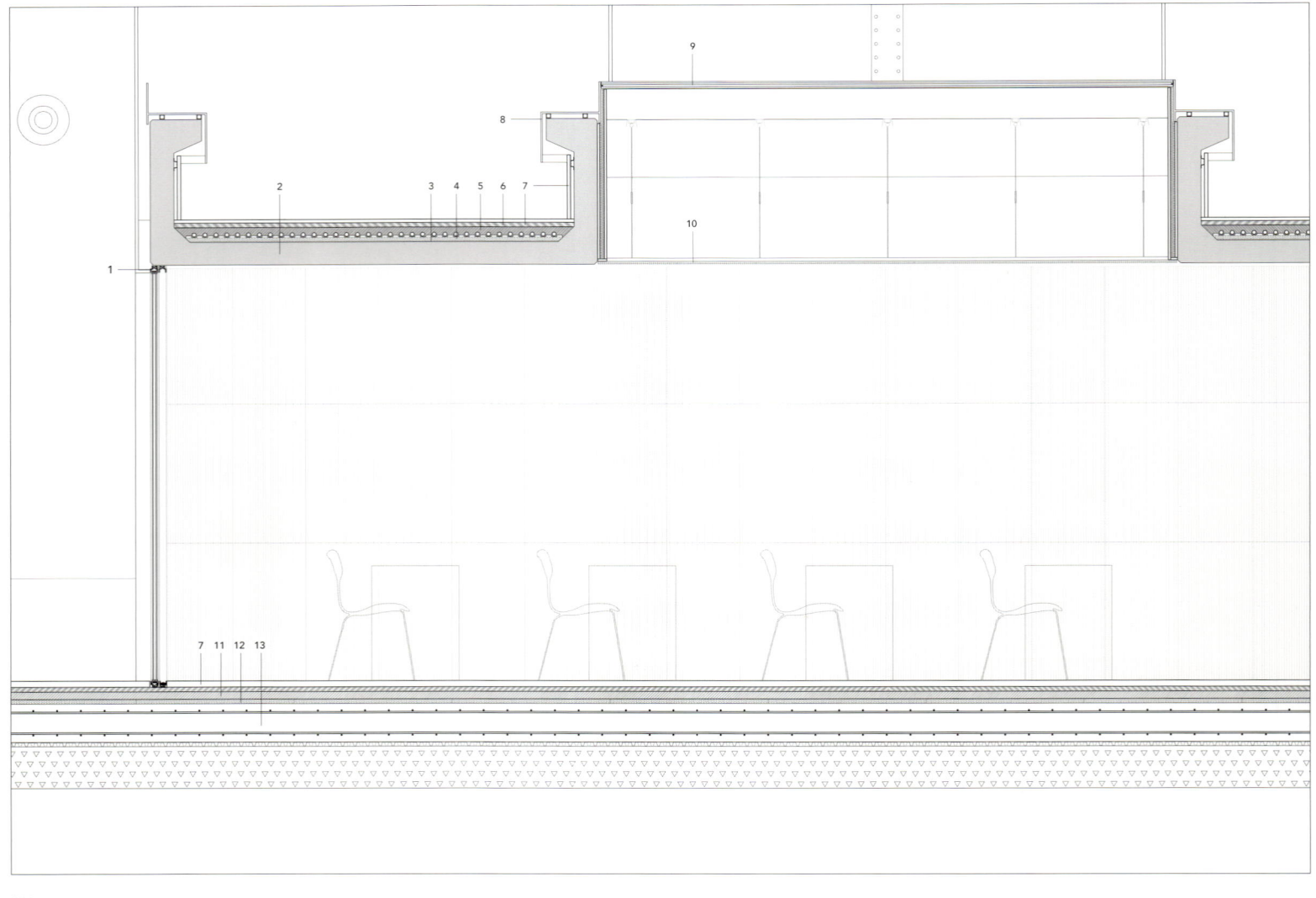

147

CHAPTER 02. REUSE / RECLAIM SERIES

051

REUSE
Structural reinforcement awaiting new loads
Consolidación estructural a la espera de nuevas cargas

BELONGS TO PROJECT:
MATADERO NAVES 8-9 (STRUCTURAL CONSOLIDATION WORKS) - Estudio de Arquitectura Arturo Franco
Madrid (Spain) 2011

Site area Superficie de la parcela (m²) 20,891
Project budget Presupuesto del proyecto (euros/m²) 262.03

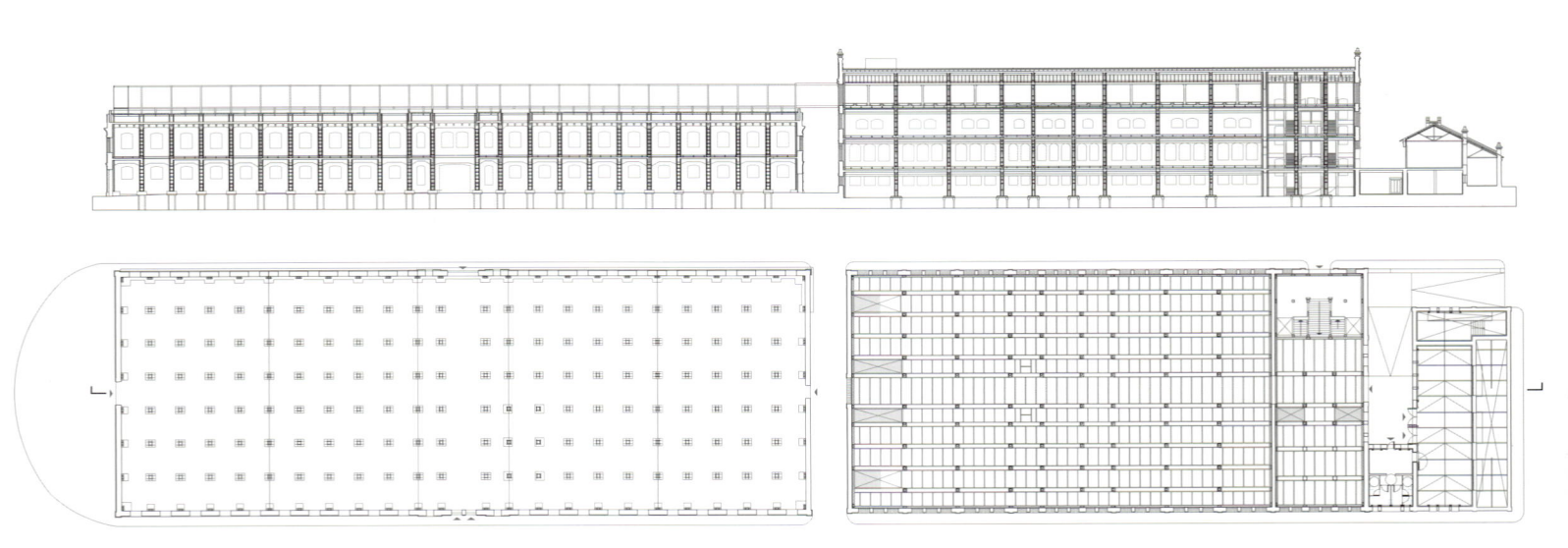

(270) (298) (188)

CHAPTER 02. REUSE / RECLAIM SERIES

Reclaiming this unit which was part of the Matadero Complex for forthcoming cultural uses involved strengthening the existing reinforced concrete structure which was unable to support the new uses. The conventional way to carry out this type of structural reinforcement involves bracing the columns with another metal structural framework. Here it was decided to separate the new steel frame by 20 cm from the original such that the structural reinforcement was to become a part of the project. This way the two structural frameworks function independently and only work together when necessary at specific points.

La recuperación de esta nave del Complejo Matadero para futuros usos culturales consiste en reforzar la estructura de hormigón armado existente, que era incapaz de soportar los nuevos usos. La manera convencional de realizar este tipo de consolidación estructural consiste en abrazar los pilares con otra estructura metálica. En este caso, se decidió separar el nuevo esqueleto de acero unos 20 centímetros del original, de forma que el refuerzo estructural entró a formar parte del proyecto. De esta manera las dos estructuras trabajan de forma independiente y colaboran sólo puntualmente, cuando es necesario.

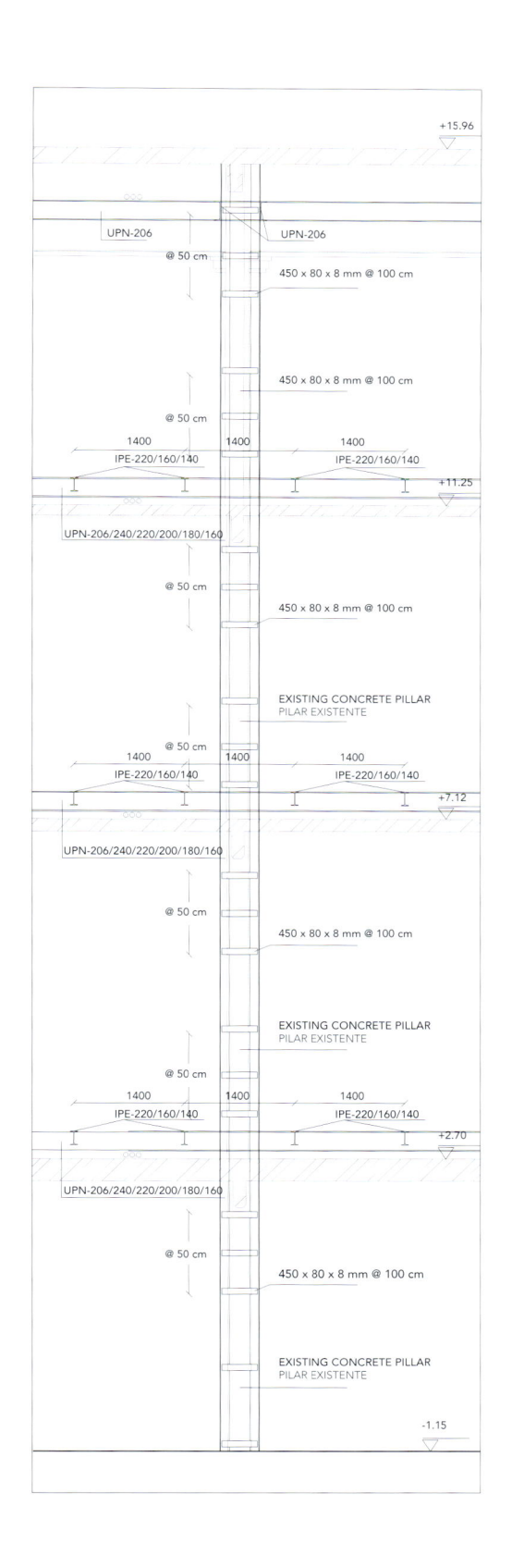

CHAPTER 02. REUSE / RECLAIM SERIES

052

REUSE
Flexible compartmentalization using tilting elements
Compartimentación flexible con elementos pivotantes

BELONGS TO PROJECT: **MATADERO NAVE 16** - Carnicero, Vila, Virseda
Madrid (Spain) 2011

Site area Superficie de la parcela (m²) 5,913
Project budget Presupuesto del proyecto (euros/m²) 1,009

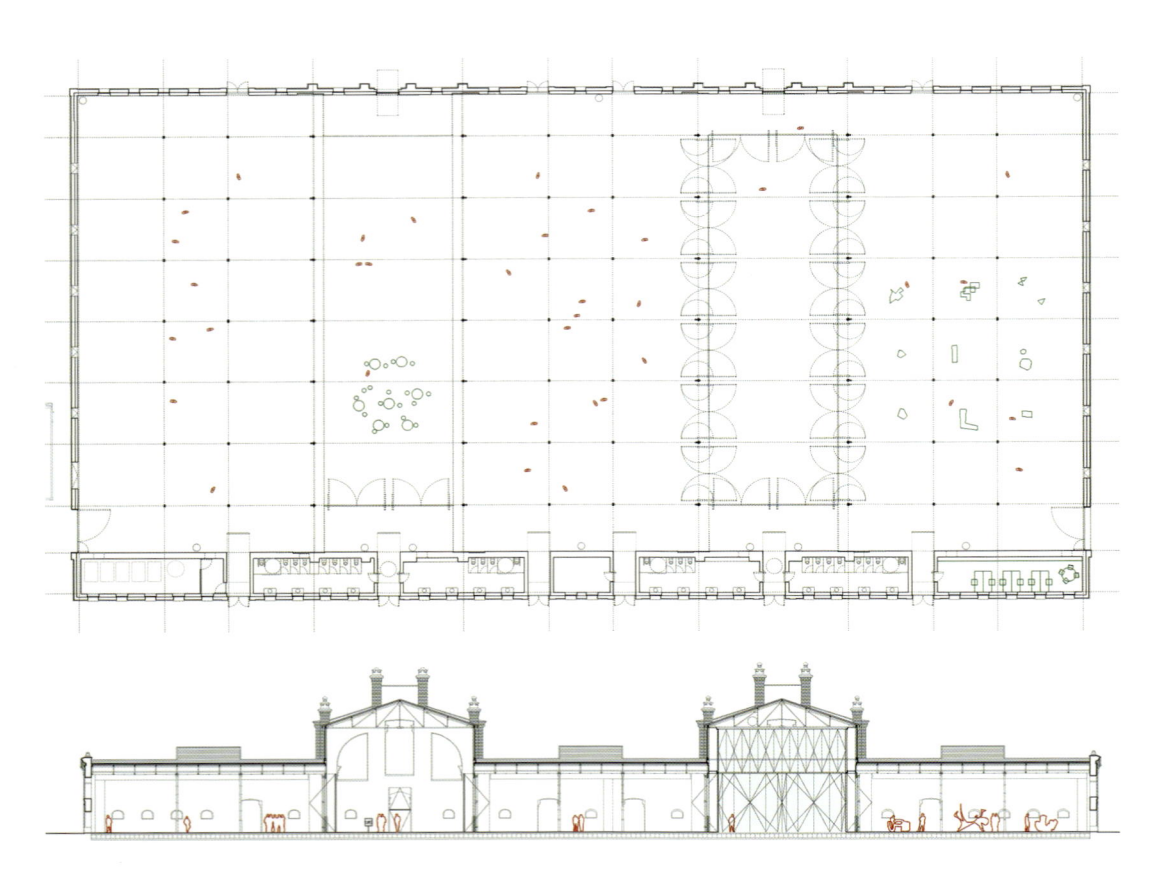

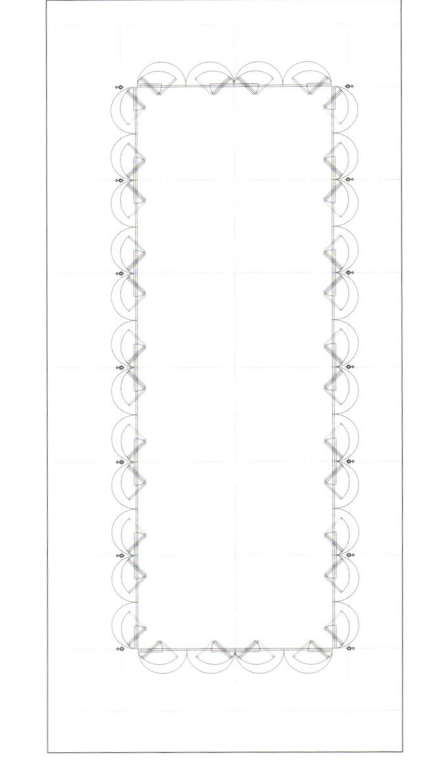

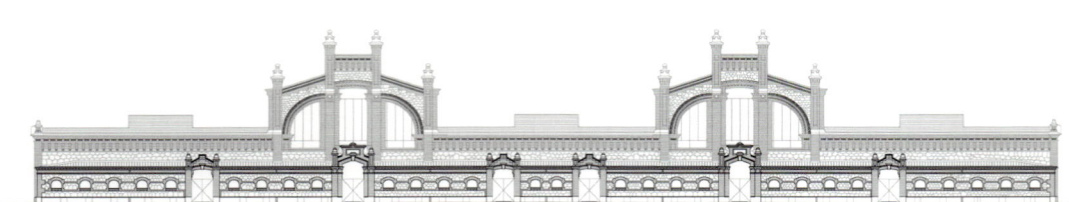

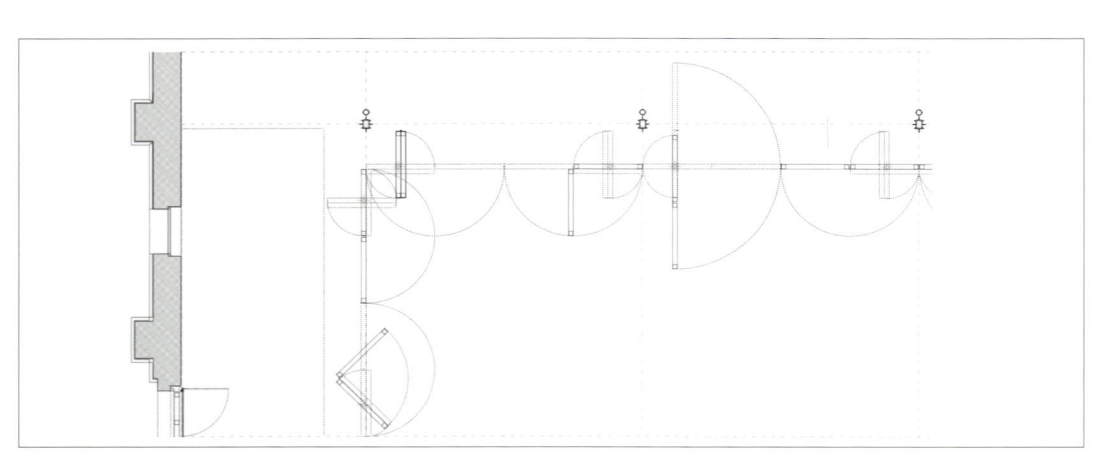

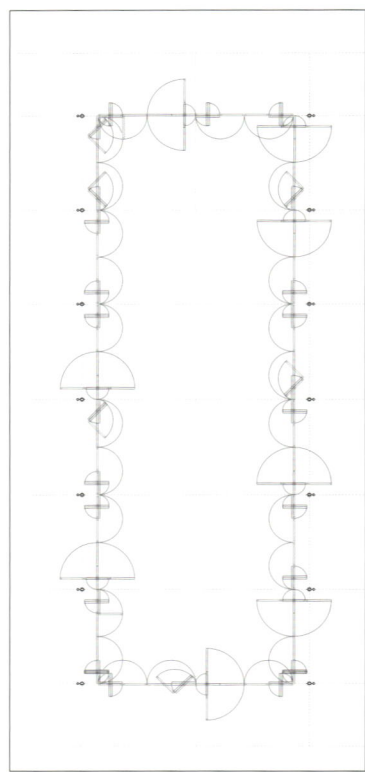

270   298   152

150

CHAPTER 02. REUSE / RECLAIM SERIES

Incorporating a system of steel tilting doors, located on two floors, transforms the former Unit 16 of the Madrid Matadero into a multi-purpose space. The set of doors enclose a rectangular space which facilitates the independent use of this area in regard to the rest of the unit. One of the options is to have a neutral void completely isolated from the original building, appropriate for implementing installations and screenings. Once the doors are open, they link up with the remaining space giving optimum flexibility.

La introducción de un sistema de puertas pivotantes de acero, situadas en dos niveles, convierte la antigua Nave 16 del Matadero de Madrid en un espacio multiuso. La batería de puertas encierra un espacio rectangular que posibilita el uso independiente de esta zona respecto al resto de la nave. Una de las opciones es la de un vacío neutro completamente aislado del edificio original, apto para la realización de instalaciones y proyecciones. Una vez abiertas las puertas conectan la zona central con el resto del espacio, alcanzando la máxima flexibilidad.

CHAPTER 02. REUSE / RECLAIM SERIES

053

REUSE
Enclosing openings using tilt or turn elements
Cerramiento de huecos con elementos oscilantes o batientes

BELONGS TO PROJECT:

MATADERO NAVE 16 - Carnicero, Vila, Virseda
Madrid (Spain) 2011

Site area Superficie de la parcela (m²) 5,913
Project budget Presupuesto del proyecto (euros/m²) 1,009

270 298 150

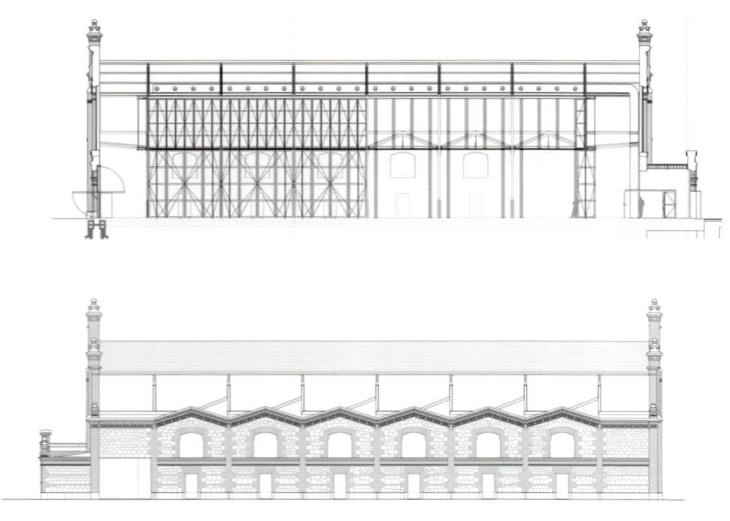

CHAPTER 02. REUSE / RECLAIM SERIES

The different openings in the former unit 16 in the Madrid Matadero are closed off with steel elements comprising tilt or turn mechanisms. The shutters can be closed to darken the space and isolate it from the outside environment, enabling concerts and screenings to be put on. Similarly, the main door tilts on its horizontal axis halfway up becoming an awning defining the access door. The upper windows feature a tilting element which allows light from below to enter so that the activities within are not affected by views of the courtyard.

Los diferentes huecos de la antigua Nave 16 del Matadero de Madrid se cierran con elementos de acero dotados de un mecanismo oscilante o batiente. Las contraventanas pueden cerrarse para oscurecer el espacio y aislarlo del ambiente exterior, posibilitando la organización de conciertos y proyecciones. Con un carácter similar, la puerta principal oscila respecto a su eje horizontal, a mitad de su altura, convirtiéndose en la marquesina que define el umbral de entrada. Los huecos inferiores constan de un elemento oscilante que permite la entrada de luz rasante para que las actividades interiores no se vean alteradas por la visión del patio.

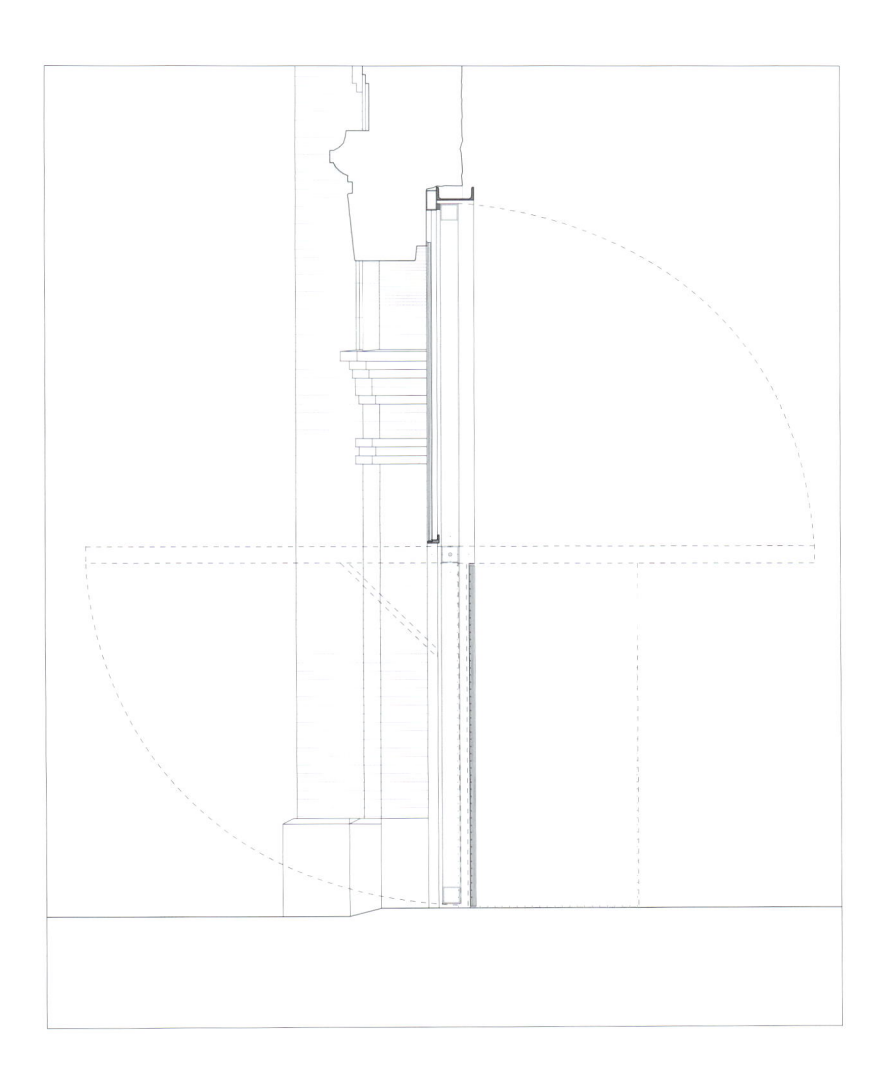

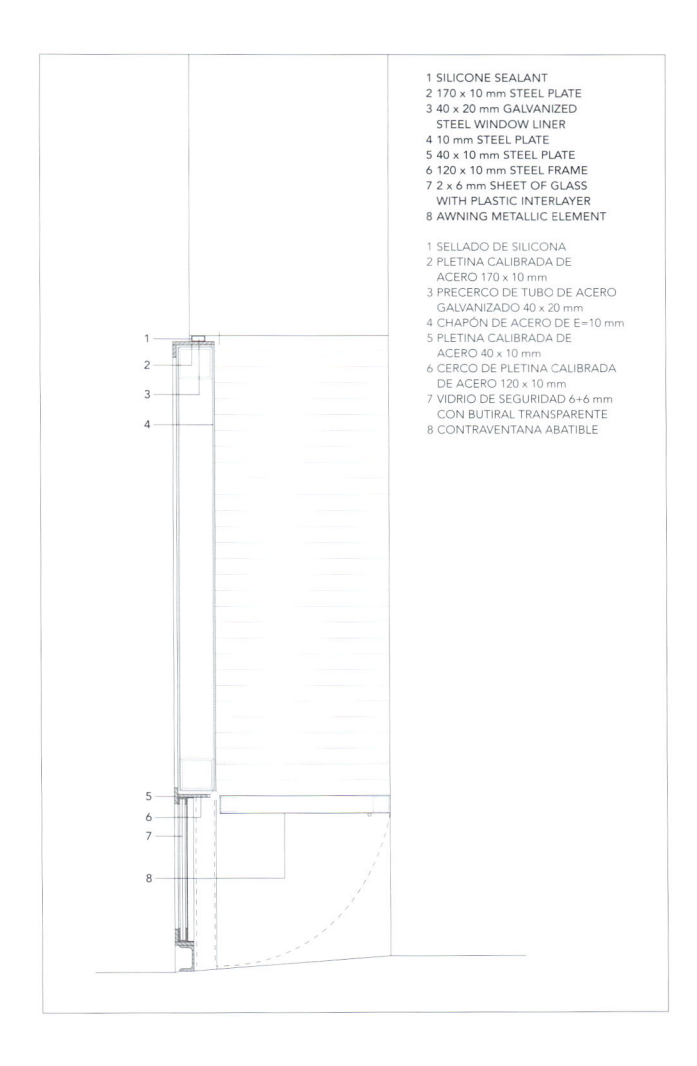

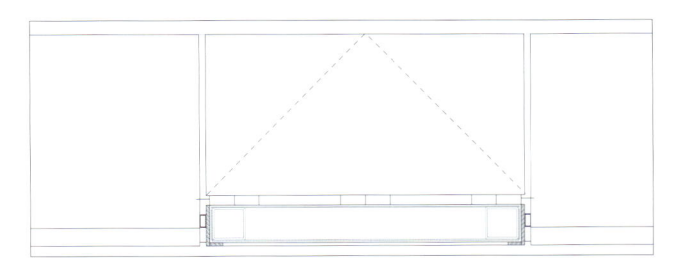

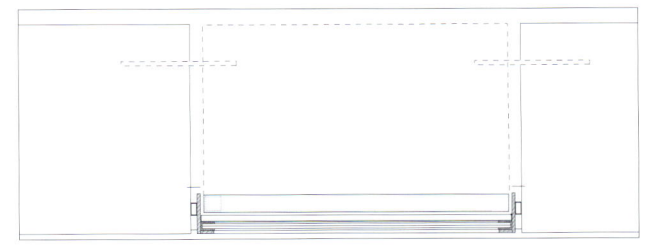

1 SILICONE SEALANT
2 170 x 10 mm STEEL PLATE
3 40 x 20 mm GALVANIZED STEEL WINDOW LINER
4 10 mm STEEL PLATE
5 40 x 10 mm STEEL PLATE
6 120 x 10 mm STEEL FRAME
7 2 x 6 mm SHEET OF GLASS WITH PLASTIC INTERLAYER
8 AWNING METALLIC ELEMENT

1 SELLADO DE SILICONA
2 PLETINA CALIBRADA DE ACERO 170 x 10 mm
3 PRECERCO DE TUBO DE ACERO GALVANIZADO 40 x 20 mm
4 CHAPÓN DE ACERO DE E=10 mm
5 PLETINA CALIBRADA DE ACERO 40 x 10 mm
6 CERCO DE PLETINA CALIBRADA DE ACERO 120 x 10 mm
7 VIDRIO DE SEGURIDAD 6+6 mm CON BUTIRAL TRANSPARENTE
8 CONTRAVENTANA ABATIBLE

153

CHAPTER 02. REUSE / RECLAIM SERIES

054

REUSE
Compartmentalization using industrialized construction
Compartimentación mediante construcción industrializada

BELONGS TO PROJECT: **MATADERO MUSIC ACADEMY** - Langarita Navarro
Madrid (Spain) 2011

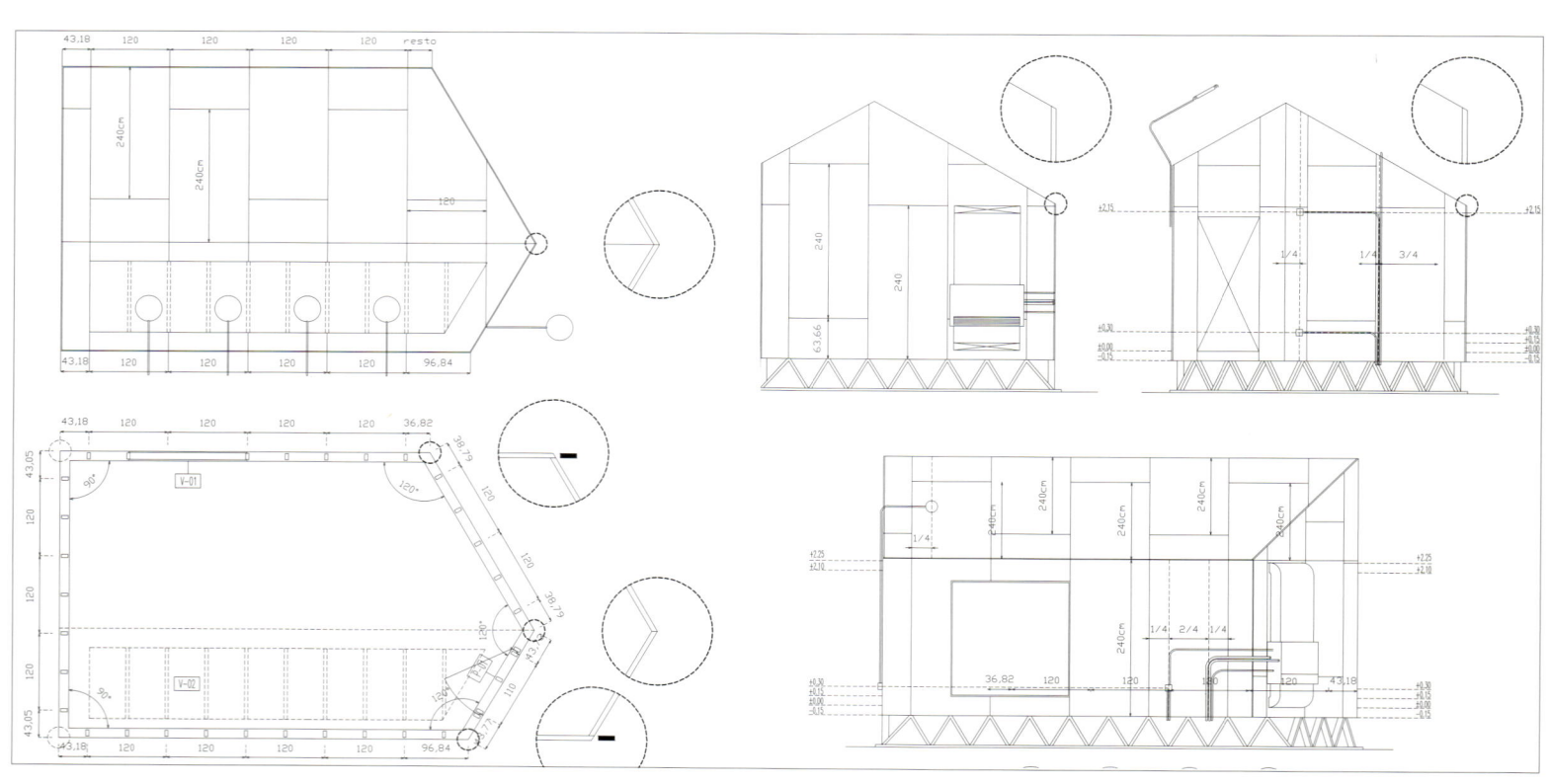

Site area Superficie de la parcela (m²) 4,750
Project budget Presupuesto del proyecto (euros/m²) 1,293

266 294 136 202 204

154

CHAPTER 02. REUSE / RECLAIM SERIES

This derelict unit was intended for several selected artists to be in residence while a sound creation festival was being held there. With this in mind, four booths were built resting on steel mesh and laid out freely without touching the grid of columns supporting the original roof. The building approach involved an industrialized structural system of galvanised steel profiles which also takes in parameters such as the framework and the roof. This includes plywood panels on the outside and plasterboard on the inside, as well as the insulation layer. Systematising the components facilitated easy assembly.

Esta nave en desuso debía acoger a varios artistas seleccionados para residir en ella durante la celebración de un festival de creación sonora. Para ello, se construyeron catorce cabinas apoyadas sobre celosías de acero, y distribuidas libremente sin tocar la retícula de pilares que soporta la cubierta original. El principio constructivo consiste en un sistema estructural industrializado de perfiles de acero galvanizado, que resuelve tanto los paramentos como el forjado y la cubierta. Incluye paneles de madera contrachapada al exterior y placa de yeso en interiores, además de la capa de aislamiento. La sistemación de los componentes facilita la rapidez de montaje.

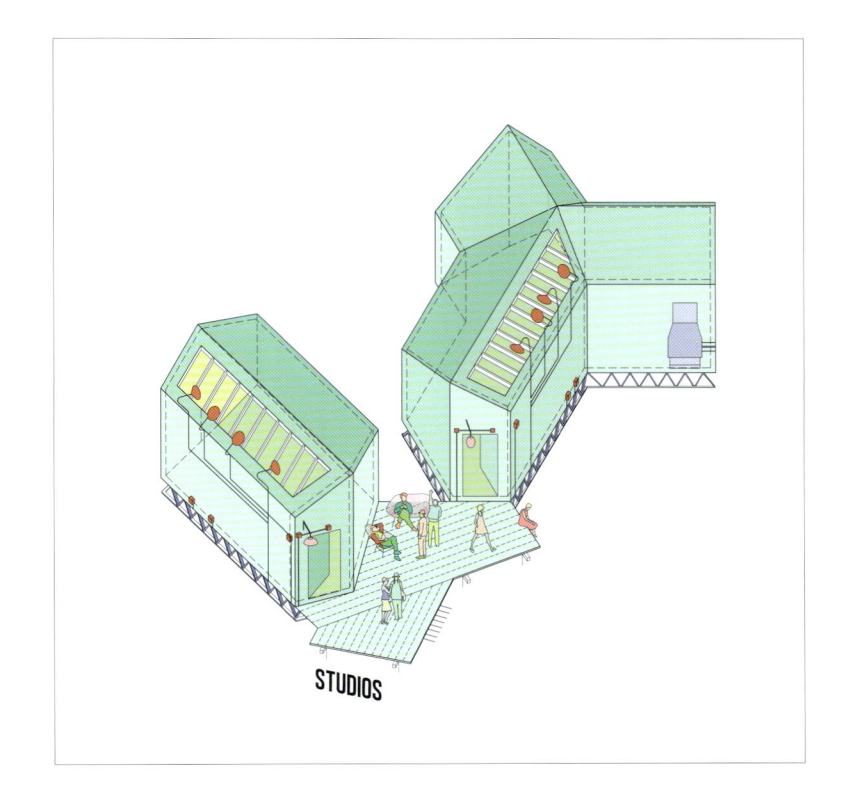

CHAPTER 02. REUSE / RECLAIM SERIES

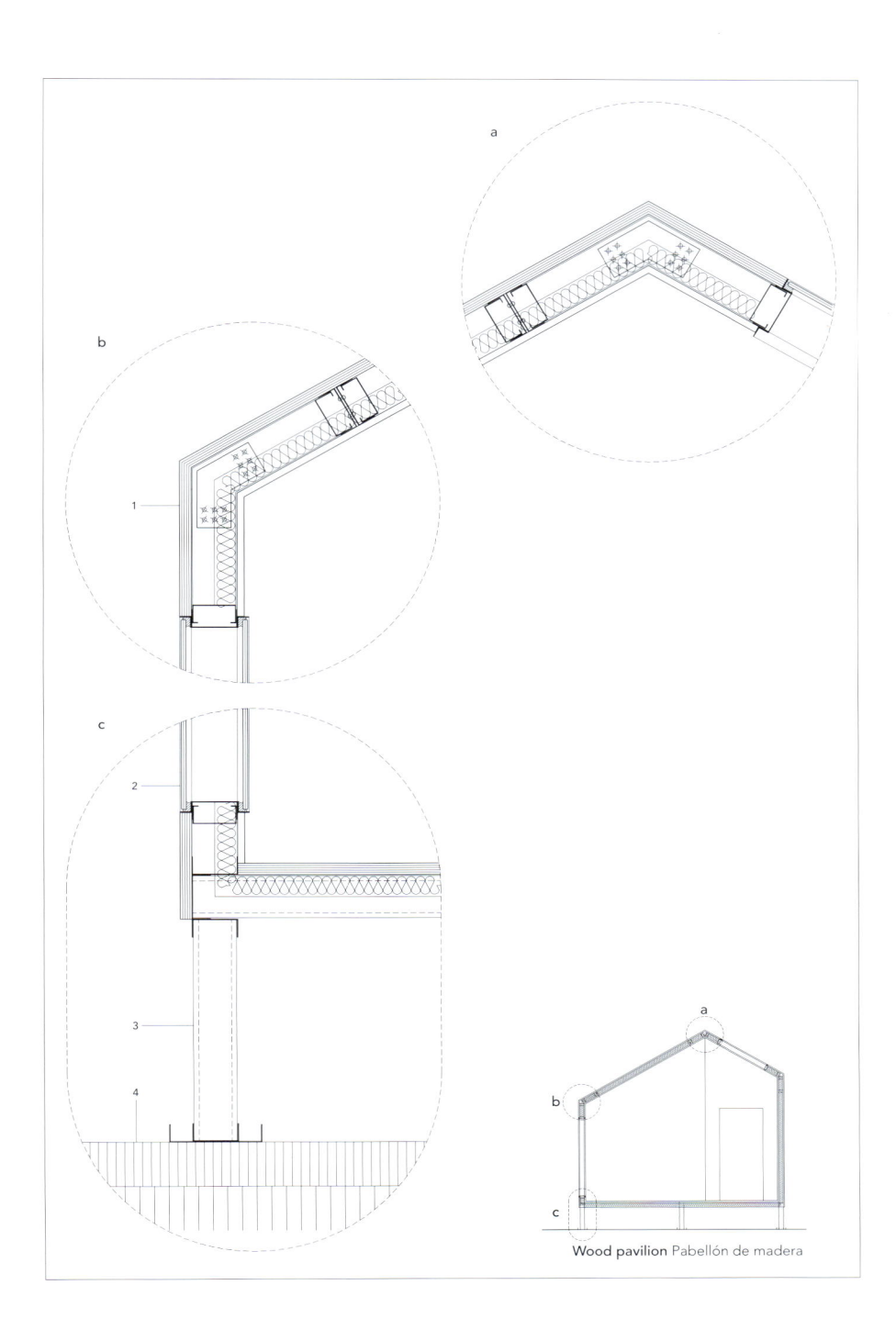

1 VERTICAL AND HORIZONTAL STRUCTURE MADE OF GALVANIZED STEEL PROFILES. OUTER LAYER 22 mm PLYWOOD BOARD. 50 mm 70kg/m³ MINERAL INSULATION BOARD. INNER LAYER 15 mm PLASTERBOARD PLUS FINISHING
2 WINDOW MADE OF 2 x4+4 GLASS ON 25.2 mm L GALVANIZED STEEL PROFILE AND HIGH DENSITY GLAZING SEALANT
3 20 cm WIDTH 60 cm HIGH GALVANIZED STEEL PROFILES AS A BASE AROUND THE PERIMETER AND FOLLOWING THE GABLE PROJECTION OF THE PAVILION
4 EXISTING GROUND PLUS 10 cm LAYER OF COMPACTED GRADED AGGREGATE AND SPRAYED BITUMEN

1 ESTRUCTURA VERTICAL Y HORIZONTAL DE PERFILES DE ACERO GALVANIZADO. CAPA EXTERIOR A BASE DE TABLERO CONTRACHAPADO DE 22 mm CON RELLENO DE LANA DE ROCA DE 50 mm 70kg/m³. CAPA INTERIOR DE PLACA DE CARTÓN-YESO DE 15 mm PINTADA
2 HUECO REALIZADO CON DOBLE VIDRIO DE 4+4 mm SOBRE PERFILES DE ACERO GALVANIZADO EN L DE 25.2 mm Y SILICONA DE ALTA DENSIDAD
3 BASE DE PERFILES DE ACERO GALVANIZADO DE 20 cm DE ANCHO Y 60 cm DE ALTO SITUADA EN EL PERÍMETRO Y SIGUIENDO LA PROYECCIÓN DE LA CUMBRERA DEL PABELLÓN
4 TERRENO MEJORADO CON 10 cm DE ZAHORRA NATURAL COMPACTADA Y RIEGO CON MATERIAL BITUMINOSO

Wood pavilion Pabellón de madera

CHAPTER 02. REUSE / RECLAIM SERIES

055

REUSE
Computer-assisted compartmentalization
Compartimentación mediante producción computerizada

BELONGS TO PROJECT:

SVARTLAMOEN NURSERY - Brendeland & Kristoffersen
Trondheim (Norway) 2011

Site area Superficie de la parcela (m²) 478
Project budget Presupuesto del proyecto (euros/m²) 3,033

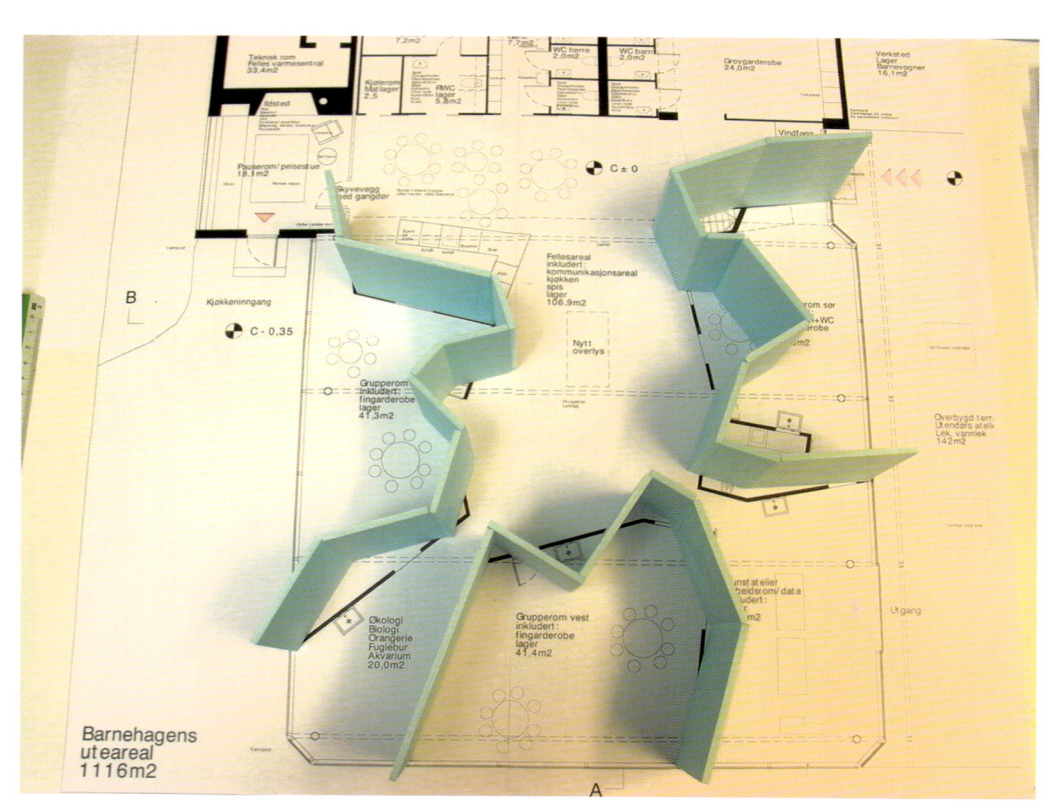

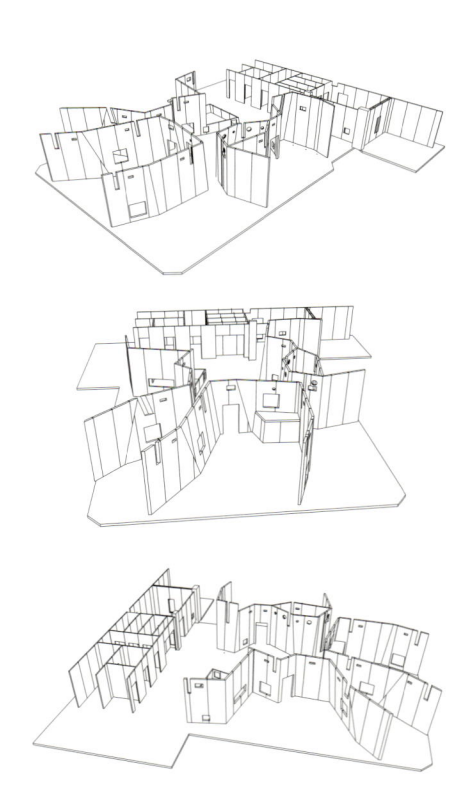

(270) (298)

158

CHAPTER 02. REUSE / RECLAIM SERIES

This intervention is based upon deploying three screens on the open plan surface area of the existing building, a former car showroom, converting it into a kindergarten. These screens enclose three classrooms and define the common purpose intermediate spaces: a "green" classroom, a workshop, a play area and a canteen. All the services are to be found in a rectangular area on the side of the building. The interior partitions are made of solid woodand were made using a CAM system. The geometries resulting from the design create an organic landscape where kids can explore. It is a changing landscape, interlinking shade and light, large and small, enriched with the scent coming from the wooden surfaces.

La intervención se basa en desplegar tres pantallas sobre la superficie diáfana del edificio existente, un antiguo concesionario de automóviles, para convertirlo en guardería. Estas pantallas encierran tres aulas y definen espacios intermedios de uso común: un aula ecológica, un taller, una zona de juegos y un comedor. Todos los servicios se concentran en una pastilla sobre el lateral del recinto. Las particiones interiores son de madera maciza y están realizadas con un sistema de fabricación asistido por ordenador. Las geometrías resultantes crean un paisaje orgánico que los niños pueden explorar. Se trata de un paisaje cambiante, de luces y sombras, espacios pequeños y espacios grandes, enriquecido con el olor que desprenden las superficies de madera.

CHAPTER 02. REUSE / RECLAIM SERIES

161

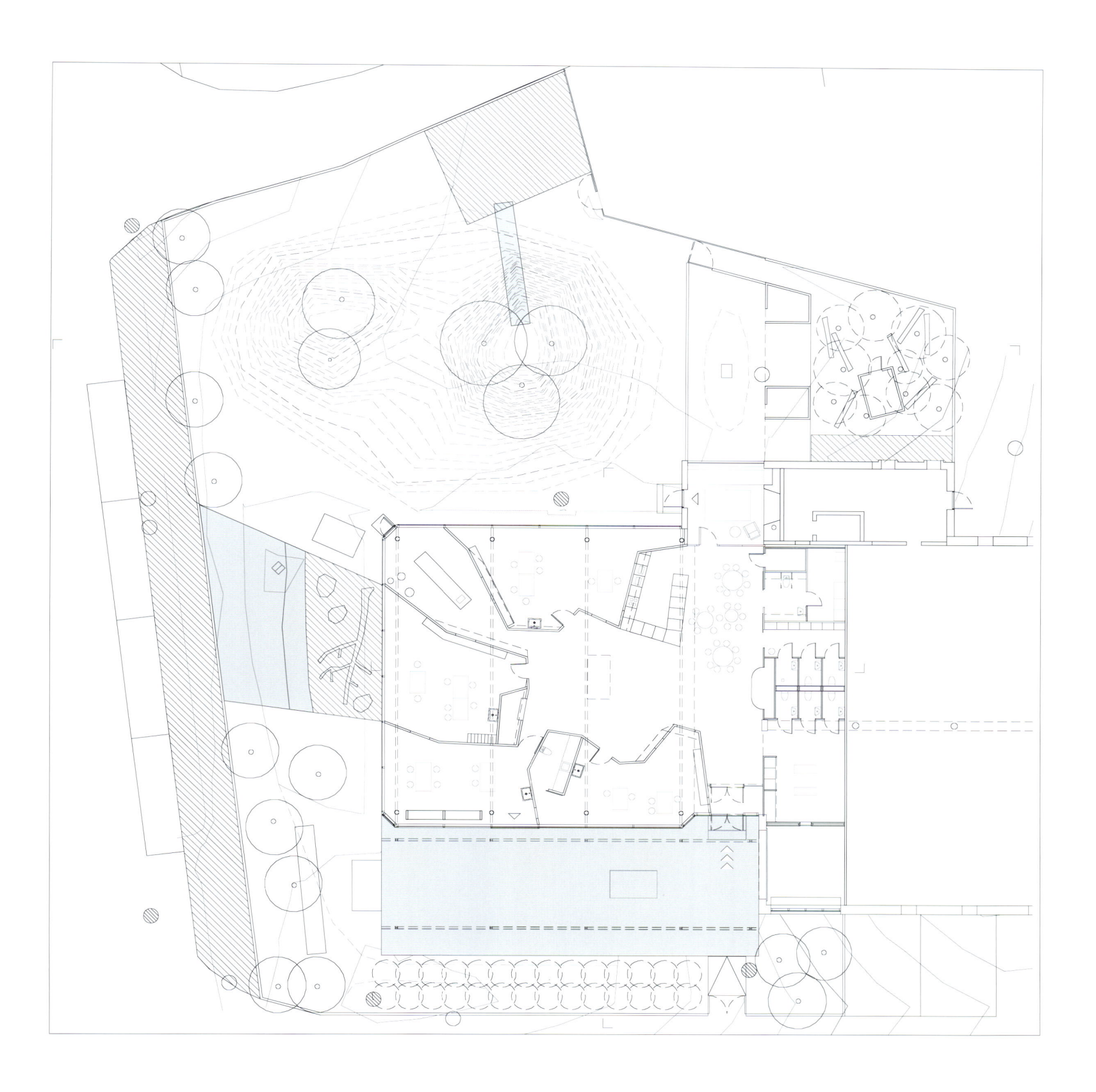

CHAPTER 02. REUSE / RECLAIM SERIES

056

REUSE
Compartmentalization using industrialized modules
Compartimentación mediante módulos industrializados

BELONGS TO PROJECT:

OOSTCAMPUS - Carlos Arroyo
Oostkamp (Belgium) 2012

Site area Superficie de la parcela (m²)............................40,000
Project budget Presupuesto del proyecto (euros/m²)................161.25

(256) (284) (64) (116) (130) (196) (230)

1 BLACK LAQUERED ALUMINIUM PROFILE
2 BLACK LAQUERED METAL SHEET
3 THERMAL INSULATION
4 TOUGHENED GLASS
5 ORIENTED STRAND BOARD
6 HOLLOW SECTION STEEL PROFILE
7 MINERAL WOOL CEILING WITH CONCEALED JOINTS
8 FIXING SYSTEM OF THE CEILING
9 WHITE LAQUERED METAL SHEET
10 CNC PANEL
11 PIECE OF WOOD FOR FIXING PANELS
12 LAMINATE BOARD. FINISHING IN WHITE COLOUR
13 FIXING SYSTEM OF WOOD BOARDS
14 GALVANIZED STEEL PROFILE
15 EXISTING CONCRETE SLAB
16 TOUCH SCREEN
17 FLUORESCENT LIGHTING SYSTEM
18 PERFORATED SURFACE FOR UPPER VENTILATION

1 PERFIL DE CARPINTERÍA DE ALUMINIO LACADO NEGRO
2 CHAPA PLEGADA LACADA NEGRO
3 AISLAMIENTO TÉRMICO
4 VIDRIO TEMPLADO
5 TABLERO OSB
6 PERFIL HUECO CUADRADO DE ACERO
7 FALSO TECHO DE LANA DE ROCA CON JUNTA OCULTA
8 SISTEMA DE FIJACIÓN DE FALSO TECHO
9 CHAPA PLEGADA LACADA EN BLANCO
10 PANEL MECANIZADO POR CNC
11 LISTÓN DE MADERA MACIZA PARA FIJADO DE PANELES
12 TABLERO LAMINADO ACABADO CON MELAMINA BLANCA
13 SISTEMA DE FIJACIÓN DE TABLEROS
14 PERFIL DE ACERO GALVANIZADO
15 LOSA DE HORMIGÓN EXISTENTE
16 PANTALLA TÁCTIL
17 TUBO FLUORESCENTE
18 ORIFICIOS PARA VENTILACIÓN

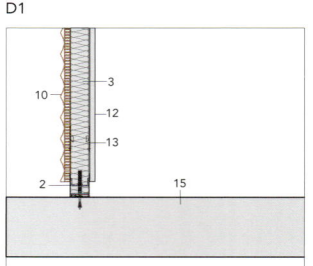

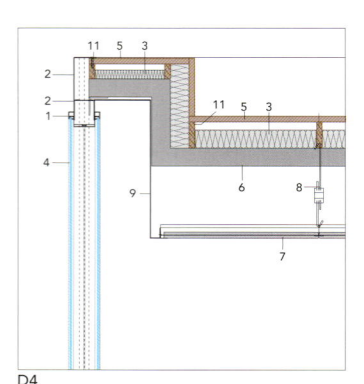

D4

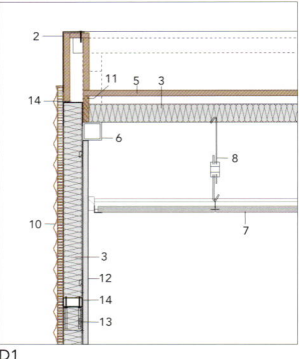

D5

D1

D2

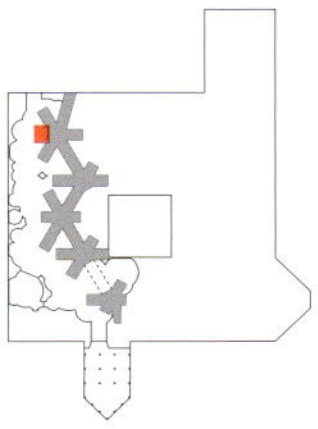

Type office module
Módulo administrativo tipo

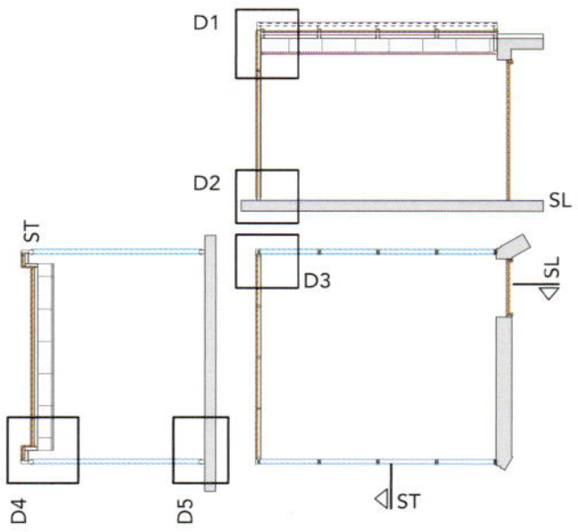

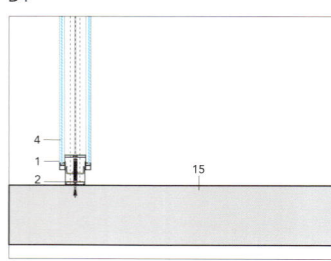

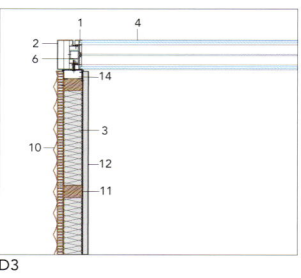

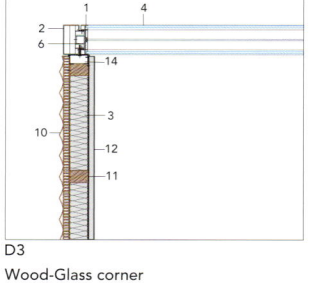

D3
Wood-Glass corner
Esquina madera-vidrio

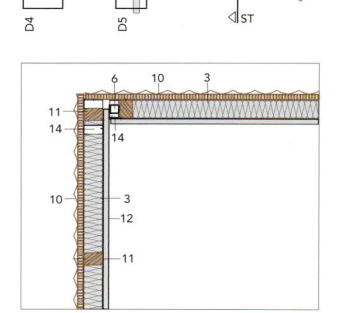

D3*
Wood-Wood corner
Esquina madera-madera

162

CHAPTER 02. REUSE / RECLAIM SERIES

Adapting this former warehouse into municipal facilities was implemented as a large covered space where office modules for citizen services are located. These are grouped on top of the existing slab. They can be regrouped or extended, facilitating future development with minimum resources. Each group is distinguished by the texture of the cladding, CNC lathe finishing of a basic board (chipboard, MDF). The information points located at the ends are a 3D version of the city web site. They recreate the graphics and contain a touch screen interface.

La adaptación de esta antigua planta de almacenaje para servicios municipales se resuelve como una gran espacio cubierto, donde se ubican los módulos de oficinas de atención al público. Están organizados por grupos que se apoyan sobre la losa existente. Pueden ampliarse, permitiendo el desarrollo futuro con un mínimo de recursos. Cada grupo es reconocible por la textura de su revestimiento, un fresado CNC de un tablero básico (aglomerado, DM). Los puntos de información, situados en los extremos, son una versión 3D de la página web de la ciudad. Reproducen la gráfica y tienen una interfaz de pantalla táctil.

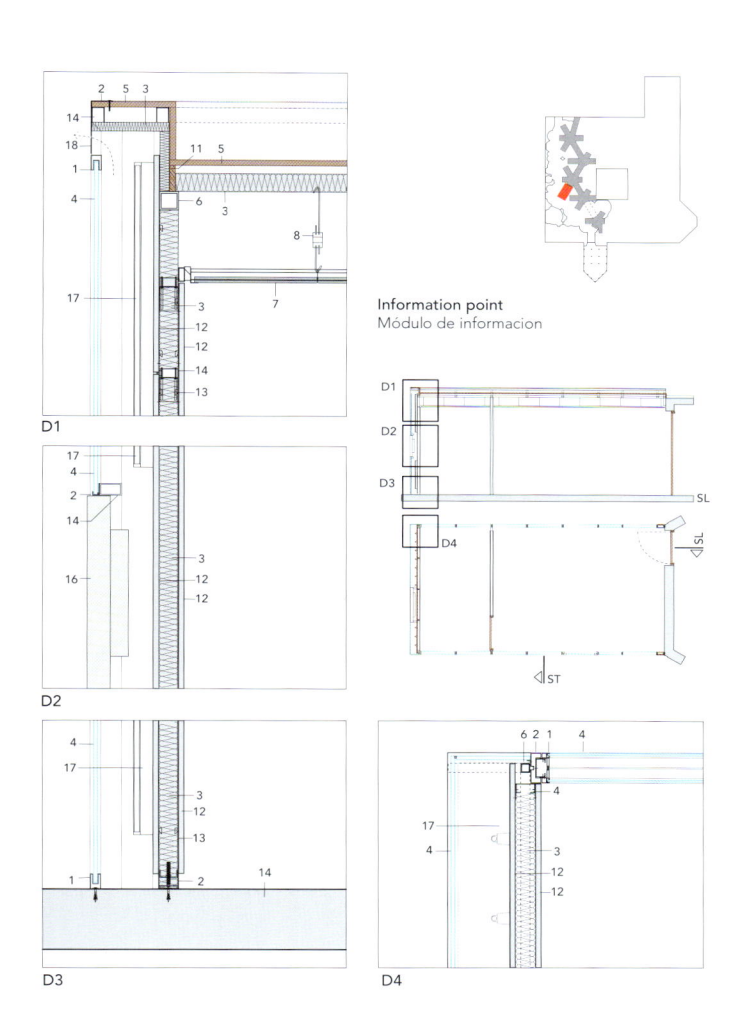

Information point
Módulo de informacion

CHAPTER 02. REUSE / RECLAIM SERIES

057

REUSE
Compartmentalization using a grid structure
Compartimentación mediante una estructura reticular

BELONGS TO PROJECT:

N10-II SPORTS FACILITY - COMOCO arquitectos. Luís Miguel Correia, Nelson Mota, Susana Constantino
Coimbra (Portugal) 2012

Site area Superficie de la parcela (m²) 2,385
Project budget Presupuesto del proyecto (euros/m²) 419.29

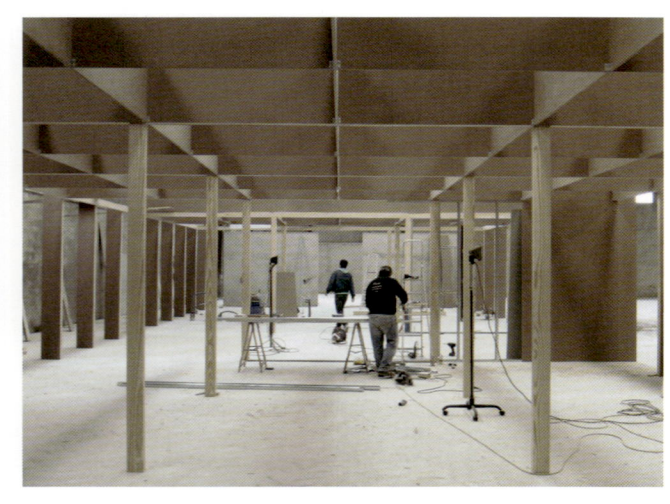

(266) (294) (134)

164

CHAPTER 02. REUSE / RECLAIM SERIES

The space occupied by this new structure covers the entire width of the disused unit. The construction comprises parallel porticoes supported by a reinforced concrete slab superimposed onto the existing framework and divided into two areas. The open area contains the reception area and an events hall with views of the playing facilities. The other half is partitioned off to conceal the changing facilities. The new structure has no ceilings in most spaces. This way the original vaulted roof, from which the lighting elements hang, comes into play.

El espacio ocupado por esta nueva estructura abarca el ancho total de una nave en desuso. La construcción se compone de pórticos paralelos apoyados sobre una losa de hormigón armado superpuesta a la existente y está dividida en dos zonas. La zona abierta contiene la recepción y una sala para realizar eventos con vistas a los campos de juego. La otra mitad está tabicada para ocultar los vestuarios. La nueva estructura carece de techos en la mayoría de sus espacios. De esta manera se aprovecha la cubierta original abovedada desde la que se han tendido las luminarias.

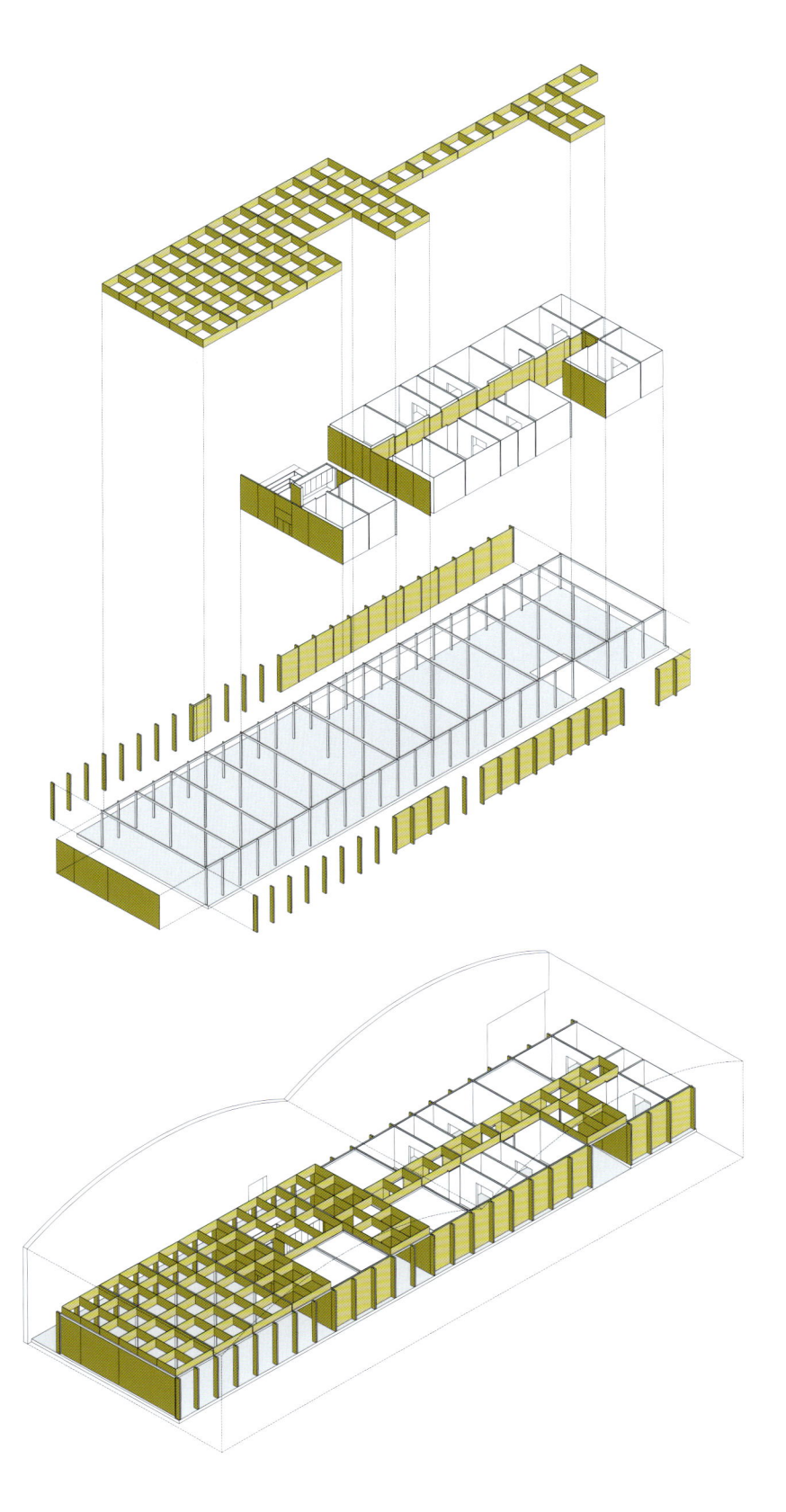

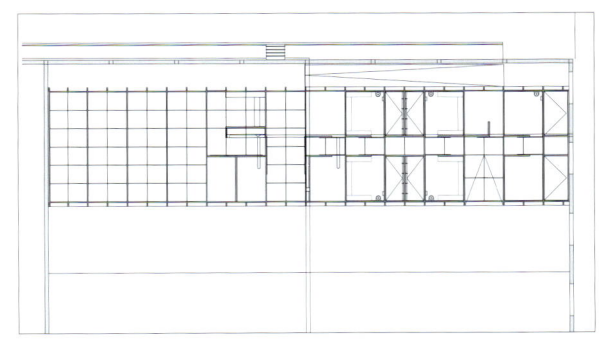

165

CHAPTER 02. REUSE / RECLAIM SERIES

The new construction incorporated into the unit comprises an American pine timber frame. In both the interior partitioning and the latticework finish to the build, wood fibre panelling has been used. This material has been used throughout the furnishings: chairs, tables and benches have all been made from the same pine wood used in the porticoes and with black lacquered fibre panels, like those used to clad the partitions. Apart from this wood, other materials are white ceramic tiles in the dessing room and shower facilities.

La nueva construcción introducida en la nave se compone de soportes y vigas de madera de pino americano. Por su parte, tanto la tabiquería interior como la celosía que recubre el conjunto están hechas con paneles de fibras de madera. El uso de este material se extiende a todo el mobiliario: sillas, mesas y bancos se han realizado con la madera de pino empleada en los pórticos y con tableros de fibras, como los empleados para la tabiquería, lacados en negro. Además de la madera, el otro material utilizado son los azulejos cerámicos blancos para revestir los vestuarios y las duchas.

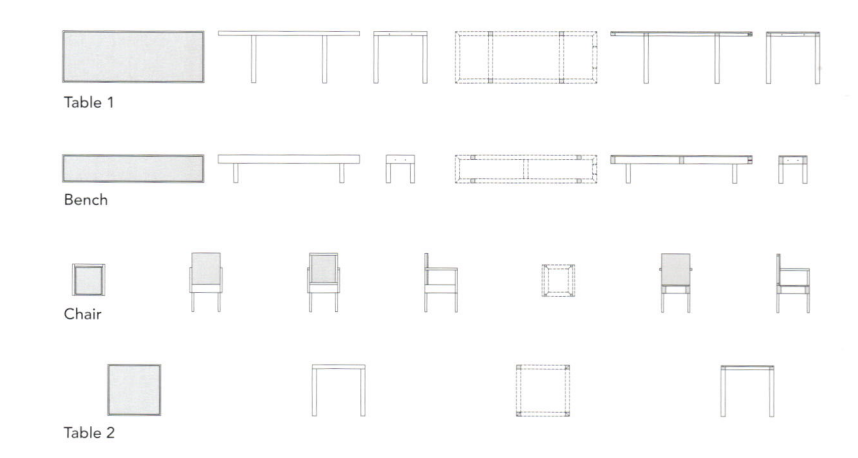

Table 1

Bench

Chair

Table 2

CHAPTER 02. REUSE / RECLAIM SERIES

1. 13 mm WATERPROOF PLASTERBOARD CEILING
2. 120x60 mm PINE BEAM
3. METALLIC STRUCTURE
4. 26 mm WATERPROOF PLASTERBOARD COATING
5. 2750x1400x16 mm MDF PANEL
6. REINFORCED CONCRETE FLOOR WITH CEMENT SCREED FINISHING
7. 60x60 mm STEEL ANGLE
8. 600x1400x16 mm MDF PANEL
9. 2540x1468x35 mm SLIDING DOOR. 16 mm MDF BOARD. 40x15 mm FRAME BEAMS
10. CABINET SUSPENDED IN WATERPROOF 20 mm MDF BOARD, LACQUERED IN WHITE
11. BENCH IN WATERPROOF 40 AND 20 mm MDF BOARDS, LACQUERED IN WHITE
12. 15 mm WHITE COMPACT MARBLE TOP
13. 100x100 mm WHITE CERAMIC TILES
14. 40 mm SHELF IN MDF

1. FALSO TECHO DE CARTÓN-YESO ANTIHUMEDAD DE 13 mm
2. VIGA DE MADERA DE 120x60 mm
3. ESTRUCTURA METÁLICA
4. REVESTIMIENTO DE CARTÓN-YESO ANTIHUMEDAD DE 26 mm
5. PANEL AGLOMERADO DE DM 2750x1400x16 mm
6. SUELO HORMIGÓN ARMADO CON RECRECIDO DE CEMENTO
7. ANGULAR METÁLICO 60x60 mm
8. PANEL DE AGLOMERADO DM 600x1400x16 mm
9. PUERTA CORREDERA DE 2540x1468x35 TABLERO AGLOMERADO DM DE 16 mm MARCO DE MADERA DE 40x15 mm
10. ARMARIO SUSPENDIDO DE TABLERO AGLOMERADO ANTIHUMEDAD DE 20 mm LACADO EN BLANCO
11. BANCO DE TABLERO AGLOMERADO DM ANTIHUMEDAD DE 40 Y 20 mm LACADO EN BLANCO
12. ENCIMERA DE MÁRMOL COMPACTO BLANCO DE 15 mm
13. AZULEJOS CERÁMICOS BLANCOS DE 100x100 mm WHITE CERAMIC TILES
14. ESTANTERÍA DE TABLERO AGLOMERADO DE 40 mm

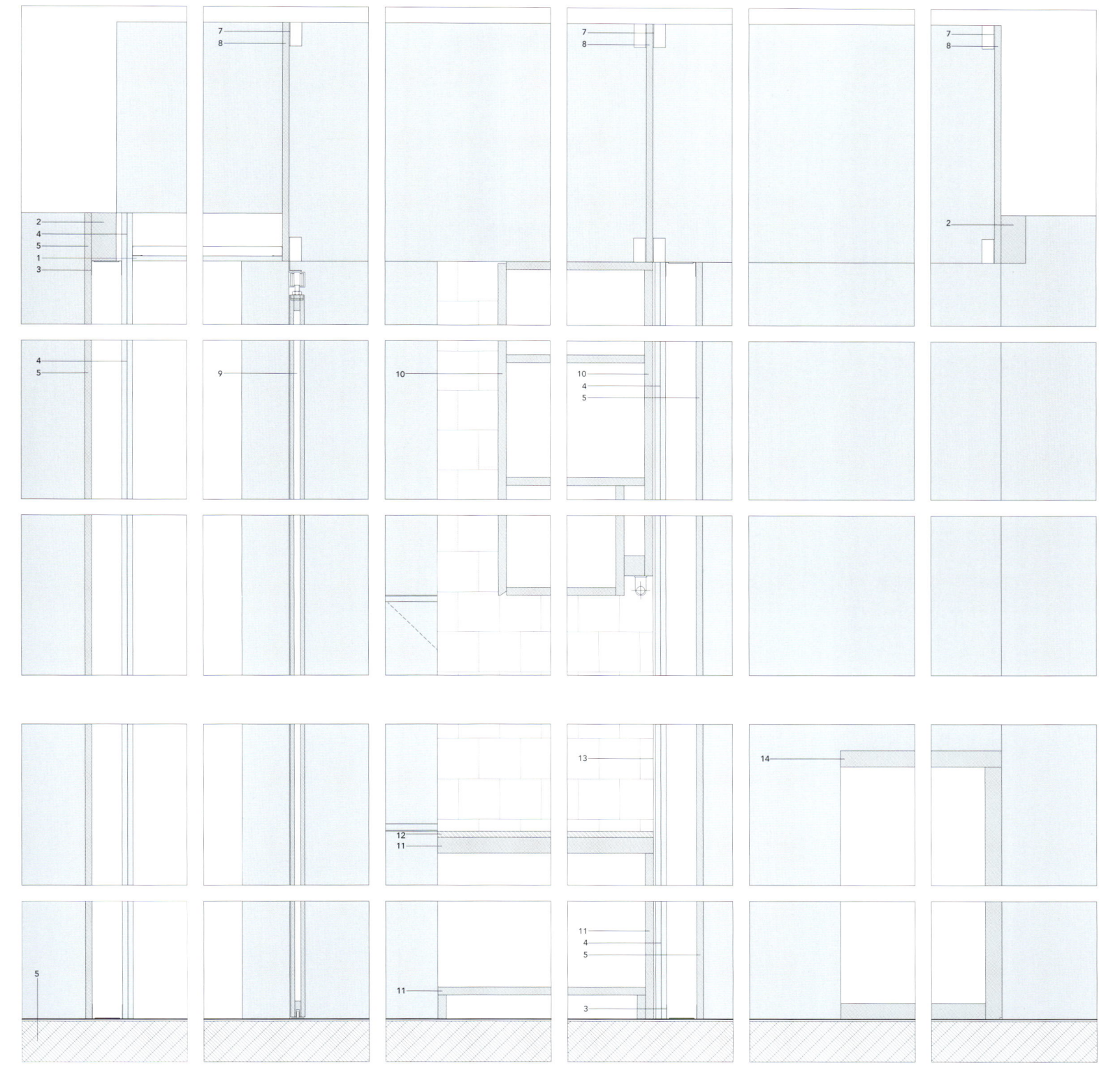

CHAPTER 02. REUSE / RECLAIM SERIES

058

REUSE
Systematizing partitions and wood panelling
Sistematización de particiones y revestimientos con madera

BELONGS TO PROJECT:

MASSÓ DISTILLERY - Núria Salvadó + David Tapias
Reus (Spain) 2010

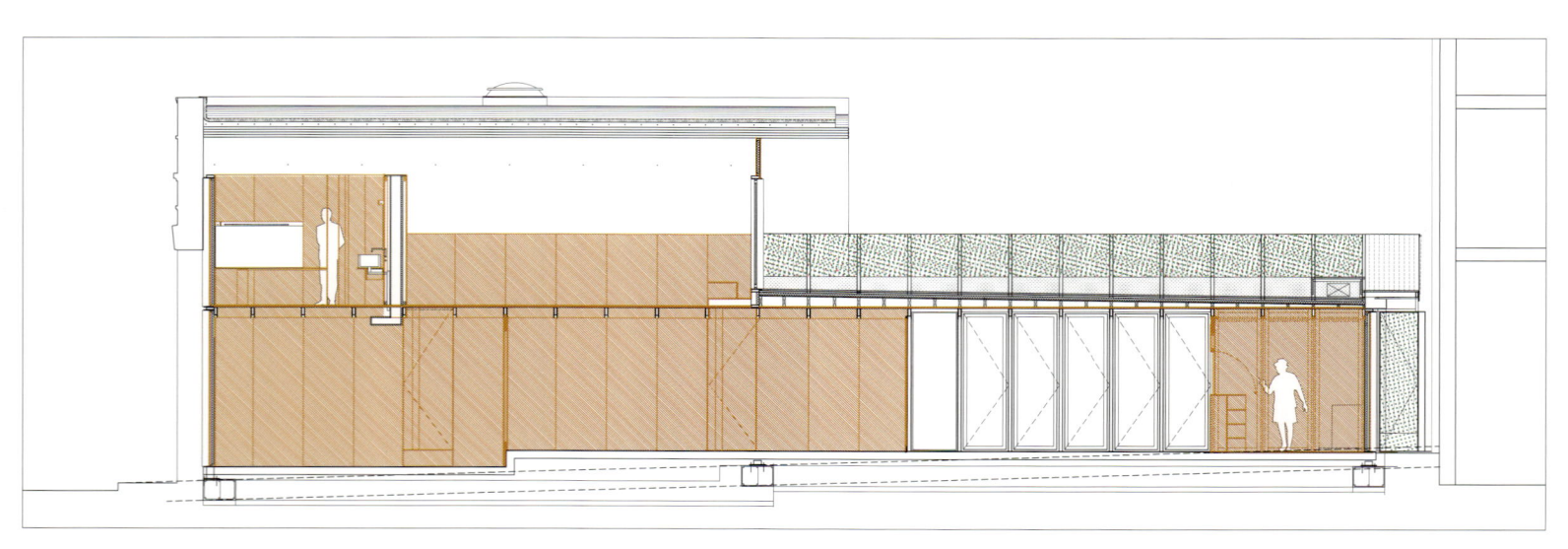

Site area Superficie de la parcela (m²) 800
Project budget Presupuesto del proyecto (euros/m²) 1,335.98

272 300 172 176

CHAPTER 02. REUSE / RECLAIM SERIES

Converting a former carpentry workshop into an Arts Centre required a flexible division of space and the adaptation of the facade to its new representative character. The low-budget build recommended an intervention based on HVAC retrofitting and a programme of uses.
The idea of reincorporating into the site materials originally built there meant conceiving a construction system based on a timber framework able to take in enclosures and partition walls.

La conversión de una antigua carpintería en Centro de arte requiere la división flexible del espacio y una adecuación de la fachada a su nuevo carácter representativo. La economía de medios aconseja una intervención basada en las necesidades de acondicionamiento climático y de programa de usos. La idea de reincorporar al lugar aquellos materiales que le fueron propios, conduce a la concepción de un sistema constructivo basado en una estructura de madera capaz de conformar cerramientos y particiones.

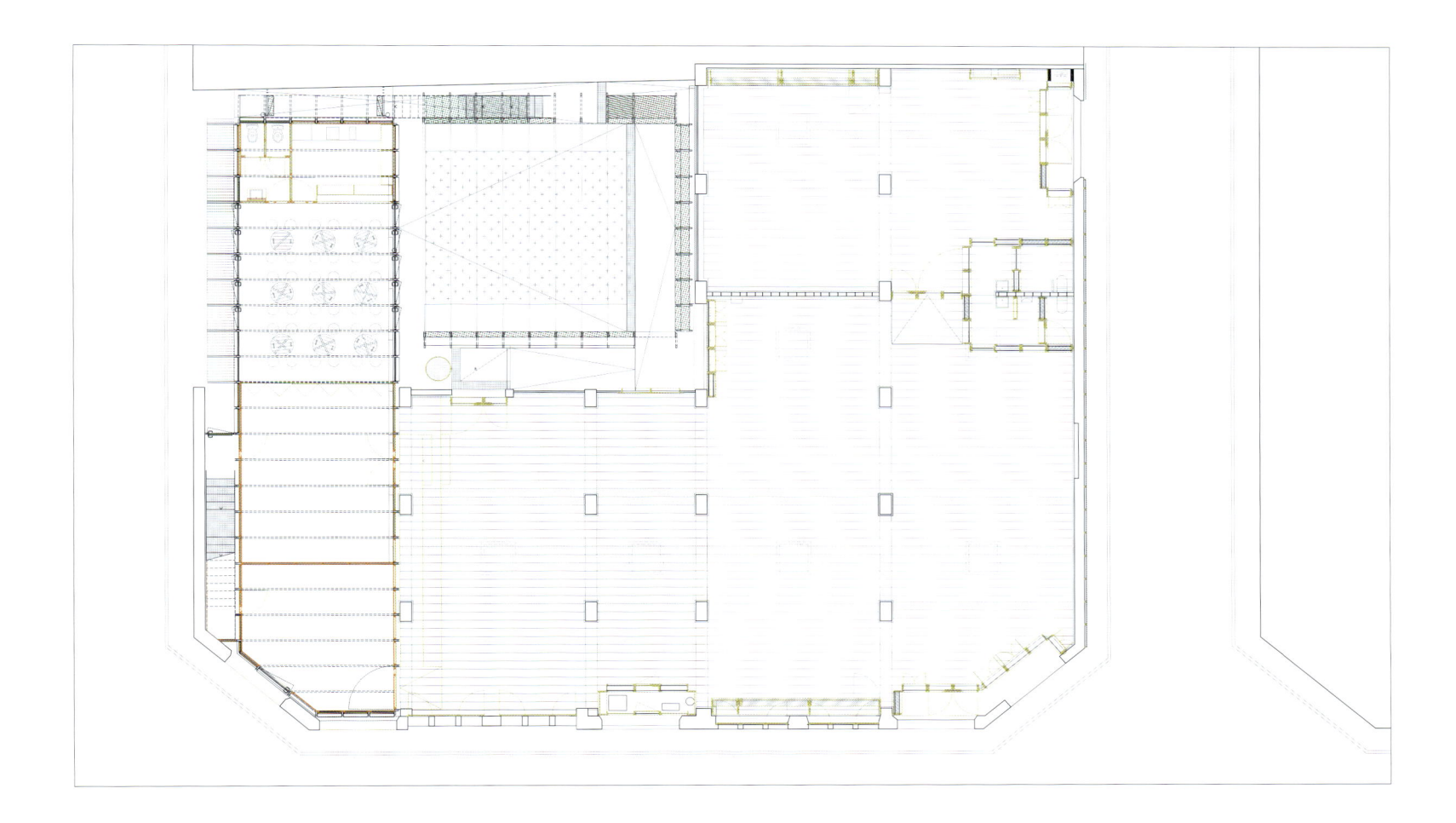

CHAPTER 02. REUSE / RECLAIM SERIES

The structure comprises three-layer 90 x 250 x 30 cm larch wood boards. According to requirements, they are used in the following formats:
- Interior and/or exterior + practicable + opaque
  → One plank of the former board.
- Interior and/or exterior + fixed + opaque
  → 15 cm sawdust between two 16 mm polycarbonate cellular panels.
- Interior and/or exterior + fixed and practicable + transparent
  → A 16 mm polycarbonate cellular panel
The partition walls are assembled off-site and compacted on-site.

La estructura se compone de un tablero tricapa de alerce de dimensiones 90 x 250 x 30 cm. Según las necesidades se utiliza en los siguientes formatos:
- Interior y/o exterior + practicable + opaco
  → Una hoja del mismo tablero.
- Interior y/o exterior + fijo + opaco
  → 15 cm de serrín entre dos policarbonatos celulares de 16 mm.
- Interior y/o exterior + fijo y practicable + translúcido
  → Una hoja de policarbonato celular de 16 mm.
Los tabiques se montan en taller y se rellenan y compactan en la obra.

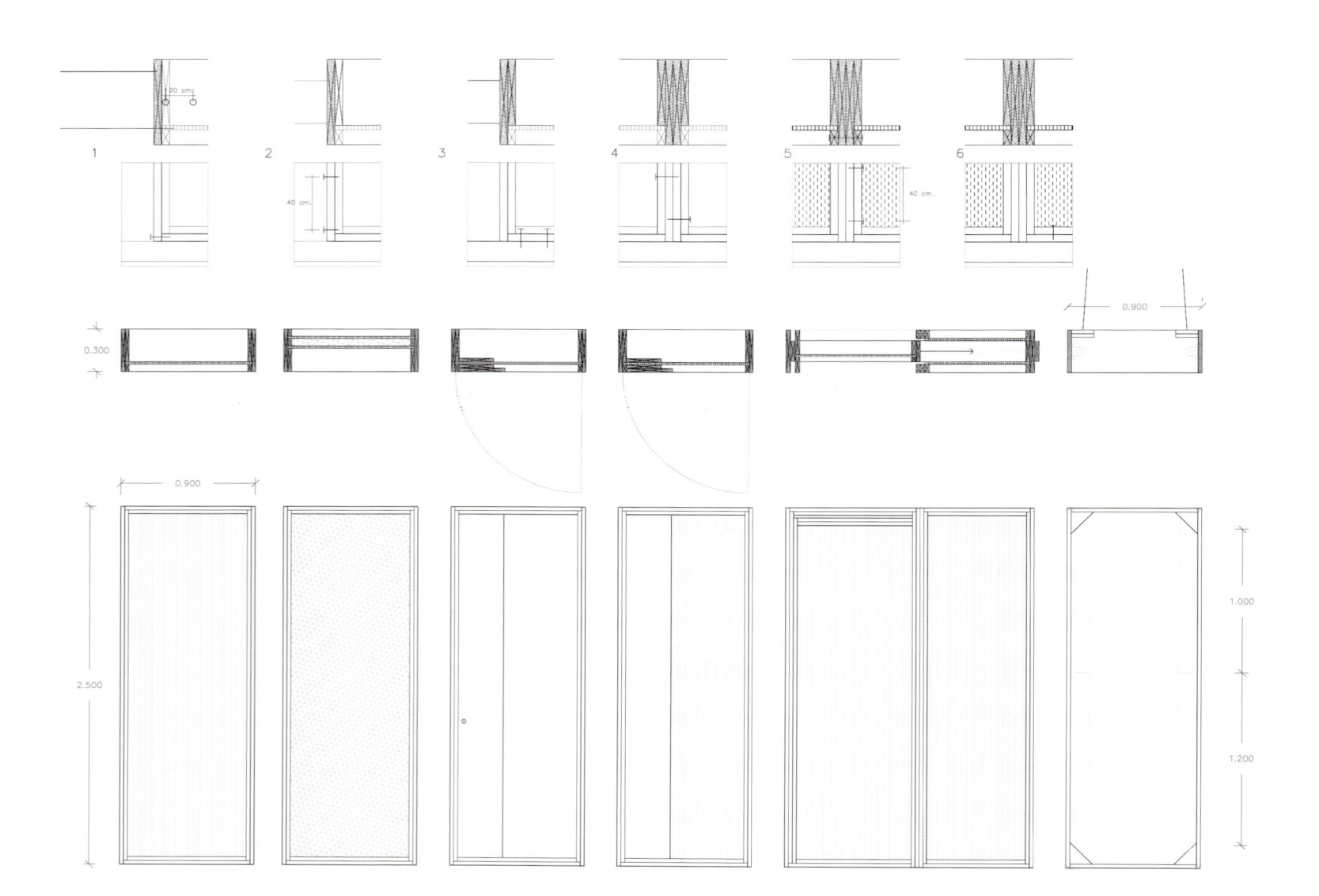

170

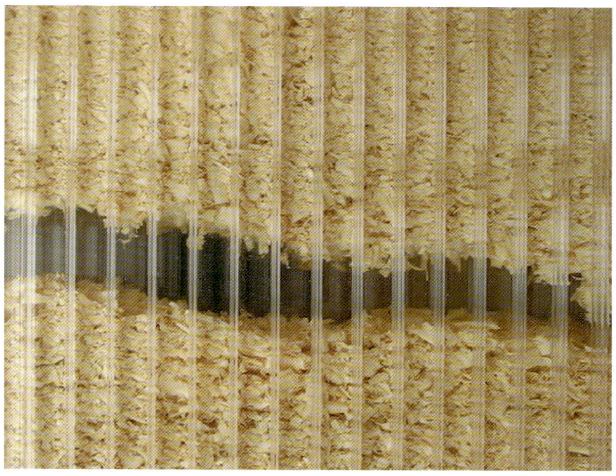
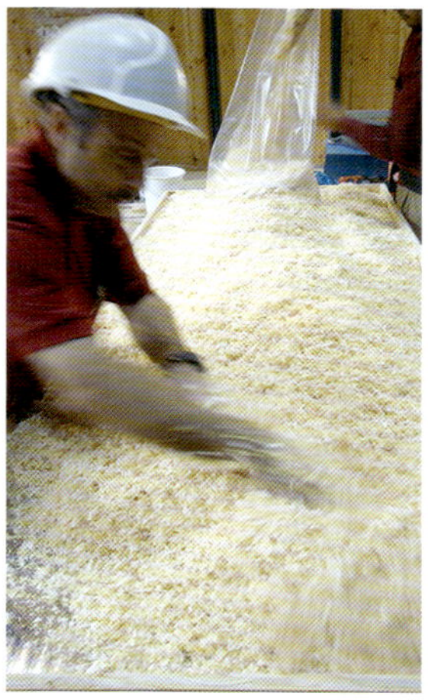
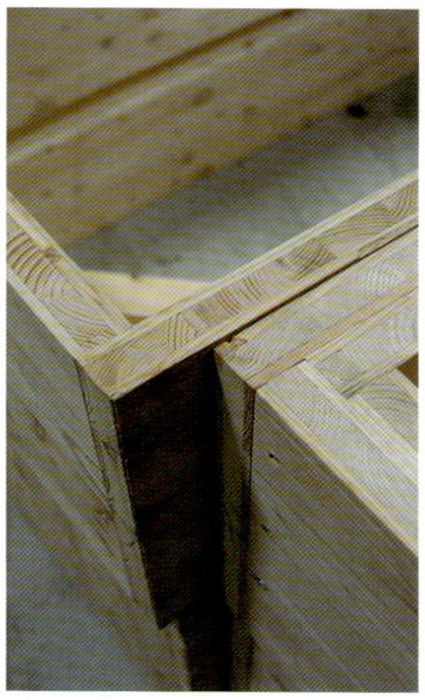
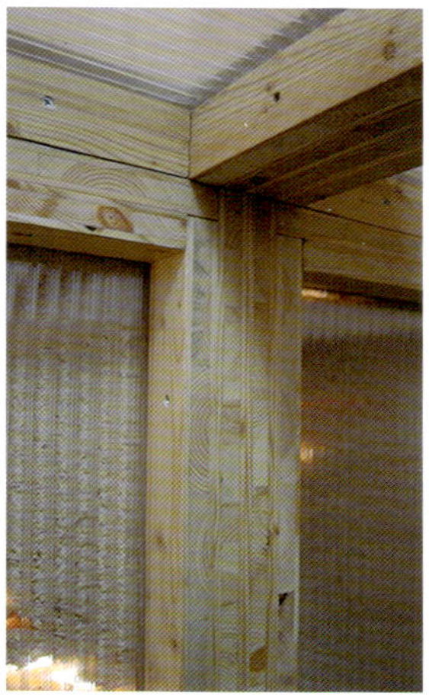
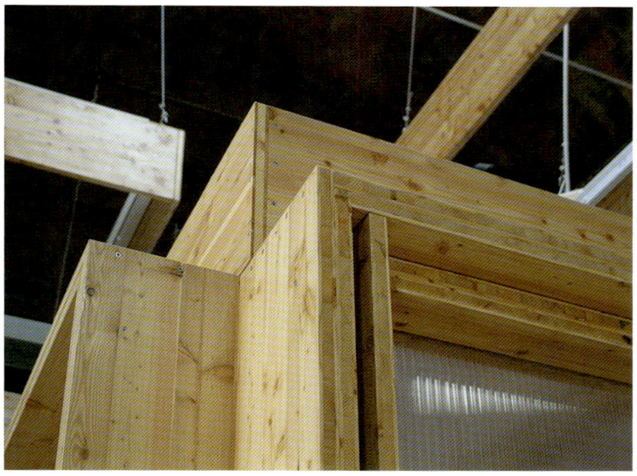
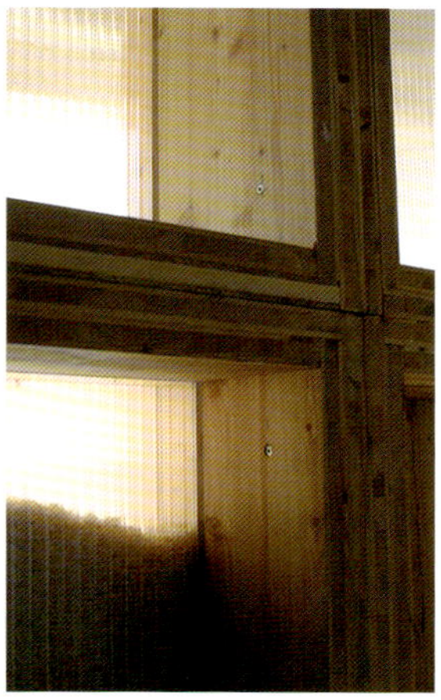
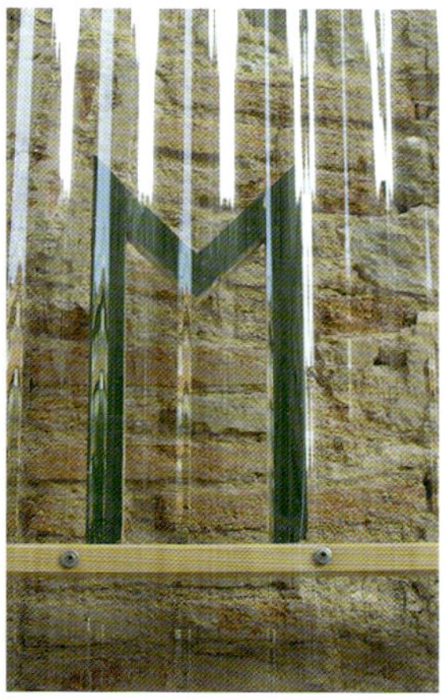
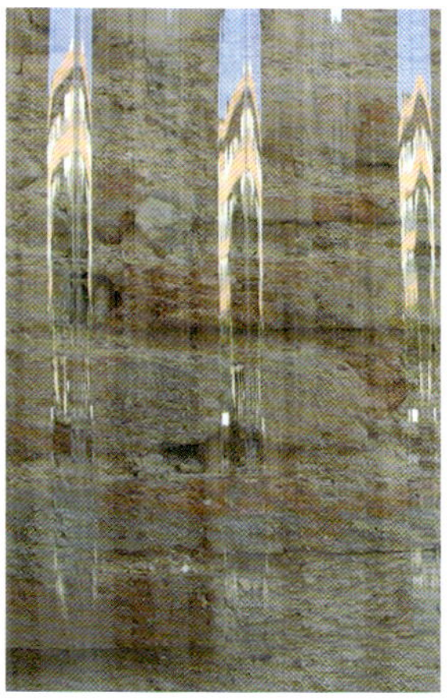
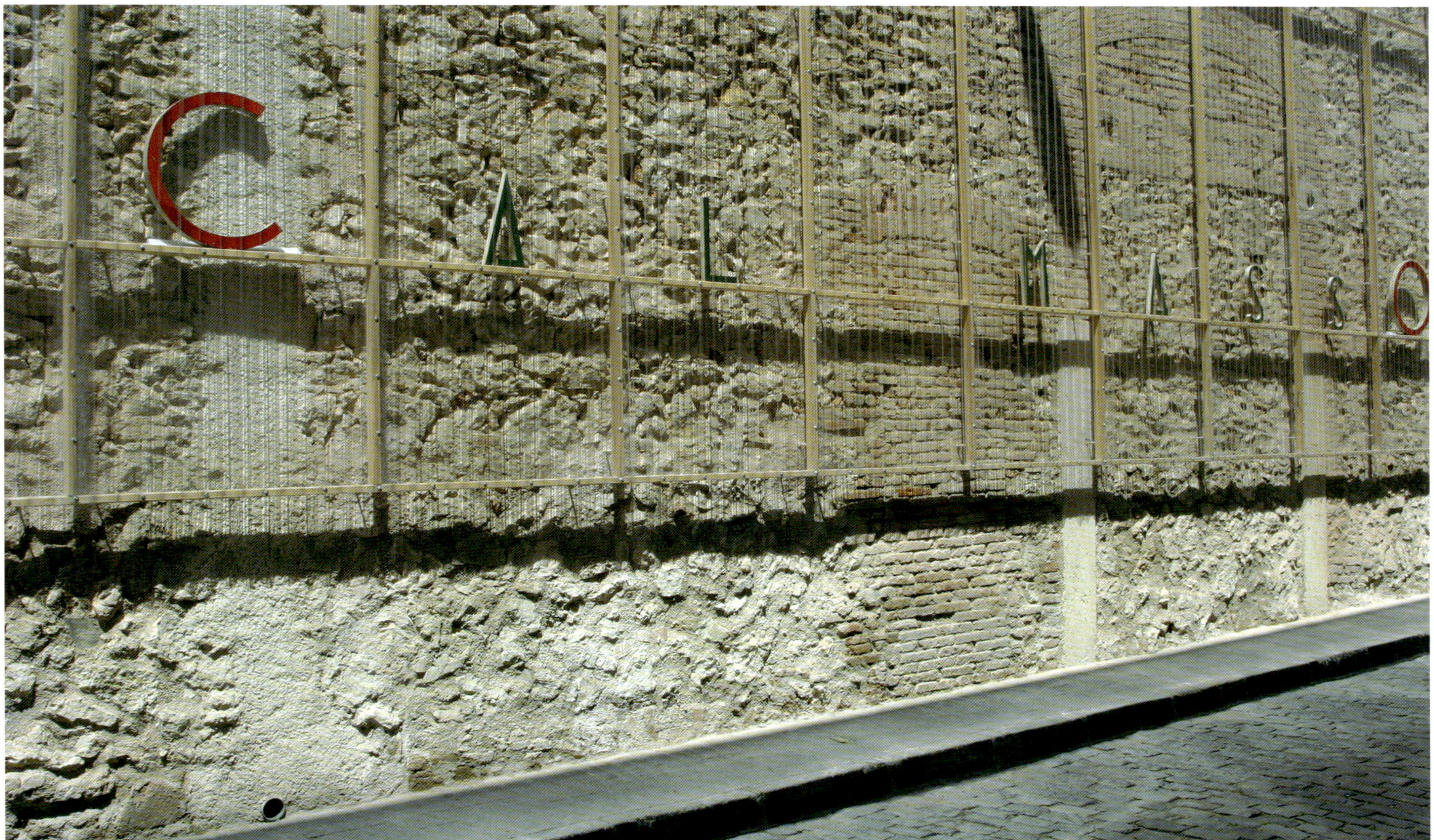
C A L M A S S O

CHAPTER 02. REUSE / RECLAIM SERIES

059

REUSE
Systematizing partitions and enclosures using plates
Sistematización de particiones y cerramientos con pletina

BELONGS TO PROJECT: **MASSÓ DISTILLERY** - Núria Salvadó + David Tapias
Reus (Spain) 2010

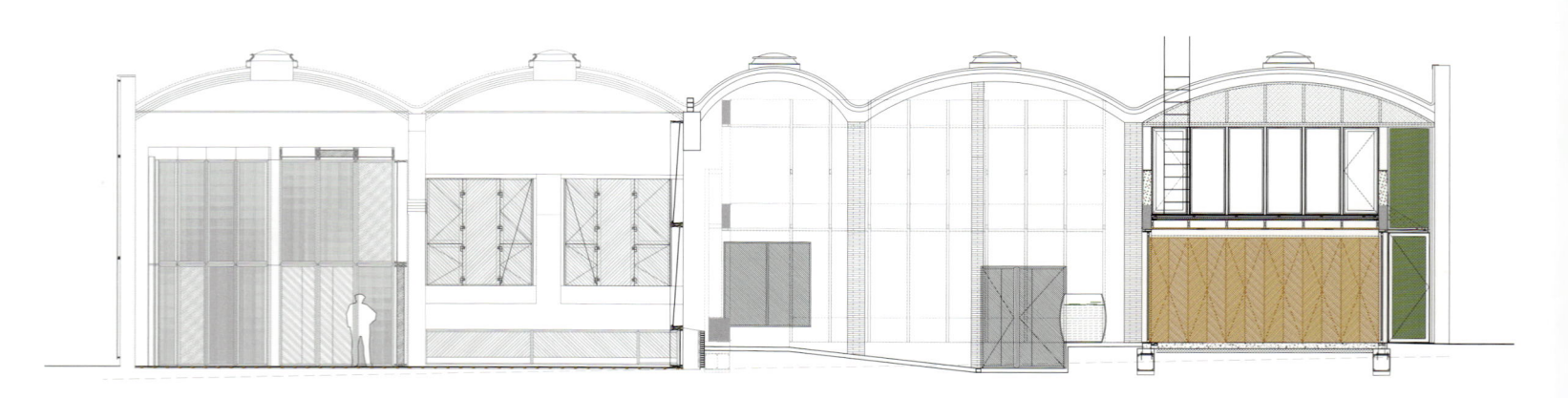

Site area Superficie de la parcela (m²) 800
Project budget Presupuesto del proyecto (euros/m²) 1,335.98

272 300 168 176

172

CHAPTER 02. REUSE / RECLAIM SERIES

Converting a former distillery into part of an already existing Arts Centre was to entail taking the compartmentalized construction system, initially used in the aforementioned centre using wooden structures and giving it a more permanent nature using steel plates. This solution enables both enclosures and ceilings to be created as the structure can be finished off using chipboard or glass. In some panes recycled glass, from old spirit bottles, has been placed between the double-glazing.

La conversión de una antigua destilería en parte de un Centro de arte ya existente, indujo a utilizar el sistema constructivo de compartimentación, empleado inicialmente en dicho centro, basado en estructuras de madera, transformándolo en otro de carácter más permanente, a base de pletinas de acero. La solución permite crear tanto cerramientos como techos, ya que la estructura puede rellenarse con contrachapado de madera o vidrio. En algunos paños se ha incluido un relleno de vidrio reciclado, proveniente de las antiguas garrafas de licor, entre el doble acristalamiento.

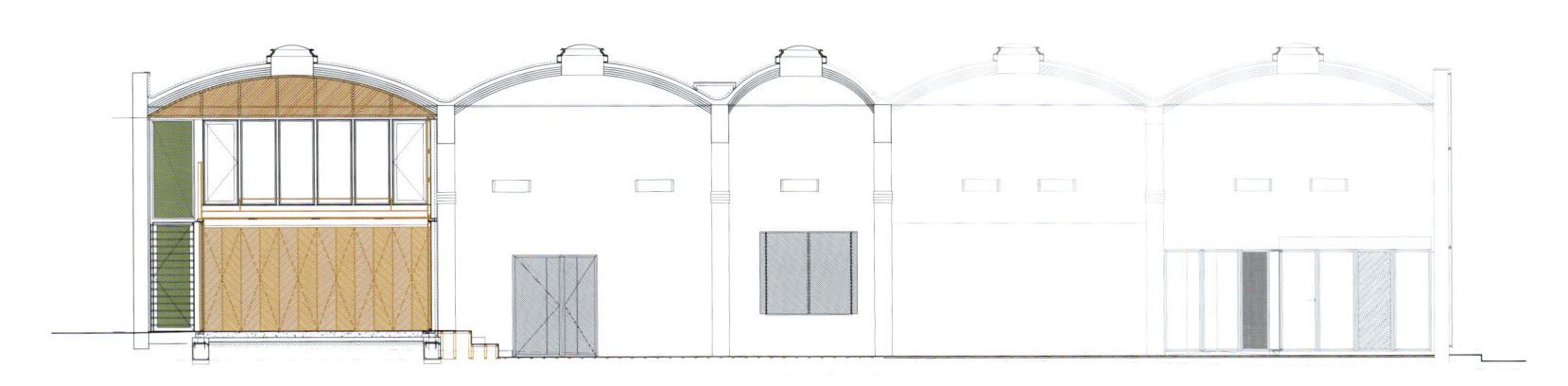

CHAPTER 02. REUSE / RECLAIM SERIES

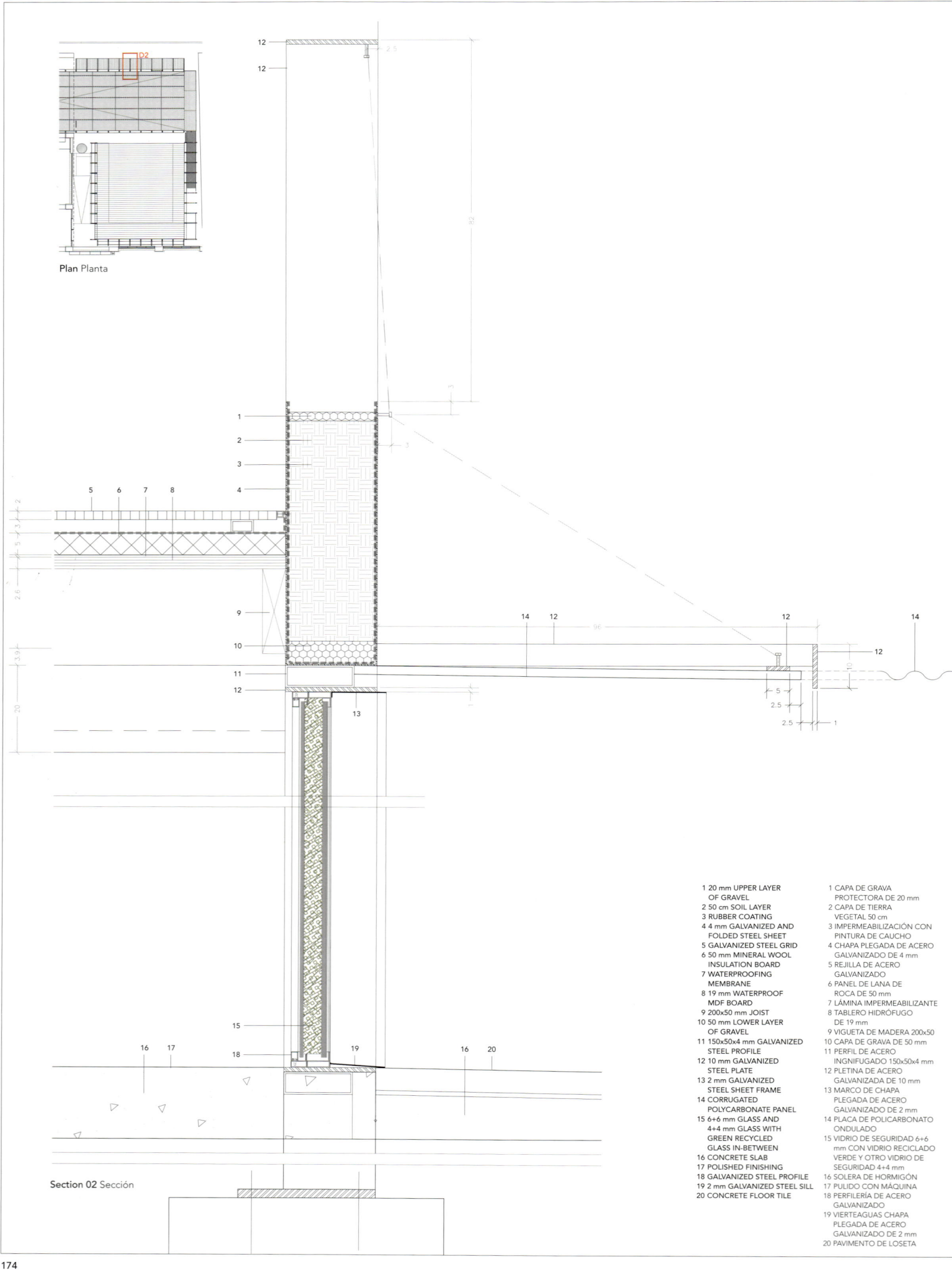

Plan Planta

Section 02 Sección

1 20 mm UPPER LAYER OF GRAVEL
2 50 cm SOIL LAYER
3 RUBBER COATING
4 4 mm GALVANIZED AND FOLDED STEEL SHEET
5 GALVANIZED STEEL GRID
6 50 mm MINERAL WOOL INSULATION BOARD
7 WATERPROOFING MEMBRANE
8 19 mm WATERPROOF MDF BOARD
9 200x50 mm JOIST
10 50 mm LOWER LAYER OF GRAVEL
11 150x50x4 mm GALVANIZED STEEL PROFILE
12 10 mm GALVANIZED STEEL PLATE
13 2 mm GALVANIZED STEEL SHEET FRAME
14 CORRUGATED POLYCARBONATE PANEL
15 6+6 mm GLASS AND 4+4 mm GLASS WITH GREEN RECYCLED GLASS IN-BETWEEN
16 CONCRETE SLAB
17 POLISHED FINISHING
18 GALVANIZED STEEL PROFILE
19 2 mm GALVANIZED STEEL SILL
20 CONCRETE FLOOR TILE

1 CAPA DE GRAVA PROTECTORA DE 20 mm
2 CAPA DE TIERRA VEGETAL 50 cm
3 IMPERMEABILIZACIÓN CON PINTURA DE CAUCHO
4 CHAPA PLEGADA DE ACERO GALVANIZADO DE 4 mm
5 REJILLA DE ACERO GALVANIZADO
6 PANEL DE LANA DE ROCA DE 50 mm
7 LÁMINA IMPERMEABILIZANTE
8 TABLERO HIDRÓFUGO DE 19 mm
9 VIGUETA DE MADERA 200x50
10 CAPA DE GRAVA DE 50 mm
11 PERFIL DE ACERO IGNIFUGADO 150x50x4 mm
12 PLETINA DE ACERO GALVANIZADA DE 10 mm
13 MARCO DE CHAPA PLEGADA DE ACERO GALVANIZADO DE 2 mm
14 PLACA DE POLICARBONATO ONDULADO
15 VIDRIO DE SEGURIDAD 6+6 mm CON VIDRIO RECICLADO VERDE Y OTRO VIDRIO DE SEGURIDAD 4+4 mm
16 SOLERA DE HORMIGÓN
17 PULIDO CON MÁQUINA
18 PERFILERÍA DE ACERO GALVANIZADO
19 VIERTEAGUAS CHAPA PLEGADA DE ACERO GALVANIZADO DE 2 mm
20 PAVIMENTO DE LOSETA

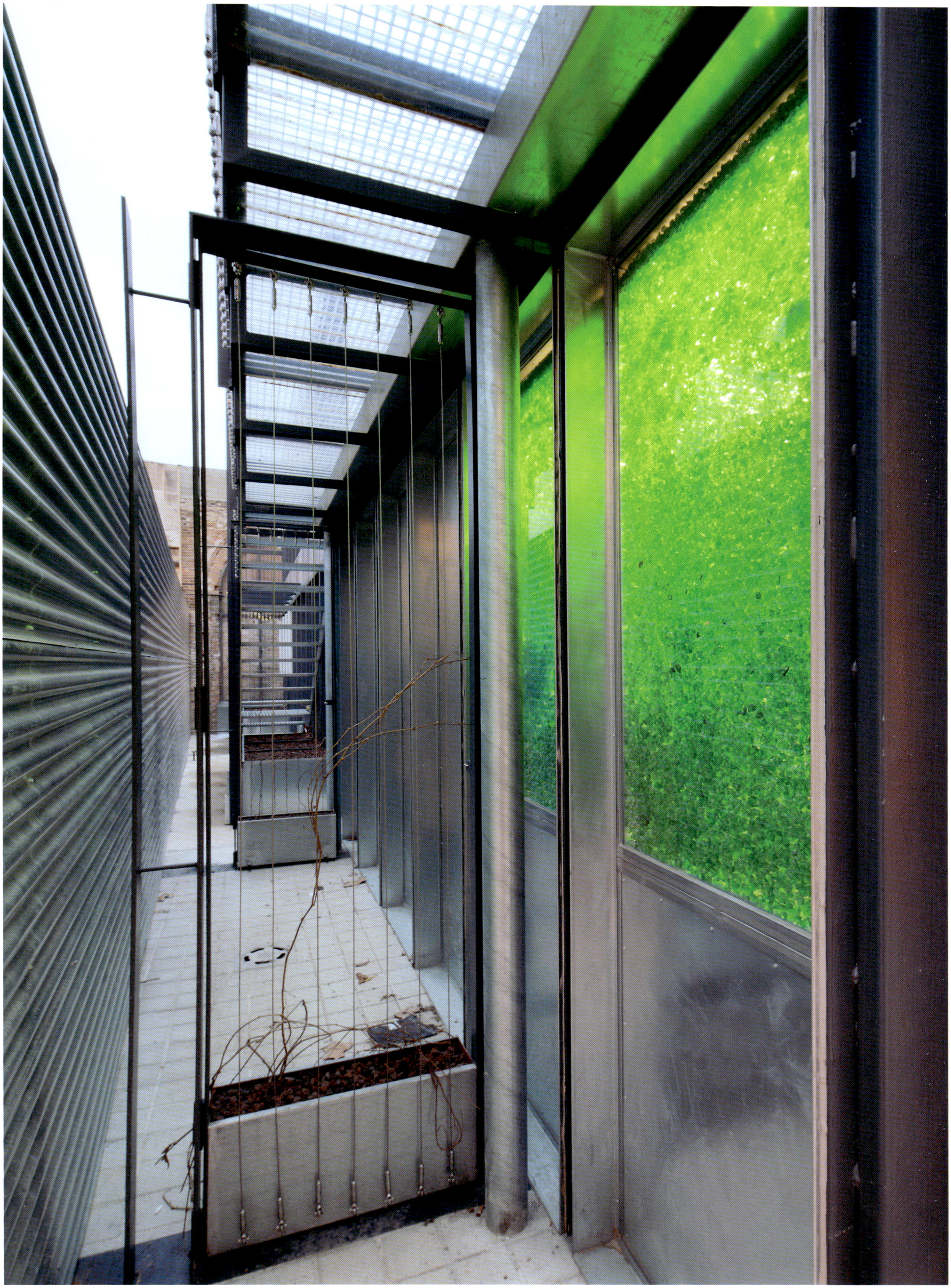

CHAPTER 02. REUSE / RECLAIM SERIES

060

REUSE
Creating a green filter for an existing facade
Creación de un filtro vegetal para una fachada existente

BELONGS TO PROJECT:

MASSÓ DISTILLERY - Núria Salvadó + David Tapias
Reus (Spain) 2010

Site area Superficie de la parcela (m²) 800
Project budget Presupuesto del proyecto (euros/m²) 1,335.98

272   300   168   172

CHAPTER 02. REUSE / RECLAIM SERIES

Reusing this courtyard, located in a block of former industrial buildings, meant creating a green filter which both shelters the walls from excess sunlight exposure in summer and softens the views from neighbouring buildings. This is a construction system based on steel plates which serves both to apply an undulating polycarbonate skin to the wall and to implement screens made up of climbing plants set away from the wall, leaving a passageway between the two skins.

La reutilización de este patio, situado en una manzana de antiguos edificios industriales a los que da servicio, pasa por la creación de un filtro vegetal que protege los muros del exceso de sol en verano, a la vez que atenúa las vistas de los edificios vecinos. Un sistema constructivo a base de pletinas de acero sirve, tanto para adosar una piel de policarbonato ondulado sobre el muro, como para realizar unas pantallas de plantas trepadoras que se distancian del cerramiento, dejando un pasillo entre ambas pieles.

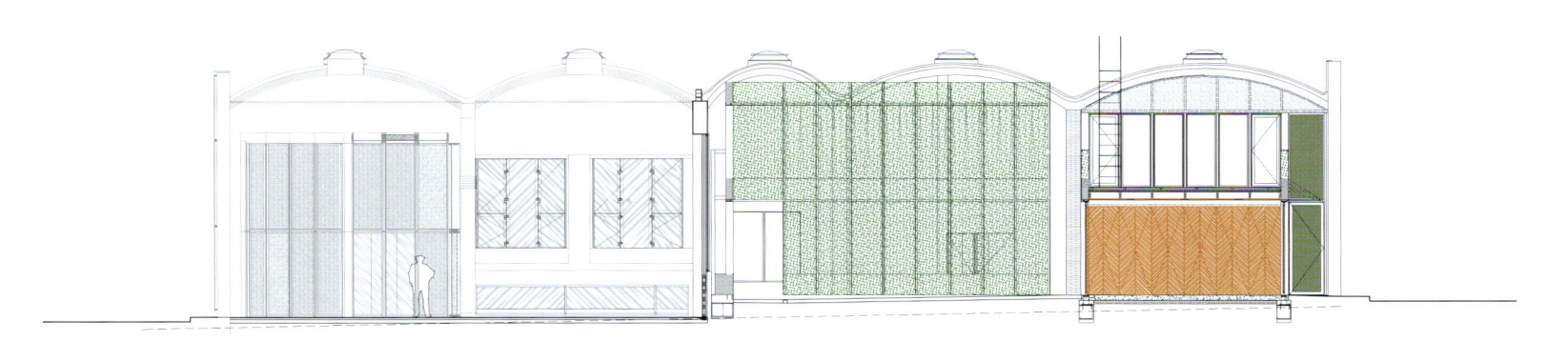

CHAPTER 02. REUSE / RECLAIM SERIES

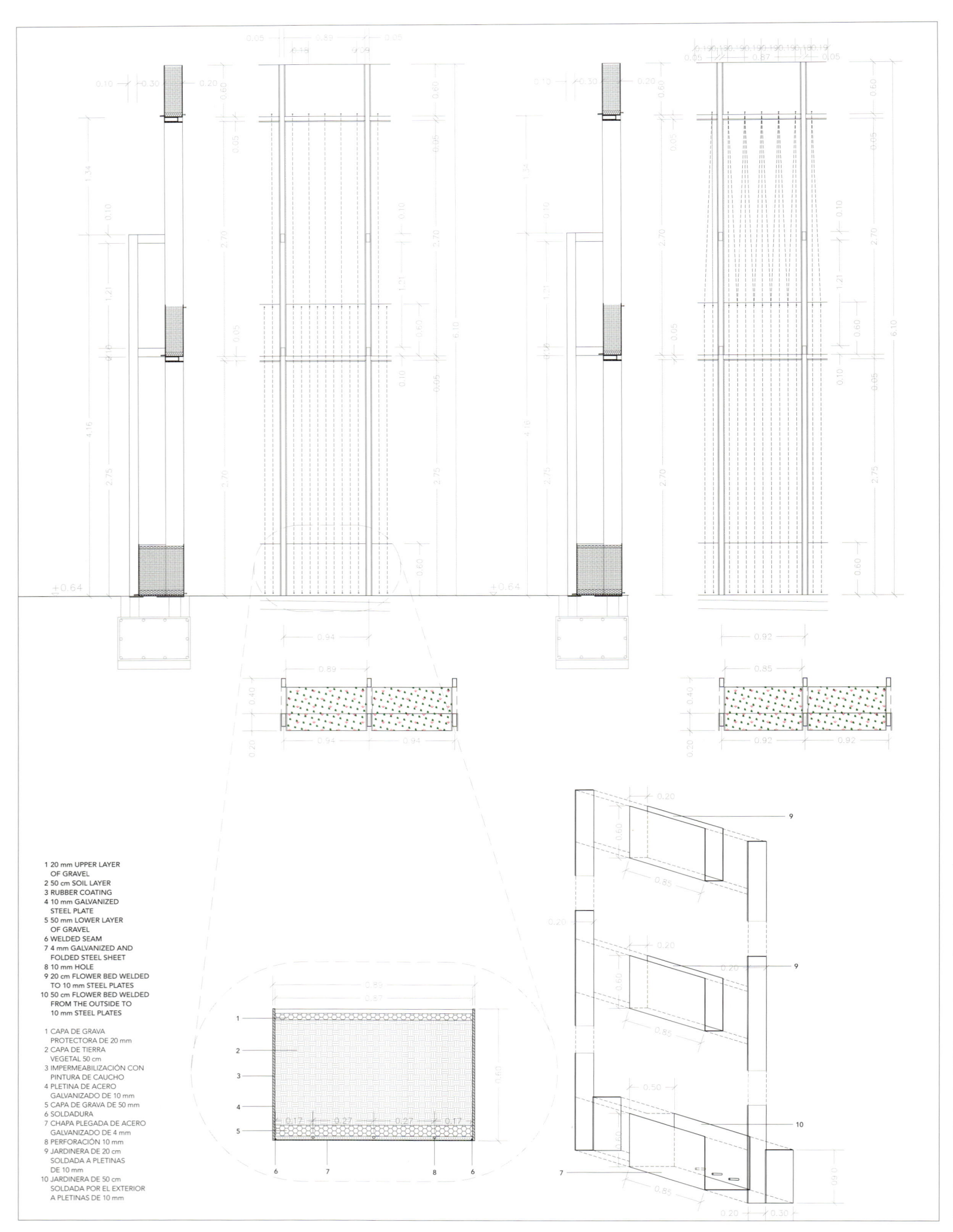

1 20 mm UPPER LAYER
  OF GRAVEL
2 50 cm SOIL LAYER
3 RUBBER COATING
4 10 mm GALVANIZED
  STEEL PLATE
5 50 mm LOWER LAYER
  OF GRAVEL
6 WELDED SEAM
7 4 mm GALVANIZED AND
  FOLDED STEEL SHEET
8 10 mm HOLE
9 20 cm FLOWER BED WELDED
  TO 10 mm STEEL PLATES
10 50 cm FLOWER BED WELDED
  FROM THE OUTSIDE TO
  10 mm STEEL PLATES

1 CAPA DE GRAVA
  PROTECTORA DE 20 mm
2 CAPA DE TIERRA
  VEGETAL 50 cm
3 IMPERMEABILIZACIÓN CON
  PINTURA DE CAUCHO
4 PLETINA DE ACERO
  GALVANIZADO DE 10 mm
5 CAPA DE GRAVA DE 50 mm
6 SOLDADURA
7 CHAPA PLEGADA DE ACERO
  GALVANIZADO DE 4 mm
8 PERFORACIÓN 10 mm
9 JARDINERA DE 20 cm
  SOLDADA A PLETINAS
  DE 10 mm
10 JARDINERA DE 50 cm
  SOLDADA POR EL EXTERIOR
  A PLETINAS DE 10 mm

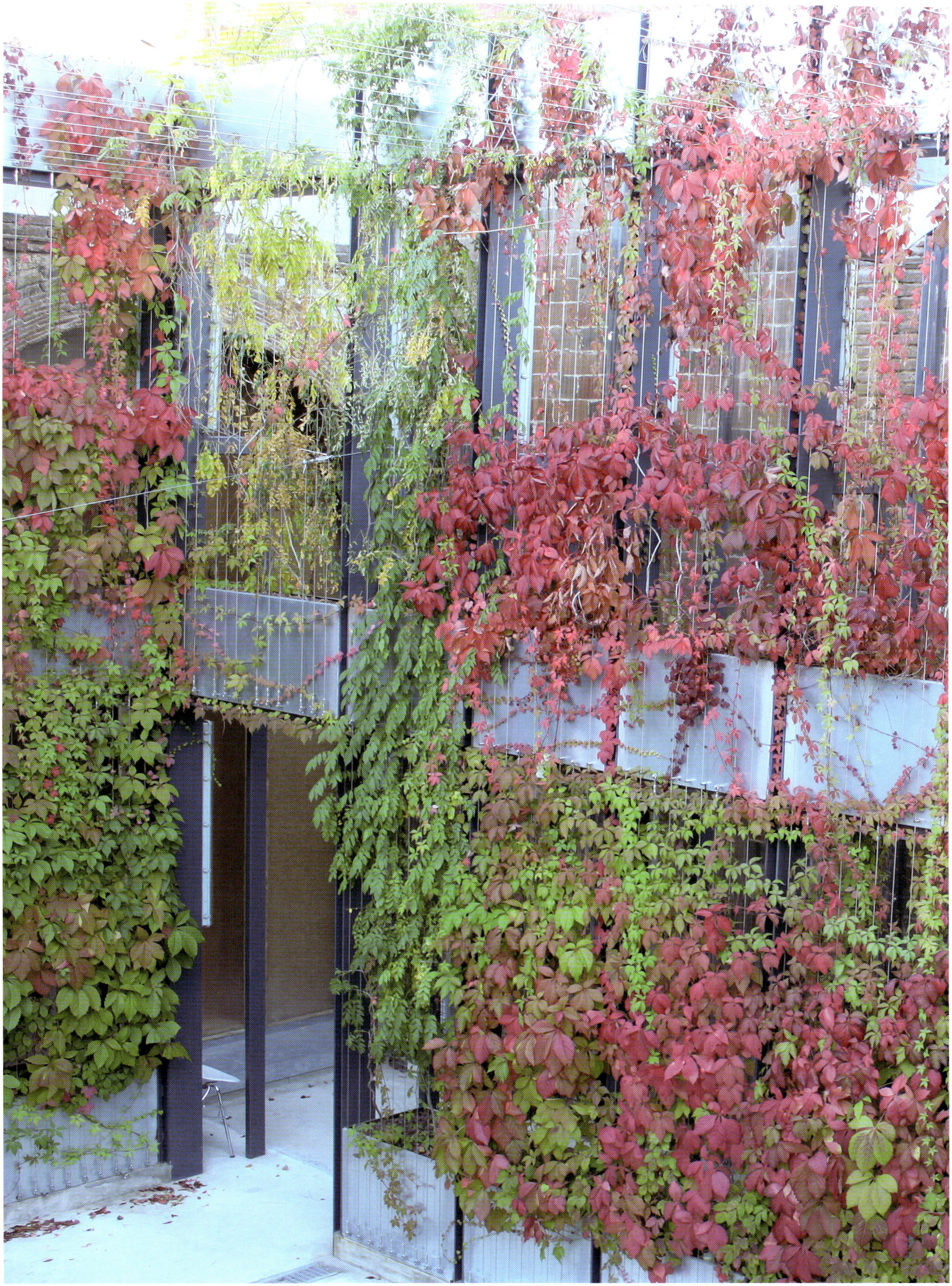

CHAPTER 02. REUSE / RECLAIM SERIES

061

REUSE
Compartmentalization using greenhouse envelope elements
Compartimentación con cierres de invernadero

BELONGS TO PROJECT:

LE VOYAGE À NANTES OFFICES - Block Architectes
Nantes (France) 2011

Site area Superficie de la parcela (m²) 2,000
Project budget Presupuesto del proyecto (euros/m²) 475

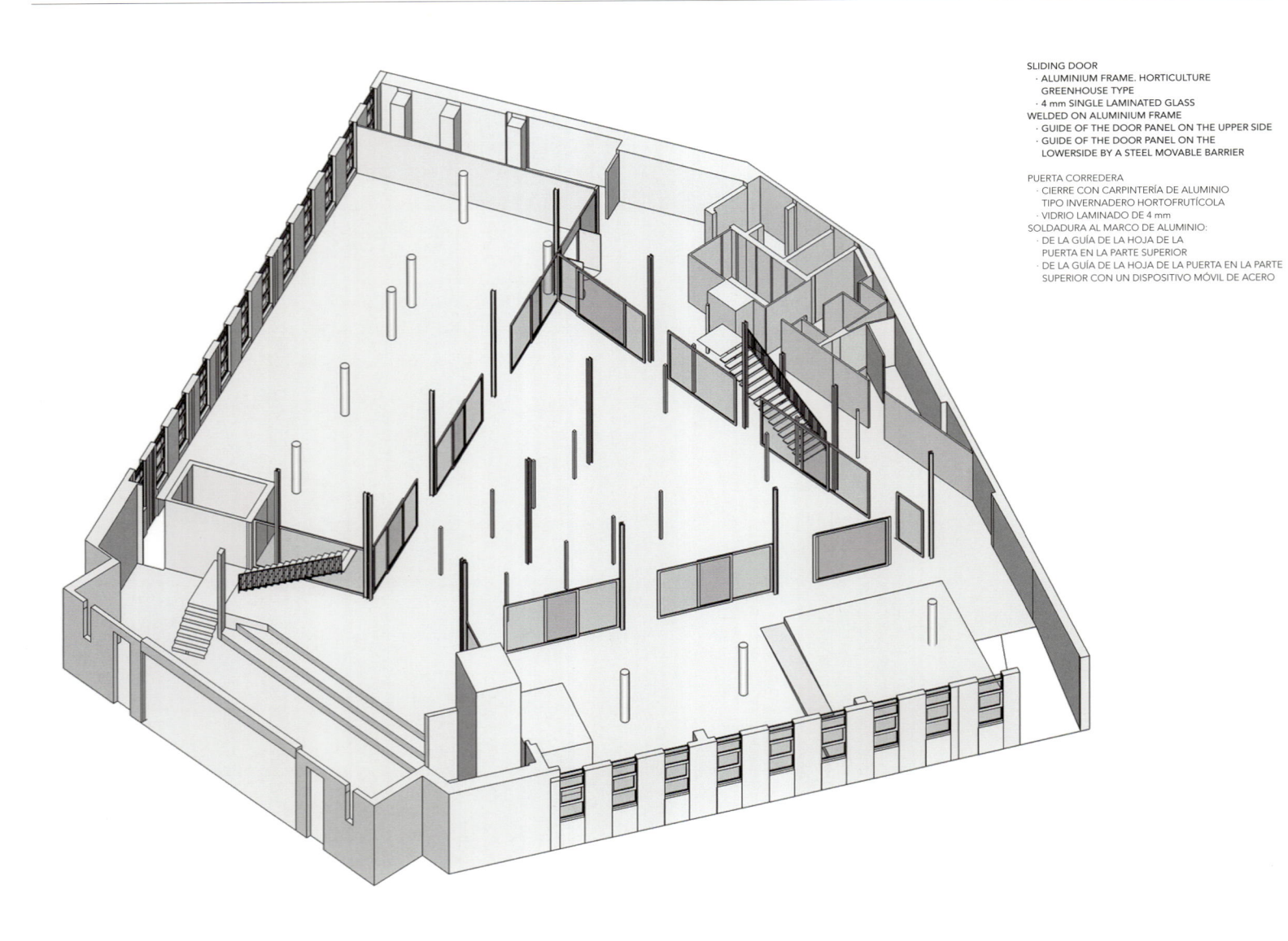

272　300　186

SLIDING DOOR
· ALUMINIUM FRAME. HORTICULTURE GREENHOUSE TYPE
· 4 mm SINGLE LAMINATED GLASS
WELDED ON ALUMINIUM FRAME
· GUIDE OF THE DOOR PANEL ON THE UPPER SIDE
· GUIDE OF THE DOOR PANEL ON THE LOWERSIDE BY A STEEL MOVABLE BARRIER

PUERTA CORREDERA
· CIERRE CON CARPINTERÍA DE ALUMINIO TIPO INVERNADERO HORTOFRUTÍCOLA
· VIDRIO LAMINADO DE 4 mm
SOLDADURA AL MARCO DE ALUMINIO:
· DE LA GUÍA DE LA HOJA DE LA PUERTA EN LA PARTE SUPERIOR
· DE LA GUÍA DE LA HOJA DE LA PUERTA EN LA PARTE SUPERIOR CON UN DISPOSITIVO MÓVIL DE ACERO

CHAPTER 02. REUSE / RECLAIM SERIES

The building was built in the period between the wars and was a working warehouse and distribution centre until the 1970s. In 1990 it was converted into offices. The original metal support structure remained intact as did the sawtooth glazed roof. The work involved simplifying the already refurbished building spaces so as to outline their aesthetic and functional qualities. The interior geometry imposed by the layout of the structural grid has been respected and the space has been divided up using glazed aluminium partitions.

El edificio fue construido en el periodo de entreguerras y funcionó como almacén y centro de distribución hasta los años 70. En 1990 fue reconvertido en oficinas. La estructura original de pilares metálicos permaneció intacta, así como su cubierta dentada de vidrio traslúcido. El trabajo ha consistido en la simplificación de los espacios del edificio ya rehabilitado para sacar a la luz sus cualidades estéticas y funcionales. La geometría interior que impone la disposición de los soportes metálicos se ha respetado y la división del espacio se realiza mediante particiones de aluminio y vidrio .

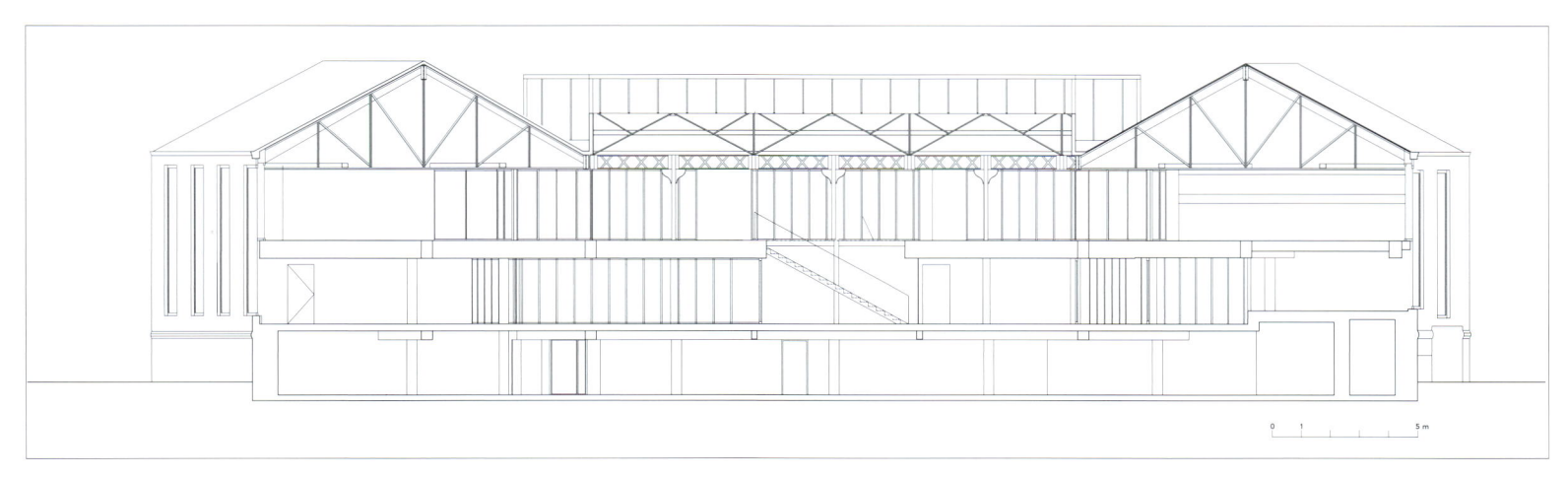

CHAPTER 02. REUSE / RECLAIM SERIES

062

REUSE
Easy to dismantle compartmentalization
Compartimentación de fácil desmontaje

BELONGS TO PROJECT: NOTWEG GARAGE - nl architects
Amsterdam (The Netherlands) 2009

Site area Superficie de la parcela (m²) 2,800
Project budget Presupuesto del proyecto (euros/m²) 250

(272) (300)

Before and after temporary use
Antes y después del uso temporal

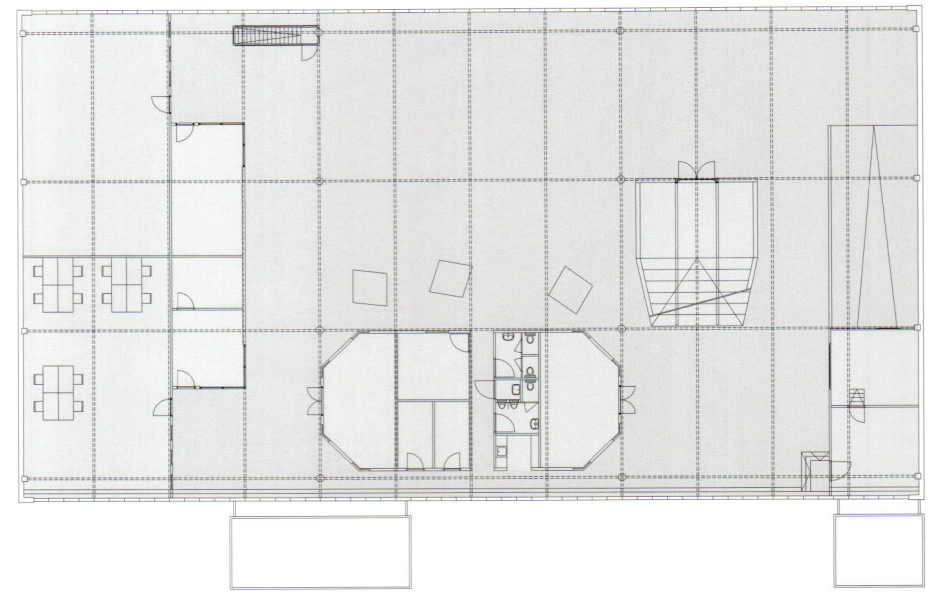

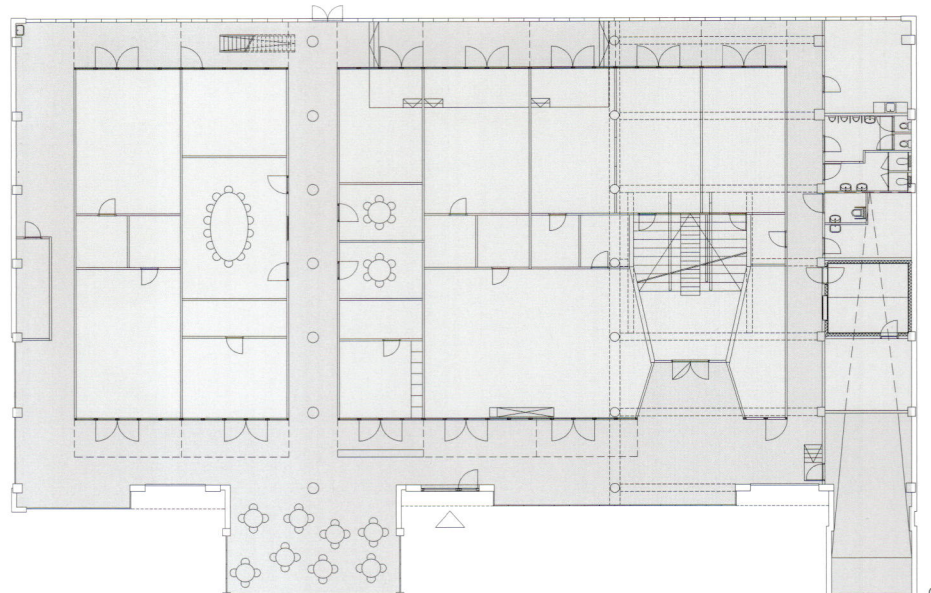

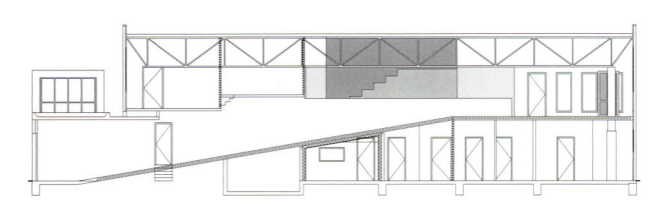

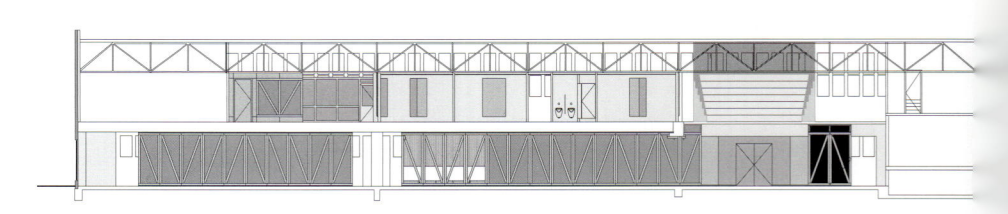

182

CHAPTER 02. REUSE / RECLAIM SERIES

The temporary reuse of this car showroom and garage, designed in 1962 by H.A.M. van den Berg, does not intervene on the existing enclosure. A set of autonomous volumes have been inserted inside the structure which do not interfere with the facade in order to preserve to the maximum the openness of the two floors of the building. The enclosures added to distribute the workshops are timber and can be easily be distinguished from the materials of the original building. Easy assembly has meant two years after the opening it has all been taken down and now awaits a new configuration, or in the worst case scenario, the demolition of the building. Meanwhile, the compartmentalized elements remain piled up inside.

El reuso temporal de este concesionario y garaje, diseñado en 1962 por H.A.M. van den Berg, no interviene sobre el cerramiento existente. Para preservar al máximo la amplitud de los dos niveles del edificio, se ha insertado un grupo de volúmenes, autónomos respecto a la estructura, que nunca toca la fachada. Los cerramientos añadidos para distribuir los talleres son de madera y son claramente distinguibles de los materiales del edificio original. La facilidad de su montaje ha permitido que, dos años después de su inauguración, haya sido desmantelado y aguarda una nueva reconfiguración, o en el peor de los casos, una demolición del edificio. Mientras tanto, los elementos de compartimentación permanecen apilados en el interior.

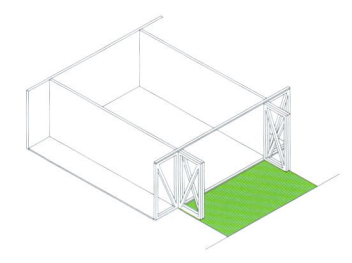

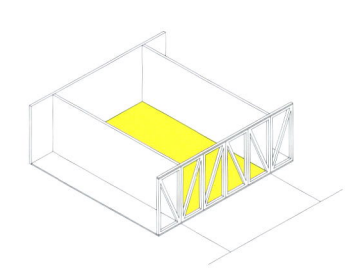

CHAPTER 02. REUSE / RECLAIM SERIES

063

REUSE
Flexible compartmentalization using tarpaulins
Compartimentación flexible con lonas

BELONGS TO PROJECT: **CREATION FACTORY** - Manuel Ruisánchez, Francesc Bacardit, Architects
Barcelona (Spain) 2011

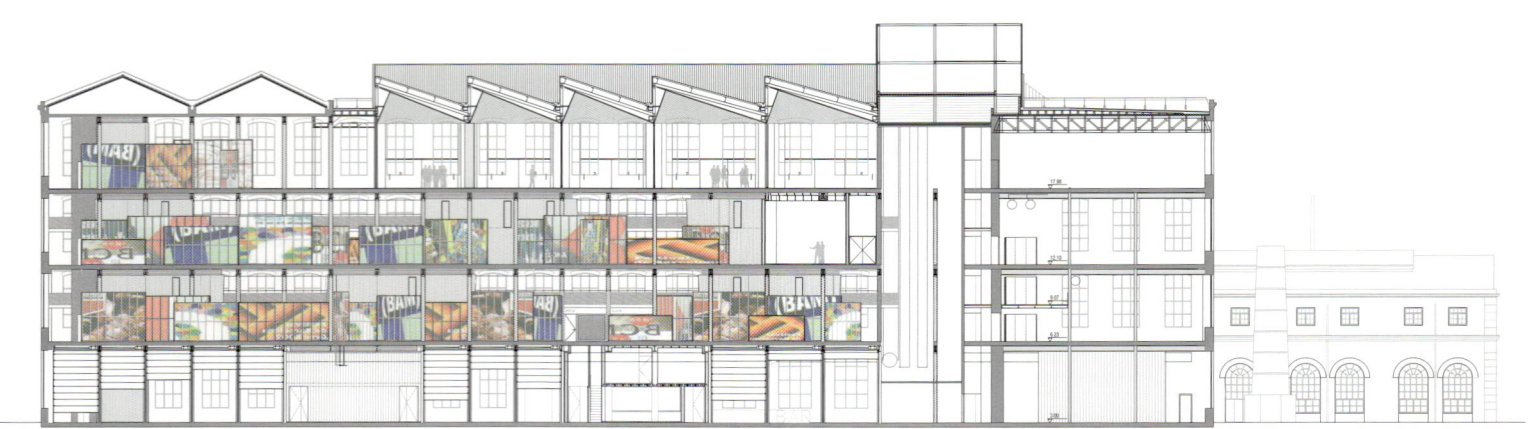

Site area Superficie de la parcela (m²) 15,647
Project budget Presupuesto del proyecto (euros/m²) 304.94

(274) (302)

Long section Sección longitudinal

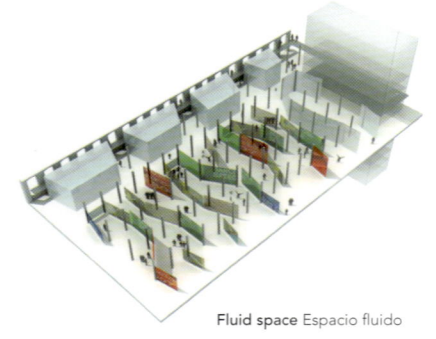

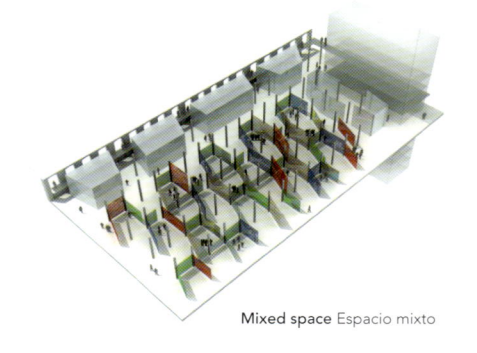

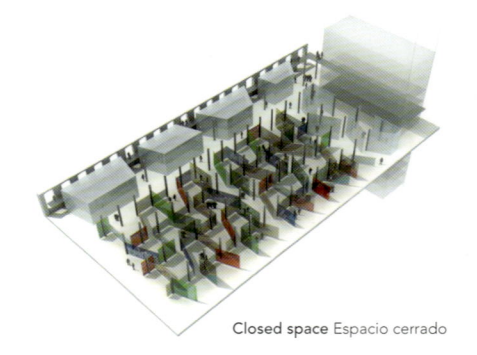

Fluid space Espacio fluido　　　Mixed space Espacio mixto　　　Closed space Espacio cerrado

184

CHAPTER 02. REUSE / RECLAIM SERIES

A new vertical installations shaft runs around this old industrial building, freeing up the rest of the floor from service shafts. This open plan space, on the first and second floors, can be sub-divided according to requirements, due to a system of canvases hanging from cables which give a multitude of possible uses. In order to offer totally separate spaces, several closed rooms have also been created using recycled wood panels.

Un nuevo núcleo vertical de instalaciones recorre este antiguo edificio industrial, liberando el resto de la planta de espacios de servicio. Este espacio diáfano, en las plantas primera y segunda, puede subdividirse en función de las necesidades, gracias a un sistema de lonas suspendidas de cables que configuran multitud de opciones de uso. Para proporcionar espacios completamente aislados se han dispuesto, además, varias estancias cerradas con paneles de madera reciclada.

185

CHAPTER 02. REUSE / RECLAIM SERIES

064

REUSE
Horizontal protection with safety net
Protección horizontal con malla náutica

BELONGS TO PROJECT:

LE VOYAGE Â NANTES OFFICES - Block Architectes
Nantes (France) 2011

Site area Superficie de la parcela (m²) 2,000
Project budget Presupuesto del proyecto (euros/m²) 475

272 300 180

186

CHAPTER 02. REUSE / RECLAIM SERIES

Reusing this former industrial building for office space involved strictly low budget materials. To this end, the envelope for the central void was not made using a railing but by adapting shipping catamaran-type net to the framework. For health and safety reasons, a formed sheet steel rail was added along the whole perimeter of the void.

La reutilización de este antiguo edificio industrial como espacio para oficinas se basa en una estricta economía de medios. Por este motivo, el cerramiento del vacío central no se realiza mediante una barandilla, sino con el ajuste de una malla de embarcación tipo catamarán, al forjado. Por motivos de seguridad, se añade un raíl de chapa de acero plegada en todo el perímetro del vacío.

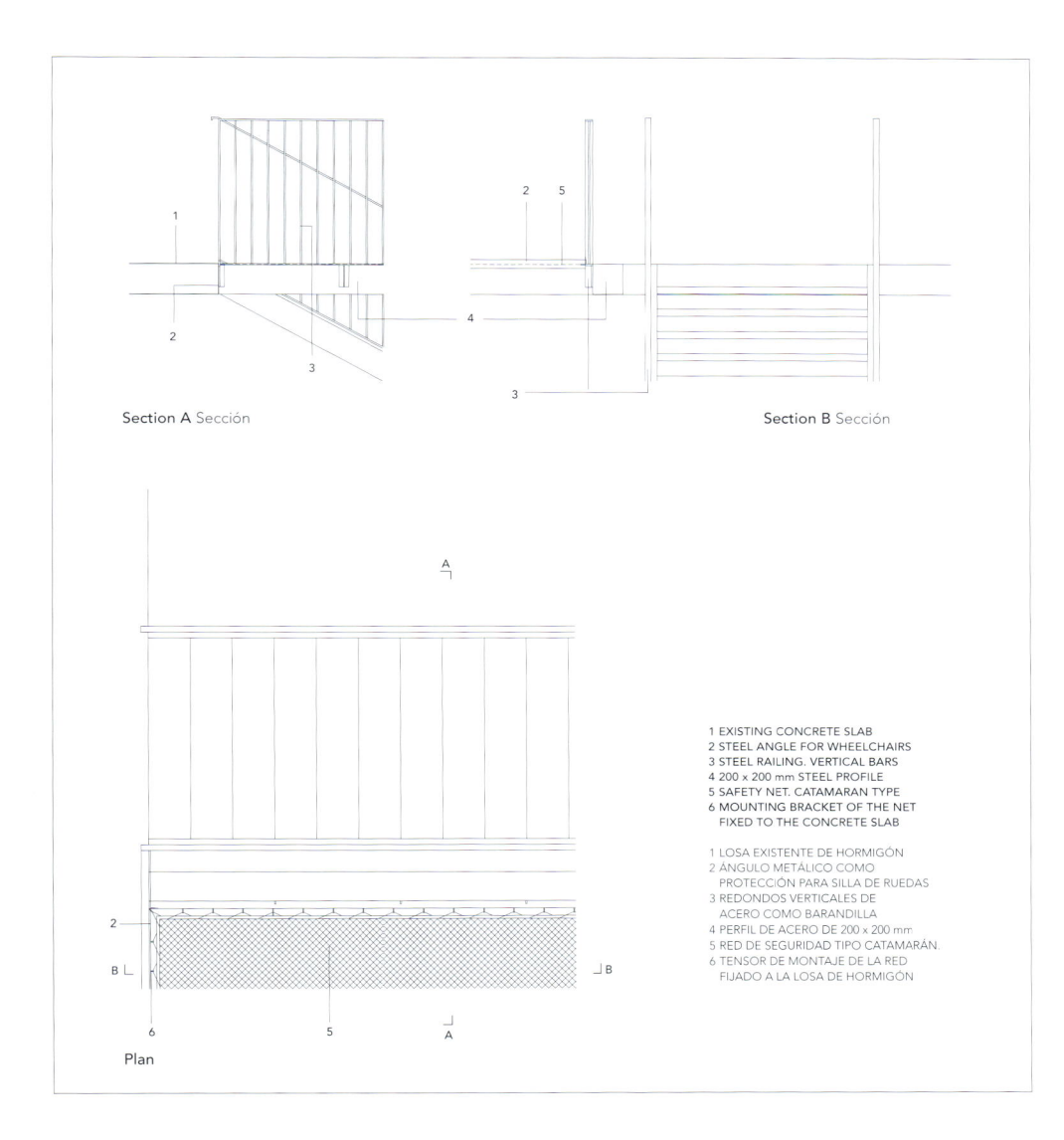

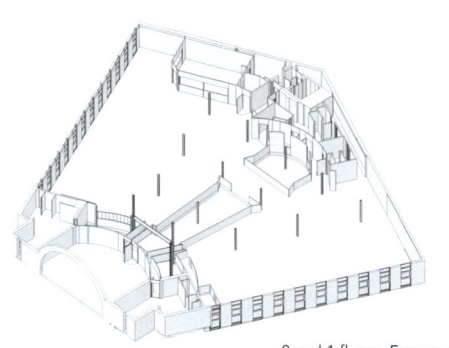

Section A Sección

Section B Sección

Plan

1 EXISTING CONCRETE SLAB
2 STEEL ANGLE FOR WHEELCHAIRS
3 STEEL RAILING. VERTICAL BARS
4 200 x 200 mm STEEL PROFILE
5 SAFETY NET. CATAMARAN TYPE
6 MOUNTING BRACKET OF THE NET FIXED TO THE CONCRETE SLAB

1 LOSA EXISTENTE DE HORMIGÓN
2 ÁNGULO METÁLICO COMO PROTECCIÓN PARA SILLA DE RUEDAS
3 REDONDOS VERTICALES DE ACERO COMO BARANDILLA
4 PERFIL DE ACERO DE 200 x 200 mm
5 RED DE SEGURIDAD TIPO CATAMARÁN.
6 TENSOR DE MONTAJE DE LA RED FIJADO A LA LOSA DE HORMIGÓN

0 and 1 floors. Former condition
Niveles 0 y 1. Estado previo

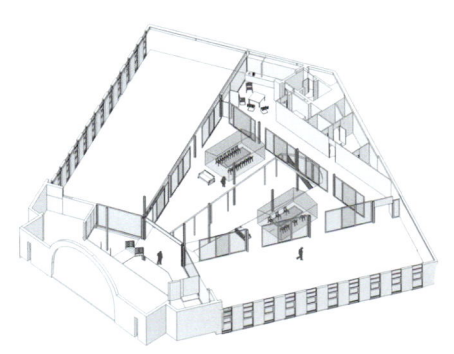

0 and 1 floors. Project
Niveles 0 y 1. Proyecto

CHAPTER 02. REUSE / RECLAIM SERIES

065

REUSE
Compartmentalization using rope
Compartimentación con maromas

BELONGS TO PROJECT: **MATADERO NAVES 8-9 (STRUCTURAL CONSOLIDATION WORKS)** - Estudio de Arquitectura Arturo Franco
Madrid (Spain) 2011

Site area Superficie de la parcela (m²) 20,891
Project budget Presupuesto del proyecto (euros/m²) 262.03

(270) (298) **148**

188

CHAPTER 02. REUSE / RECLAIM SERIES

The free distribution of spaces in a former unit in the Matadero Complex here involves a sequence of hemp ropes which class the different places in a continual sequence. The taut ropes use the columns both as support and articulation points.

La distribución libre de la planta en una antigua nave del Complejo Matadero, se propone en este caso a partir de una secuencia de maromas de cáñamo que distinguirán de una manera continua los espacios. Las cuerdas tensionadas utilizarán los pilares como puntos de apoyo y articulación.

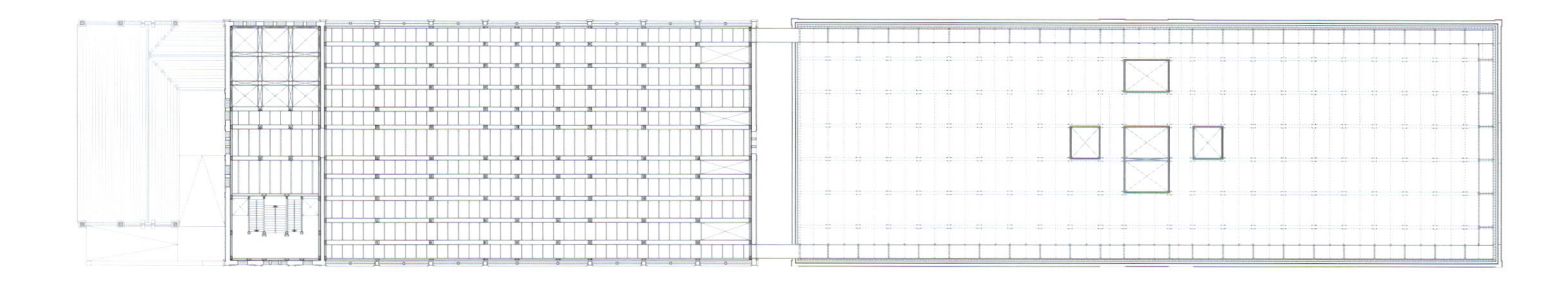

CHAPTER 02. REUSE / RECLAIM SERIES

066

REUSE
Cutting down on energy consumption in a former tram sheds
Reducción de consumo energético en una antigua cochera

BELONGS TO PROJECT:

ARTSCAPE WYCHWOOD BARNS - Du Toit Architects
Toronto (Canada) 2008

Site area Superficie de la parcela (m²) 20,000
Project budget Presupuesto del proyecto (euros/m²) 881.02

(274) (302)

01

02

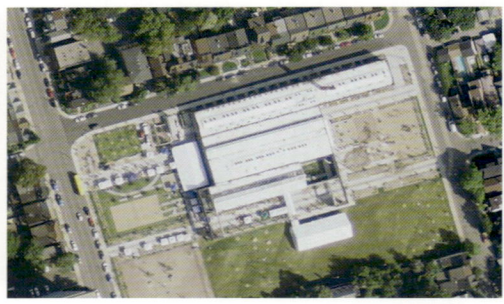

03

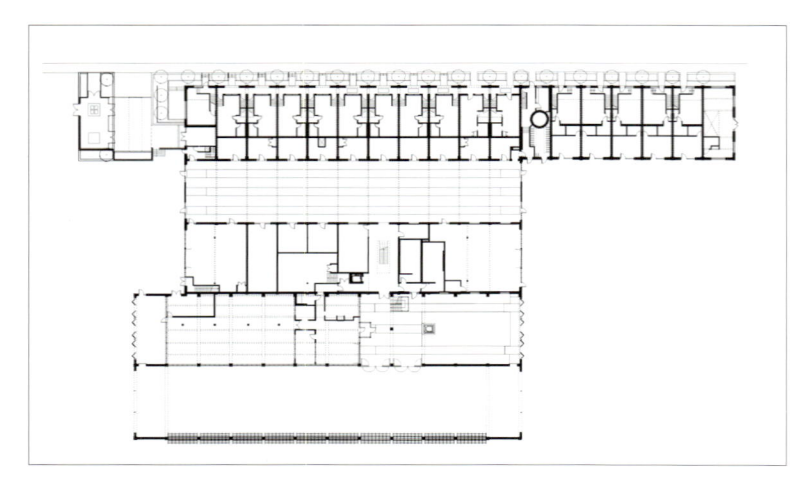

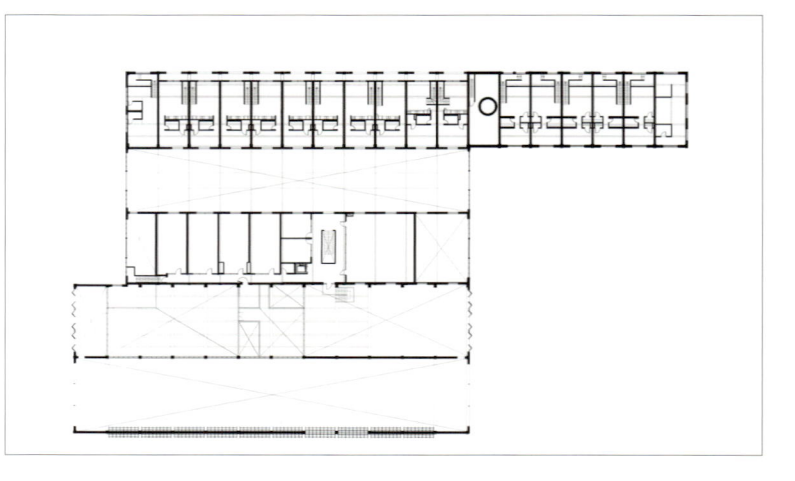

190

CHAPTER 02. REUSE / RECLAIM SERIES

1 STUDIO BARN	1 TALLER
2 LIVE/WORK STUDIO	2 VIVIENDA/TRABAJO
3 WORK STUDIO	3 ZONA DE TRABAJO
4 COVERED STREET	4 CALLE CUBIERTA
5 COMMUNITY BARN	5 ESPACIO PARA LA COMUNIDAD
6 GREEN BARN	6 TALLER VERDE
7 FIFTH BARN	7 QUINTO TALLER

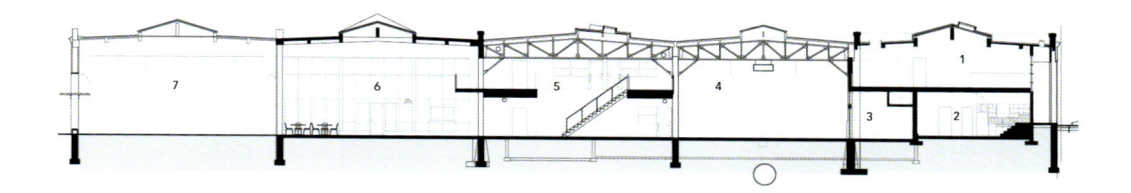

1 REMOVE CLAY TILE BETWEEN JAMBS TO UNDERSIDE OF ROOF STRUCTURE. PROVIDE FURRED OUT GYPSUM WALL BOARD TO MATCH DEPTH OF JAMB SURROUND
2 REFER TO ELEVATION FOR EXTENT OF PROPOSED CUT MASONRY OPENINGS TO ACCOMMODATE NEW SCREENS, ARCHWAYS, AND SIMILAR FINISHED WALL OPENINGS
3 EXISTING MASONRY ARCH. STEEL HANGERS TO REMAIN IN PLACE. REMOVE FACE MASONRY FROM WITHIN ARCH AND REPAIR/REPLACE ARCHED MASONRY TO MAKE GOOD
4 PROVIDE GYPSUM WALL BOARD TO ENCLOSE FLOOR STRUCTURE
5 REFER SPECIFICATIONS FOR MASONRY REPAIRS TO JAMBS
6 EXISTING CONCRETE BEAM AND ROOF SLAB BEYOND SHOWN DASHED, TO BE REMOVED UP TO OUTSIDE FACE OF CONCRETE COLUMN
7 EXISTING MASONRY WALL
8 EXISTING CONCRETE COLUMN BEYOND
9 EXISTING CONCRETE FOUNDATION
10 REFER TO MECHANICAL DRAWINGS FOR LOCATION OF DOWNSPOUT CONNECTION
11 EXISTING 35 x 23 cm CONCRETE PURLIN STRUCTURE
12 NEW SKYLIGHT ON BUILT-UP STEEL FRAMED CURB AT EXISTING WOOD ROOF DECKS OR ON EXISTING CONCRETE PURLINS. UP TURN 5 cm ROOF INSULATION, PROTECTION BOARD AND ROOF MEMBRANE TO SUIT
13 NEW INSULATED ROOF CURB FOR SKYLIGHT AT STEEL PURLINS: UPTURNED ROOF MEMBRANE ON PROTECTION BOARD PER TYPICAL TERMINATION OF ROOF ASSEMBLY 20 GALVANIZED STEEL STUDS @400 mm ON CENTERS. RSI 2.4 THERMAL BLANKET INSULATION IN FRAMING CAVITIES. VAPOUR BARRIER. 16 mm MARINE GRADE PLYWOOD. ALUMINUM INTERIOR FINISH WITH DRIP EDGE/REVEAL
14 EXISTING STEEL STRUCTURE
15 PROPOSED ROOFING OF EXISTING SKYLIGHT FRAMING: ROOF MEMBRANE AND PROTECTION BOARD INSULATION, TOP LAYER INSULATION, BOTTOM LAYER INSULATION, GLASS-FACED GYPSUM UNDERLAY. VAPOUR RETARDER. PREPAINTED STEEL ROOF DECK FROM PREFINISHED COIL COATED STEEL SHEET, COLOURED FACE TOWARDS BUILDING INTERIOR. EXISTING SKYLIGHT STEEL FRAMING (HOT-ROLLED STEEL T). NEW UNIT SKYLIGHT TO FIT BETWEEN EXISTING STEEL SKYLIGHT FRAMING

1 SUPRIMIR LA PIEZAS CERÁMICAS ENTRE LOS PAÑOS LATERALES DEL HUECO PARA ALINEAR POR DEBAJO LA ESTRUCTURA DE CUBIERTA. AÑADIR TABLEROS DE CARTÓN-YESO PARA ENRASAR CON EL ESPESOR DEL MURO EN ESA ZONA
2 ACUDIR AL ALZADO PARA AMPLIAR DATOS SOBRE LAS APERTURAS EN LA FÁBRICA PARA ACOPLAR LOS NUEVOS PAÑOS, PASOS Y APERTURAS SIMILARES DE LOS MUROS
3 FÁBRICA EXISTENTE EN EL CABEZAL. LOS ANCLAJES PERMANECEN EN SU SITIO. ELIMINAR LA FÁBRICA DENTRO DEL PASO Y REPARAR/REEMPLAZAR CORRECTAMENTE LA FÁBRICA EN EL CABEZAL
4 AÑADIR TABLERO DE CARTÓN-YESO PARA TAPAR EL CANTO DEL FORJADO
5 EXAMINAR LAS INDICACIONES DE LA ALBAÑILERÍA PARA LAS REPARACIONES DE LOS LATERALES DEL HUECO
6 VIGA DE HORMIGÓN EXISTENTE Y LOSA DE CUBIERTA EN LÍNEA DE TRAZOS PARA ELIMINAR HASTA LA CARA EXTERIOR DEL SOPORTE DE HORMIGÓN
7 MURO DE ALBAÑILERÍA EXISTENTE
8 SOPORTE DE HORMIGÓN EXISTENTE SITUADO EN OTRO PLANO
9 CIMENTACIÓN DE HORMIGÓN EXISTENTE
10 ACUDIR A LOS PLANOS DE INSTALACIONES PARA LA LOCALIZACIÓN DE LA CONEXIÓN DE LA BAJANTE
11 VIGA DE HORMIGÓN DE 35 x 23 cm EXISTENTE
12 NUEVO LEVANTE PARA LUCERNARIO CON MARCO DE ACERO INCLUIDO ENTRE ELEMENTOS DE MADERA DE LA CUBIERTA O SOBRE VIGAS DE HORMIGÓN EXISTENTES, INCLUSO 5 cm DE AISLAMIENTO, PLACA DE PROTECCIÓN Y LÁMINA IMPERMEABILIZANTE
13 NUEVO LEVANTE PARA LUCERNARIO DE CUBIERTA EN LA ZONA DE VIGAS DE ACERO: REMATE DE LÁMINA IMPERMEABILIZANTE CON SOLUCIÓN ESTÁNDAR. 20 MONTANTES DE ACERO GALVANIZADO SEPARADOS 400 mm A EJES. AISLAMIENTO TÉRMICO CON VALOR RSI DE 2,4 EN LAS CÁMARAS DEL MARCO. BARRERA DE VAPOR. TABLERO CONTRACHAPADO MARINO DE 16 mm. GOTERÓN EN ALUMINIO
14 ESTRUCTURA EXISTENTE DE ACERO
15 CUBIERTA DEL LEVANTE DEL LUCERNARIO: LÁMINA IMPERMEABILIZANTE Y TABLERO DE PROTECCIÓN, CAPA SUPERIOR AISLANTE, CAPA INFERIOR AISLANTE. REFUERZO DE YESO, BARRERA DE VAPOR. PANEL TIPO DECK DE CHAPA DE ACERO PRELACADA HACIA EL INTERIOR. MARCO DE ACERO EXISTENTE. NUEVO LUCERNARIO PARA ENCAJAR ENTRE LA ESTRUCTURA EXISTENTE

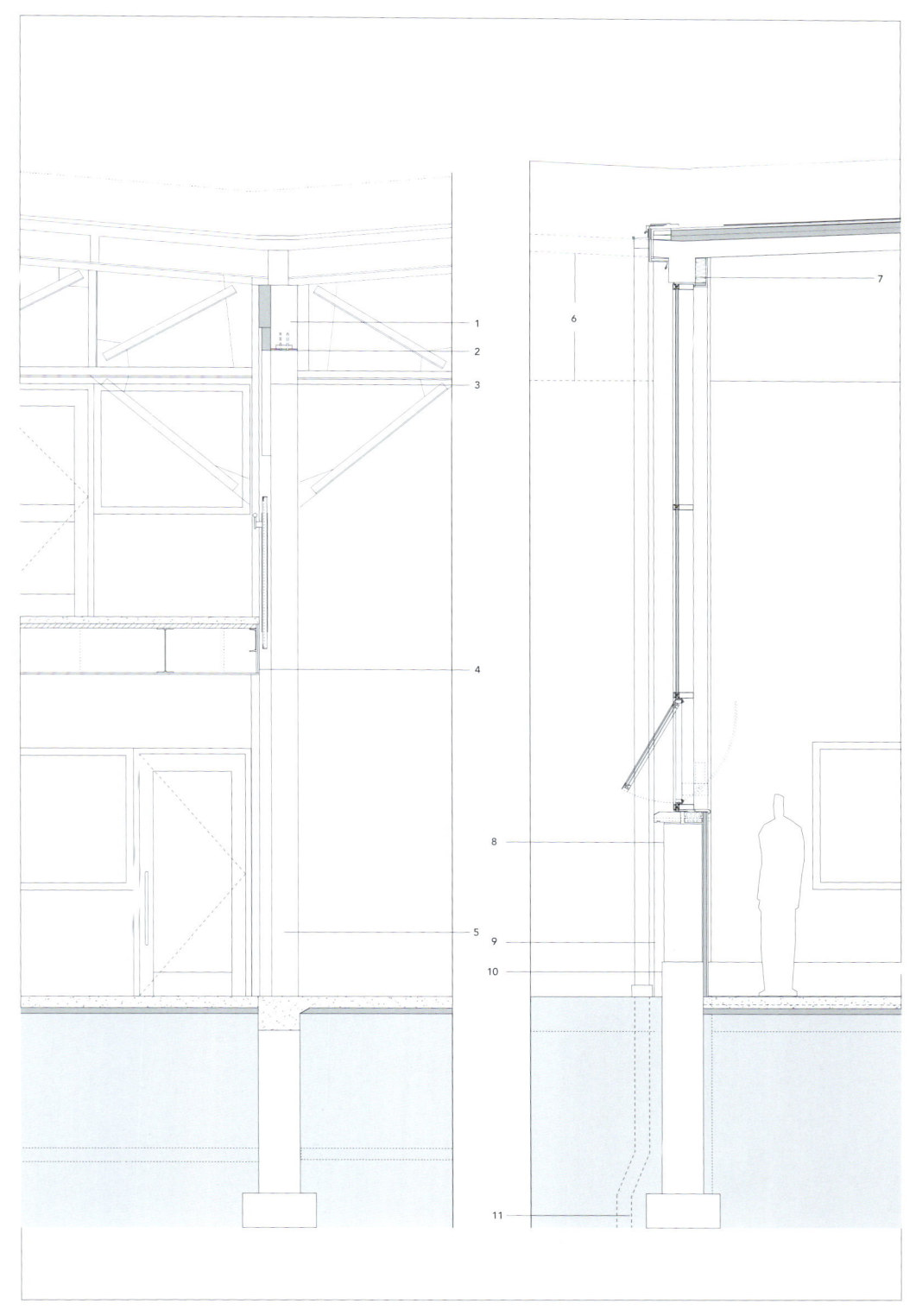

CHAPTER 02. REUSE / RECLAIM SERIES

067

REUSE
Selective HVAC for an industrial unit
Climatización selectiva de una nave industrial

BELONGS TO PROJECT:

IMD OFFICES - Ector Hoogstad Architecten
Rotterdam (The Netherlands) 2011

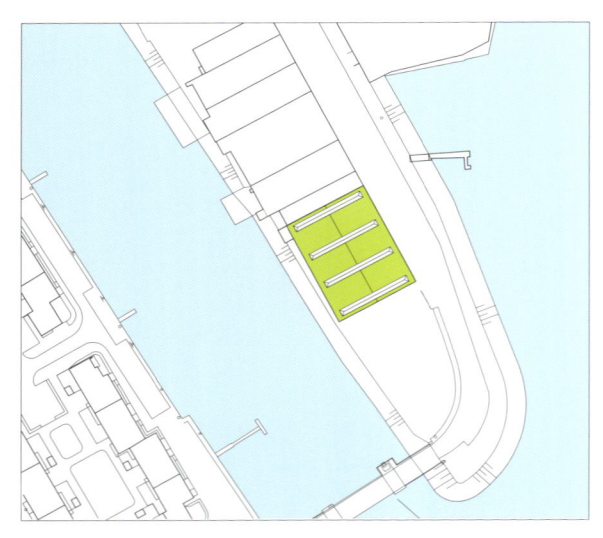

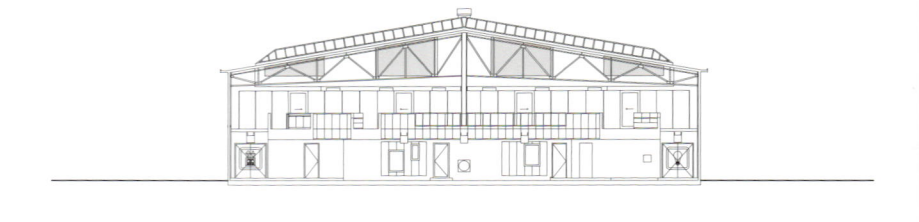

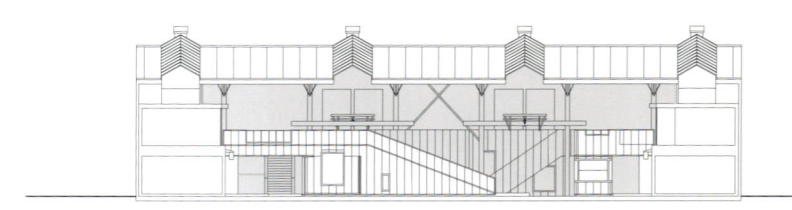

Site area Superficie de la parcela (m²) 2,014
Project budget Presupuesto del proyecto (euros/m²) 886.30

(274) (302)

194

CHAPTER 02. REUSE / RECLAIM SERIES

Budget issues in the retrofitting of this former steelworks as an office building led the authors to condense all the space added onto three levels adjoining the north and south walls. This way the HVAC is reduced to the work spaces and the central void becomes a reasonably comfortable cavity, with corridors running through linking up offices, which can be used for socializing. Polycarbonate panels have been added for the enclosure between offices and wood has been used in stairs and walkways.

La dificultad presupuestaria para acondicionar esta antigua acería como edificio de oficinas, llevó a los autores a condensar todo el espacio añadido en tres niveles junto a los muros norte y sur. De esta manera, la climatización se reduce a los espacios de trabajo y el vacío central se convierte en una cavidad medianamente confortable, recorrida por pasarelas que conectan las oficinas y que puede usarse para encuentros informales. A la estructura existente se han añadido paneles de policarbonato para los cerramientos entre despachos y madera para las escaleras y pasarelas.

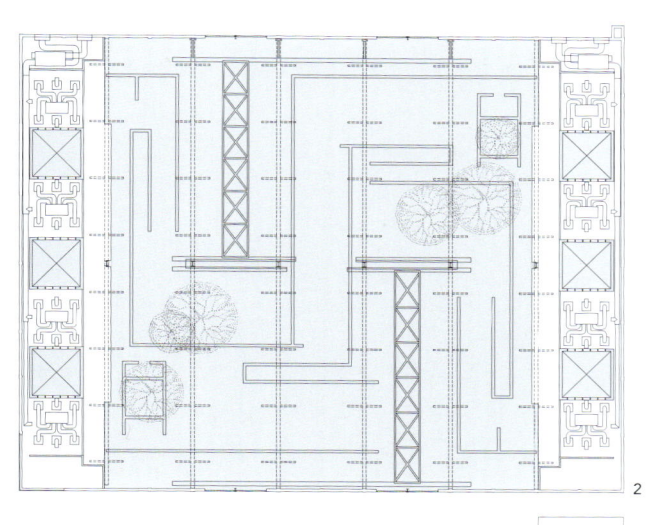

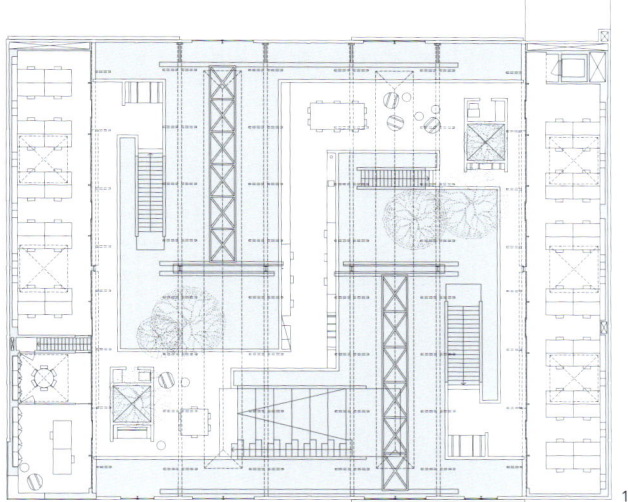

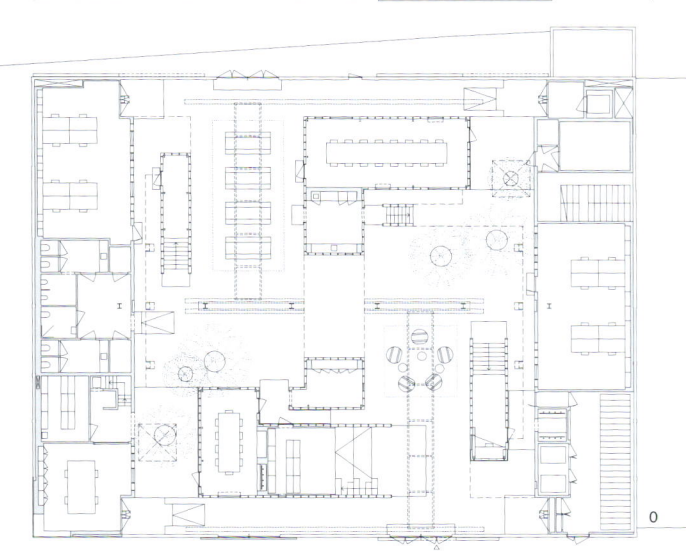

CHAPTER 02. REUSE / RECLAIM SERIES

068

REUSE
Selective HVAC using layers
Climatización selectiva a través de capas

BELONGS TO PROJECT: **OOSTCAMPUS** - Carlos Arroyo
Oostkamp (Belgium) 2012

Site area Superficie de la parcela (m²) 40,000
Project budget Presupuesto del proyecto (euros/m²) 161.25

(256) (284) (64) (116) (130) (162) (230)

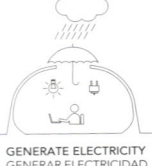

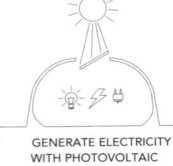

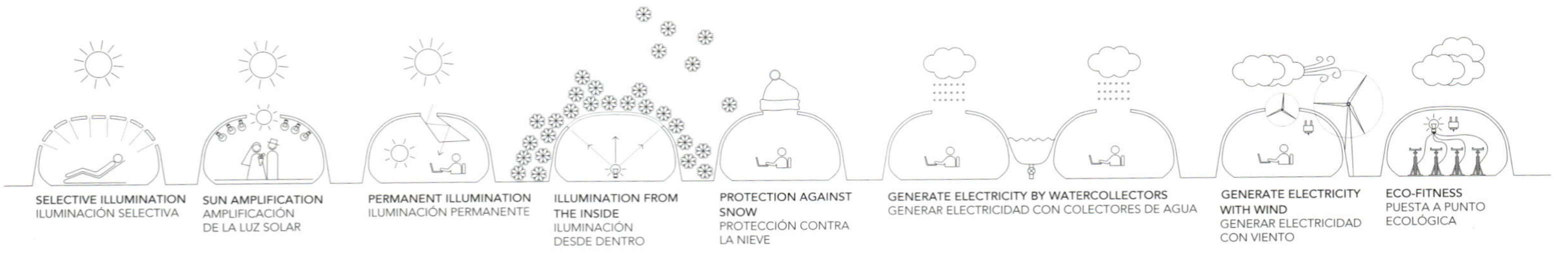

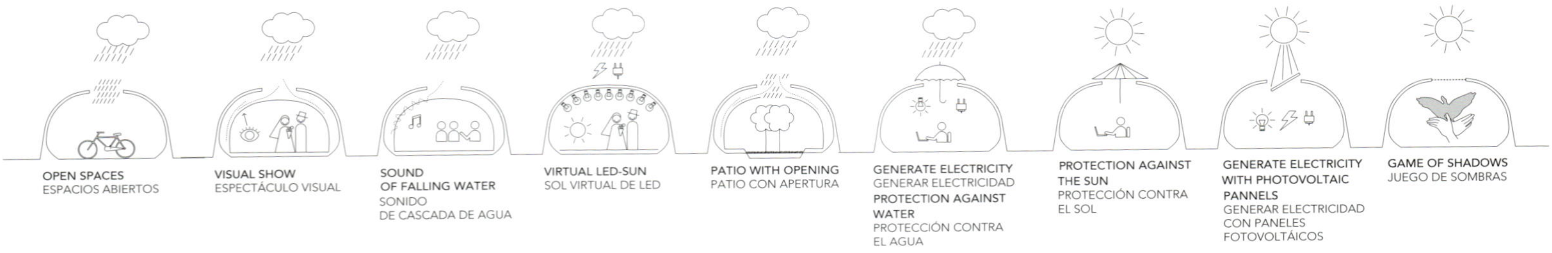

- OPEN SPACES / ESPACIOS ABIERTOS
- VISUAL SHOW / ESPECTÁCULO VISUAL
- SOUND OF FALLING WATER / SONIDO DE CASCADA DE AGUA
- VIRTUAL LED-SUN / SOL VIRTUAL DE LED
- PATIO WITH OPENING / PATIO CON APERTURA
- GENERATE ELECTRICITY PROTECTION AGAINST WATER / GENERAR ELECTRICIDAD PROTECCIÓN CONTRA EL AGUA
- PROTECTION AGAINST THE SUN / PROTECCIÓN CONTRA EL SOL
- GENERATE ELECTRICITY WITH PHOTOVOLTAIC PANNELS / GENERAR ELECTRICIDAD CON PANELES FOTOVOLTÁICOS
- GAME OF SHADOWS / JUEGO DE SOMBRAS
- SELECTIVE ILLUMINATION / ILUMINACIÓN SELECTIVA
- SUN AMPLIFICATION / AMPLIFICACIÓN DE LA LUZ SOLAR
- PERMANENT ILLUMINATION / ILUMINACIÓN PERMANENTE
- ILLUMINATION FROM THE INSIDE / ILUMINACIÓN DESDE DENTRO
- PROTECTION AGAINST SNOW / PROTECCIÓN CONTRA LA NIEVE
- GENERATE ELECTRICITY BY WATERCOLLECTORS / GENERAR ELECTRICIDAD CON COLECTORES DE AGUA
- GENERATE ELECTRICITY WITH WIND / GENERAR ELECTRICIDAD CON VIENTO
- ECO-FITNESS / PUESTA A PUNTO ECOLÓGICA

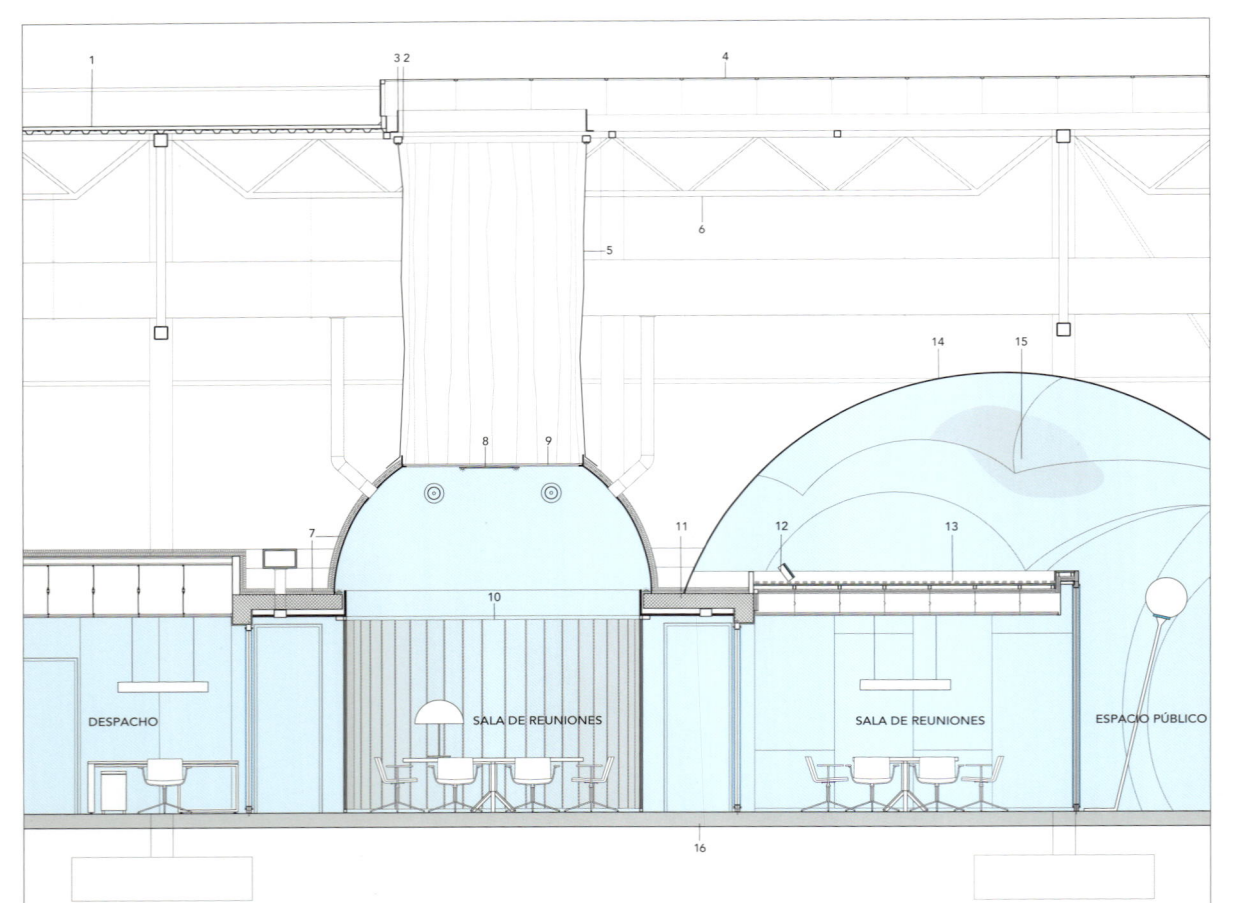

1 EXISTING ROOF
2 SQUARE METALLIC FRAME
3 CIRCULAR METALIC RAIL
4 EXISTING POLYCARBONATE SKYLIGHT
5 REFLECTIVE TEXTILE
6 EXISTING STRUCTURE
7 MINERAL ROCK AS INSULATION
8 LED LIGHTING RING
9 POLYCARBONATE
10 U-GLASS SYSTEM SCREEN
11 BUBBLES SUPPORT. REINFORCED CONCRETE HEXAGON
12 LED PROJECTOR
13 ACOUSTIC MATERIAL
14 GRG CAST ON SITE
15 ACOUSTIC TREATEMENT
16 EXISTING REINFORCED CONCRETE SLAB

1 CUBIERTA EXISTENTE
2 MARCO METÁLICO CUADRADO
3 RIEL METÁLICO CIRCULAR
4 LUCERNARIO EXISTENTE DE POLICARBONATO
5 TELA REFLECTANTE
6 ESTRUCTURA EXISTENTE
7 LANA DE ROCA
8 ANILLO DE LEDS
9 POLICARBONATO
10 CORTINA DE U-GLASS
11 APOYO DE BURBUJAS. HEXÁGONO DE HORMIGÓN ARMADO
12 PROYECTOR DE LEDS
13 ABSORBENTE ACÚSTICO
14 GRG FABRICADO IN-SITU
15 ACONDICIONAMIENTO ACÚSTICO
16 LOSA DE HORMIGÓN ARMADO EXISTENTE

DESPACHO SALA DE REUNIONES SALA DE REUNIONES ESPACIO PÚBLICO

CHAPTER 02. REUSE / RECLAIM SERIES

The HVAC system, using what the author calls the thermal onion device, comprises establishing several levels of heat control inside the building, so as to save on energy consumption. Controls are based on the different levels of access to this public building which houses municipal offices, workshops, breakout areas and committee and meeting rooms.
Natural light control and its improvement for the work areas and public spaces, is ensured by using a series of mechanisms such as the solar chimney, back up LED ring lights as well as the daylight duct system. Silver curtains direct the light from the skylights in the roof towards the interior spaces.

La climatización, a través de lo que el autor denomina dispositivo de la cebolla térmica, consiste en establecer varios niveles de control térmico dentro del edificio para conseguir ahorro energético. Los controles se basan en los diferentes niveles de acceso a este edificio público, que alberga oficinas municipales, talleres, zonas de encuentro y salas de actos y reuniones.
El control de la luz natural y su mejora para las áreas de trabajo y espacios públicos, se garantiza a través de una serie de mecanismos como la chimenea solar, los anillos de LEDs de refuerzo, así como el sistema de conductos anidólicos. Unas cortinas plateadas conducen la luz desde los lucernarios de cubierta hasta los espacios más interiores

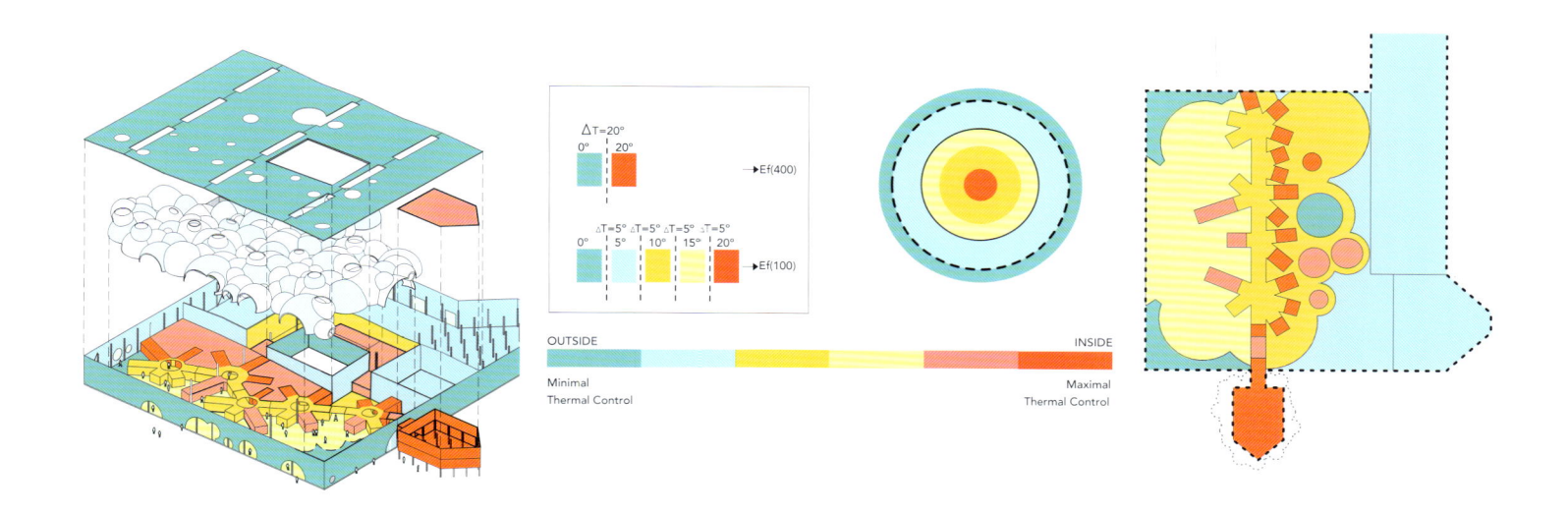

197

CHAPTER 02. REUSE / RECLAIM SERIES

069

REUSE
Sky-lighting for a cargo terminal
Iluminación cenital de una terminal de carga

BELONGS TO PROJECT: **FREIGHT BUILDING AND TAXI'S PUBLIC SPACE** - Stephen Dynia, Groundworks Design, Wenk
Denver (United States) 2011

Site area Superficie de la parcela (m²) 73,000   258   286   66   70   114   214
Project budget Presupuesto del proyecto (euros/m²) .... -

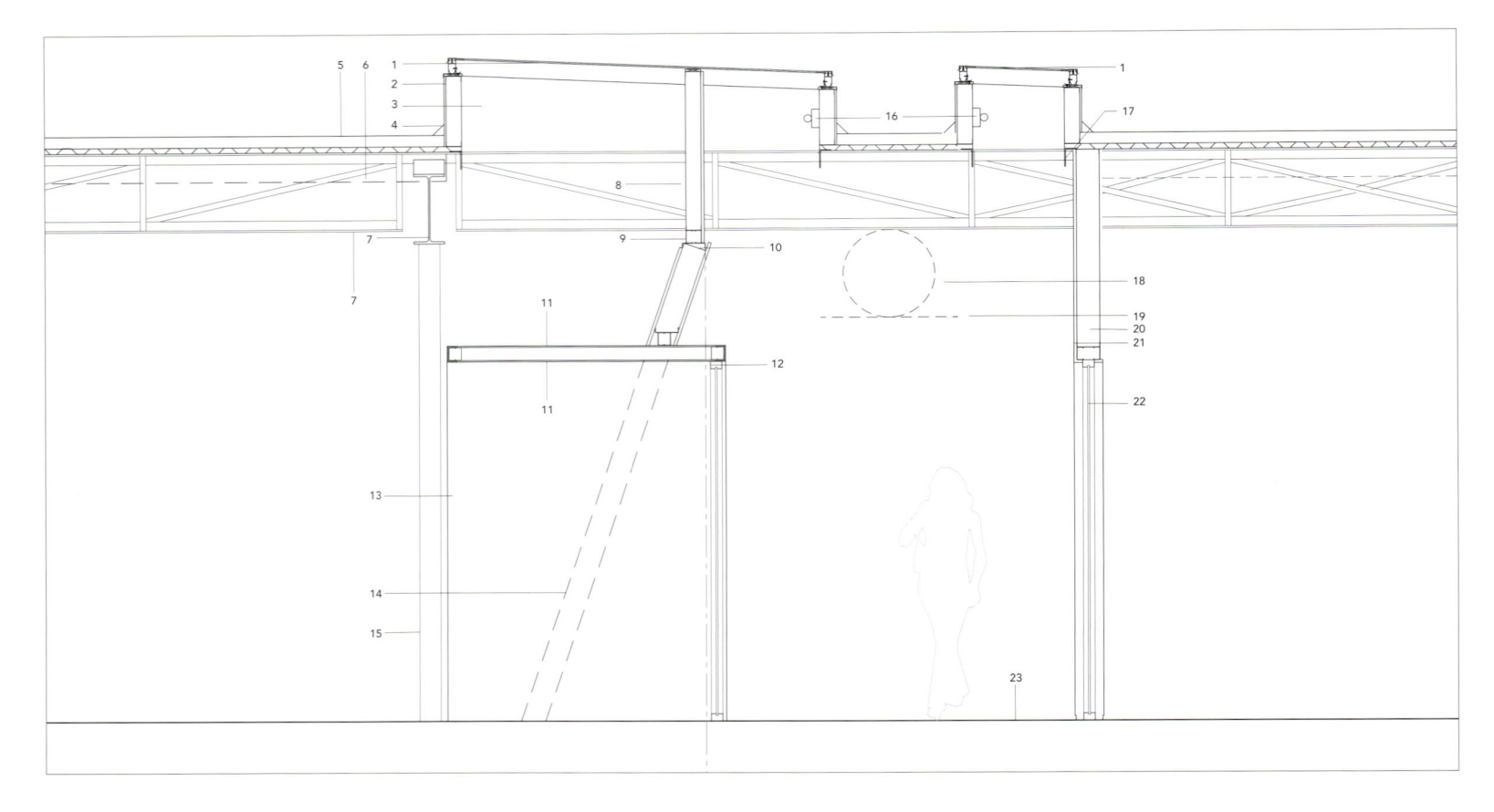

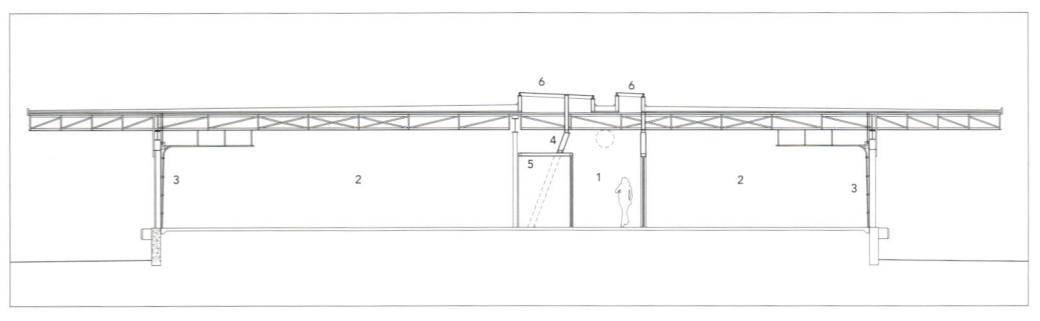

---

1 SKYLIGHT SYSTEM
2 FRAMED CURB
3 VINYL INSUL. COVER AT SKYLIGHT
4 FLASHING PER MANUFACT. RECOMMENDATIONS
5 EXISTING ROOF
6 BLANKET INSUL.
7 EXISTING STRUCTURE, PAINT ORANGE
8 METALLIC STUD FRAMED WALL WITH POLYCARBONATE PANELS
9 CONTINUOUS HEADER
10 SLIP TRACK, BEND TO FIT
11 POLYCARBONATE PANEL
12 STOREFRONT ENTRY
13 POLYCARBONATE PANELS ON METALLIC STUD FRAMING
14 SLOPED METALLIC STUD FRAMED WALL, BEYOND, ANGLE VARIES
15 EXISTING COLUMN BEYOND, PAINTED ORANGE
16 LIGHT FIXTURE
17 METALLIC ANGLE
18 SUPPLY DUCT
19 CABLE TRAY AS REQ.
20 15 cm METALLIC STUD WALL
21 POLYCARBONATE PANEL
22 ALUMINIUM/GLASS ENTRY
23 EXISTING CONCRETE SLAB

1 SISTEMA DE LUCERNARIOS
2 LEVANTE CON PANEL METÁLICO
3 REVESTIMIENTO DE VINILO
4 MEDIA CAÑA SEGÚN INDICACIONES DEL FABRICANTE
5 CUBIERTA EXISTENTE
6 MANTA AISLANTE
7 ESTRUCTURA EXISTENTE PINTADA DE COLOR NARANJA
8 MARCOS METÁLICOS CON PANELES DE POLICARBONATO
9 CARGADERO CONTINUO
10 CARRIL DESLIZANTE, INCLINADO PARA ENCAJE
11 PANEL DE POLICARBONATO
12 ACCESO ACRISTALADO
13 PANELES DE POLICARBONATO CON MARCO METÁLICO
14 MURO CON ESTRUCTURA METÁLICA INCLINADA CON ÁNGULO VARIABLE, SITUADO DETRÁS
15 SOPORTE EXISTENTE SITUADO DETRÁS, PINTADO EN NARANJA
16 LUMINARIA
17 ANGULAR METÁLICO
18 CONDUCTO DE IMPULSIÓN
19 CANALETA PARA CABLEADO, SEGÚN INSTALACIONES
20 SOPORTE METÁLICO DEL MURO 15 cm
21 PANEL DE POLICARBONATO
22 ACCESO DE ALUMINIO
23 LOSA DE HORMIGÓN EXISTENTE

1 CORRIDOR
2 TENANT SPACE
3 OVERHEAD GARAGE DOOR
4 SCULPTURAL PLYWOOD WALL
5 POLYCARBONATE TENANT ENTRY
6 SKYLIGHT

1 PASILLO INTERMEDIO
2 ESPACIO PARA ALQUILAR
3 PUERTA SECCIONAL DE ACCESO
4 MURO DE TABLEROS DE MADERA
5 ACCESO DE POLICARBONATO A LOS LOCALES
6 LUCERNARIO

CHAPTER 02. REUSE / RECLAIM SERIES

Reusing this former cargo terminal as a business centre required an illuminated ventilated passageway to be inserted crossing the plant lengthways. The top part of the partitions is polycarbonate for the light from above to enter more easily. The existing structure is painted orange and ducts and insulation are visible.

La reutilización de esta antigua terminal de carga como centro de empresas requiere la inserción de un pasillo iluminado y ventilado que atraviesa la planta en sentido longitudinal. Una pantalla ondulada, forrada con chapa de madera, cierra una batería de despachos. La parte superior de las particiones es de policarbonato para que la iluminación cenital penetre más fácilmente. La estructura existente se ha pintado de naranja y se han añadido las instalaciones dejándolas vistas.

CHAPTER 02. REUSE / RECLAIM SERIES

070

REUSE
Back-lighting using hosepipes
Retroiluminación a través de mangueras de riego

BELONGS TO PROJECT:

MATADERO FILM ARCHIVES - Churtichaga + Quadra-Salcedo
Madrid (Spain) 2011

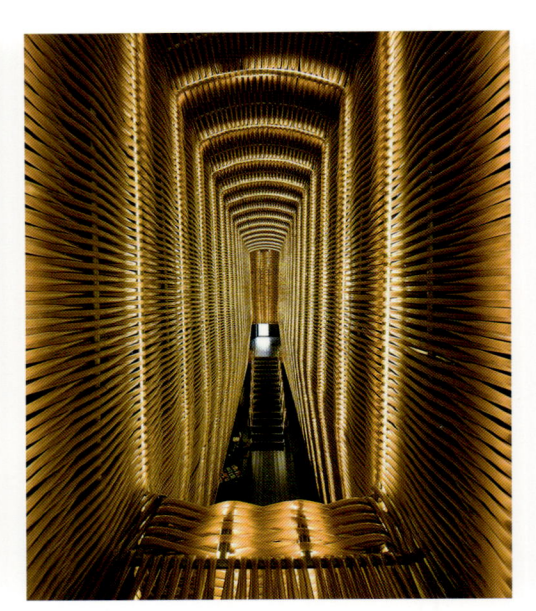

Site area Superficie de la parcela (m²) 2,688
Project budget Presupuesto del proyecto (euros/m²) 4,104

(268) (296) **142**

CHAPTER 02. REUSE / RECLAIM SERIES

In the Film Archives, built within an existing unit in the Madrid Matadero, some spaces stand out for their use of baskets of light. These are made from lengths of steel pipe, bent to fit in geometrically and joined using conventional industrial plastic hosepipes.
The light basket in the archive envelopes a stair case, filters and channels the light and is a lamp, made from orange-coloured hosepipe. The cinema light baskets are in black in tone. In the main cinema room, the orange background makes the basket lighting float in the air before screenings start. Afterwards, the background disappears and only a black area remains. In the small cinema a curved bread trough floats above the wooden space.

En la Cineteca, construida en una nave existente del antiguo Matadero de Madrid, se destacan algunos espacios mediante la creación de cestas de luz. Están formadas por cuadernas de tubos de acero, doblados para asegurar la geometría y tejidas con mangueras de riego industriales convencionales.
La cesta del archivo envuelve una escalera, filtra la luz, la canaliza y es una lámpara, hecha con mangueras de color naranja. Las cestas de las salas de cine son matices de negro. En la sala principal el fondo naranja hace flotar la cesta iluminada antes de las proyecciones. Después, el fondo desaparece y queda tan solo una superficie de negros. En la sala pequeña, una cesta-artesa muy peraltada flota sobre el espacio de madera.

CHAPTER 02. REUSE / RECLAIM SERIES

071

REUSE
Soundproofing using sandbags
Insonorización con sacos terreros

BELONGS TO PROJECT:

MATADERO MUSIC ACADEMY - Langarita Navarro
Madrid (Spain) 2011

Site area Superficie de la parcela (m²) 4,750
Project budget Presupuesto del proyecto (euros/m²) 1,293

(266) (294) (136) (154) (204)

CHAPTER 02. REUSE / RECLAIM SERIES

The use of this unit as a music production centre required three recording studios to be built. The construction containing these stands on a concrete slab and the acoustic insulation is dealt with using huge exterior enclosure elements. On the outside, the vertical walls have been built using sandbags mostly covered over with a green wall. On the inside, the walls comprise a corrugated sheet envelope, an internal layer of rock wool panels and a final plasterboard. The openings with an exterior steel profile are sealed with two triple-glazed panes. As far as the roof is concerned, this is also huge: a sheet skin supports a layer of soil contained in polythene cells.

La reutilización de una nave como centro de producción musical exigía la construcción de tres estudios de grabación. El pabellón que los contiene se posa sobre una losa de hormigón y resuelve los requerimientos de aislamiento acústico mediante el empleo de cerramientos exteriores masivos. Al exterior, los muros verticales se construyen con sacos terreros cubiertos en su parte inferior por un tapiz vegetal. Al interior, los muros se componen de una envolvente de chapa grecada, una capa interna de paneles de lana de roca y un acabado final de placa de yeso. Los huecos se abren con una embocadura exterior de acero y se sellan con dos cierres de vidrio de tres capas cada uno. La cubierta, por su parte, es también masiva: una piel de chapa soporta una capa de tierra vegetal contenida en celdas de polietileno.

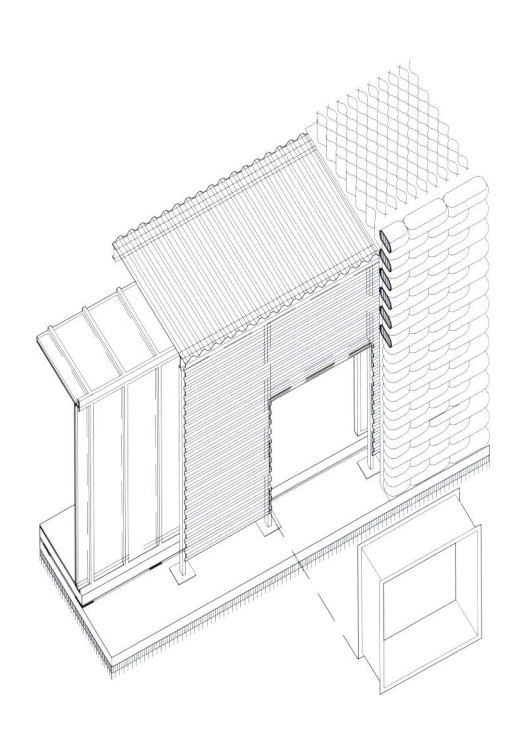

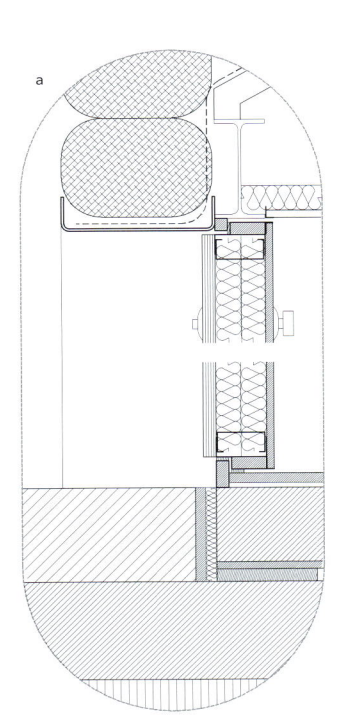

Green wall construction system using water-permeable polypropylene bags filled with soil which are interlocked, joined and strengthened using a polypropylene connector. The wall will have to contribute to the enclosure a minimum load of 200 kg/m² and will be covered with a green covering of short growth vegetation and a programmable drip irrigation system.

Sistema de construcción de muros verdes mediante sacos de polipropileno permeables al agua y rellenos de tierra vegetal colocados al tresbolillo, aparejados y consolidados con un conector de polipropileno. El muro deberá aportar al cerramiento una carga mínima de 200 kg/m² y estará acabado con tapiz vegetal de porte bajo y sistema de riego por goteo programable.

203

CHAPTER 02. REUSE / RECLAIM SERIES

072

REUSE
Acoustic absorption using upholstered domes
Absorcion acústica mediante cúpulas tapizadas

BELONGS TO PROJECT:

MATADERO MUSIC ACADEMY - Langarita Navarro
Madrid (Spain) 2011

Site area Superficie de la parcela (m²) 4,750
Project budget Presupuesto del proyecto (euros/m²) 1,293

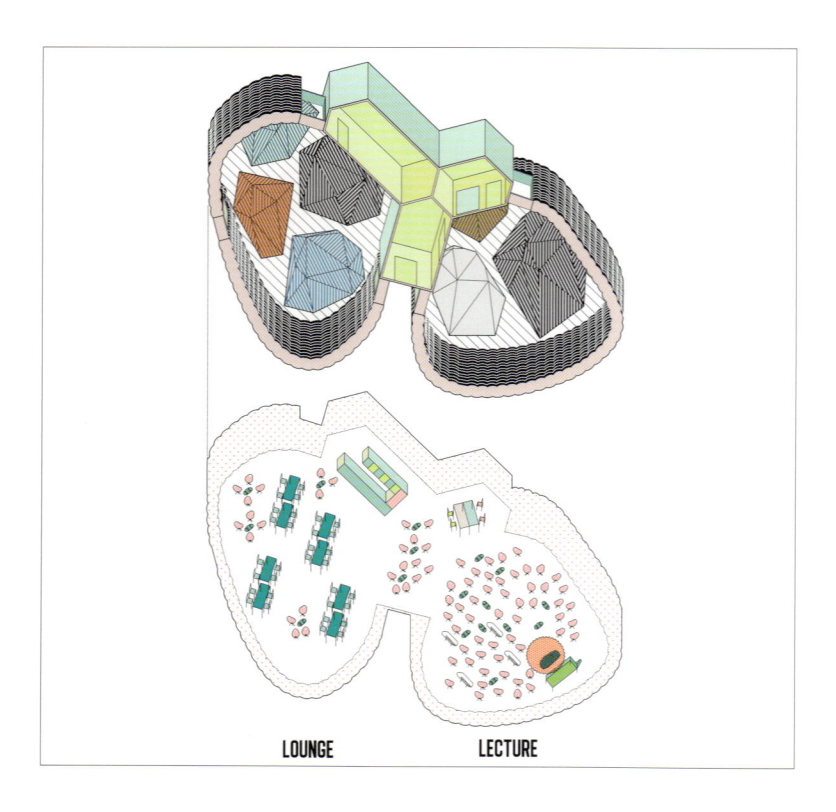

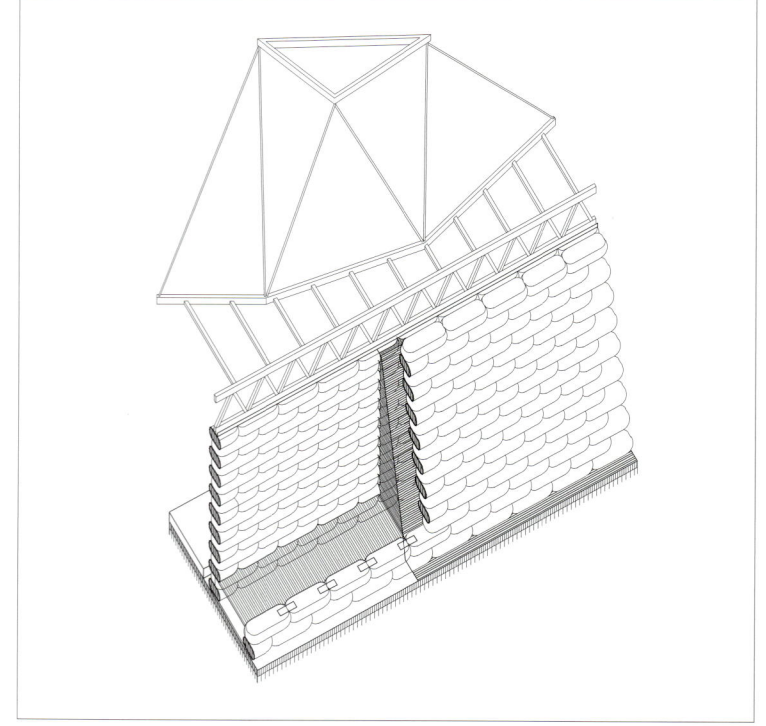

266 294 136 154 202

LOUNGE   LECTURE

204

CHAPTER 02. REUSE / RECLAIM SERIES

The music festival programme which led to the refurbishment of the Matadero Unit 15 included holding conferences and events relating to music production. This independent construction comprises a conference room, a breakout room and additional spaces. The construction is erected on a concrete slab and is enclosed by a sloping outer wall and another inner vertical wall both put up using sandbags. The inner wall supports domes made from steel profiles and is closed off with inclined laminatec plasterboard panels. The horizontal planes of the roofs are made of polycarbonate. Inside, the domes are upholstered with soundproof fabric over polyester fibre.

La programación del festival musical, que promovió la rehabilitación de la Nave 15 de Matadero, incluía la celebración de conferencias y eventos relacionados con la producción sonora. Esta construcción independiente se compone de una sala para conferencias, otra de descanso y espacios auxiliares. El conjunto se levanta sobre una losa de hormigón y está cerrado por un muro inclinado exterior y otro interior vertical realizados con sacos terreros. El muro interior soporta unas cúpulas realizadas a base de tubos de acero y cerradas con placas inclinadas de yeso laminado. Los planos horizontales de la cubierta son de policarbonato. Al interior, las cúpulas están revestidas con fibra de poliéster tapizada con tejido fonoabsorbente.

CHAPTER 02. REUSE / RECLAIM SERIES

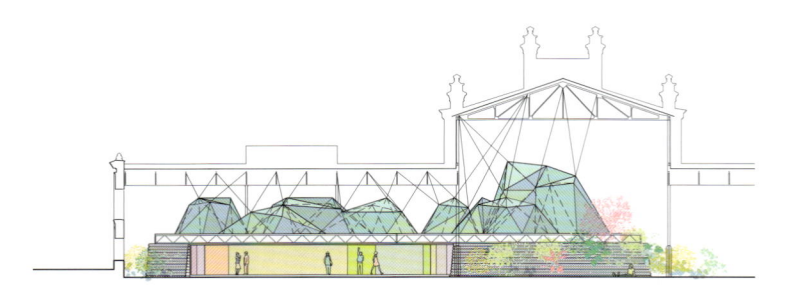

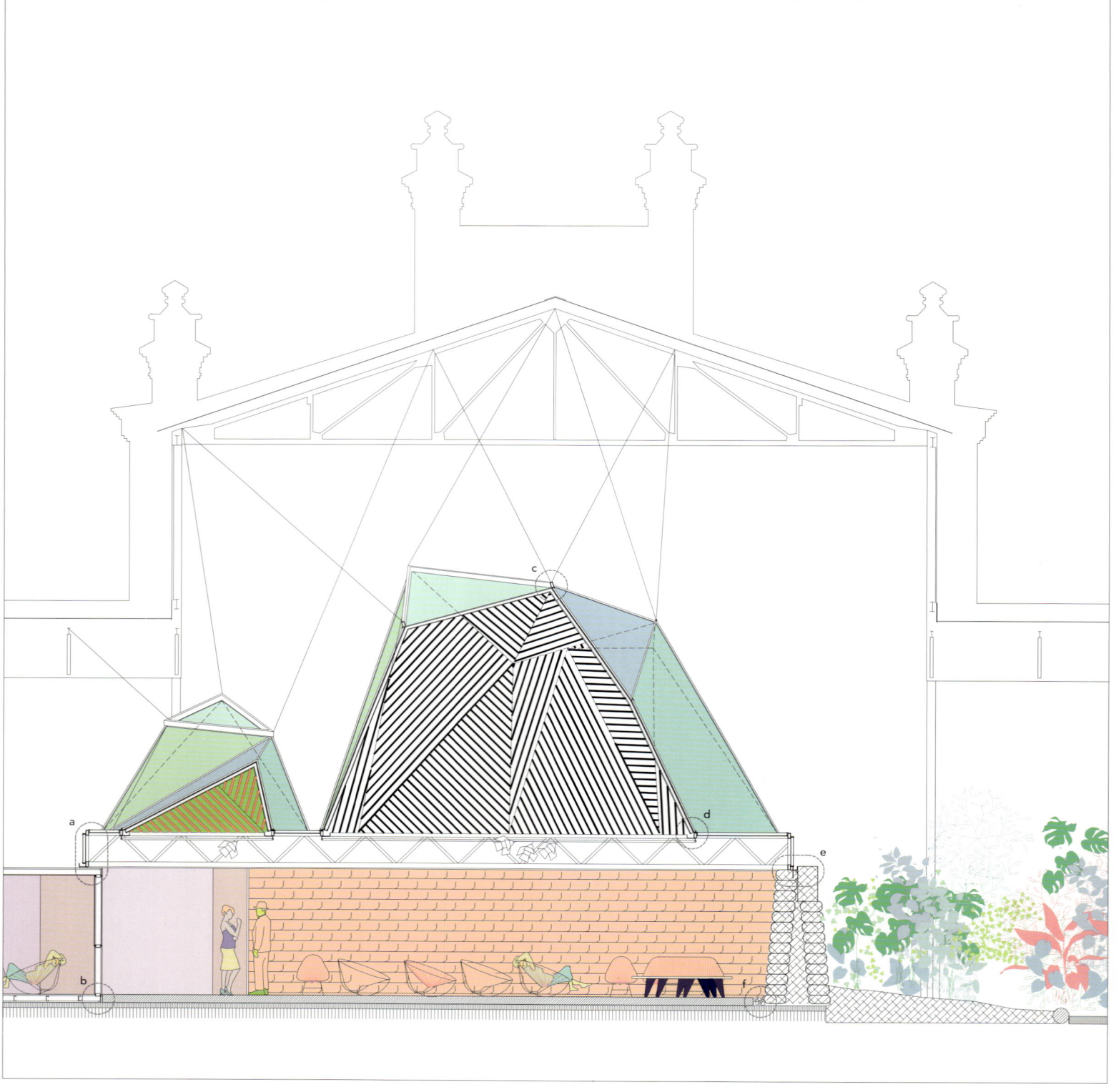

CHAPTER 02. REUSE / RECLAIM SERIES

Domes formed by double-ring 100.50.4 mm steel profile hanging from the existing structure by steel cables. Perimeter support framework comprising 100.50.4 steel profile in upper and lower strands and 50.50.4 diagonals supported by a sandbag wall. Horizontal sub-structure of 50.50.4 steel profile every 60 cm between the perimeter ring and the lower dome ring.

Cúpulas formadas por doble anillo de tubo de acero 100.50.4 mm colgado de la estructura existente mediante cables de acero. Celosía perimetral de apoyo formada por tubo de acero 100.50.4 en cordón superior e inferior y diagonales de 50.50.4 apoyado en muro de sacos de tierra. Subestructura horizontal de tubo de acero 50.50.4 cada 60 cm entre anillo perimetral y anillo inferior de cúpulas.

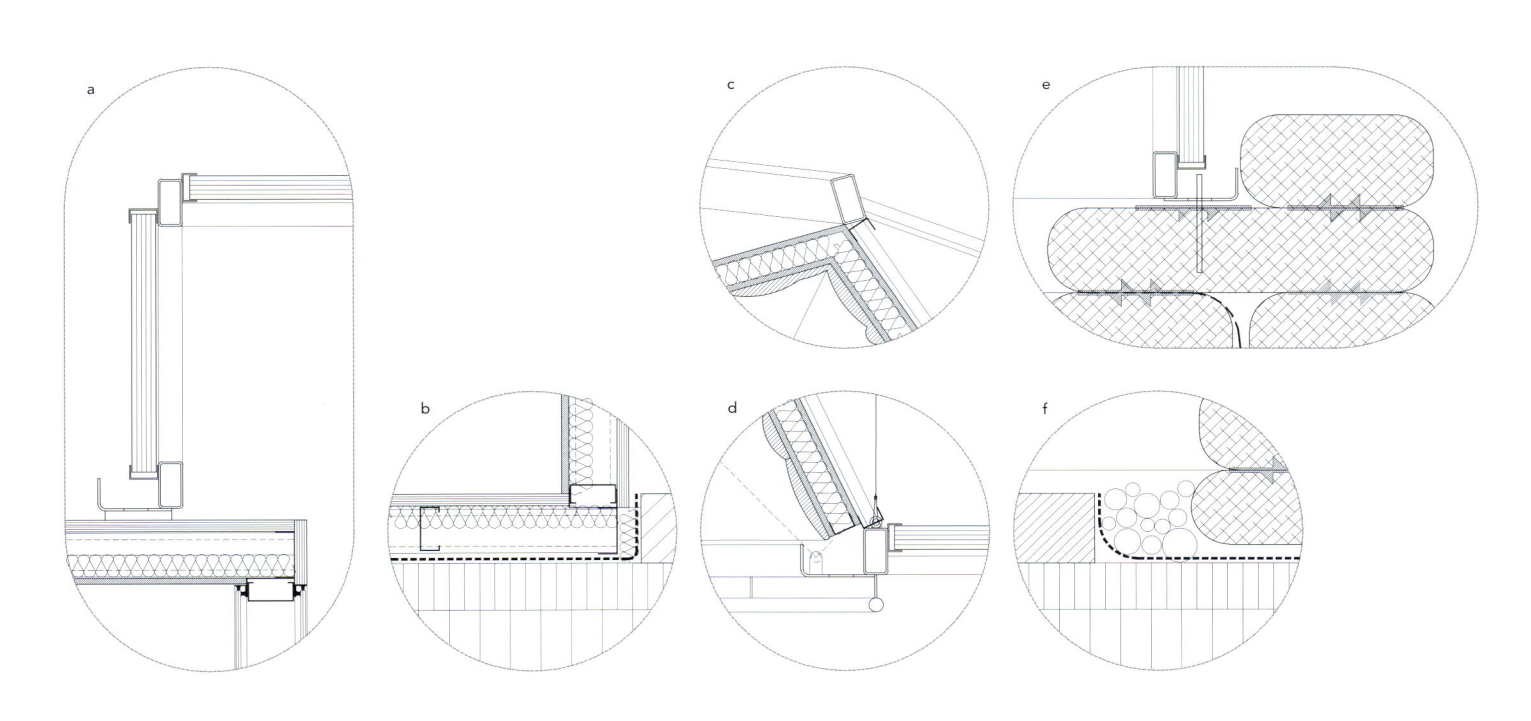

RECYCLE
- Chapter 03 -

PROCESS INDEX ÍNDICE DE PROCESOS

073 **Demolition and building waste management**
Demolición y gestión de escombros — 210-211
- RESTORATION OF TUDELA-CULIP NATURAL ENVIRONMENT - Martí Franch, Ton Ardèvol.

074 **Converting concrete walls into paving slabs**
Conversión de muro de hormigón en pavimento — 212-213
- SIDE EFFECT - Amir Lotan.

075 **Making urban furniture from existing materials**
Obtención de mobiliario urbano con materiales existentes — 214-215
- FREIGHT BUILDING, TAXI'S PUBLIC SPACE - Stephen Dynia, Groundworks Design, Wenk.

076 **Sheet piles and scrap iron cubes as containing walls**
Contención de tierra con tablestacas y pacas de chatarra — 216-217
- THE STEEL YARD - Klopfer Martin Design Group.

077 **Transformation of pipes into urban furniture**
Transformación de tuberías en mobiliario urbano — 218-219
- WEST SEOUL LAKE PARK - CTopos design.

The recycling process is applied at the scale of the elements and materials which were found either inside or outside the intervention environment. In some cases, this involves an off-site industrial transformation and transforms the original material by adding properties. In other cases, a re-allocation of uses takes place for certain elements with slight on-site modifications. Both options aim to make the most of resources and to cut down on waste. Nonetheless, the recycle processes have generated a, virally growing, associated aesthetic trend which threatens to distort the initial aims.

El proceso de reciclaje se aplica a escala de los elementos y materiales encontrados, bien sea dentro del ámbito de la intervención o fuera del mismo. En ocasiones implica una transformación industrial fuera de obra y transforma la materia original con propiedades añadidas. En otros casos, se trata de una reasignación de usos a determinados elementos mediante ligeras modificaciones en obra. Ambas posibilidades tienen como objetivo el aprovechamiento de recursos y el ahorro de desechos. No obstante, los procesos *recycle* han generado de manera asociada una tendencia estética, de crecimiento viral, que amenaza con tergiversar los objetivos iníciales.

078 Making plastic containers into latticework and furniture
Realización de celosías y mobiliario con bidones de plástico — 220-221
- SHIHLIN PAPER MILL - Interbreeding Field.

079 Reconfiguring a space using roofing tile screens
Reconfiguración de un espacio con pantallas de teja — 222-225
- MATADERO NAVE 8B - Estudio de Arquitectura Arturo Franco.

080 Building office furniture with material from demolition sites
Construcción de mobiliario de oficina con material de desecho — 226-229
- HAKA RECYCLE OFFICE - Doepel Strijkers.

081 Furnishing offices with recycled materials
Acondicionamiento de oficinas con materiales reciclados — 230-231
- OOSTCAMPUS - Carlos Arroyo.

082 Measuring traceability and social recycling
Medición de trazabilidad y reciclaje social — 232-235
- HAKA RECYCLE OFFICE - Doepel Strijkers.

CHAPTER 03. RECYCLE / RECLAIM SERIES

073

RECYCLE
Demolition and building waste management
Demolición y gestión de escombros

BELONGS TO PROJECT:

RESTORATION OF TUDELA-CULIP NATURAL ENVIRONMENT - Martí Franch, Ton Ardèvol
Creus (Spain) 2010

Site area Superficie de la parcela (m²) 900,000
Project budget Presupuesto del proyecto (euros/m²) 12.22

(254) (282) 44 46 52 54

210

CHAPTER 03. RECYCLE/ RECLAIM SERIES

The rocky landscape of Cabo de Creus was occupied in 1960 by a tourist hotel complex which boasted 400 rooms, a service area and access roads. Restoring the setting as a nature reserve meant tearing down 430 buildings, erected on a 1.5 ha footprint laid out over a total 6 ha built environment. In total 43,000 m³ of building rubble was generated which has been fully classified and partially recycled on site to restore the original orography. this way minimising the transport of the materials. To avoid dust being produced, the demolition work required the dismantled volume to be covered with an impact-resistant geotextile and the surfaces to be sealed beforehand with fixing agents.

El paisaje rocoso del Cabo de Creus fue ocupado en 1960 por un complejo turístico que incluía 400 habitaciones, una zona de servicios y carreteras de acceso. La restauración del paraje como reserva natural ha supuesto la demolición de 430 edificaciones, levantadas sobre una huella de 1,5 ha y distribuidas sobre un total de 6 ha de superficie urbanizada. En total se han generado 43.000 m³ de escombros, que han sido clasificados en su totalidad y reciclados parcialmente en el lugar para la restaurar la orografía original, minimizando así el transporte de materiales. Para evitar la producción de polvo, la demolición necesitó de la cubrición del volumen a desmantelar con un geotextil resistente al impacto y la imprimación previa de las superficies con material fijador.

PROCESS OF DECONSTRUCTTION AND MANAGEMENT OF THE RUIN PROCESO DE CONSTRUCCIÓN Y GESTIÓN DE LA RUINA

Deconstruction of buildings Deconstrucción de los edificios

Cleaning of the base of the walls Limpieza de zócalos

Rock outcrops Afloramientos de roca

4.5 ha Urbanized Urbanizadas
1.5 ha Built area Superficie construida
430 Buildings Edificios

1.5 ha Built area Superficie construida
430 Buildings Edificios

4.5 ha Urbanized Urbanizadas

Beams Vigas   Wood Madera   Glass Vidrio

Ceramics Cerámica

30-40% volume loss 30-40% reducción volumen

Stone grinding machine Trituradora

Sieving machine Cribadora

Four axle truck
30% less trips vs two axle truck
Camión de 4 ejes
30% menos viajes vs camión 2 ejes

Tarmac Asfalto
Base layer Capa base

Mounds.
Local crushed stone + 50 cm of existing ground
Montículos.
Piedra local triturada + 50 cm de suelo del lugar

Parking paving.
Walls of crushed and sifted local stones
Pavimento del aparcamiento.
Paredes de piedra local triturada y cribada

CHAPTER 03. RECYCLE / RECLAIM SERIES

074

RECYCLE
Converting concrete walls into paving slabs
Conversión de muro de hormigón en pavimento

BELONGS TO PROJECT: **SIDE EFFECT** - Amir Lotan
Bat Yam (Israel) 2010

Site area Superficie de la parcela (m²) 2,000
Project budget Presupuesto del proyecto (euros/m²) 31.5

(262) (290) (96)

CHAPTER 03. RECYCLE / RECLAIM SERIES

The concrete fragments left after tearing down the wall surrounding this former industrial unit now serve as paving slabs in the entrance from the street to the interior of the site. Extending these fragments out onto the pavement is a wake-up call about the situation of this rest space set in an industrial context.

Los fragmentos de hormigón, resultantes de la demolición del muro que rodeaba esta antigua nave, sirven ahora como losas y definen el acceso desde la calle al interior del recinto. La prolongación de los fragmentos sobre la acera alerta sobre la situación de este espacio de descanso situado en un contexto industrial.

CHAPTER 03. RECYCLE / RECLAIM SERIES

075

RECYCLE
Making urban furniture from existing materials
Obtención de mobiliario urbano con materiales existentes

BELONGS TO PROJECT:

FREIGHT BUILDING AND TAXI'S PUBLIC SPACE - Stephen Dynia, Groundworks Design, Wenk
Denver (United States) 2011

Site area Superficie de la parcela (m²) 73,000   258 286 66 70 114 198
Project budget Presupuesto del proyecto (euros/m²) .... -

CHAPTER 03. RECLYCLE / RECLAIM SERIES

The urban furniture of this former industrial building site now converted to a business incubator and housing units, was made by recycling existing materials. Blocks made for building retaining walls were used as benches, drainage tubes as planters and crushed concrete was used to surface a square. These elements were manufactured in the cement factory just a few metres distance from the site which helped keep costs down.

El mobiliario urbano de este antiguo solar industrial, convertido en vivero de empresas y viviendas, se obtiene a partir del reciclado de materiales existentes. Los bloques para la construcción de muros de contención se emplearon como bancos, las tuberías de alcantarillado como jardineras y el hormigón machacado sirvió para rematar la superficie de una plaza. Estos elementos se fabricaron en la cementera situada a tan solo unos metros del recinto, lo que redundó en un importante abaratamiento de costes.

CHAPTER 03. RECYCLE / RECLAIM SERIES

076

RECYCLE
Sheet piles and scrap iron cubes as containing walls
Contención de tierra con tablestacas y pacas de chatarra

BELONGS TO PROJECT: **THE STEEL YARD** - Klopfer Martin Design Group
Providence (United States) 2010

Site area Superficie de la parcela (m²) 14,163
Project budget Presupuesto del proyecto (euros/m²) 64.67

258 286 72

CHAPTER 03. RECYCLE / RECLAIM SERIES

The central mound has been planted with grass and most of the activities take place here. The south side has been planted with sumac shrubs and long grass. Pioneer plants have been introduced to recolonise the site and to create an oasis within the industrial landscape.
As containing walls for the mounds steel piles from neighbouring buildings and in other areas, scrap iron cubes made from crushed bikes, cars or household appliances have been used.

El montículo central ha sido plantado con césped y la mayoría de las actividades se realizan allí. La zona sur se ha plantado con arbustos de zumaque y césped largo. Se han introducido plantas pioneras para recolonizar el lugar y crear un oasis dentro del paisaje industrial.
Se han usado tablestacas de los edificios vecinos como muros de contención del montículo, así como cubos de chatarra hechos a partir de bicicletas, coches y electrodomésticos prensados.

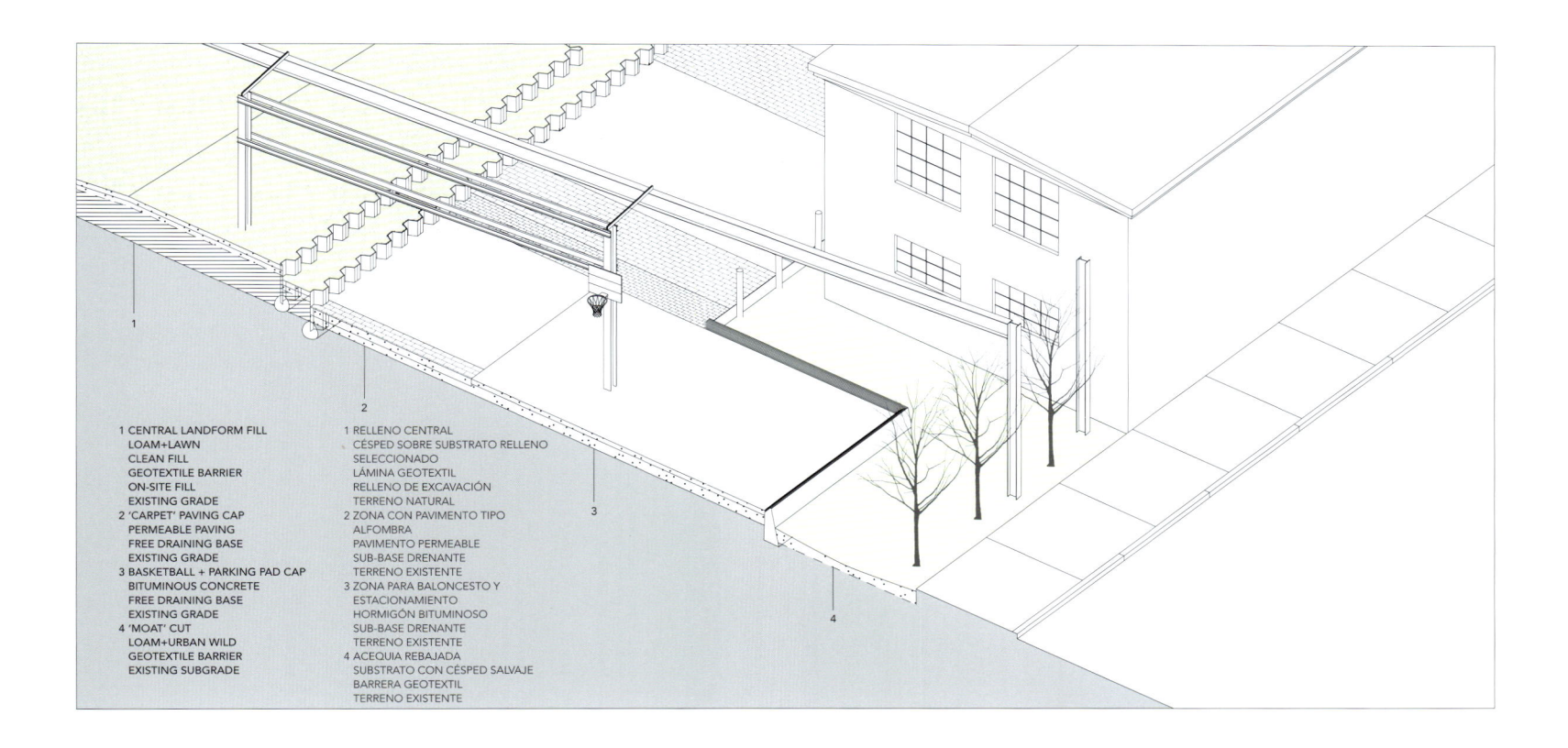

1 CENTRAL LANDFORM FILL
  LOAM+LAWN
  CLEAN FILL
  GEOTEXTILE BARRIER
  ON-SITE FILL
  EXISTING GRADE
2 'CARPET' PAVING CAP
  PERMEABLE PAVING
  FREE DRAINING BASE
  EXISTING GRADE
3 BASKETBALL + PARKING PAD CAP
  BITUMINOUS CONCRETE
  FREE DRAINING BASE
  EXISTING GRADE
4 'MOAT' CUT
  LOAM+URBAN WILD
  GEOTEXTILE BARRIER
  EXISTING SUBGRADE

1 RELLENO CENTRAL
  CÉSPED SOBRE SUBSTRATO RELLENO SELECCIONADO
  LÁMINA GEOTEXTIL
  RELLENO DE EXCAVACIÓN
  TERRENO NATURAL
2 ZONA CON PAVIMENTO TIPO ALFOMBRA
  PAVIMENTO PERMEABLE
  SUB-BASE DRENANTE
  TERRENO EXISTENTE
3 ZONA PARA BALONCESTO Y ESTACIONAMIENTO
  HORMIGÓN BITUMINOSO
  SUB-BASE DRENANTE
  TERRENO EXISTENTE
4 ACEQUIA REBAJADA
  SUBSTRATO CON CÉSPED SALVAJE
  BARRERA GEOTEXTIL
  TERRENO EXISTENTE

CHAPTER 03. RECYCLE / RECLAIM SERIES

077

RECYCLE
Transformation of pipes into urban furniture
Transformación de tuberías en mobiliario urbano

BELONGS TO PROJECT: **WEST SEOUL LAKE PARK** - CTopos design
Seoul (Korea) 2009

Site area Superficie de la parcela (m²) 225,368
Project budget Presupuesto del proyecto (euros/m²) 18.626

(276) (304)

CHAPTER 03. RECYCLE / RECLAIM SERIES

The reclaim of an old water treatment plant as a public park discovered many pipe sections, some up to 1 m in diameter, which were salvaged from the works. These objects have now become benches, lighting fixtures and bike racks.

La reconversión del recinto de una depuradora en parque público ha dejado sin uso multitud de fragmentos de tuberías de hasta 1 m de diámetro, que fueron encontrados durante la obra. Estas piezas sirven ahora como bancos, luminarias y aparcamiento de bicicletas.

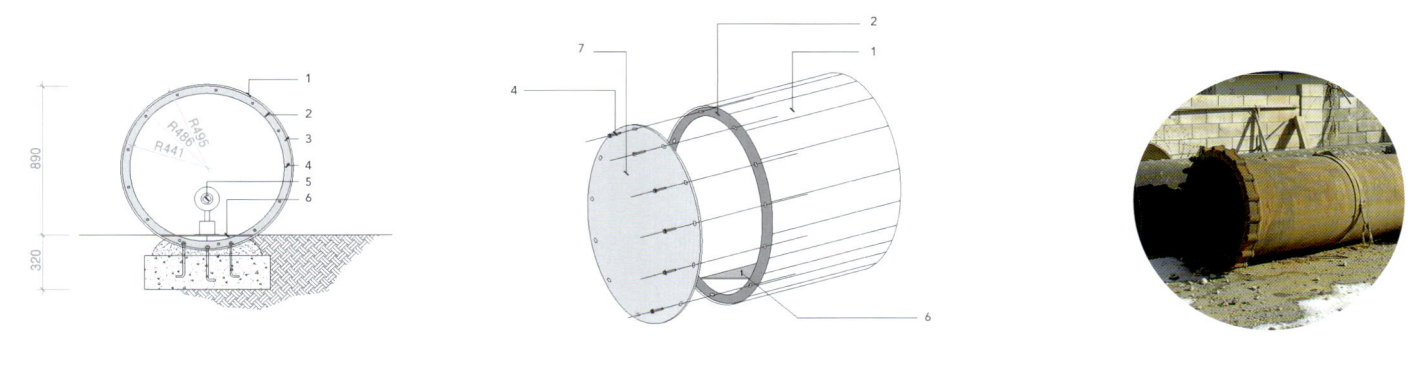

1 Ø990 x T5.0 CORTEN STEEL
2 R540 x W50 x THK. 10.0 CORTEN STEEL
3 WELD
4 L40 BOLT (@250)
5 LIGHTING
6 THK. 5.0 STEEL PLATE
7 THK. 10.0 TEMPERED GLASS

1 TUBO DE ACERO CORTÉN DE 990 mm DE DIÁMETRO
2 ANILLO DE 540 x 50 x 10 mm DE ACERO CORTÉN
3 SOLDADURA
4 TORNILLO DE 40 mm CADA 250 mm
5 ILUMINACIÓN
6 CHAPA DE ACERO DE 5 mm
7 VIDRIO TEMPLADO DE 10 mm

CHAPTER 03. RECYCLE / RECLAIM SERIES

078

RECYCLE
Making plastic containers into latticework and furniture
Realización de celosías y mobiliario con bidones de plástico

BELONGS TO PROJECT:

SHIHLIN PAPER MILL - Interbreeding Field
Taipei (Taiwan) 2010

Site area Superficie de la parcela (m²) 4,800
Project budget Presupuesto del proyecto (euros/m²) 15,21

262 290 94

CHAPTER 03. RECYCLE / RECLAIM SERIES

The temporary intervention in a former paper mill, for an exhibition of work by Kazuyo Sejima, required the prompt low-cost execution of a programme of minimum facilities for the public. The space set aside for the bar and adjoining toilets was possible thanks to the recovery of hundreds of plastic containers which were to form the walls of the building housing the restrooms. They also serve as supports for the benches scattered around the site.

La intervención efímera sobre una antigua industria papelera, con motivo de una exposición sobre la obra de Kasuyo Sejima, requería la ejecución de manera rápida y económica de un programa de servicios mínimos para el público. El espacio destinado a bar y los aseos adyacentes han sido posibles gracias a la recuperación de cientos de bidones de plástico que forman los muros del pabellón que acoge los aseos. Otras veces sirven como soporte de los bancos distribuidos por todo el recinto.

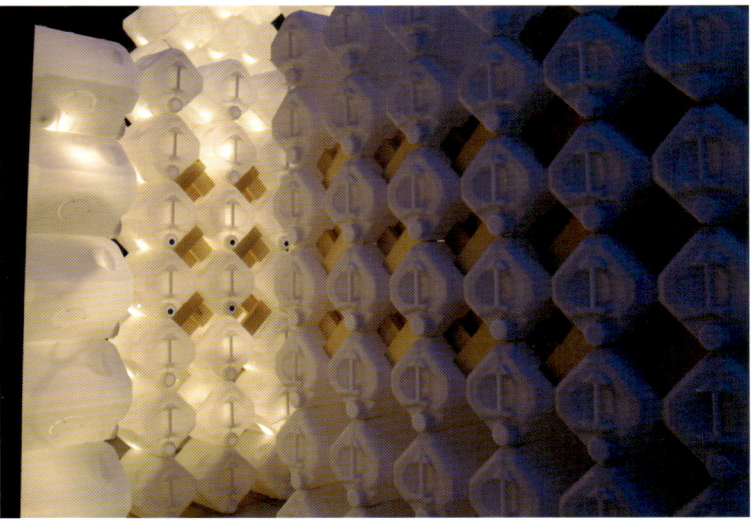

CHAPTER 03. RECYCLE / RECLAIM SERIES

079

RECYCLE
Reconfiguring a space using roofing tile screens
Reconfiguración de un espacio con pantallas de teja

BELONGS TO PROJECT:

MATADERO NAVE 8B - Estudio de Arquitectura Arturo Franco
Madrid (Spain) 2011

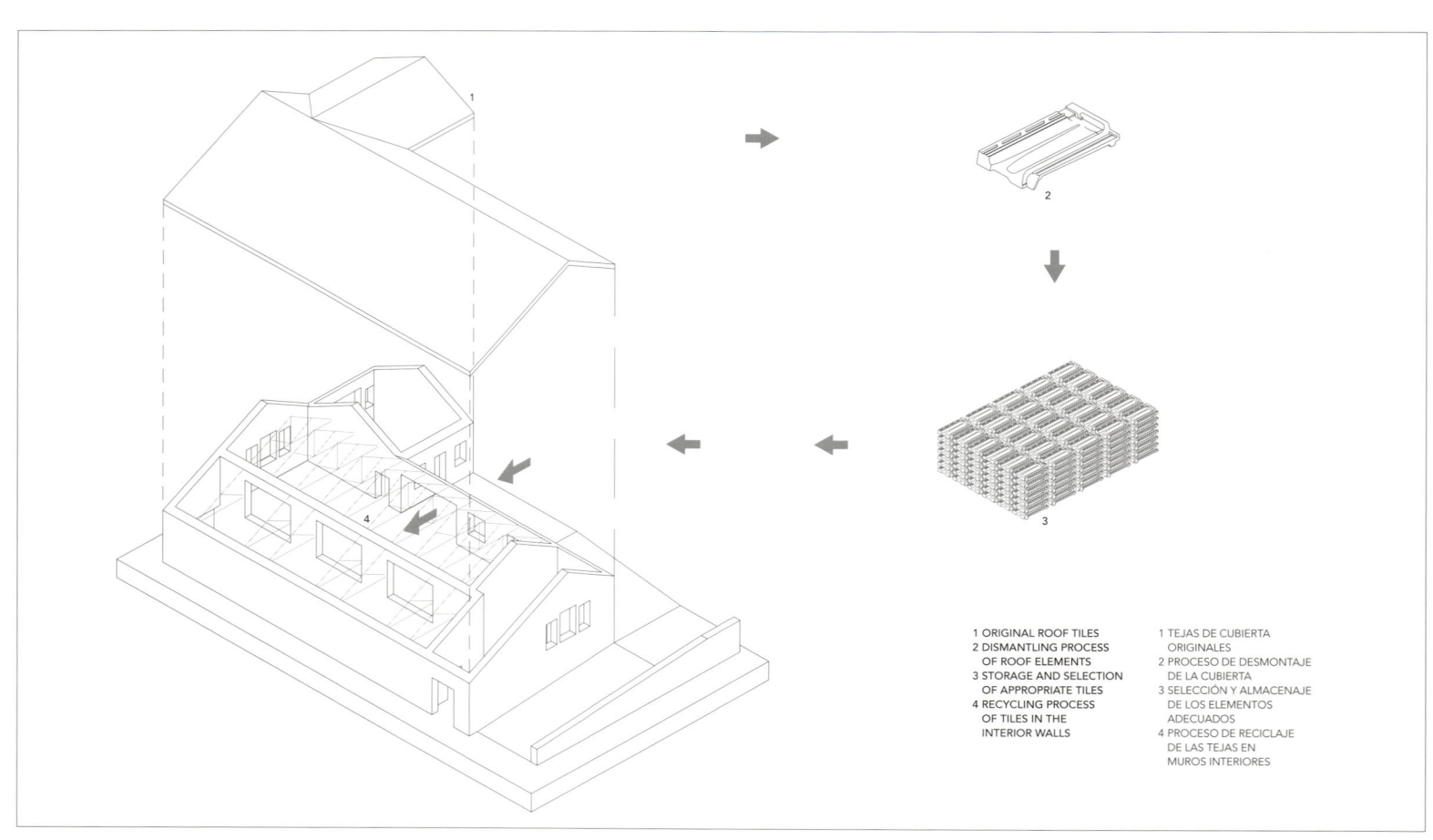

Site area Superficie de la parcela (m²) 1,000
Project budget Presupuesto del proyecto (euros/m²) 500

(276) (304)

1 ORIGINAL ROOF TILES
2 DISMANTLING PROCESS OF ROOF ELEMENTS
3 STORAGE AND SELECTION OF APPROPRIATE TILES
4 RECYCLING PROCESS OF TILES IN THE INTERIOR WALLS

1 TEJAS DE CUBIERTA ORIGINALES
2 PROCESO DE DESMONTAJE DE LA CUBIERTA
3 SELECCIÓN Y ALMACENAJE DE LOS ELEMENTOS ADECUADOS
4 PROCESO DE RECICLAJE DE LAS TEJAS EN MUROS INTERIORES

CHAPTER 03. RECYCLE / RECLAIM SERIES

The works to reuse the units of the Madrid Matadero generated mounds of rubble (roof tiles, timber, paving stones and granite slabs) and this project is the result of the opportunity to make use of this rubble in the reuse of Unit 8B. The interior divisions of the unit have been built using the roof tiles, piled up on top of each other and laid manually with mortar. The exterior woodwork is made of wood from other parts of the building and has been fixed using industrial metal clamps. The existing structures have been given a new polished concrete base.

Las obras de reutilización de las naves del Matadero de Madrid generaron montañas de escombros (tejas, maderos, adoquines y losas de granito) y este proyecto surge de la oportunidad de aprovechar esos escombros, para el reuso de la Nave 8B. Las divisiones interiores de la nave se han realizado con tejas procedentes de la cubierta, apiladas y fijadas manualmente con mortero. Las carpinterías exteriores son de madera recuperada de otras partes del edificio y están fijadas mediante sargentos metálicos industriales. Los forjados existentes están revestidos con una nueva solera de hormigón pulido.

CHAPTER 03. RECYCLE / RECLAIM SERIES

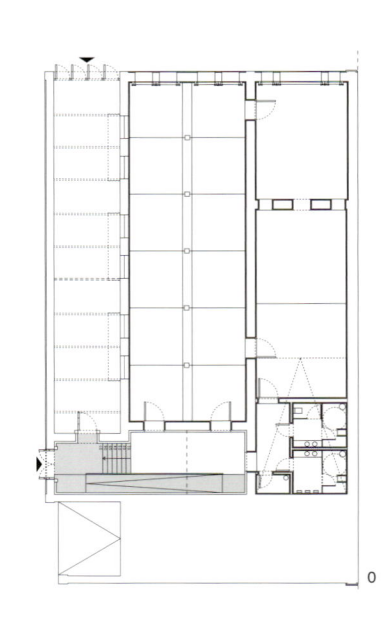

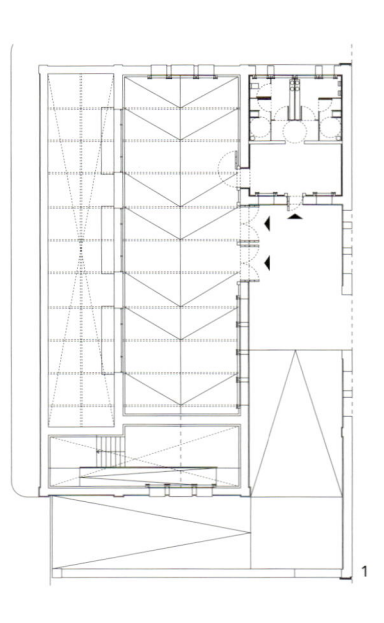

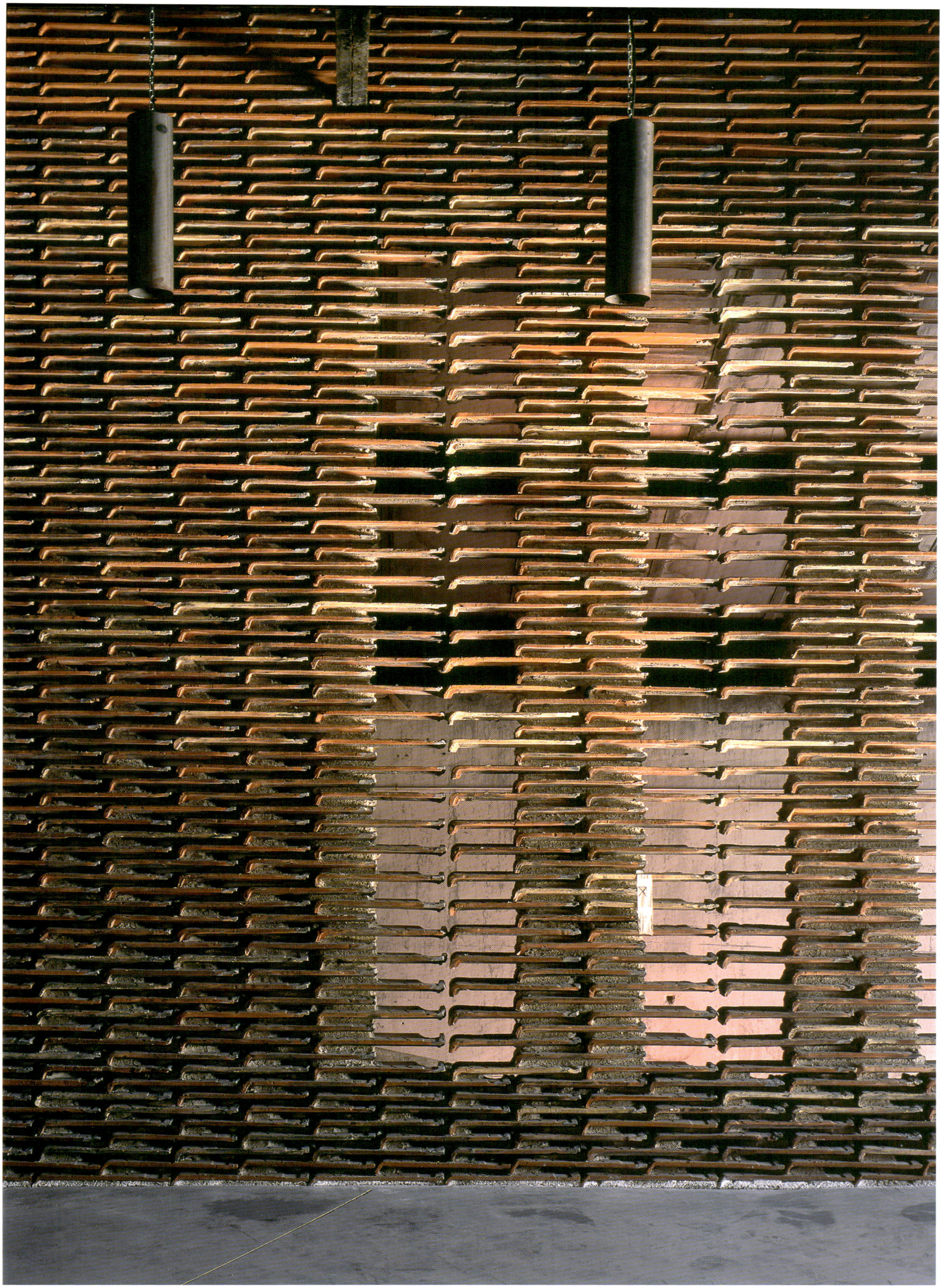

CHAPTER 03. RECYCLE / RECLAIM SERIES

080

RECYCLE
Building office furniture with material from demolition sites
Construcción de mobiliario de oficina con material de desecho

BELONGS TO PROJECT:

HAKA RECYCLE OFFICE - Doepel Strijkers
Rotterdam (The Netherlands) 2010

Site area Superficie de la parcela (m²) 1,000
Project budget Presupuesto del proyecto (euros/m²) .... -

(276) (304) **232**

PLATFORM

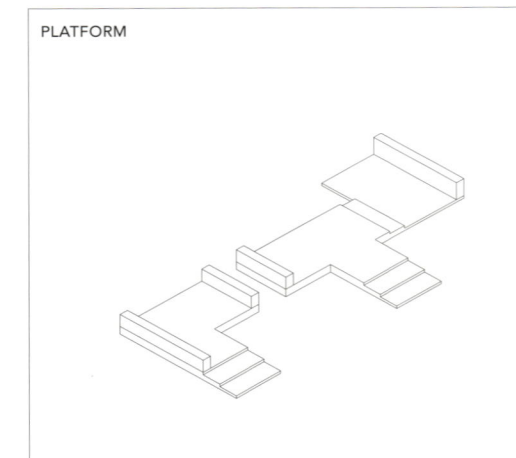

CLOSED SPACE
horizontal

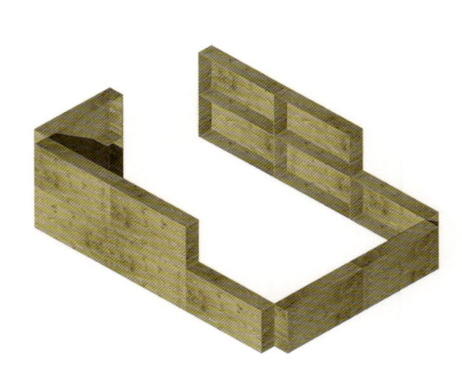

OPEN SPACE
horizontal

KITCHEN

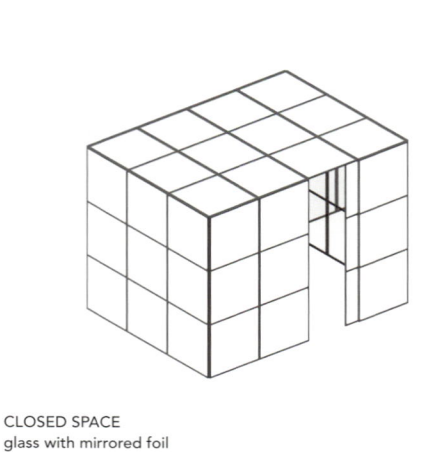

CLOSED SPACE
glass with mirrored foil

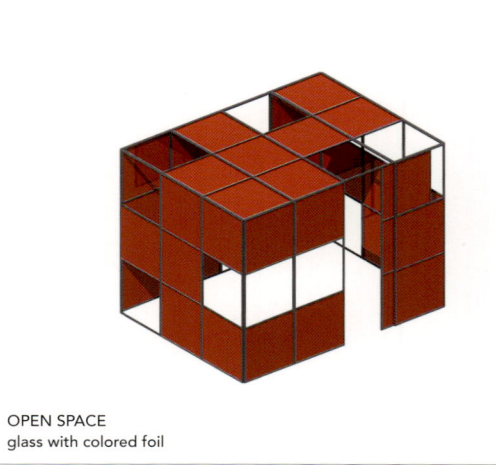

OPEN SPACE
glass with colored foil

AUDITORIUM SEATING

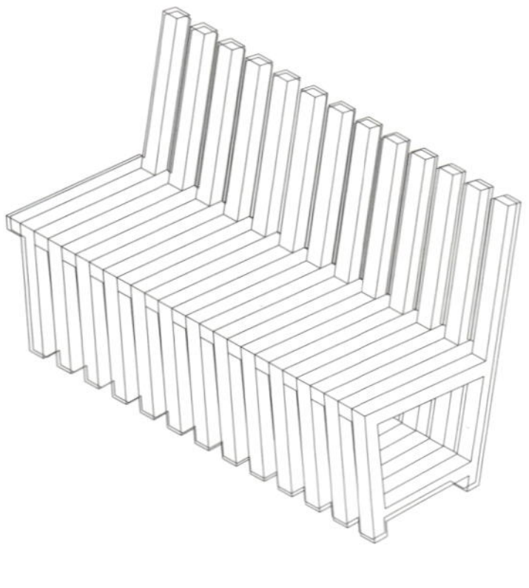

STORAGE
open, large

PODIUM
flat

CHAPTER 03. RECYCLE / RECLAIM SERIES

The furniture system designed to furnish the Haka building is based on reusing different pieces of used wood, ranging from strips of timber to old doors, even roof braces and beams, which, using repetition and addition, are made into a wide office programme. Partition walls, desks, platforms, display cases, benches, chairs and cabinets are all made from this recycled material. The construction system further takes into consideration not only the approximate sourcing of the materials but also the ease of dismantling.

El sistema de mobiliario diseñado para la ocupación del edificio Haka se basa en la utilización de diferentes piezas de madera usada, desde listones hasta puertas viejas, incluso antiguas riostras y vigas, que se transforman, mediante la repetición y la adición, en un amplio programa de oficina. Con el material reciclado se crean particiones, escritorios, plataformas, expositores, bancos, sillas y armarios. El sistema de construcción tiene en cuenta, no solo la procedencia próxima de los materiales, sino la facilidad de desmontaje.

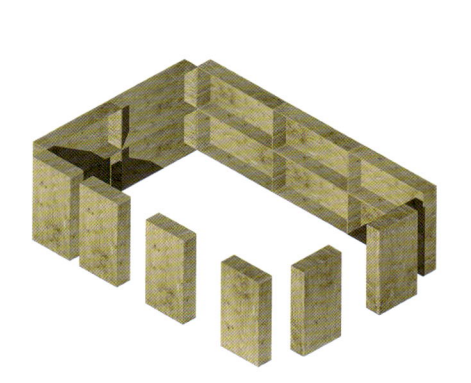

OPEN SPACE
adjustable

RECEPTION DESK
small

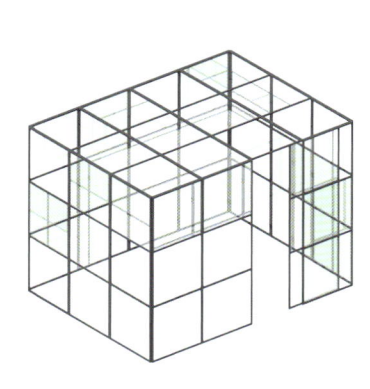

OPEN SPACE
glass

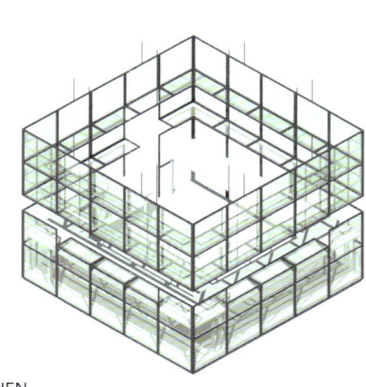

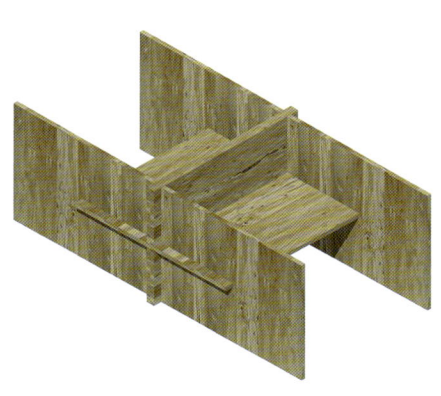

KITCHEN
glass

WORK STATION
two persons, concentration

INFORMAL SEATING
two persons, double sided and partition

CHAPTER 03. RECYCLE / RECLAIM SERIES

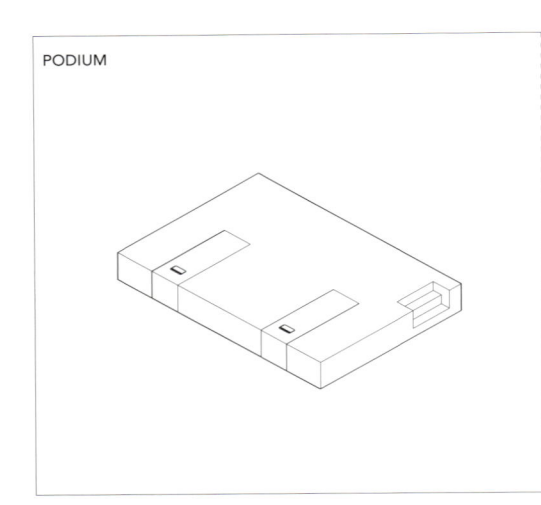

PODIUM

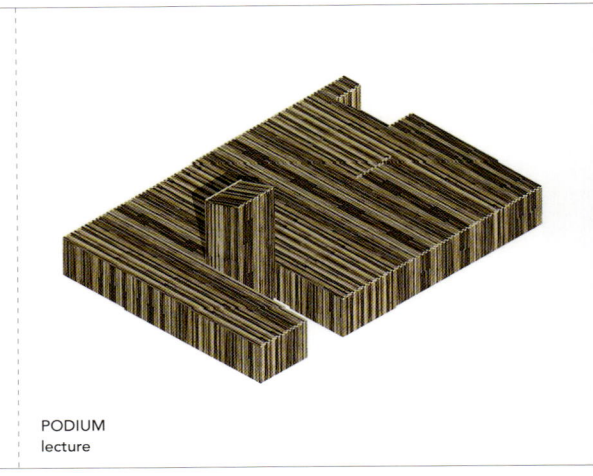

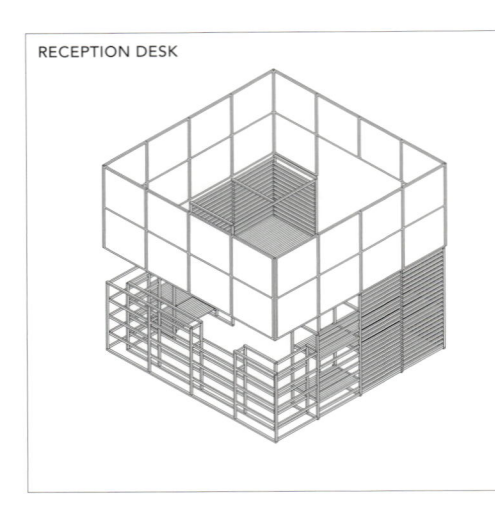

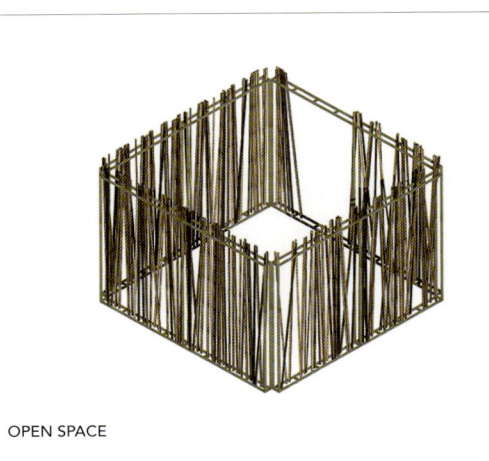

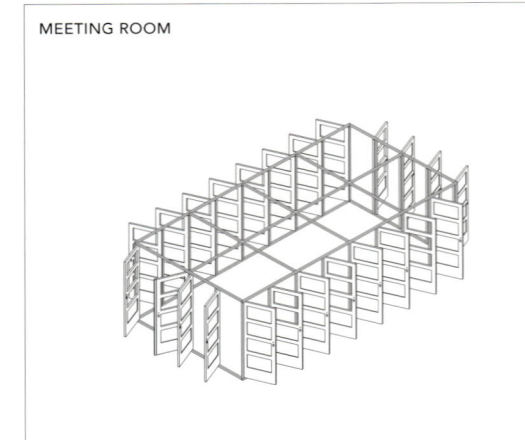

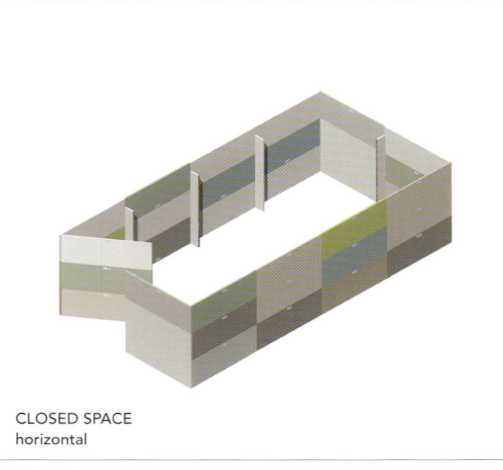

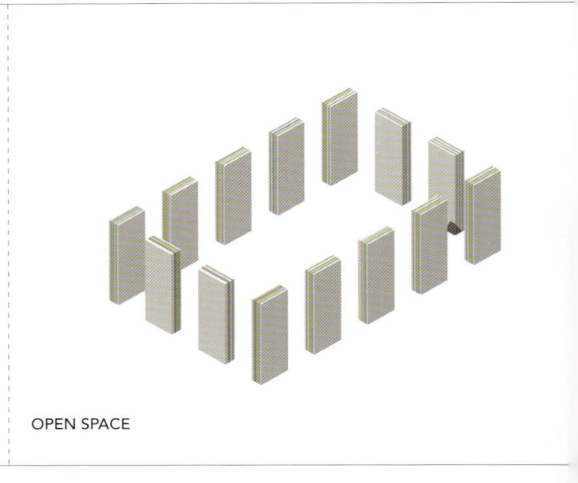

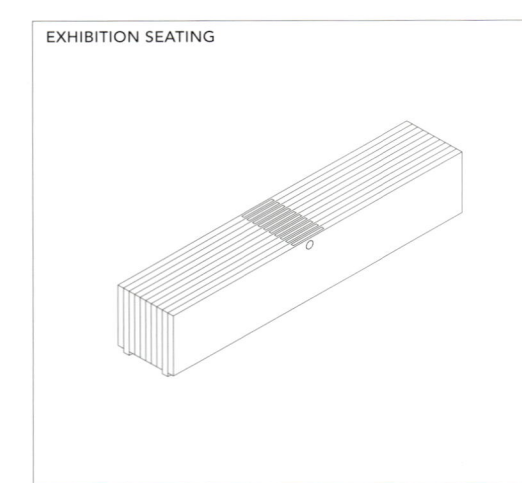

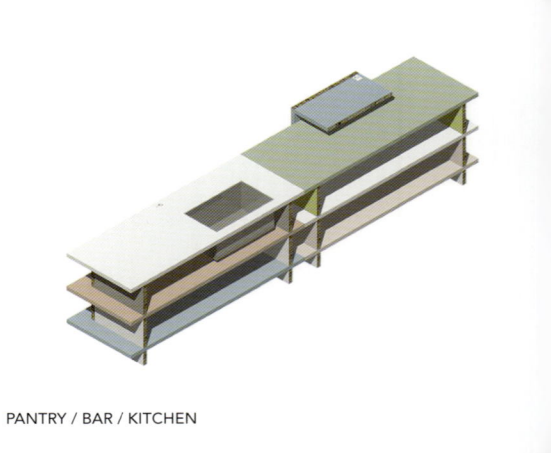

STORAGE
large

PODIUM
lecture

RECEPTION DESK

CLOSED SPACE

OPEN SPACE

MEETING ROOM

CLOSED SPACE
horizontal

OPEN SPACE

EXHIBITION SEATING

STORAGE
large

PANTRY / BAR / KITCHEN

| CHAPTER 03. RECYCLE / RECLAIM SERIES

WORK STATION
one person

INFORMAL SEATING
two persons

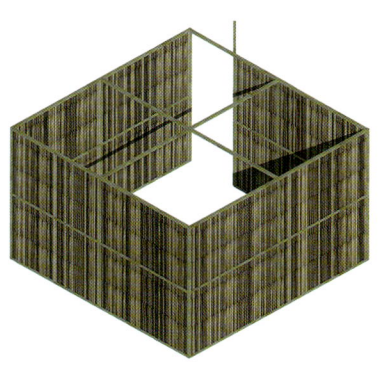

OPEN SPACE
adjustable

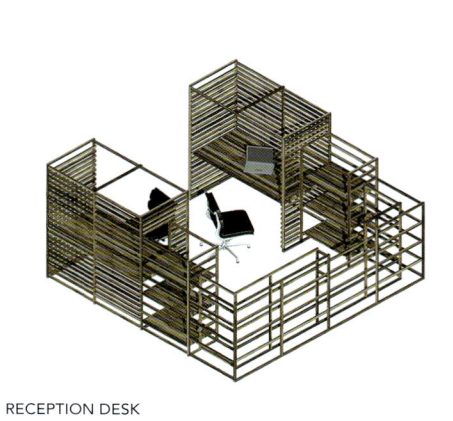

RECEPTION DESK

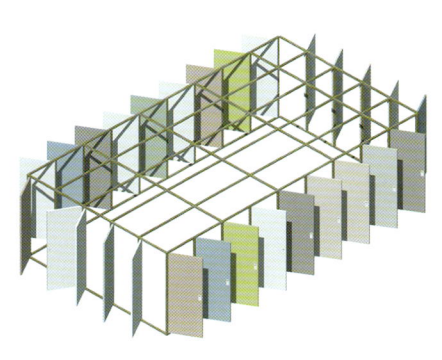

OPEN SPACE
adjustable

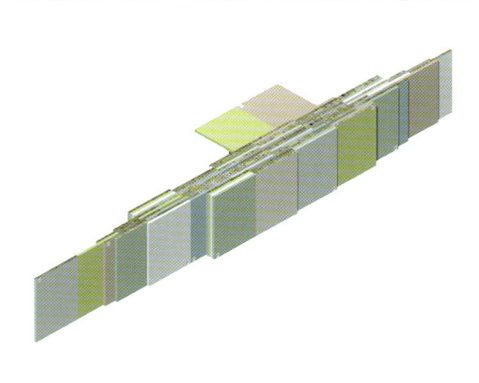

RECEPTION DESK
small

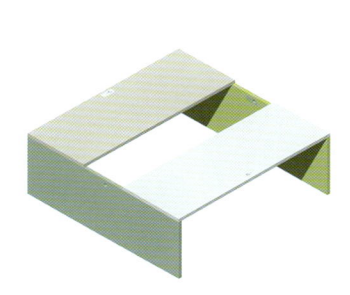

WORK STATION
two persons

INFORMAL SEATING
small

229

CHAPTER 03. RECYCLE / RECLAIM SERIES

081

RECYCLE
Furnishing offices with recycled materials
Acondicionamiento de oficinas con materiales reciclados

BELONGS TO PROJECT: **OOSTCAMPUS** - Carlos Arroyo
Oostkamp (Belgium) 2012

Site area Superficie de la parcela (m²) 40,000
Project budget Presupuesto del proyecto (euros/m²) 161.25

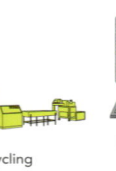

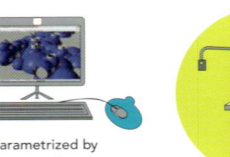

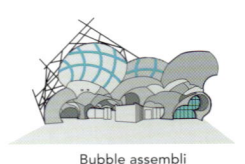

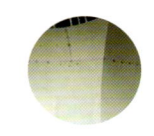

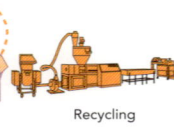

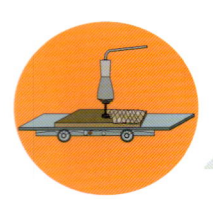

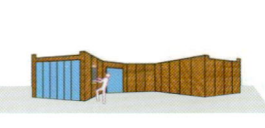

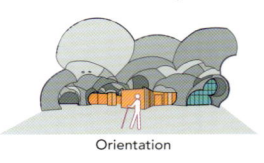

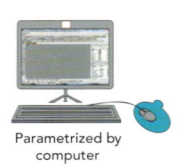

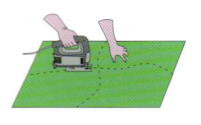

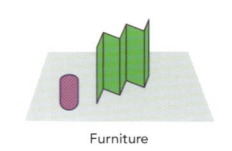

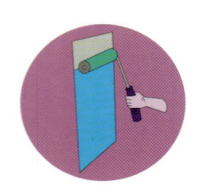

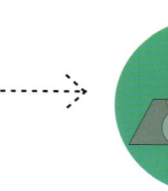

(256) (284) 64 116 130 162 196

GLASS REINFORCED GYPSUM: Recycling → Parametrized by computer → Bubble assembli → Space

CELLULOSE INSULATION: Recycling → Projected flocking → Acoustic absorption

HD WOOD FIBRE PANEL: Recycling → Parametrized by computer → Orientation

RECYCLED PET FELT: Recycling → Parametrized by computer → Furniture

PAINTING: Starting situation → Texture → Space

EXISTING POLISH CONCRETE: Starting situation → Polishing existing concrete floor

230

CHAPTER 03. RECYCLE / RECLAIM SERIES

In the interior refurbishment of this former industrial unit, the points where sound centripetally concentrates have been treated with the flocked cellulose of recycled paper aiming to absorb excessive noise and to reduce the parasitic effects produced by spherical surfaces.

Each group of office modules can be distinguished by the texture of the cladding. The texture is CNC lathe finishing of a basic board (chipboard, MDF). Felt made from recycled PET bottles is used to upholster furniture, walls and partition walls adding warmth to the design and helping to soften the soundscape. On the floor, the existing slightly polished concrete remains in place. The markings and lines used to place the pallets also remain in place.

En el acondicionamiento del interior de esta antigua nave industrial, los puntos con intensa concentración centrípeta de sonido son tratados con el flocado celulósico de papel reciclado para absorber el exceso de ruido y reducir los efectos parásitos producidos por las superficies esféricas.

Cada grupo de módulos de despachos es reconocible por la textura de su revestimiento. La textura es un fresado CNC de un tablero básico (aglomerado, DM). Se utiliza un fieltro hecho con reciclado de botellas de PET para recubrir muebles, paredes, y particiones, añadiendo calidez al diseño, y contribuyendo a suavizar el paisaje sonoro. En el suelo permanece el hormigón existente, ligeramente abrillantado. Las marcas y líneas que se utilizaban para la colocación de palets permanecen en su lugar.

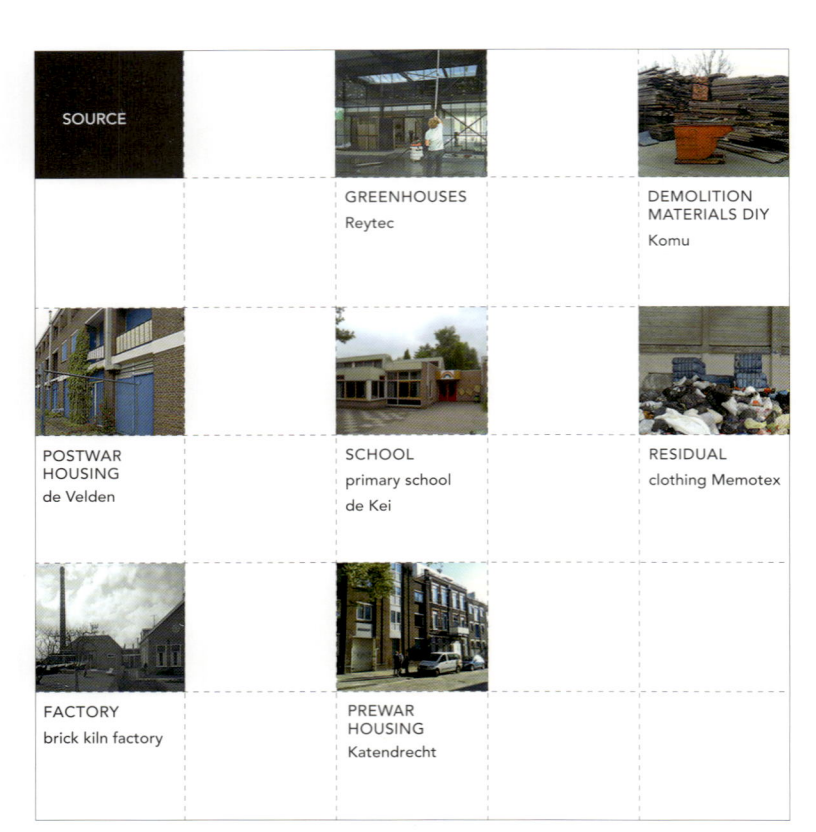

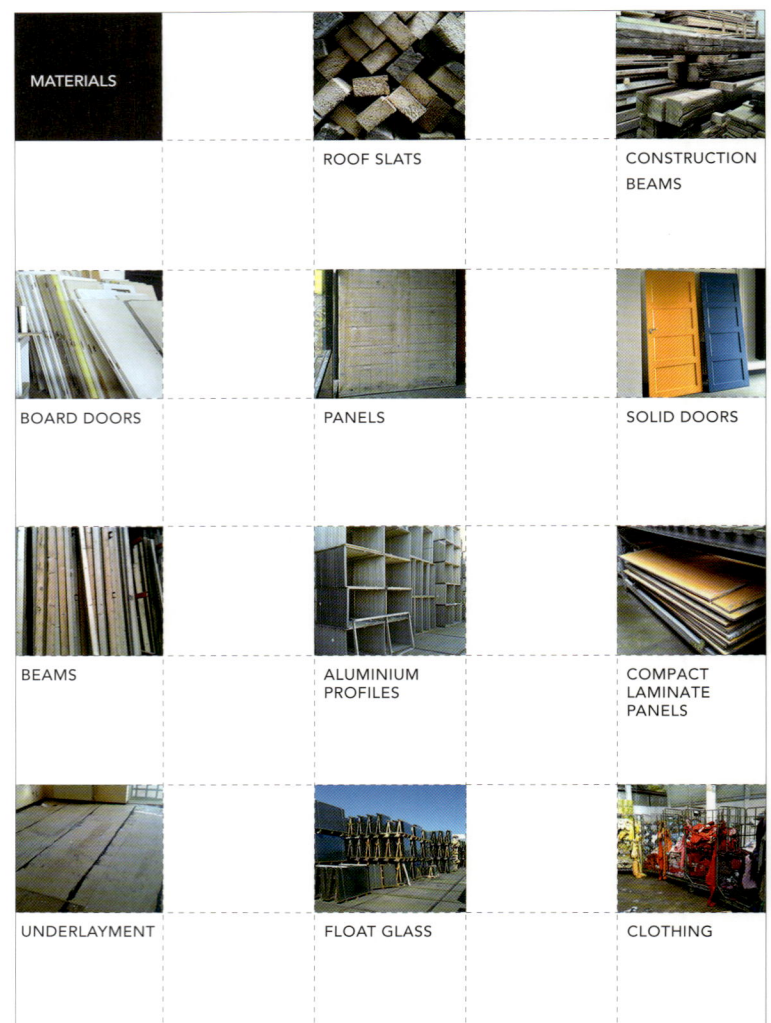

CHAPTER 03. RECYCLE / RECLAIM SERIES

082

RECYCLE
Measuring traceability and social recycling
Medición de trazabilidad y reciclaje social

BELONGS TO PROJECT: **HAKA RECYCLE OFFICE** - Doepel Strijkers
Rotterdam (The Netherlands) 2010

Site area Superficie de la parcela (m²) 1,000
Project budget Presupuesto del proyecto (euros/m²) .... -

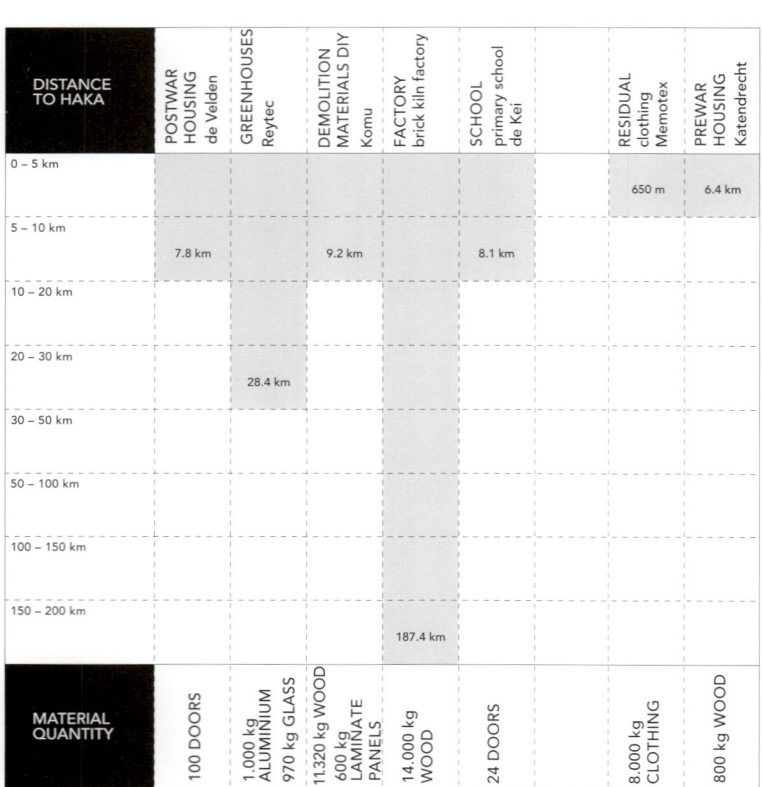

(276) (304) **226**

SOURCE
- GREENHOUSES — Reytec
- DEMOLITION MATERIALS DIY — Komu
- POSTWAR HOUSING — de Velden
- SCHOOL primary school — de Kei
- RESIDUAL clothing Memotex
- FACTORY — brick kiln factory
- PREWAR HOUSING — Katendrecht

MATERIALS
- ROOF SLATS
- CONSTRUCTION BEAMS
- BOARD DOORS
- PANELS
- SOLID DOORS
- BEAMS
- ALUMINIUM PROFILES
- COMPACT LAMINATE PANELS
- UNDERLAYMENT
- FLOAT GLASS
- CLOTHING

DISTANCE TO HAKA

	POSTWAR HOUSING de Velden	GREENHOUSES Reytec	DEMOLITION MATERIALS DIY Komu	FACTORY brick kiln factory	SCHOOL primary school de Kei	RESIDUAL clothing Memotex	PREWAR HOUSING Katendrecht
0 – 5 km						650 m	6.4 km
5 – 10 km	7.8 km		9.2 km		8.1 km		
10 – 20 km							
20 – 30 km		28.4 km					
30 – 50 km							
50 – 100 km							
100 – 150 km							
150 – 200 km				187.4 km			

MATERIAL QUANTITY
100 DOORS | 1,000 kg ALUMINIUM | 970 kg GLASS | 11320 kg WOOD | 600 kg LAMINATE PANELS | 14,000 kg WOOD | 24 DOORS | 8,000 kg CLOTHING | 800 kg WOOD

HAKA EVERAGE DIAGRAM INSTEAD OF 1 EXAMPLE

CO₂ 4.0 — MAN-HOURS
3.0
2.0
1.0
0.22
ECONOMY
4.0 / 3.0 / 2.0 / 1.0 / 0.26
ECOLOGY
4.0 / 3.10 / 3.0 / 2.0 / 1.0
EQUITY — LABOUR COSTS — MATERIAL COSTS

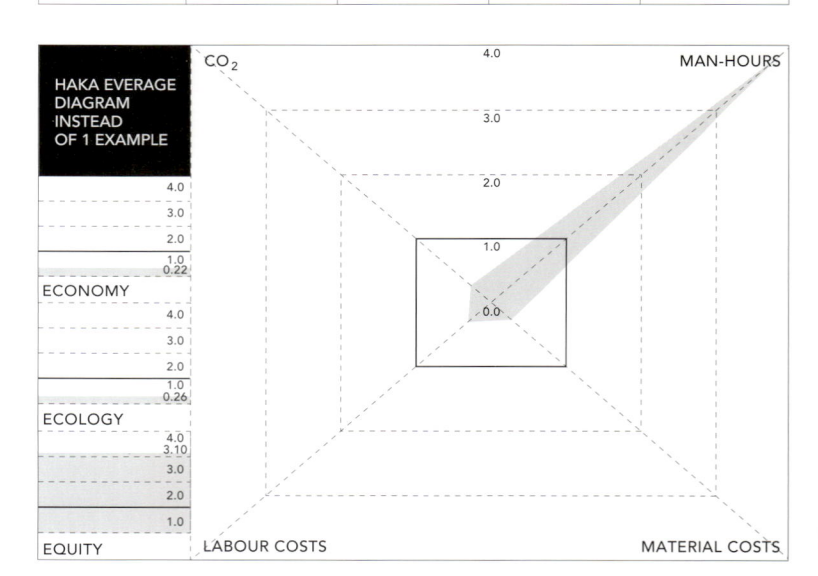

CHAPTER 03. RECYCLE / RECLAIM SERIES

The reuse of the Haka Building has been useful for measuring traceability and social recycling. In the new interiors, demolition rubble and waste material from industrial processes, sourced from nearby locations, was used and the quantity was limited to the maximum. Furniture design was based on the intrinsic qualities of the above materials and the idea was to use as few electrical tools as possible, to produce minimum waste and for them to be easily dismantled at a future time. Furthermore, the assembly details are very simple, so that the furniture can be assembled by unskilled workers (in this case, a group of ex-convicts).

La reutilización del edificio Haka ha servido para efectuar una medición de los procesos de trazabilidad y reciclaje. En los nuevos interiores se han empleado restos de demoliciones y residuos de procesos industriales disponibles, procedentes de lugares cercanos y cuya cantidad fue limitada al máximo. El diseño del mobiliario se basa en las cualidades intrínsecas de estos materiales y está pensado para utilizar pocas herramientas eléctricas, producir pocos residuos y ser desmontado fácilmente en el futuro. Además, los detalles constructivos son muy sencillos de manera que el mobiliario pueda ser montado por mano de obra sin cualificar (en este caso, un grupo de ex-presidiarios).

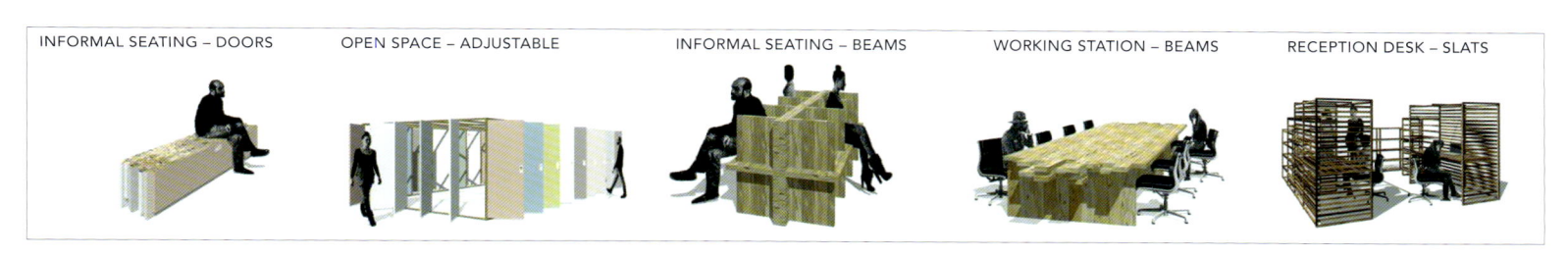

| | INFORMAL SEATING – DOORS | OPEN SPACE – ADJUSTABLE | INFORMAL SEATING – BEAMS | WORKING STATION – BEAMS | RECEPTION DESK – SLATS |

FACTOR MATRIX / CO_2 HAKA / CO_2 New	PODIUM	AUDITORIUM SEATING	AUDITORIUM WALL	SHOW BLOCKS	EXHIBITION SEATING	RECEPTION DESK	PLATFORM	KITCHEN BAR / PANTRY	MEETING ROOM
CO_2	225	1.145	10.000	30	50	87	1.040	85	66
	330	1.226	200.000	3.300	2.130	560	3.053	2.300	737
FACTOR CO_2	0,7	0,9	0,05	0,01	0,02	0,16	0,34	0,04	0,09
👥	304	2.880	1.496	8	56	40	464	160	128
	80	240	720	24	24	72	160	240	40
FACTOR MAN-HOURS	3,8	12	2,08	0,33	2,33	0,56	2,90	0,67	3,2
€	3.000	7.200	6.700	560	400	1.120	11.250	3.500	2.750
	11.080	33.240	99.720	3.324	3.324	9.972	22.160	33.240	5.540
FACTOR LABOUR COSTS	0,27	0,22	0,07	0,17	0,12	0,11	0,51	0,11	0,50
€	300	4.000	18.000	2.200	3.400	1.050	8.800	3.450	450
	15.587	46.760	140.280	4.676	4.676	14.028	31.173	46.760	7.793
FACTOR MATERIAL COSTS	0,02	0,09	0,13	0,47	0,73	0,07	0,28	0,07	0,06

CHAPTER 03. RECYCLE / RECLAIM SERIES

CHAPTER 03. RECYCLE / RECLAIM SERIES

The reception desk comprises a counter built with strips of wood used in roof-building and which here function as shelves. The upper level is enclosed with glass panes and frames from a greenhouse. The meeting room is divided off using 24 solid wooden doors salvaged from the demolition of a social housing block. The doors are fixed onto wooden struts reused as frames. In the area set aside for the auditorium and exhibition hall an acoustic wall has been put up between the two spaces, made from 8 tonnes of old clothing. The clothing is fixed to hidden wooden frames on casters, meaning the set-up can be changed according to requirements.

El mostrador de recepción es de listones de madera empleados para construir cubiertas y que ahora funcionan como estantes. La parte superior se cierra con vidrios y carpinterías procedentes de un invernadero. La sala de reuniones se conforma con 24 puertas de madera procedentes de un bloque de vivienda social. Las puertas están fijadas a riostras de madera reutilizadas como marcos. En el área destinada a auditorio y sala de exposiciones se ha dispuesto una protección acústica entre los dos espacios, construida con 8 t de ropa usada. Está fijada a bastidores de madera ocultos y equipados con ruedas, para flexibilizar su uso.

PROJECT AND ACTION
On Making Immodest Proposals
Sobre las propuestas audaces

— *by* David Goodman

"Limited objectives are best."
Robert Moses, 1939

Otter: I think that this situation absolutely requires that a really futile and stupid gesture be done on somebody's part!
Bluto: We're just the guys to do it.
Animal House, 1978

---

01. HAPPENINGS

The volume you hold in your hands is only the latest unmistakable sign that there is something apparently new under the sun, or at least that we are suddenly confronted by quite a lot of something that has long existed in some form or other, but that has only recently begun to congeal into what might loosely be considered a movement, or –if we are (and I am) inclined to speak more cautiously– into a notable and widespread new development in architecture. In recent years we have witnessed a proliferation of small-scale, process-driven happenings, actions, interventions, and installations that seize moments of disorder and opportunity to propose and execute micro-acts of architecture and urbanism. These projects, often attributed to collectives such as Recetas Urbanas, Broken City Lab, Basurama, EXYZT, and Todo Por La Praxis, reduce or eliminate the space between architecture as an autonomous discipline and architecture as the physical expression of active citizenship. That is, they inject architecture directly into the public sphere, dissolving disciplinary boundaries and making irrelevant any discussion of the "project" as distinct from the action and result itself.

It is, perhaps, the very stealthy and tactical nature of this work that has made it so hard to describe with a single easily digestible epithet, though terms like "tactical urbanism," "*jugaad* urbanism" or "guerrilla architecture" do begin to describe something of the spirit behind it. These labels allude to military action, to "making-do," or to civil disobedience, and they clearly –and correctly– describe an architecture that engages everyday spaces and everyday affairs, with or without official sanction. The economic crisis has indeed driven architects into the streets, where they have not only taken up picket signs and pup tents, but have also begun planting sod, launching seed bombs, and building temporary pavilions out of found or donated materials.

Many examples of this work have appeared in the previous three-volume series of this magazine, and indeed, Javier Mozas´s essay in *a+t* 38 provides an excellent introduction to both the ethos and the method driving the work. We have also seen exhaustive compilations of "tactical" urbanism in recent exhibitions such as Actions: *What You Can Do with the City* at the Canadian Centre for Architecture, or *Post-It City: Occasional Urbanities*, at the CCCB in Barcelona. Clearly, the street is the place to be.

"Los objetivos limitados son los mejores"
Robert Moses, 1939

Otter: ¡Creo que esta situación requiere que alguien haga un gesto realmente inútil y estúpido!
Bluto: Somos los indicados para hacerlo.
Desmadre a la americana, 1978

---

01. ACONTECIMIENTOS

El volumen que sostienen tus manos es tan sólo el más reciente e inequívoco símbolo de que algo aparentemente nuevo sucede bajo el sol, o de que al menos, nos enfrentamos de repente a algo que, si bien existía de una u otra forma, sólo recientemente ha comenzado a consolidarse en un movimiento, o -si estamos dispuestos (y lo estoy) a hablar con cautela- en una nueva y destacada tendencia arquitectónica. En los últimos años hemos sido testigos de la proliferación de *happenings*, acciones, intervenciones e instalaciones a pequeña escala que aprovechan momentos de desorden y oportunidad para proponer y ejecutar micro-acciones de arquitectura y urbanismo. Estos proyectos, frecuentemente realizados por colectivos como Recetas Urbanas, Broken City Lab, Basurama, EXYZT, y Todo Por La Praxis, entre otros, reducen o eliminan el espacio entre la arquitectura como disciplina autónoma y la arquitectura como expresión física de una ciudadanía activa. Esto significa una inyección directa de arquitectura dentro de la esfera pública, disolviendo los límites disciplinares y haciendo irrelevante cualquier distinción entre el "proyecto" y la acción.

Quizás sea la misma naturaleza furtiva y táctica de este trabajo lo que hace difícil su descripción con un epíteto fácil de digerir, aunque algunos términos como "urbanismo táctico", "urbanismo *jugaad*", o "arquitectura guerrilla" son un intento por describir el espíritu que subyace tras él. Estas etiquetas se refieren a la acción militar, al "valerse de", a una desobediencia civil y claramente –y correctamente– describen una arquitectura que compromete espacios y asuntos cotidianos con o sin autorización oficial. La crisis ha impulsado a los arquitectos a la calle, adonde no sólo han llevado sus carteles de protesta o tiendas de campaña, sino que han comenzado a sembrar césped, a generar jardines espontáneos y a construir pabellones temporales con materiales encontrados o donados.

Muchos ejemplos de este trabajo han aparecido ya en los tres volúmenes previos de esta revista y, efectivamente, el artículo de Javier Mozas en el número 38 de *a+t* ofrece una excelente introducción tanto al *ethos* como al método que impulsan este trabajo. Asimismo, hemos visto compilaciones muy detalladas sobre este urbanismo "táctico" en exposiciones recientes como *Actions: What You Can Do with the City* en el Canadian Centre for Architecture, o *Post-It City: Ciudades Ocasionales* en el CCCB de Barcelona. Claramente, la calle es el sitio donde se debe estar.

PARQUE DE LA BARRANCA
Todo Por La Praxis
Monterrey, Mexico

An intervention in the Tampiquito neighborhood of Monterrey, including the development of new seating and the rehabilitation of existing sports infrastructure. The project also included the development of a new local communication network for the zone.

Una intervención en el barrio de Tampiquito en Monterrey, que incluye el desarrollo de nuevo mobiliario urbano y la rehabilitación de las instalaciones deportivas existentes. El proyecto también abarcaba la creación de una nueva red de comunicación local para el barrio.

The current series, in which this issue is the first, will deal primarily with leftovers, remnants, and waste. In many cases, however, the underlying techniques and arguments are quite similar to those described above: we remain in the realm of the tactical, of working on the margins, and of direct engagement. But in several instances, these techniques and arguments have been deployed entirely without architects; the work has been conceived and implemented by the interested parties themselves. We are thus confronted with what is perhaps the most extreme result of this sort of work, the utter erasure of the figure of the architect, and the suppression of the disciplinary architectural project in favor of direct action.

Given the pervasiveness of the "tactical" intervention, either with or without the participation of the architect, and the undeniable way in which these actions resonate with the current economic and political climate, one senses that we cannot be far away from the inevitable appearance of a carefully formulated -ism, (if, indeed, it has not already appeared), and immediately thereafter, the equally inevitable appearance of violent reaction and critique.

While attempting to avoid this trap of rapid canonization and delegitimization, my intention here is to take stock of these recent developments and to ask where they lead us, and what this means for the discipline of architecture itself. Although this work at times rejects, deemphasizes, or attempts to broaden radically the discipline of architecture, I argue that the tactical actions are most important precisely for the way in which they allow us to keep alive our disciplinary tools and our ambitious schemes for a different order of things in a moment when neither the skills nor the ambitions of the architect seem to be in particularly high demand. This architecture without Architecture, these small plans and surgical operations, can serve as our lifeboat. But if, instead of offering a safe haven and training ground, they become our permanent floating residence, if activism and the *ad hoc* become the dominant mode of architectural production, then we are faced with something quite different. And in that case, I would argue that we are confronting something that in the long run challenges architecture's very ability to propose new visions, and to be more than merely reactive, contingent, and opportunistic.

And for this reason, once we have gotten beyond the undeniable thrill of the immediacy and efficacy of these architectural actions, and the deep sense of professional validation that comes from seeing architects once again meaningfully and earnestly engaged in the problems of the day, once we have gotten beyond this, we must ask ourselves a series of difficult questions. First, what are we hoping to achieve through this latest foray into architecture with neither buildings nor, at times, architects? To some degree, we must concede, some of us are looking for lessons on how and where to find engaging work. It is hard not to look at these process-driven, opportunistic projects and immediately imagine similar opportunities for ourselves, and for our communities. After all, whose neighborhood *couldn't* use better public spaces, more bike racks, a swimming pool, a beach, a farm? But beyond this healthy opportunism,

Esta serie, de la cual este volumen es el primero, tratará fundamentalmente de las sobras, remanentes y residuos. En muchos casos las técnicas subyacentes y los argumentos son similares a los descritos en los párrafos anteriores. Permanecemos en el ámbito de lo táctico, del trabajo en los márgenes y del compromiso directo. Pero en algunos casos, estas técnicas y argumentos han sido utilizados sin la intervención del arquitecto. El trabajo ha sido concebido e implementado directamente por las partes implicadas. Como consecuencia, nos enfrentamos al que quizás sea el más extremo resultado de esta clase de trabajo: la completa desaparición de la figura del arquitecto y la supresión del proyecto arquitectónico y disciplinar en favor de la acción directa.

Dado el éxito y la popularidad del proyecto "táctico", sea éste con o sin la intervención del arquitecto, y la forma innegable en que estas acciones resuenan en el clima político y económico en que nos encontramos, podría parecer que no estamos lejos de la inevitable aparición de un -*ismo* muy cuidadosamente formulado –si no ha aparecido ya– e, inmediatamente después, de la también inevitable aparición de una crítica y una reacción violenta.

Intentando evitar caer en la trampa de una rápida canonización y posterior deslegitimación, mi intención es hacer un balance de estos acontecimientos recientes y cuestionar hacia dónde nos llevan y qué significan para la disciplina de la arquitectura. Si bien este trabajo en ocasiones rechaza, minimiza o intenta ampliar radicalmente la disciplina de la arquitectura, creo que su importancia radica en que nos permite mantener vivas nuestras herramientas disciplinares y nuestras ambiciosas visiones de futuro, en un momento en que ni las habilidades, ni las ambiciones del arquitecto son especialmente solicitadas. Esta arquitectura sin Arquitectura, estos pequeños planes y operaciones quirúrgicas pueden ser nuestro salvavidas. Pero, si en lugar de ofrecer un refugio o un campo de entrenamiento, se convierten en nuestra residencia permanente, si el activismo y el *ad hoc* se convierten en la forma dominante de producción arquitectónica, entonces, nos enfrentamos a algo muy diferente. Y en ese caso, sostendría que podríamos encontrarnos con algo que a largo plazo representa un desafío a la capacidad de la arquitectura para proponer nuevas visiones y ser algo más que meramente reactiva, contingente y oportunista.

Por esta misma razón, una vez superada la innegable emoción –consecuencia de la inmediatez y eficacia de estas acciones arquitectónicas– y la profunda sensación de capacitación profesional que surge al ver nuevamente a los arquitectos comprometidos con los asuntos cotidianos. Una vez superado todo esto, debemos afrontar una serie de preguntas complejas. En primer lugar, ¿qué pretendemos lograr a través de esta incursión en una arquitectura sin edificios e incluso en algunas ocasiones, sin arquitectos? En cierta medida, debemos reconocer que algunos de nosotros buscamos en este fenómeno lecciones sobre cómo y dónde encontrar oportunidades de trabajo. Es difícil observar estos proyectos oportunistas y no imaginar inmediatamente después oportunidades similares para nosotros mismos y para nuestras comunidades. Después de todo, ¿qué barrio no se beneficiaría con mejores espacios públicos, aparcamientos para bicicletas, una piscina, una playa o una huerta? Pero detrás de este oportunismo tan saludable, ¿qué podemos aprender de estas acciones extra-arquitectónicas o post-arquitectónicas para que puedan nutrir a la

MAKE THIS BETTER
Broken City Lab
Windsor, Canada
(Photo by Justin A. Langlois)

Part of a series of temporary installations intended to spark conversations about how areas of the city of Windsor might be improved.

Parte de una serie de instalaciones temporales destinadas a debatir cómo mejorar sitios determinados de la ciudad de Windsor, Canadá.

↵

---

what can we learn from these extra-architectural or post-architectural actions that can also nourish architecture itself? Because if we seize nothing more than the opportunities immediately at hand, without reflection, then we run the risk of merely slumming in the neighborhood collectives until the big competitions and commissions return, and we will have learned little from our time there.

What is clear in all this is that the tactical work has begun to create a very real, and very valuable shift in the position and status of the architect. The architect is gradually being transformed from a consumer of sites and of opportunities generated by others into a schemer, a producer him or herself of sites and opportunities. This shift is an important one, one that opportunistically expands architecture´s sphere of action when the previous drivers of production –market and state, to the extent that the distinction between the two is relevant– are no longer capable of giving architects direction, or for that matter, meaningful work of any kind. Absent this imperative, architects aim to make everyday life itself the site of architectural action. Architecture is thus free to be (or forced to be free to be?) prosaic, contingent, and provisional. Architecture can happen, it seems, without warning, without form, and without the mobilization of capital, costly building material, or, for that matter, skilled or even paid construction labor. But there is nevertheless reason to pause when faced with such euphoria and liberty, and to ask what, if anything, is lost when so much new territory is gained. If everything is either architecture or a site for it, is there in fact anything worth calling architecture at all? And, in the end, is even that a problem? Further, if the architectural project– possible or impossible, realized or merely imagined– is eclipsed by direct architectural action, what remains of architecture´s power to propose new, imagined futures outside the current moment and the current circumstances?

arquitectura misma? Porque si sólo nos aprovechamos de las oportunidades, sin reflexión alguna, corremos el riesgo de habernos refugiado en los colectivos ciudadanos hasta que vuelvan los concursos y los grandes encargos y, de ser así, habremos aprendido poco de esa experiencia.

Lo que está claro es que el trabajo táctico está propiciando un cambio real y muy valioso en la posición y el estatus del arquitecto. Gradualmente, el arquitecto está dejando de ser un mero consumidor de solares y oportunidades generadas por otros, para convertirse él mismo en productor de propuestas de solares y oportunidades. Este es un cambio de fundamental importancia, un cambio que, de forma oportunista, expande la esfera de acción de la arquitectura cuando las fuerzas que ordenan su producción -el mercado y el estado, si es que esta distinción tiene alguna relevancia- son ya incapaces de marcar una dirección a los arquitectos, y en consecuencia, ofrecerles trabajos que tengan sentido. Libres de imperativos, los arquitectos convierten lo cotidiano en el lugar para la acción arquitectónica. Por tanto, la arquitectura está libre ahora de ser prosaica, contingente y provisional –¿o está forzada a serlo?–. Parece que la arquitectura, en estos momentos, es posible sin aviso previo, sin forma ni movilización de capital, sin costosos materiales de construcción, incluso, sin mano de obra cualificada o remunerada. En medio de tanta euforia y libertad hay, sin embargo, razones para preguntarse qué se ha perdido cuando se ha ganado tanto territorio. Si todo es arquitectura o un lugar para ella, ¿existe algo que merezca la pena llamarse arquitectura? Y, finalmente, ¿es eso un problema? Yendo más lejos aún, si el proyecto de arquitectura –posible o imposible, realizado o meramente imaginado– es eclipsado por una acción arquitectónica directa, ¿qué queda de la capacidad de la arquitectura para proponer un futuro imaginado fuera de la realidad del momento y de las circunstancias actuales?

What remains of architecture´s power to propose new, imagined futures outside the current moment and the current circumstances?

¿Qué queda de la capacidad de la arquitectura para proponer un futuro imaginado fuera de la realidad del momento y de las circunstancias actuales?

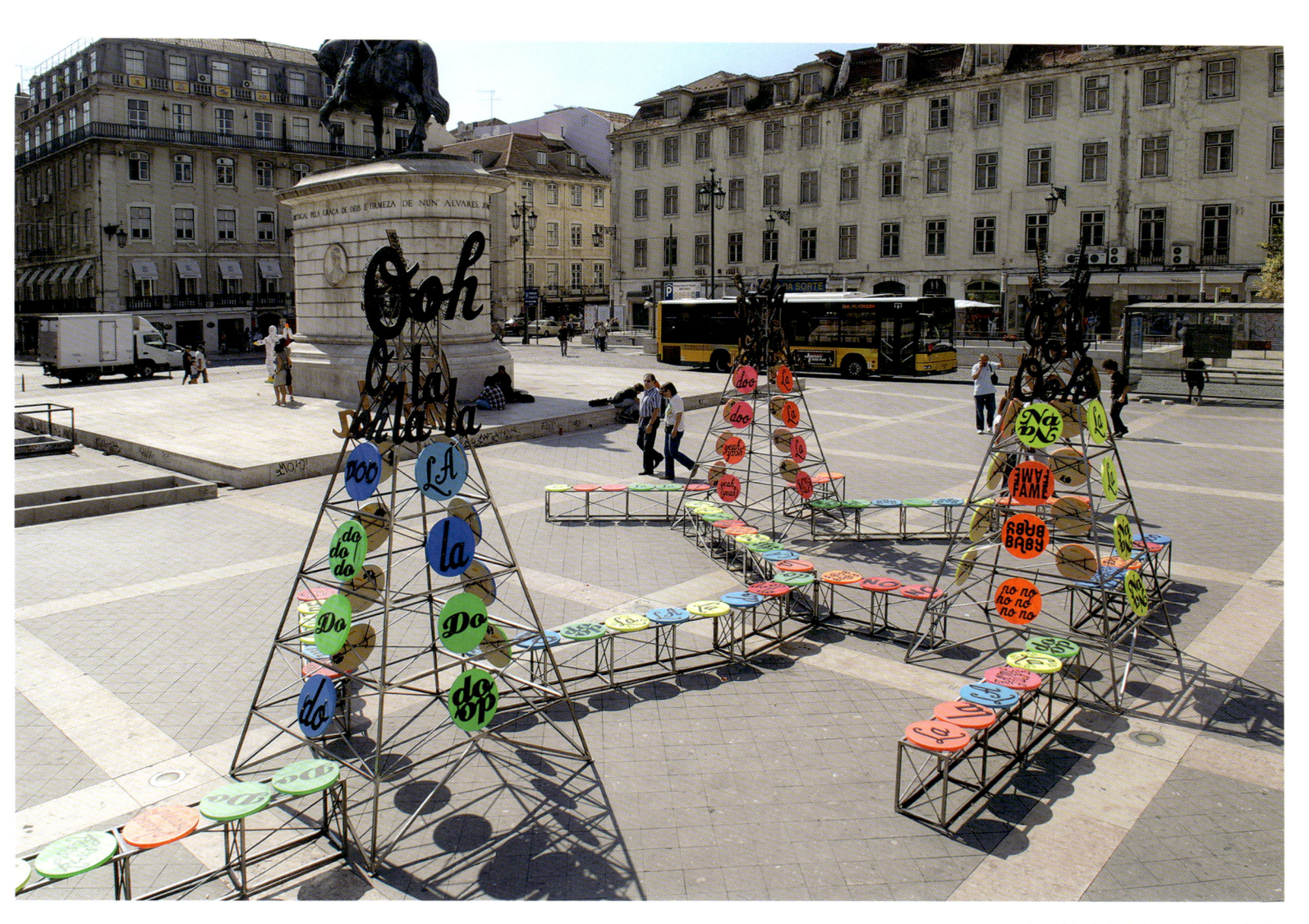

OOH LA LA: A CELEBRATION OF EXCESS
Studio Myerscough/Supergroup/Luke Morgan
Lisbon, Portugal

Temporary installation in central Lisbon, combining signage and seating.
Instalación temporal en el centro de Lisboa, que combina mobiliario urbano con señalética.

A retreat into process is a final surrender, the last defeat of the architect.

Refugiarse en el proceso implicaría una rendición final, la última derrota del arquitecto.

WHITELOCK COMMUNITY FARM
Baltimore, USA

This urban farm in the Reservoir Hill neighborhood of Baltimore –a city that has lost approximately one-third of its population since 1950– was initiated and continues to be maintained by a group of local residents. The farm aims in part to provide employment in a depressed urban area, and to provide healthy food options in an area with little access to fresh produce.

Esta huerta urbana en el barrio Reservoir Hill de Baltimore –una ciudad que ha perdido aproximadamente un tercio de su población desde 1950– surgió y sigue en funcionamiento gracias a un grupo de residentes. La huerta sirve para proporcionar empleo y la posibilidad de alimentos saludables a una zona muy desfavorecida y con difícil acceso a los productos frescos.

LUZ NAS VIELAS
Boa Mistura
Sao Paulo, Brazil

Graphic intervention in a São Paulo favela, creating anamorphic projections in the narrow alleyways. Local residents were intimately involved in the execution of the work.

Intervención gráfica en una favela de São Paulo, creando proyecciones anamórficas en los callejones. Los residentes locales participaron en la ejecución de la obra.

None of this, of course, is to say that the discipline of architecture is or should be a static thing, nor is it a call to order and to form for its own sake. Neither is this a plea for disengagement or apathy. The work I am discussing here is without doubt one of the most exciting and empowering developments in architecture of recent years, especially when viewed against the algorithmically-fueled formal developments of the self-professed architectural avant-garde (and one might be forgiven for thinking they doth profess too much). This is merely to say that much of our strength derives from our ability to propose concrete things, not our ability to erase ourselves or insinuate ourselves into processes much larger than ourselves. Perhaps we can more readily and more meaningfully change or inflect the order of things by being limited in our objectives and by concentrating our energies and our (doubtless altruistic) desires in the realm where we have greatest efficacy: the making and proposing of projects; specific, well-or-ill intentioned, occasionally impolitic and ugly, but nevertheless effective projects. Can the architect keep alive the possibility of big plans, of big ideas, of propositions, daydreams and preposterous schemes, even when the immediate situation requires something at once more humble, more immediate and, in the moment, more effective and relevant to the challenges around us?

And this leads to what I believe is the most important question of all. Is there a difference between project and action? That is, can we distinguish between a scheme —realized or not— that imagines or points to a possible or impossible future, and an event that transforms the present by acting directly on it? And if we argue that indeed these two categories are linked but nevertheless distinct, is it possible or desirable to base an architecture on actions without projects? What would be lost if that were the case?

Naturalmente, nada de esto significa que la disciplina de la arquitectura es, o debiera ser, algo estático. No se trata tampoco de un llamamiento al orden o a la forma en sí mismos. Tampoco es un alegato a favor de la apatía o el descompromiso. Estoy hablando de lo que es, sin duda, uno de los más emocionantes y potentes acontecimientos en la arquitectura de los últimos años, especialmente en contraste con el desarrollo formal de bases algorítmicas impulsado por la autodeclarada vanguardia arquitectónica —y que perdonen si pienso que se lo tienen muy creído—. Lo que se propone aquí es que la mayor parte de nuestras habilidades derivan de nuestra capacidad para proponer cosas concretas, y no de nuestra capacidad para hacernos desaparecer o insinuar nuestra presencia en procesos que exceden el alcance mismo de la arquitectura. Quizás sería más sencillo y provechoso, para cambiar o interferir en el orden de las cosas, limitarnos a nuestros objetivos y concentrar nuestras energías y nuestros —sin duda altruistas— deseos en el ámbito en el que somos más eficaces: hacer y proponer proyectos específicos, bien o mal intencionados, a veces inoportunos y feos, pero, no obstante, proyectos operativos. ¿Puede el arquitecto mantener viva la posibilidad de grandes planes, grandes ideas, propuestas, fantasías y proyectos absurdos, aun cuando la situación actual requiere algo más humilde, más inmediato, más efectivo y relevante frente a los desafíos que afrontamos?

Esto nos conduce a la que creo que es la pregunta más importante. ¿Existe alguna diferencia entre proyecto y acción? Es decir, ¿podemos distinguir entre un proyecto —realizado o no— que imagina o apunta a un posible o imposible futuro, y un evento que transforma el presente actuando directamente sobre él? Y si sostenemos que efectivamente estas dos categorías se encuentran de alguna forma relacionadas pero sin dejar de ser distintas, ¿es posible o deseable basar una arquitectura en acciones sin proyectos? Si este fuera el caso, ¿qué se perdería?

THE HEIDELBERG PROJECT
Tyree Guyton
Detroit, United States

Begun over 25 years ago by artist Tyree Guyton, the Heidelberg project has converted several city blocks of a highly decayed area of Detroit into an outdoor gallery filled brightly colored, and eclectically decorated buildings.

Iniciado hace más de 25 años por el artista Tyree Guyton, el proyecto Heidelberg ha transformado varias manzanas de un área de Chicago muy empobrecida, en una galería callejera llena de obras llamativas y edificios de decoración ecléctica.

"What are the roots that clutch, what branches grow
Out of this stony rubbish?"
T. S. Eliot, The Waste Land, 1922

"¿Qué raíces arraigan, qué ramas crecen
en estos escombros de piedra?"
T. S. Eliot, La Tierra Baldía, 1922

---

02. LOOKING FOR OPENINGS

The shift to direct action requires a body —thriving or moribund— on which to act. That is to say, tactical urbanism seizes or inserts itself into existing cities and sites. It does not —it cannot— propose new tabula rasa conditions because the motivating logic of this work is to extend its roots into the "stony rubbish" underfoot, and to take advantage of, leverage, or otherwise redeem the inherited situation. It follows that the much of the work deals with reclaiming or redeeming waste or wasted spaces. And it further follows that we find the most provocative examples of this work in consolidated, but declining, urban environments —primarily, but not exclusively, in the Americas and parts of post-industrial Europe.

The situation is perhaps most extreme in the shrinking cities of the American Midwest. In the North American city, the threat and the promise of the untamed wilderness is never terribly far away. Frequently, in fact, it´s not even below the surface. In cities like Chicago, Cleveland, Milwaukee and Detroit —the so called Rust Belt of the post-industrial Midwest—, the reality often has little to do with rust, decay and ruin, but rather with the simultaneous horror and delight that one feels when confronted with the shocking bursts of barbarous nature that emerge from the newly deurbanized lots, the terrible return of the prairie, and of the pre-Columbian landscape that generations of schemers so assiduously

02. BUSCANDO APERTURAS

El cambio a favor de la acción directa requiere un cuerpo —lozano o moribundo— sobre el cual poder actuar. Es decir, el urbanismo táctico se agarra o se inserta dentro de ciudades y lugares ya existentes. No propone —no puede— las condiciones de una nueva *tabula rasa* porque la lógica que motiva este trabajo es el de extender sus raíces en "escombros de piedra" bajo nuestros pies y sacar ventaja de ello, o redimir la situación heredada. De ahí viene que la mayor parte del trabajo se ocupa de recuperar o redimir restos o espacios residuales. Resulta también que los ejemplos más provocativos de este tipo de trabajo los encontramos en consolidados centros urbanos en decadencia, fundamentalmente del continente americano y de partes de la Europa postindustrial.

La situación es quizás más extrema en las ciudades que tienden a encogerse, especialmente en el *Midwest*. En la ciudad norteamericana, la amenaza y la promesa de la indomable naturaleza nunca está lejos. De hecho, muy frecuentemente, ni siquiera está por debajo de la superficie. En ciudades como Chicago, Cleveland, Milwaukee y Detroit, el llamado *rust belt* del *Midwest* postindustrial, la realidad no tiene mucho que ver con la decadencia y la ruina, sino más bien con el placer y el horror simultáneo que uno siente al enfrentarse al estallido de una naturaleza salvaje que emerge de las parcelas recientemente desurbanizadas, y el retorno terrible de la pradera y el paisaje

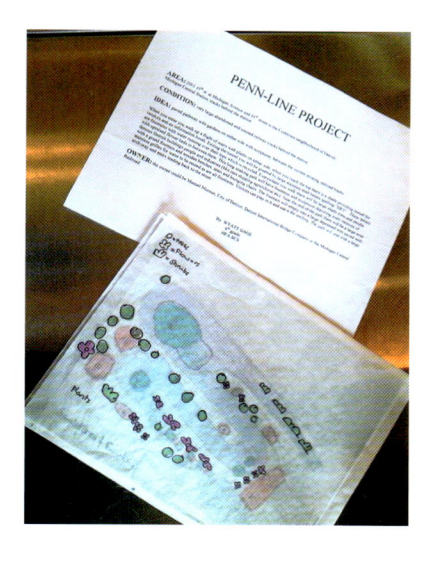

PENN-LINE PROJECT: Winning Submission for Detroit Mind The Gap Competition
Wyatt Gage, age 13
Detroit, United States

The thirteen-year old Wyatt Gage was the winner of this recent ideas competition for leftover and abandoned areas of Detroit. The proposal contemplates transforming abandoned railroad infrastructure into a sculpture park and nature trail.

Wyatt Gage, de trece años, fue el ganador del reciente concurso de ideas para áreas abandonadas de Detroit. La propuesta contempla la transformación de una infraestructura ferroviaria abandonada en un parque de esculturas y una senda natural.

---

tried to repress. Here, wildflowers push through the pavement and fill entire parcels, now liberated of their building stock.

The creative destruction of capitalism is, in the American Midwest, quite literally a force of nature, and it offers us —along with a cautionary tale of the lives and deaths of cities— a series of new possibilities for reimagining and creatively misusing the structure of the city itself.
The tactical work suggests we can learn to stop worrying and love the void. The void opens up new views, new corridors for movement, new sites, and new programs. This work takes advantage of the partial and gradual disappearance of the built city (and, in part, of the population that once inhabited it) to propose new ways of occupying what remains. *Sous le pavé, la prairie* (Below the pavement, the prairie).

In vast swaths of these cities we have returned to the condition of roughly 150 years ago: the Jeffersonian grid remains etched into the earth, but the buildings have come and gone. In the absence of built fabric, the grid allows us to occupy and modulate these accidental greenbelts. It serves as a nervous system, creating points of access and opportunities to subdivide the newly available territory. It is only the grid that lets us read the new voids as sites of opportunity and not merely of absence.

This is what we are left with. This residue of an earlier occupation has given us an opening, or a series of them, to a new urban future.
The question remains, however, whether or not this future can convincingly or productively be imagined through a series of independent, contingent reactions or if we instead (or also) require the distance, detachment and ambition of a project —of A Big Idea— no matter how compromised or unreachable.

pre-colombino que generaciones de mentes ambiciosas intentaron reprimir. Aquí, las flores silvestres atraviesan el pavimento y ocupan parcelas enteras, liberadas ya de sus construcciones.

La destrucción creativa del capitalismo es, en el *Midwest*, literalmente una fuerza de la naturaleza, ofreciéndonos junto a una historia aleccionadora sobre la vida y muerte de las ciudades, una serie de nuevas posibilidades para reimaginar y abusar de la estructura de la ciudad misma. Las acciones tácticas invitan a que podamos dejar de preocuparnos y a disfrutar simplemente del vacío. El vacío abre nuevas perspectivas, nuevos corredores de movilidad, nuevos solares y nuevos programas. Este movimiento saca ventajas de la parcial y gradual desaparición de la ciudad construida —y, en parte, de la población que alguna vez habitó en ellas— para proponer nuevas formas de ocupar lo que queda. *Sous le pavé, la prairie* (Bajo el asfalto, la pradera).

En extensas zonas de estas ciudades hemos vuelto al estado de aproximadamente 150 años atrás: la cuadrícula jeffersoniana permanece grabada en la tierra, pero los edificios han desaparecido. En ausencia de la trama construida, la cuadrícula nos permite ocupar y modular estos cinturones verdes fortuitos. Actúa como un sistema nervioso, creando puntos de acceso y oportunidades de subdividir el territorio nuevamente disponible. Es la cuadrícula la que nos permite leer los nuevos vacíos como sitios de oportunidad y no simplemente como ausencias.

Esto es lo que nos ha quedado. Estos restos de una ocupación anterior nos ofrecen una apertura, o una serie de ellas, hacia un nuevo futuro urbano. De cualquier forma, persiste la pregunta sobre si es posible imaginar un futuro convincente y productivo a través de una serie de reacciones independientes y contingentes o si, por el contrario, requiere la distancia, la frialdad y la ambición de un proyecto —de Una Gran Idea— sin importar cuán comprometido o inaccesible sea éste.

PRINZESSINNENGÄRTEN
Nomadisch Grün
Berlin, Germany
(Photo by Nomadish Gün)

On a long-abandoned parcel in Berlin's Kreuzberg district, the non-profit organization Nomadisch Grün —inspired by examples of urban farming in Cuba— established a space not only for the cultivation of fruits and vegetables, but also for community-building and networking.

Sobre una parcela abandonada durante largo tiempo en el barrio berlinés de Kreuzberg la organización Nomadisch Grün —inspirada por los ejemplos de cultivo urbano realizados en Cuba— organizó un espacio, no sólo para el cultivo de frutas y hortalizas, sino también para propiciar el trabajo en red y la cohesión social.

KUVAS SC
Santiago Cirujeda/Recetas Urbanas
Seville, Spain

Taking advantage of a close reading of municipal regulations, and seeing in them the chance to create a temporary urban amenitiy, Santiago Cirujeda uses a temporary dumpster permit to create a space of play in the city.

Sacando partido de una minuciosa lectura de las ordenanzas munipales y considerándolas como una oportunidad para crear atracciones urbanas temporales, Santiago Cirujeda utilizó el permiso de un contenedor de escombros para crear un espacio de juego en la ciudad.

03. PROJECT AND ACTION

Action is immediate and responsive. Projects are contemplative, propositive, and may exist as ideas distinct from their actual material realization. Projects may or may not be realized, but an action must be carried out. An unrealized project may have as much, or perhaps even more, importance than a built work. It is a question of metaphysical debate if an unrealized action even exists. To the extent that it does, it surely lacks the haunting and motivating power that the unrealized project may exercise over our imagination.

The notion of the project as an architectural category draws in part on Robert Somol and Sarah Whiting´s 2002 essay *Notes Around the Doppler Effect and Other Moods of Modernism*,[1] Somol and Whiting propose a "projective" architecture as an alternative to the "critical" position that they argue has become the default mode for architecture, rather than the rare and motivated exception it had once been.
A projective architecture, they contend, is not meant to be read or even necessarily paid attention to as a foreground object. It is, Somol and Whiting argue, an architecture "for seducing, becoming, instigating new events and behaviors." Perhaps the most significant –and most often overlooked– part of Somol and Whiting´s argument is that they continue to insist on the value of the disciplinary tools of architecture. Their call for a "cool" architecture of atmosphere is by no means an abandonment of these tools, but is rather a rededication of their use, from Eisenmanian "index" to Koolhaasian "diagram", from the creation of form to the creation of mood. It is the use of these disciplinary tools, I would argue, that makes the very idea of the project possible and effective, whether or not it is actually realized.

03. PROYECTO Y ACCIÓN

Una acción es inmediata y obedece a un estímulo. Un proyecto es contemplativo, propositivo y puede existir como idea sin necesidad de ser materializado. Un proyecto puede o no ser realizado. Una acción, en cambio, debe por definición llevarse a cabo. Un proyecto que no se lleva a cabo puede poseer tanta o quizás más importancia que uno construido, mientras que es una cuestión de debate metafísico si una acción no realizada existe en alguna medida. Y si existe, carece seguramente del potencial y la fuerza motivadora que un proyecto no realizado puede ejercer sobre nuestra imaginación.

La idea del proyecto como una categoría arquitectónica proviene en parte del ensayo de Robert Somol y Sarah Whiting, *Notes Around the Doppler Effect and Other Moods of Modernism*,[1] publicado en 2002. Somol y Whiting proponen una arquitectura "proyectiva" como alternativa a la posición crítica que, según ellos, se ha convertido en el *modus operandi* en arquitectura, en lugar de ser una excepción motivada y puntual como lo fue alguna vez.
Una arquitectura proyectiva –afirman– no pretende ser "leída" ni convertirse en el foco de atención. Somol y Whiting sostienen que esta arquitectura existe "para seducir, producir, e instigar nuevos acontecimientos y conductas". Quizás la más significativa –y más a menudo ignorada– parte del argumento de Somol y Whiting es su continua insistencia en el valor de los instrumentos disciplinares de la arquitectura. Su llamamiento a favor de una arquitectura *cool* no significa de ninguna manera un abandono de estos instrumentos, sino una reorientación en su utilización, desde el "índice" de Eisenman al "diagrama" de Koolhaas, desde la creación de forma a la creación de atmósfera. Es exactamente el uso de estos instrumentos disciplinares –sostengo– lo que hace a la idea misma del proyecto posible y efectiva, más allá de que éste se realice o no.

---

1. Robert Somol and Sarah Whiting, "Notes Around the Doppler Effect and Other Moods of Modernism," in *Constructing a New Agenda: Architectural Theory 1993-2009*. A. Krista Sykes, ed. New York: Princeton Architectural Press, 2010. pp. 190-202.
2. Harold Rosenberg, "The American Action Painters" in *Art In Theory: 1900-2000 – An Anthology of Changing Ideas*, edited by Charles Harrison and Paul Wood. Malden, MA: Blackwell Press, 2003. pp. 589-592.

1. Robert Somol y Sarah Whiting, "Notes Around the Doppler Effect and Other Moods of Modernism," en *Constructing a New Agenda: Architectural Theory 1993-2009*. A. Krista Sykes, ed. New York: Princeton Architectural Press, 2010. pp. 190-202.
2. Harold Rosenberg, "The American Action Painters" en *Art In Theory: 1900-2000 – An Anthology of Changing Ideas*, editado por Charles Harrison y Paul Wood. Malden, MA: Blackwell Press, 2003. pp. 589-592.

DETROIT
United States
(Photo by Theresa Welsh)

Roughly 30 per cent of all residential parcels in the city of Detroit are either vacant or abandoned, while the city itself has lost over 60 per cent of its population since 1950.

Aproximadamente el 30% de las parcelas residenciales de la ciudad de Detroit están vacías o abandonadas, mientras que la propia ciudad ha perdido más del 60% de su población desde 1950.

Action is a different story. In his 1952 essay "The American Action Painters," art critic Harold Rosenberg discussed the emergence of a new mode of painting, one that no longer aimed to represent, express, or critique objects or phenomena, but that instead served solely to register the actions of a given artist in a given moment.[2] The result of this work, according to Rosenberg, was an "event" more than a fixed composition: "The painter no longer approached his easel with an image in his mind," Rosenberg wrote, "he went up to it with material in his hand to do something to that other piece of material in front of him. The image would be the result of this encounter."

Though he mentions no names, Rosenberg is clearly thinking of the work of Jackson Pollock. For Rosenberg, this type of painting would create an absolute overlap of the work of art and everyday life, with the painter's s daily existence becoming both subject and object of artistic production. Disciplinary skill, intent, or even aesthetic motivation did not enter in. The goal was to create an immediate action. The painting would merely be the recording of that action.

While it is clear that the tactical work I am discussing here involves quite a bit more forethought than what Rosenberg describes, it is nevertheless clear that the disciplinary tools of architecture matter little or not at all in many of these actions. And it is also clear that the work aims at, and frequently achieves, a synthesis with everyday life similar to that which Rosenberg ascribes to the work of Pollock. The architectural action might thus be understood much as Rosenberg understood Pollock —as a record of momentary circumstance, entirely contingent on how and where it was ultimately executed.

La acción, sin embargo, es otra historia. En su ensayo de 1952, *The American Action Painters*, el crítico de arte Harold Rosenberg discutía el surgimiento de un nuevo modo de pintura, uno que ya no estaba destinado a representar, expresar, o criticar objetos o fenómenos, sino que, en su lugar, tendía simplemente a registrar las acciones de un artista determinado en un momento determinado.[2] Según Rosenberg, el resultado de este trabajo acabaría siendo un "evento" más que una composición fija: "El pintor ya no se enfrentaba al atril con una imagen en mente —escribe Rosenberg—, se acercaba a él con algo material en la mano para actuar sobre otra pieza de material situada frente a él. La imagen sería el resultado de este encuentro".

Aunque no se mencionan nombres, Rosenberg está refiriéndose claramente al trabajo de Jackson Pollock. Para Rosenberg, este tipo de pintura crearía una superposición absoluta entre la obra de arte y la vida misma, con la existencia diaria del pintor convirtiéndose en sujeto y objeto de la producción artística. La habilidad disciplinar, la intención o incluso la motivación estética ya no tienen lugar. El objetivo era crear una acción inmediata. La pintura sería simplemente el registro de aquella acción.

Si bien los proyectos de este urbanismo táctico que discuto aquí implican bastante más premeditación que lo descrito por Rosenberg, está claro que las herramientas disciplinares de la arquitectura importan poco o nada en muchas de estas acciones. Está claro también que el trabajo pretende, y frecuentemente logra, una síntesis con la vida cotidiana, similar a la que Rosenberg atribuye al trabajo de Pollock. La acción arquitectónica podría entonces ser entendida de la misma forma en que Rosenberg entendía la de Pollock: como el registro de una circunstancia momentánea, totalmente contingente en cuanto a cómo y dónde fue ejecutada.

DETROIT
United States
(Photo by Theresa Welsh)

In the North American city, the threat and the promise of the untamed wilderness is never terribly far away. In cities like Chicago, Cleveland, Milwaukee and Detroit —the so called Rust Belt of the post-industrial Midwest, the reality often has little to do with rust, decay and ruin, but rather with shocking bursts of barbarous nature.

En la ciudad norteamericana, la amenaza y la promesa de la indomable naturaleza nunca están lejos. En ciudades como Chicago, Cleveland, Milwaukee y Detroit, el llamado *rust belt* del *Midwest* postindustrial, la realidad no tiene mucho que ver con la decadencia y la ruina, sino más bien con el pavoroso estallido de la naturaleza salvaje.

CHICAGO
United States
(Photo by Peter Van den Bossche)

Chicago, while prosperous and, in part, highly consolidated and continuous, is nevertheless filled with enormous zones of openness and vacancy. The city has lost approximately 25 per cent of its population since 1950.

Chicago, que una vez fue próspera y con una trama bastanta consolidada y continua, ahora está, sin embargo, llena de enormes zonas de vacío y abandono. La ciudad ha perdido el 25% de su población desde 1950.

The project, meanwhile, deals with the tension between the ideal and the informed. In his book *The Projective Cast*, Robin Evans discussed how projective geometry has served as an important tool for constructing our perceptions of the world, and therefore as a tool for constructing the world itself: "projection transports the properties of the unreal… in the mind out into things,"[3] he wrote, arguing that architecture should neither conduct a "pointless" retreat into pure imagination, nor should it surrender to the immediacy and empiricism of objects in themselves. Instead, Evans wrote, true imagination resides in the "areas of transition from persons to objects." If we draw on Evans´s idea of projection as more than a mere mode of drawing, but rather a means of constructing new realities, we might then argue that a project is, quite logically, an act of projection. That is to say, a project is an applied and mediated act of imagination, passing from the mind to the outside world.

And this, in the end, is what distinguishes project from action. Projects apply the product of individual (or, for that matter, collective) imagination to the world, and are subtly and inevitably transformed as they are applied, if indeed they are applied at all. That space of projection, that distance between ideal and applied, is important because it modifies and adapts the original ideal vision, but nevertheless keeps it alive in the imaginary, separate from the projected reality. Ambition can exist beyond and separate from the merely doable.

This separation is impossible in action. Action resides solely on the side of the applied. The ideal does not enter in. And as a result, actions on their own are condemned to be forever reactive, contingent, and without reference to an imaginary outside the act itself. Actions fuse completely with everyday life, and therefore cease to exist as independent utterances. They always and only depend.

El proyecto, entretanto, trabaja con la tensión entre lo ideal y lo informado. En su libro *The Projective Cast*, Robin Evans examina la forma en que la geometría proyectiva ha servido como un importante instrumento en la construcción de nuestra percepción del mundo, y por consiguiente, como un instrumento para la construcción misma del mundo. "La proyección traslada las propiedades de lo irreal (…) desde la mente hacia las cosas",[3] escribe, sosteniendo que la arquitectura no debiera convertirse en un refugio "inútil" de la imaginación, ni tampoco rendirse a la inmediatez y al empirismo de los objetos en sí mismos. En su lugar, la verdadera imaginación reside en las "áreas de transición entre personas y objetos", argumenta Evans. Si nos basamos en esta idea de la proyección no sólo como una forma de dibujar sino como un medio para construir nuevas realidades, podríamos entonces sostener que el proyecto es, lógicamente, un acto de proyección. Es decir, que un proyecto es un acto de imaginación seleccionado y aplicado, que ha pasado desde la mente hacia el mundo exterior.

Esto, finalmente, es lo que distingue un proyecto de una acción. Los proyectos aplican la producción de la imaginación individual (o colectiva) al mundo, y son transformados sutil e inevitablemente durante su aplicación, si es que finalmente se aplican. Este espacio de proyección, esa distancia entre lo ideal y lo aplicado, es importante porque modifica y adapta la versión original de lo ideal, aunque se mantiene viva en la imaginación, separada de la realidad proyectada. La ambición puede existir más allá y por separado de lo meramente factible.

Esta separación es imposible en la acción. La acción reside únicamente en su aplicación. Lo ideal no es parte de ella. Y como resultado, las acciones en sí mismas están condenadas a ser para siempre reactivas, contingentes y sin ninguna referencia a lo imaginario fuera del acto en sí mismo. Las acciones se fusionan al completo con la vida diaria, y por lo tanto, dejan de existir como manifestaciones independientes. Las acciones sólo dependen y siempre dependen.

---

3. Robin Evans, *The Projective Cast: Architecture and its Three Geometries*. Cambridge, MA: MIT Press, 1995. 355.

3. Robin Evans, *The Projective Cast: Architecture and its Three Geometries*. Cambridge, MA: MIT Press, 1995. Traducción por Romina Canna.

OLD POST OFFICE
Graham, Anderson, Probst, and White
Chicago, United States, 1922
(Photo by Romina Canna)

Big and slightly dumb, perhaps, but able to shape the city in a clear and forceful way, The Old Chicago Post Office affects its surroundings, sits above and adjacent to networks of infrastructure, but doesn't admit to any influence. It permits but does not adapt or even bend. It's mute but subject to interpretation.

Grande y un poco tonto quizás, pero capaz de dar forma a la ciudad de forma clara y contundente. El edificio de Correos transforma su entorno, se ubica por encima y junto a redes de infraestructura, pero sin dejarse influenciar por ellas. Es permisivo pero no se adapta o se pliega. Es simple pero sujeto a interpretación.

04. AN AUTOBIOGRAPHICAL POSTSCRIPT: LIKE A FIRE

In 2008, Romina Canna and I, as presidents of the Chicago Architectural Club, curated and participated in *Burnham 2.0*, an exhibition of new work meant to mark the 100th anniversary of Daniel Burnham and Edward Bennett´s *Plan of Chicago* with the creation of a new composite urban plan. This work was conceived just before Lehman Brothers collapsed, when it seemed that our ideas of massive infrastructure investment, and of a profound rethinking of the public sphere, were utter fantasy. When, immediately after the election of 2008, it looked as though we'd anticipated brilliantly the second coming of Roosevelt, or at least that of Eisenhower, we congratulated ourselves on our prescience and looked for ways in. We were willing to get into process, to attend meetings, to build consensus (why, in a complicated and multifaceted country consensus was desirable, we dared not ask) and to pack away our training in making projects –in making big, dumb stuff– in exchange for a seat at the proverbial table. We were willing to renounce projects in exchange for the chance to act.

But the *Burnham 2.0* work was not conceived in that context. At the time of its conception, there seemed little danger of any of the work actually happening. And no one had asked us to renounce the big gesture. We did it willingly. Even when freed from the responsibility of plausibility or even constructability, we turned to arguments about urban processes, rather than about objects in themselves, even when it is the strength and legibility of these objects (quite aside from their quality as works of architecture) that makes them important proposals. Like the cultivated man of Loos´s *Ornament and Crime*, we suppressed our immoral urges to make form or forms and instead committed to the

04. UNA POSDATA AUTOBIOGRÁFICA: COMO UN INCENDIO

En 2008, Romina Canna y yo, como presidentes del Chicago Architectural Club, comisariamos y participamos como equipo de proyecto en *Burnham 2.0*, una exposición de trabajos inéditos destinada a conmemorar el centenario del Plan de Chicago, de Daniel Burnham y Edward Bennett, con la creación de un nuevo plan urbano hecho como un *collage* colectivo.
El trabajo fue concebido justo antes del colapso de Lehman Brothers, cuando parecía que nuestras ideas para una inversión cuantiosa en infraestructuras y un profundo replanteamiento de la esfera pública eran una fantasía absoluta. Inmediatamente después de las elecciones de 2008, cuando creímos que habíamos anticipado de forma brillante la vuelta de los tiempos de Roosevelt, o al menos los de Eisenhower, no pudimos por menos que felicitarnos por semejante clarividencia e intentamos buscar la manera de formar parte de ello. Estábamos dispuestos a entrar en el proceso, a asistir a reuniones, a construir consenso —nunca nos preguntamos por qué construir consenso en un país tan complicado y polifacético podría ser siquiera deseable— y dejar atrás nuestra experiencia en redactar proyectos —en hacer cosas grandes y simples— a cambio de un lugar en la mesa de debate. Estábamos dispuestos a renunciar a los proyectos a cambio de la oportunidad de actuar.

Sin embargo, *Burnham 2.0* no fue concebido en ese contexto. En el momento de su concepción, parecía no haber ningún peligro de que algo de ese trabajo pudiera concretarse. En ese momento, nadie nos pedía renunciar al gran gesto arquitectónico. Lo hicimos gustosos. Aun siendo libres de cualquier responsabilidad sobre la calidad o factibilidad constructiva, orientamos nuestros intereses hacia los procesos urbanos más que hacia los objetos en sí mismos, siendo la capacidad y legibilidad misma de esos objetos —más allá de su calidad como obras de arquitectura— lo que los hace importantes como

BURNHAM 2.0 EXHIBITION
CHICAGO ARCHITECTURAL CLUB
Romina Canna and David Goodman, Curators
(Photo by Romina Canna)

In 2008, Romina Canna and David Goodman curated and participated in *Burnham 2.0*, an exhibition of new work meant to mark the 100th anniversary of Daniel Burnham and Edward Bennett's Plan of Chicago with the creation of a new composite urban plan.

En 2008, Romina Canna and David Goodman, comisariaron y participaron en Burnham 2.0, una exposición de trabajos inéditos para conmemorar el centenario del Plan de Chicago de Daniel Burnham y Edward Bennett con la creación de un nuevo plan urbano hecho como un *collage* colectivo.

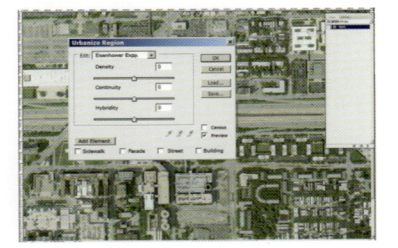

HEARTLAND FREE CITY
Burnham 2.0 **Proposal**
R+D Studio: Romina Canna and David Goodman

The *Burnham 2.0* was conceived when it seemed that our ideas of massive infrastructure investment, and of a profound rethinking of the public sphere, were utter fantasy. When, immediately after the election of 2008, it looked as though we´d anticipated brilliantly the second coming of Roosevelt, we looked for ways in.

El trabajo fue concebido cuando parecía que nuestras ideas para una inversión cuantiosa en infraestructuras y un profundo replanteamiento de la esfera pública eran una fantasía absoluta. Inmediatamente después de las elecciones de 2008, cuando creímos que habíamos anticipado de forma brillante la vuelta de los tiempos de Roosevelt, buscamos la manera de participar.

---

meaningful and humble world of interpreting and directing mysterious flows of energy and intensity outside the individual work. We turned to an architectural deism.

If we reflexively adopt this posture, I am afraid we risk being strangled by the better angels of our nature. That is, if out of earnestness, political ambition, or a self-imposed modesty, we center our efforts on shaping processes rather than objects, we ultimately write architecture out of the story altogether. If we don´t do it, who will? If we don´t commit, once and for all, to making things or at the very least to proposing them, then what, exactly, are we good for?

The politicians and planners (who, for the most part, long ago abandoned any desire to talk about what things look like) have claimed as their territory what little margin exists for shaping the city that has not already been assumed by the private sector, and have developed tools, expertise, and structures to ensure their continued dominion of that territory. But the market alone, or the planners, or the politicians, or even an architect-led neighborhood group most certainly could never make an object as emphatic as Graham, Anderson, Probst and White´s Chicago Post Office of 1921. Perhaps we should aspire be more like the Post Office: big and slightly dumb, perhaps, but able to shape the city in a clear and forceful way. The Post Office affects its surroundings, sits above and adjacent to networks of infrastructure, but doesn´t admit to any influence. It permits but does not adapt or even bend. It´s mute but subject to interpretation. Everyone in Chicago knows it, and knows more or less what it looks like, but few —even the architects— could draw an accurate elevation from memory, because the elevation, the specifics of the proposal, don´t matter very much. It is, in part, this very impassivity and muteness that has permitted this building to survive, empty and obsolete for nearly 20 years.

I would suggest that, like the old Post Office, the best of the tactical work suggests architecture of limited but nevertheless ambitious objectives, an architecture of projects through actions, and not actions as ends in themselves. If we consign ourselves to action without projects we risk death by a thousand contingencies, a thousand constituencies, a thousand mitigating factors. The result is a deflated architecture, and we limp forward as we gamely try to convince ourselves that this impotence is really our choice, and that we are stronger the more we embed ourselves in other disciplines or in direct action. Our strength should be strength. We should aim to be big, dumb and legible. If not,

propuestas. A la manera del hombre cultivado de Adolf Loos en *Ornamento y Delito*, suprimimos nuestros impulsos inmorales por hacer forma o formas y en su lugar nos comprometimos en el valioso y humilde trabajo de interpretar y dirigir misteriosos flujos de energía e intensidad ajenos al trabajo individual. Confiábamos en un deísmo arquitectónico.

Si adoptamos esta postura instintivamente, me temo que corremos el riesgo de ser estrangulados por nuestras buenas intenciones.
Es decir, si inmersos en el *buenismo*, la ambición política o una modestia autoimpuesta, centramos nuestros esfuerzos en modelar procesos en lugar de objetos, estaremos dejando a la arquitectura fuera del debate. Y por lo tanto, si no lo hacemos nosotros, ¿quien lo hará? Si no nos comprometemos, de una vez por todas, a hacer cosas o al menos proponerlas, entonces, ¿para qué valemos exactamente?

Los políticos y los técnicos en planeamiento (que en su gran mayoría han abandonado hace tiempo ya cualquier deseo de discutir sobre la apariencia de las cosas) han proclamado que su territorio para modelar la ciudad es el poco margen que queda fuera de las manos del sector privado, y han desarrollado unos instrumentos, una destreza, y unas estructuras para asegurarse la continuidad del dominio sobre ese territorio. Pero el mercado solo, o los técnicos en planeamiento, o los políticos, o los colectivos liderados por un arquitecto, nunca podrían realizar un objeto tan enfático como el edificio de Correos en Chicago, de Graham, Anderson, Probst and White, de 1921. Tal vez debiéramos aspirar a ser un poco más como el edificio de Correos, grande y un poco simplón, pero capaz de dar forma a la ciudad de forma clara y contundente. El edificio de Correos transforma su entorno, se ubica por encima y junto a redes de infraestructura, pero sin dejarse influenciar por ellas. Es permisivo pero no se adapta o se pliega. Es simple pero sujeto a interpretación. Todo el mundo en Chicago lo conoce, y conoce más o menos su apariencia, pero pocos —incluyendo los arquitectos— serían capaces de dibujar su fachada de memoria, porque su fachada y las cuestiones específicas de su propuesta, no son tan importantes. Es su calidad de impasible y su mutismo lo que le han permitido a este edificio sobrevivir, vacío y obsoleto, durante casi 20 años.

Sugeriría que, como el edificio de Correos, lo mejor del trabajo táctico propone una arquitectura de objetivos limitados pero no menos ambiciosos; una arquitectura de proyectos realizados a través de acciones, y no de acciones como fines en sí mismas. Si nos resignamos a una acción sin proyectos nos arriesgamos a una muerte causada por miles de contingencias, miles de públicos y miles de factores atenuantes. El resultado es una arquitectura desinflada y seguimos adelante cojeando, tratando de convencernos de que

CHICAGO FIRE, 1871
Model by John Martine

A fire is amoral, does not consult its neighbors, and is very clearly identifiable. It is, in its own way, highly disciplinary, with a very understandable project, and is ruthlessly limited in its objectives. It is also, in the case of the Chicago Fire, extremely effective in its shaping of the urban order. It just does. Everyone and everything else just reacts.

Un incendio es amoral, no consulta a sus vecinos y es claramente identificable. Es, en su estilo, altamente disciplinar, un proyecto muy fácil de comprender y despiadadamente limitado en sus objetivos. Es también, en el caso del incendio de Chicago, extremadamente efectivo en su forma de modelar el orden urbano. Simplemente, el fuego actúa y todo lo demás reacciona.

we can't help but be absorbed into a game of processes and politics that we only delude ourselves into thinking we can guide, let alone win. Behind the contemporary professions of piety and humility one can detect a profound immodesty, and a naïve megalomania about the architect's position in society and his or her ability to win friends and influence people beyond the already-complicated network of contractor, owner(s) and their respective agents and representatives. Not content merely to navigate this perilous territory, we are increasingly choosing also to engage and, to some degree, to dissolve our discipline into forces far greater than ourselves.

As we photographed the *Burnham 2.0* exhibition at the Chicago History Museum, we watched a consistent but depressingly sparse dribbling of schoolchildren and somewhat bored tourists. These visitors —the general public for whom we'd ostensibly produced the work, and in whose name we'd kindly refrained from The Big Gesture in exchange for an earnest and at times humble engagement with the processes of everyday life— could neither understand nor care less about the work included in the exhibition. Confused, but insufficiently engaged to invest time and effort in trying to decipher our well-meaning diagrams, explanations, and renderings, they moved on, generally after less than a minute, to inspect an adjacent diorama depicting the horrors of the Chicago Fire of 1871. This was more like it. A really big fire, after all, is quite clear. It is amoral, does not consult its neighbors, and is very clearly identifiable. It is, in its own way, highly disciplinary, with a very understandable project, and is ruthlessly limited in its objectives. It is also, in the case of the Chicago Fire, extremely effective in its shaping of the urban order. It just does. Everyone and everything else just reacts.

There is strength in our political impotence. We can stop worrying now, and love our boxes, bubbles or baubles. It's ok. Really, it is. Because this, we can do. This is what we know how to do, at least for now, some of us still do. A retreat into process is a final surrender, the last defeat of the architect. But if we embrace our impotence, if we revel in how little we can actually influence the broader context, without surrendering our desire actually to do so, we can then concentrate our energies on the actions of the present in service of the implausible project of the still-to-come.

esa impotencia es nuestra elección y de que seremos más fuertes cuanto más nos involucremos en otras disciplinas o en la acción directa. Nuestra potencia es ser potentes. Deberíamos aspirar a ser grandes, simplones y legibles. Y si no, no podremos evitar ser absorbidos por el juego de procesos y maniobras políticas, juego que —no nos engañemos— ni podemos dirigirlo ni mucho menos ganarlo. Detrás de las expresiones actuales de piedad y humildad se puede detectar una gran presunción y una megalomanía naíf sobre la posición del arquitecto en la sociedad y sus habilidades para ganar amigos e influir en la gente, más allá de la compleja red de constructores, propietarios y sus respectivos agentes y representantes. No contentos con navegar por este proceloso territorio, elegimos comprometernos cada vez más y, hasta cierto punto, disolver nuestra disciplina en medio de fuerzas muy superiores a nosotros mismos.

Mientras fotografiábamos la exposición *Burnham 2.0* en el Chicago History Museum, observábamos un goteo continuo de alumnos de escuela y turistas aburridos. Estos visitantes, el público para el que en principio habíamos producido el trabajo, y en cuyo nombre decidimos abstenernos del Gran Gesto para, a cambio, comprometernos en un trabajo serio y humilde acorde con los procesos cotidianos, no podían estar menos interesados. Hasta el punto de que ni siquiera entendían el trabajo incluido en la exposición. Confundidos y sin interés por invertir tiempo y esfuerzo en descifrar nuestros diagramas, explicaciones e imágenes bien intencionadas, se marchaban, generalmente antes de un minuto, a examinar una maqueta que representaba los horrores del gran incendio de Chicago de 1871. Eso sí que les resultaba atractivo. Después de todo, un enorme incendio es bastante claro. Es amoral, no consulta a sus vecinos y es claramente identificable. Es, en su estilo, altamente disciplinar, un proyecto muy fácil de comprender y despiadadamente limitado en sus objetivos. Es también, en el caso del incendio de Chicago, extremadamente efectivo en su forma de modelar el orden urbano. Simplemente, el fuego actúa y todo lo demás reacciona.

Existe una fortaleza en nuestra impotencia política. Podemos dejar de preocuparnos y amar nuestras cajas, burbujas o chucherías. Vale. Está bien, de acuerdo. Podemos hacer eso. Es lo que sabemos hacer, y al menos por ahora, es lo que algunos de nosotros todavía hacemos. Refugiarse en el proceso implicaría una rendición final, la última derrota del arquitecto. Pero si aceptamos nuestra impotencia, si hacemos virtud de nuestra escasa influencia, sin renunciar a llegar a ejercerla realmente, entonces, podremos concentrar nuestras energías en las acciones del presente y ponerlas al servicio del improbable proyecto que está por llegar.

David Goodman is Director of Undergraduate Studies at IE University in Segovia, Spain. He is an architect, graduate of Harvard University Graduate School of Design, and co-author of the book *An Introduction to Architecture Theory, 1968 to the Present*.

Translated into Spanish by Romina Canna

David Goodman es Director del Grado en Arquitectura en IE University en Segovia. Es arquitecto por la Harvard University Graduate School of Design, y coautor del libro *An Introduction to Architecture Theory, 1968 to the Present*.

Traducido al español por Romina Canna

AGENTS

- *Timeline of actions* Cronología de acciones -

The -ever-growing- debate concerning the current role of the architect can only be understood by analysing a complex reality where the authors form part of the continual flow of actions. The designer interacts in an extended environment, outside the limits of their studio and often outside the limits of their discipline. The history of a project is the history of its actors or agents and in the this chapter the main decisions adopted throughout each project and the agents responsible for them are identified. The aim is to decipher whether the initiatives come from the base (Bottom) or from the institutions (Top) and how the architects act in each timeline.

El debate -cada vez más ruidoso- sobre el papel actual del arquitecto solo puede entenderse a través del análisis de una realidad compleja, en donde los autores forman parte de un flujo continuo de acciones. El diseñador interactúa en un entorno ampliado, fuera de los límites de su estudio y a menudo fuera de los límites de su disciplina. La historia de un proyecto es la historia de sus actores o agentes y en este capítulo se identifican las principales decisiones adoptadas a lo largo de cada proyecto y los agentes responsables de las mismas. El objetivo es descifrar si las iniciativas surgen desde la base (*Bottom*) o desde las instituciones (*Top*) y cómo actúan los arquitectos en cada línea de tiempo.

AGENTS - Timeline of actions Cronología de acciones

AUTHOR INDEX INDICE DE AUTORES

●	3S STUDIO - Railway transformation.	**256 - 257**
●	AMIR LOTAN - Side effect.	**262 - 263**
●	BLDGS - Villa de Murph.	**262 - 263**
●	BLOCK ARCHITECTES - Le Voyage à Nantes offices.	**272 - 273**
●	BOLDARINI ARQUITETURA E URBANISMO - Cantinho do Ceu Park.	**260 - 261**
●	BRENDELAND & KRISTOFFERSEN - Svartlamoen Nursery.	**270 - 271**
●	CARLOS ARROYO - OostCampus.	**256 - 257**
●	CARNICERO, VILA, VIRSEDA - Matadero Nave 16.	**270 - 271**
●	CEA CENTRO DE ESTUDIOS AMBIENTALES - Green Belt.	**252 - 253**
●	CHURTICHAGA + QUADRA-SALCEDO - Matadero Film Archives.	**268 - 269**
●	COMOCO ARQUITECTOS - N10-II Sports Facility.	**266 - 267**
●	CTOPOS DESIGN - West Seoul Lake Park.	**276 - 277**
●	DOEPEL STRIJKERS - Haka Recycle office.	**276 - 277**
●	DTAH / DIAMOND SCHMITT ARCHITECTS / CLAUDE CORMIER + ASSOCIÉS - Evergreen/brick Works.	**254 - 255**
●	DU TOIT ARCHITECTS - Artscape Wychwood Barns.	**274 - 275**
●	ECTOR HOOGSTAD ARCHITECTEN - IMD offices.	**274 - 275**
●	EM2N / SCHWEINGRUBER ZULAUF - Letten Viaducts Refurbishment.	**256 - 257**
●	ENSAMBLE STUDIO - Matadero Reader's House.	**268 - 269**
●	ESTUDIO DE ARQUITECTURA ARTURO FRANCO - Matadero Nave 8b.	**276 - 277**
●	ESTUDIO DE ARQUITECTURA ARTURO FRANCO - Matadero Naves 8-9 (Structural Consolidation Works).	**270 - 271**
●	FABRE/DEMARIEN - Le 308.	**266 - 267**
●	FREDERICO VALSASSINA / MANUEL AIRES MATEUS / PROAP - Water Treatment Plant Revamp.	**254 - 255**
●	INTERBREEDING FIELD - Shihlin Paper Mill.	**262 - 263**
●	JANSANA, DE LA VILLA, DE PAAUW, AAUP JORDI ROMERO - Turó de la Rovira.	**260 - 261**
●	KLOPFER MARTIN DESIGN GROUP - The Steel Yard.	**258 - 259**
●	LANGARITA NAVARRO - Matadero Music Academy.	**266 - 267**
●	LAFEÑA & TORRES - CCCB Theatre.	**268 - 269**
●	LATZ + PARTNER - Parco Dora.	**252 - 253**
●	MANUEL RUISÁNCHEZ, FRANCESC BACARDIT, ARCHITECTS - Creation Factory.	**274 - 275**
●	MARGIE RUDDICK LANDSCAPING / WRT / MARPILLERO POLLAK ARCHITECTS - Queens Plaza.	**258 - 259**
●	MARTÍ FRANCH, TON ARDÈVOL - Restoration of Tudela-Culip Natural Environment.	**254 - 255**
●	MVRDV, ARKOS, SETUREC - Teletech Campus.	**264 - 265**
●	NL ARCHITECTS - Notweg Garage.	**272 - 273**
●	NÚRIA SALVADÓ + DAVID TAPIAS - Massó Distillery.	**272 - 273**
●	PERKINS+WILL - Atlanta Beltline.	**252 - 253**
●	STEPHEN DYNIA, GROUNDWORKS DESIGN, WENK - Freight Building and Taxi's public space.	**258 - 259**
●	SUBSOLAR - Open Air Theatre.	**264 - 265**
●	TARNA KLITZNER / JONKER AND BARNES ARCHITECTS - Khayelitsha Urban Upgrading.	**260 - 261**
●	ZUS [ZONES URBAINES SENSIBLES] - The Schieblock.	**264 - 265**

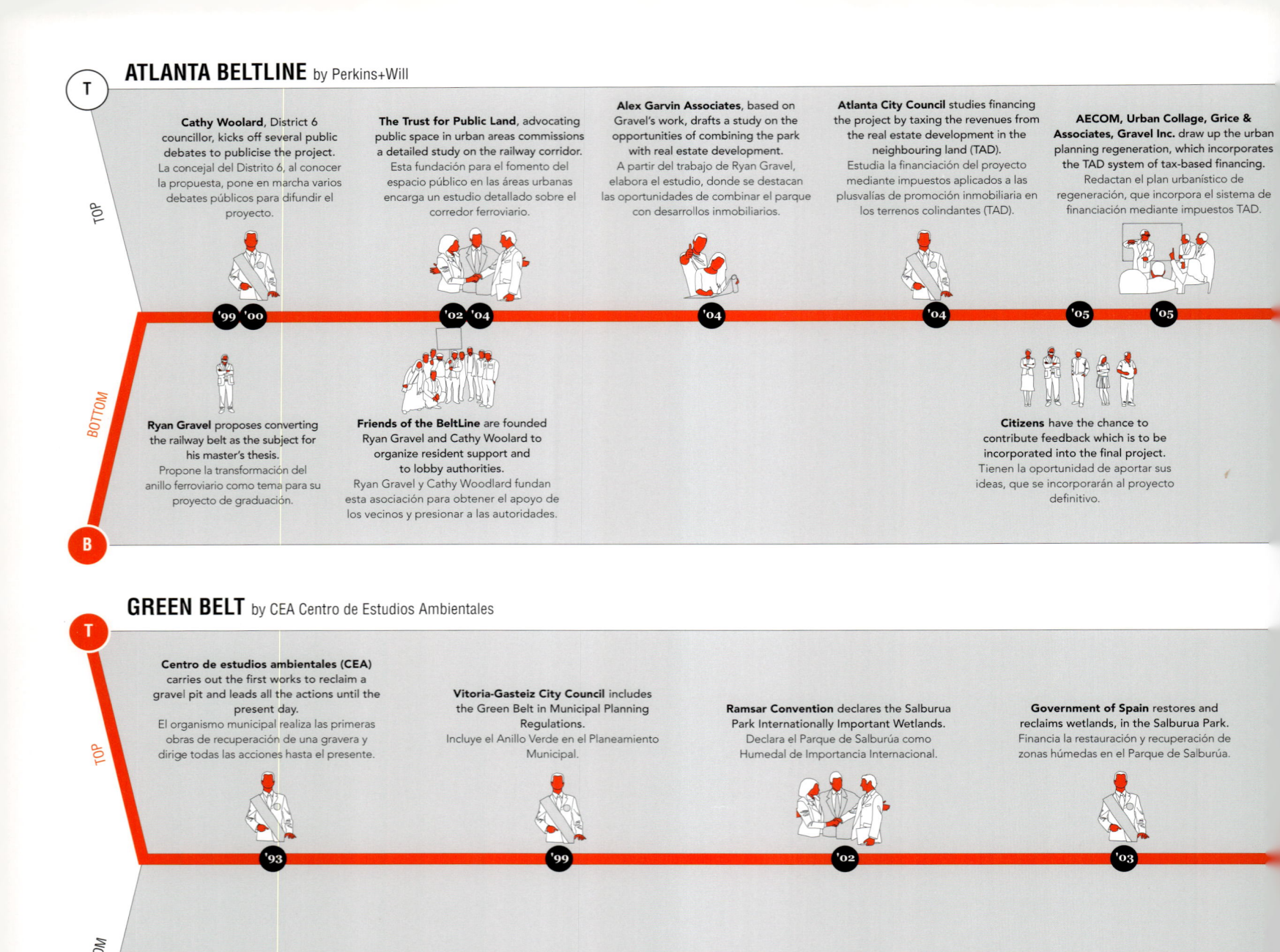

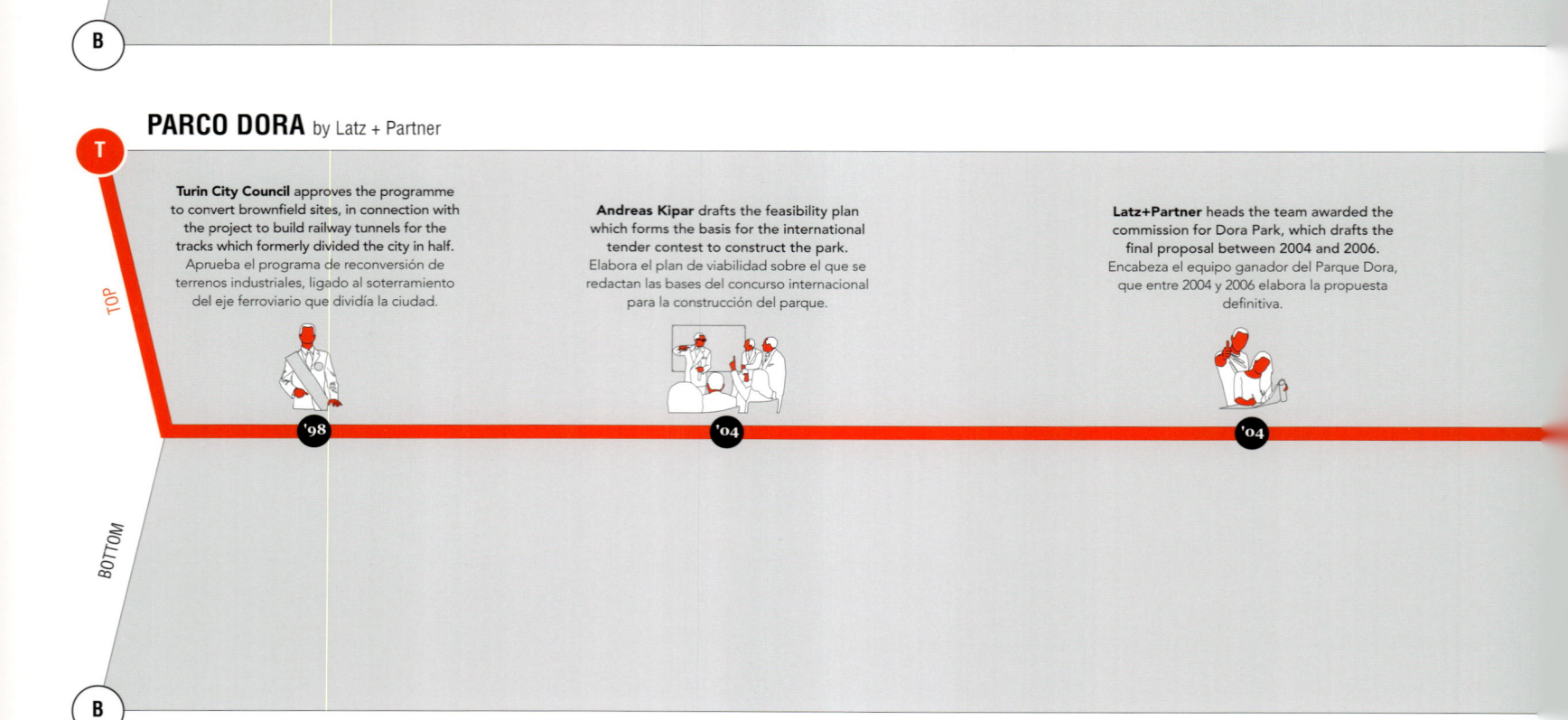

ATLANTA BELTLINE by Perkins+Will

Cathy Woolard, District 6 councillor, kicks off several public debates to publicise the project.
La concejal del Distrito 6, al conocer la propuesta, pone en marcha varios debates públicos para difundir el proyecto.
'99

The Trust for Public Land, advocating public space in urban areas commissions a detailed study on the railway corridor.
Esta fundación para el fomento del espacio público en las áreas urbanas encarga un estudio detallado sobre el corredor ferroviario.
'02

Alex Garvin Associates, based on Gravel's work, drafts a study on the opportunities of combining the park with real estate development.
A partir del trabajo de Ryan Gravel, elabora el estudio, donde se destacan las oportunidades de combinar el parque con desarrollos inmobiliarios.
'04

Atlanta City Council studies financing the project by taxing the revenues from the real estate development in the neighbouring land (TAD).
Estudia la financiación del proyecto mediante impuestos aplicados a las plusvalías de promoción inmobiliaria en los terrenos colindantes (TAD).
'04

AECOM, Urban Collage, Grice & Associates, Gravel Inc. draw up the urban planning regeneration, which incorporates the TAD system of tax-based financing.
Redactan el plan urbanístico de regeneración, que incorpora el sistema de financiación mediante impuestos TAD.
'05

'00 **Ryan Gravel** proposes converting the railway belt as the subject for his master's thesis.
Propone la transformación del anillo ferroviario como tema para su proyecto de graduación.

'04 **Friends of the BeltLine** are founded Ryan Gravel and Cathy Woolard to organize resident support and to lobby authorities.
Ryan Gravel y Cathy Woodlard fundan esta asociación para obtener el apoyo de los vecinos y presionar a las autoridades.

'05 **Citizens** have the chance to contribute feedback which is to be incorporated into the final project.
Tienen la oportunidad de aportar sus ideas, que se incorporarán al proyecto definitivo.

GREEN BELT by CEA Centro de Estudios Ambientales

Centro de estudios ambientales (CEA) carries out the first works to reclaim a gravel pit and leads all the actions until the present day.
El organismo municipal realiza las primeras obras de recuperación de una gravera y dirige todas las acciones hasta el presente.
'93

Vitoria-Gasteiz City Council includes the Green Belt in Municipal Planning Regulations.
Incluye el Anillo Verde en el Planeamiento Municipal.
'99

Ramsar Convention declares the Salburua Park Internationally Important Wetlands.
Declara el Parque de Salburúa como Humedal de Importancia Internacional.
'02

Government of Spain restores and reclaims wetlands, in the Salburua Park.
Financia la restauración y recuperación de zonas húmedas en el Parque de Salburúa.
'03

PARCO DORA by Latz + Partner

Turin City Council approves the programme to convert brownfield sites, in connection with the project to build railway tunnels for the tracks which formerly divided the city in half.
Aprueba el programa de reconversión de terrenos industriales, ligado al soterramiento del eje ferroviario que dividía la ciudad.
'98

Andreas Kipar drafts the feasibility plan which forms the basis for the international tender contest to construct the park.
Elabora el plan de viabilidad sobre el que se redactan las bases del concurso internacional para la construcción del parque.
'04

Latz+Partner heads the team awarded the commission for Dora Park, which drafts the final proposal between 2004 and 2006.
Encabeza el equipo ganador del Parque Dora, que entre 2004 y 2006 elabora la propuesta definitiva.
'04

| 280 | 28 | 34 | 62 | 90 |

Atlanta City Council creates the Atlanta Beltline Inc. public-private partnership and approves the taxation system to finance it.
Crea el consorcio público-privado Atlanta Beltline, Inc. y aprueba el sistema de recaudación de impuestos para financiarlo.

Atlanta Beltline, Inc. makes a five-year plan, purchases the first plots, coordinates public and private funding.
Elabora un plan quinquenal, adquiere los primeros terrenos, coordina fondos públicos y privados.

U.S.A. Government awards funding to build the tramway which will come with a pedestrian walkway whose first sections open in 2008.
Concede fondos para la construcción del tranvía, que estarán acompañados de una senda peatonal cuyos primeros tramos abren en 2008.

Atlanta City Council commences sales of bonds linked to future revenues to finance the works.
Inicia la venta de las obligaciones de deuda ligadas a las futuras plusvalías con las que se financian las obras.

Perkins+Will is commissioned to draft the project for the implementation of the tramway works on the former railway corridor.
Reciben el encargo de elaborar el proyecto de ejecución de las obras del tranvía sobre el antiguo corredor ferroviario.

'05 — '06 — '07 — '07 — '10

2031
PROJECT ENDS

| 280 | 32 | 38 | 42 | 60 | 74 | 80 |

European Union funds the flood defence for the River Zadorra within Vitoria-Gasteiz urban perimeter.
Financia la defensa contra inundaciones del río Zadorra en el casco urbano de Vitoria-Gasteiz

Government of Basque Country funds the implemetation of environmental corridors and routes.
Financia el acondicionamiento de corredores e itinerarios ecológicos.

Government of Basque Country and Government of Spain fund most of the actions carried out in the Green Belt from 2004 on.
Financian la mayoria de las acciones realizadas en el Anillo Verde a partir del 2004

The European Commission awards Vitoria-Gasteiz the title of European Green Capital 2012.
Concede a Vitoria-Gasteiz el título de European Green Capital 2012.

'04 — '04 — '04 — '12

2012
PROJECT IN PROGRESS

| 280 | 36 | 110 | 112 |

Government of Italy contributes funding, takes over the project and speeds up the works so as to celebrate the 150th anniversary of Italian Unification.
Para celebrar el 150 aniversario de la Unificación Italiana, aporta fondos, toma el control del proyecto y acelera las obras.

'04 — '07

2012
PROJECT ENDS

Citizens regularly get together with the authors in presentations and workshops to get to know the project and give feedback.
Se reúnen regularmente en presentaciones y talleres con los autores para conocer el proyecto y aportar ideas.

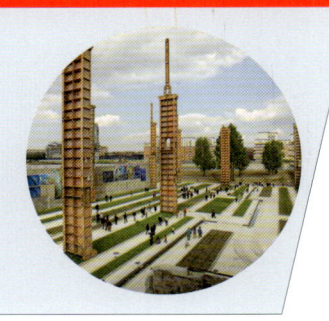

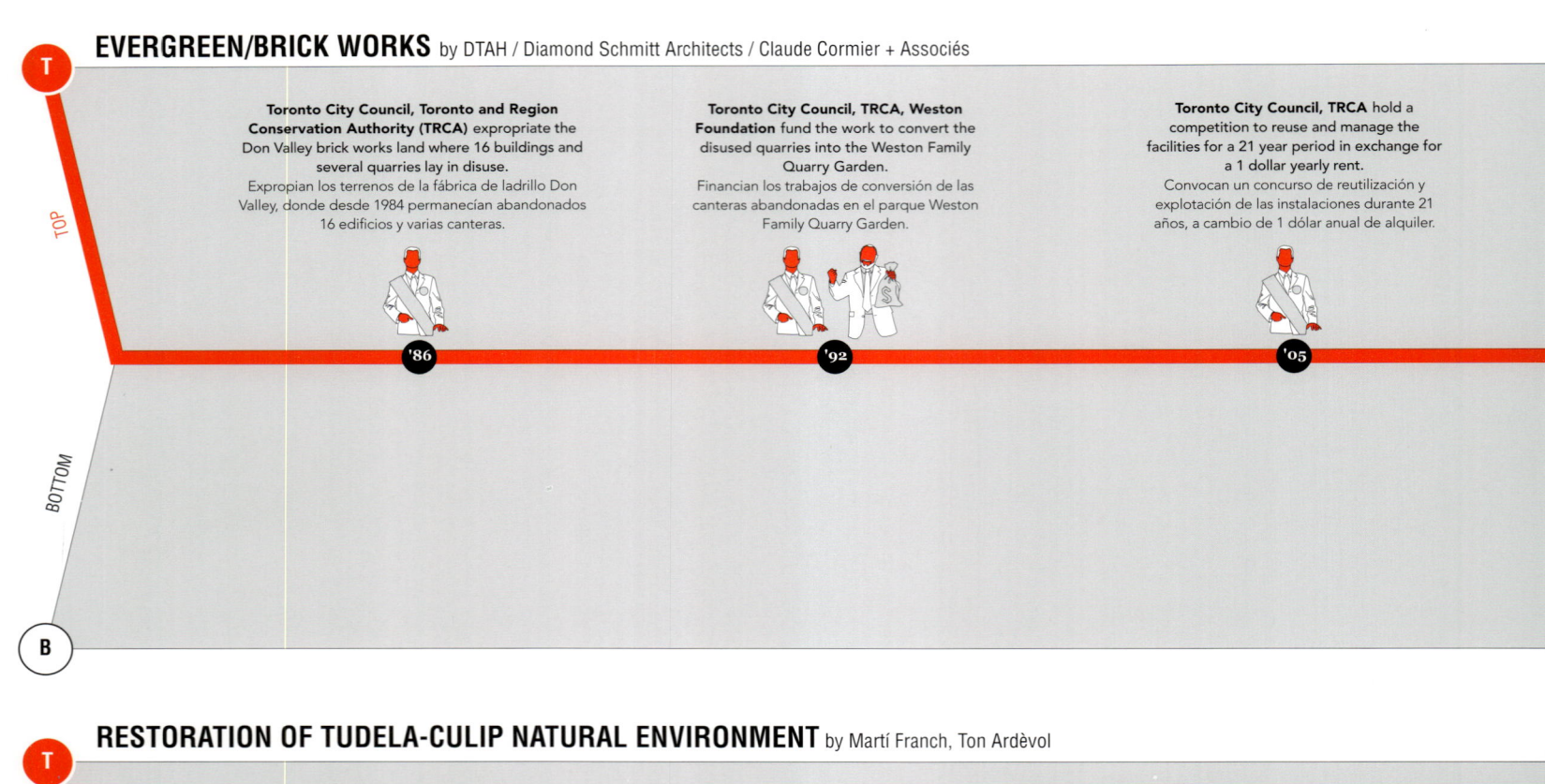

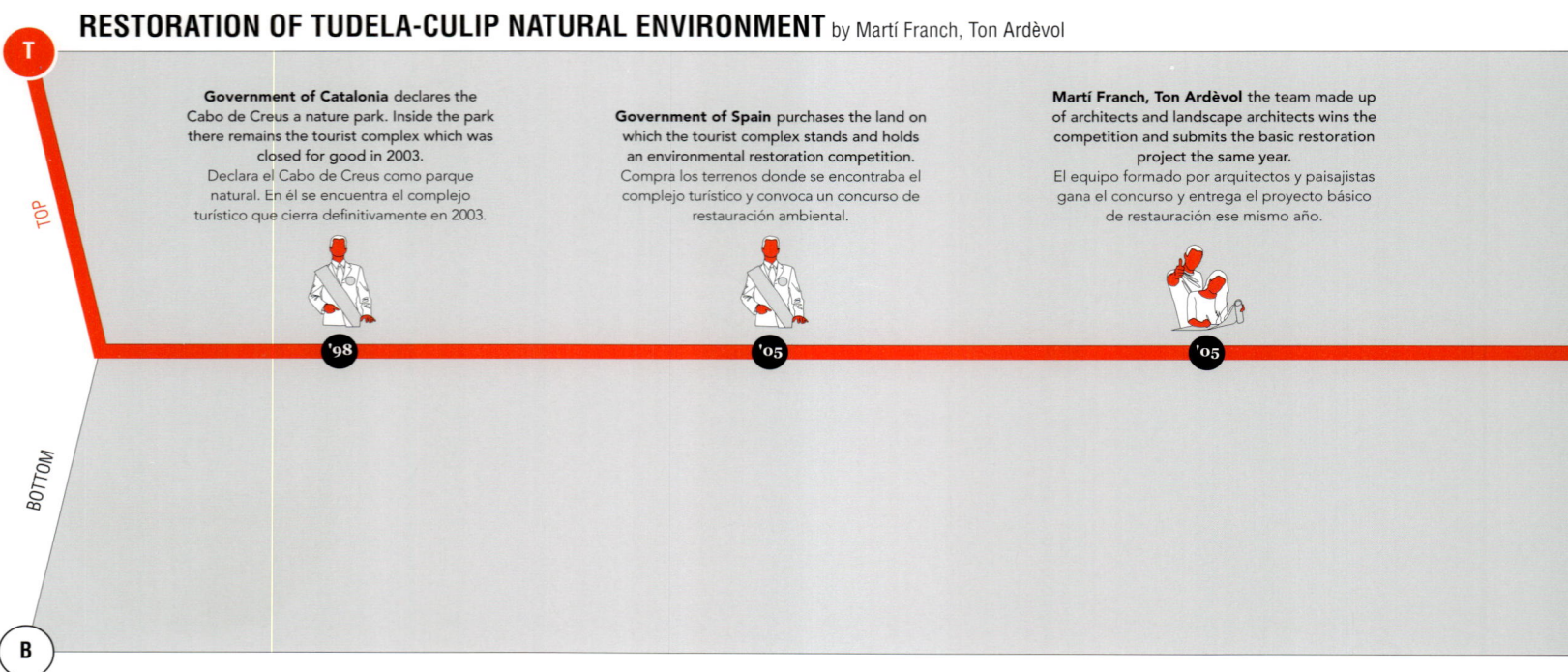

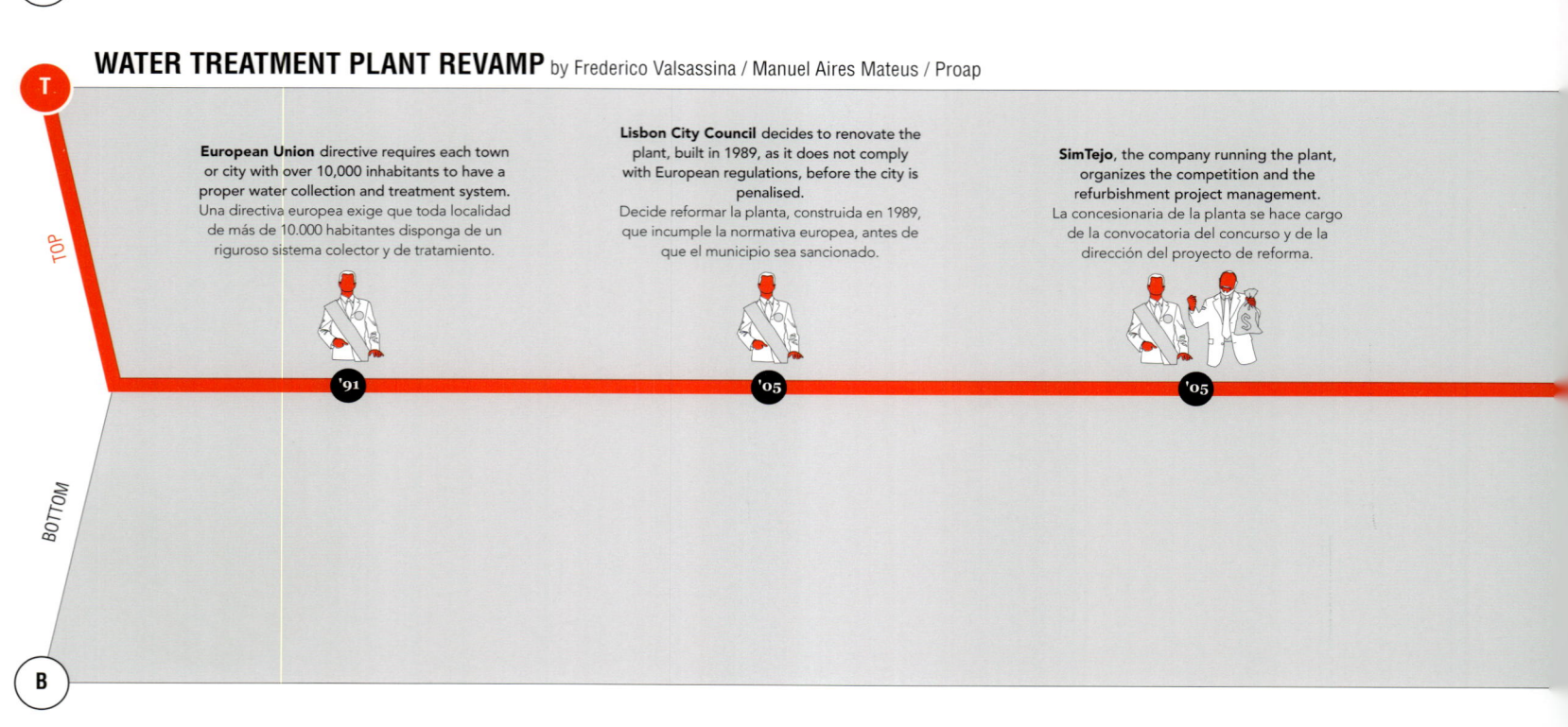

EVERGREEN/BRICK WORKS by DTAH / Diamond Schmitt Architects / Claude Cormier + Associés

Toronto City Council, Toronto and Region Conservation Authority (TRCA) expropriate the Don Valley brick works land where 16 buildings and several quarries lay in disuse.
Expropian los terrenos de la fábrica de ladrillo Don Valley, donde desde 1984 permanecían abandonados 16 edificios y varias canteras.

'86

Toronto City Council, TRCA, Weston Foundation fund the work to convert the disused quarries into the Weston Family Quarry Garden.
Financian los trabajos de conversión de las canteras abandonadas en el parque Weston Family Quarry Garden.

'92

Toronto City Council, TRCA hold a competition to reuse and manage the facilities for a 21 year period in exchange for a 1 dollar yearly rent.
Convocan un concurso de reutilización y explotación de las instalaciones durante 21 años, a cambio de 1 dólar anual de alquiler.

'05

RESTORATION OF TUDELA-CULIP NATURAL ENVIRONMENT by Martí Franch, Ton Ardèvol

Government of Catalonia declares the Cabo de Creus a nature park. Inside the park there remains the tourist complex which was closed for good in 2003.
Declara el Cabo de Creus como parque natural. En él se encuentra el complejo turístico que cierra definitivamente en 2003.

'98

Government of Spain purchases the land on which the tourist complex stands and holds an environmental restoration competition.
Compra los terrenos donde se encontraba el complejo turístico y convoca un concurso de restauración ambiental.

'05

Martí Franch, Ton Ardèvol the team made up of architects and landscape architects wins the competition and submits the basic restoration project the same year.
El equipo formado por arquitectos y paisajistas gana el concurso y entrega el proyecto básico de restauración ese mismo año.

'05

WATER TREATMENT PLANT REVAMP by Frederico Valsassina / Manuel Aires Mateus / Proap

European Union directive requires each town or city with over 10,000 inhabitants to have a proper water collection and treatment system.
Una directiva europea exige que toda localidad de más de 10.000 habitantes disponga de un riguroso sistema colector y de tratamiento.

'91

Lisbon City Council decides to renovate the plant, built in 1989, as it does not comply with European regulations, before the city is penalised.
Decide reformar la planta, construida en 1989, que incumple la normativa europea, antes de que el municipio sea sancionado.

'05

SimTejo, the company running the plant, organizes the competition and the refurbishment project management.
La concesionaria de la planta se hace cargo de la convocatoria del concurso y de la dirección del proyecto de reforma.

'05

| 282 | 40 |

Evergreen, advocating the incorporation of nature into cities, wins the competition with its proposal for a community centre.
Esta ONG para la introducción de la naturaleza en las ciudades gana el concurso con su propuesta de centro comunitario.

'06

DTAH leads the team of architects and landscape architects who are to implement the management plan drafted by Evergreen.
Lideran el equipo de arquitectos y paisajistas que deberá materializar el plan de explotación trazado por Evergreen.

'06

Governments of Canada and Ontario and private sector contributes 55% and 45% respectively due to Evergreen's fund-raising efforts. El sector público financia los trabajos al 55% y el sector privado el 45% gracias a los esfuerzos recaudatorios de Evergreen.

'07

2010
PROJECT ENDS

| 282 | 44 | 46 | 52 | 54 | 210 |

Government of Catalonia drafts a new plan outlining the demolition of the existing constructions and the restoration of native species.
Redacta un nuevo plan que establece la demolición de las construcciones existentes y la restauración de las especies autóctonas.

'06

Martí Franch, Ton Ardèvol draft the definitive project which covers both the demolition work and the environmental restoration and the re-design of the access.
Elaboran el proyecto definitivo que contempla tanto las demoliciones como la restauración ecológica y la ordenación de los accesos.

'08

2010
PROJECT ENDS

| 282 | 48 |

Frederico Valsassina/Manuel Aires Mateus win the competition, draft the project and start the works in 2007 after a long negotiation period.
Son los adjudicatarios del concurso y elaboran el proyecto, cuyas obras comienzan en 2007 tras un largo periodo de negociaciones.

'06

PROAP reinitiate the landscape architecture project after the construction company is unable to build the green roof proposed in the competition.
Retoman el proyecto de paisajismo ante la incapacidad de la constructora para ejecutar la cubierta verde propuesta en el concurso.

'08

Euroean Union, through the European Cohesion Funds, awards a 30% grant towards the total cost of the works.
A través de los Fondos Europeos de Cohesión, concede una subvención del 30% del importe total de las obras.

'08

2011
PROJECT ENDS

RAILWAY TRANSFORMATION by 3S Studio

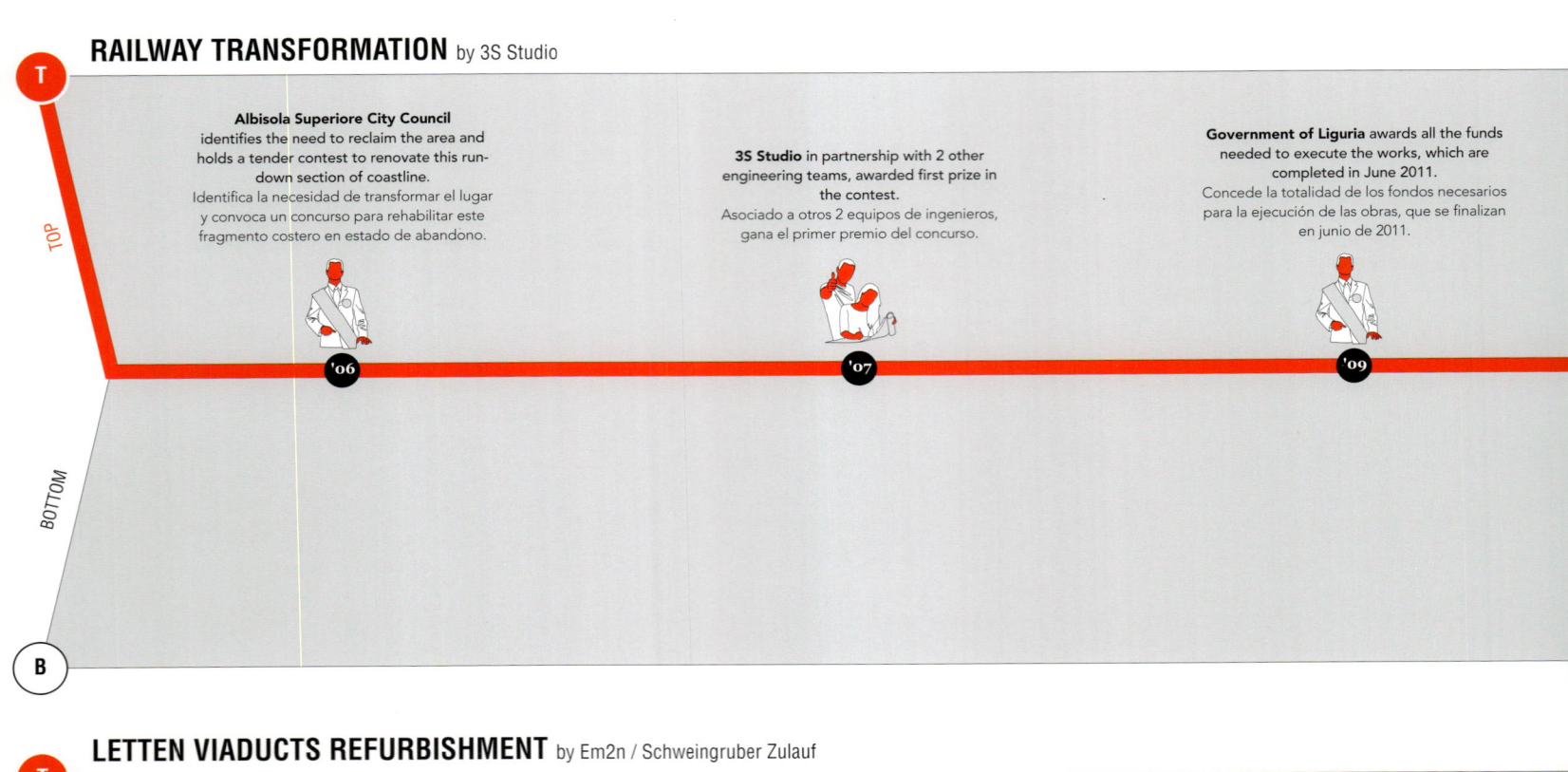

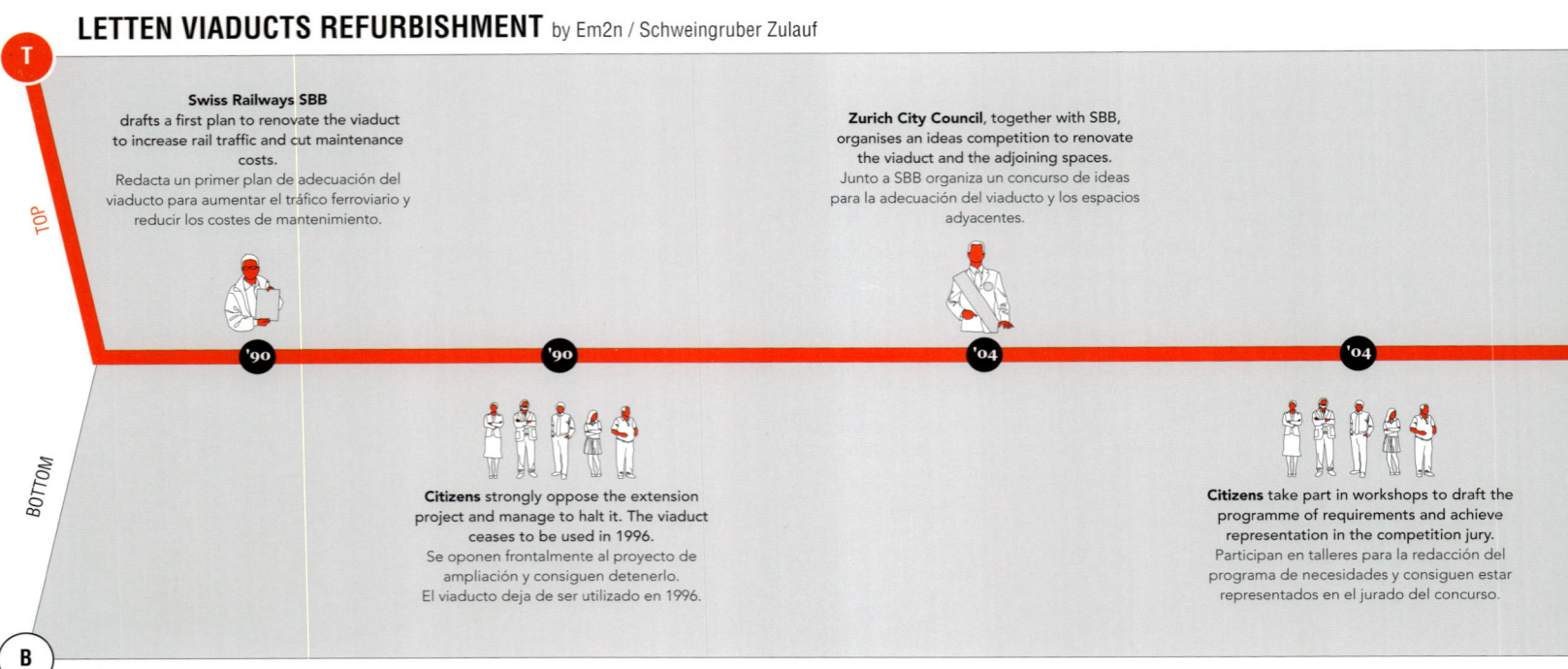

'06 — Albisola Superiore City Council identifies the need to reclaim the area and holds a tender contest to renovate this run-down section of coastline.
Identifica la necesidad de transformar el lugar y convoca un concurso para rehabilitar este fragmento costero en estado de abandono.

'07 — 3S Studio in partnership with 2 other engineering teams, awarded first prize in the contest.
Asociado a otros 2 equipos de ingenieros, gana el primer premio del concurso.

'09 — Government of Liguria awards all the funds needed to execute the works, which are completed in June 2011.
Concede la totalidad de los fondos necesarios para la ejecución de las obras, que se finalizan en junio de 2011.

LETTEN VIADUCTS REFURBISHMENT by Em2n / Schweingruber Zulauf

'90 — Swiss Railways SBB drafts a first plan to renovate the viaduct to increase rail traffic and cut maintenance costs.
Redacta un primer plan de adecuación del viaducto para aumentar el tráfico ferroviario y reducir los costes de mantenimiento.

'90 — Citizens strongly oppose the extension project and manage to halt it. The viaduct ceases to be used in 1996.
Se oponen frontalmente al proyecto de ampliación y consiguen detenerlo. El viaducto deja de ser utilizado en 1996.

'04 — Zurich City Council, together with SBB, organises an ideas competition to renovate the viaduct and the adjoining spaces.
Junto a SBB organiza un concurso de ideas para la adecuación del viaducto y los espacios adyacentes.

'04 — Citizens take part in workshops to draft the programme of requirements and achieve representation in the competition jury.
Participan en talleres para la redacción del programa de necesidades y consiguen estar representados en el jurado del concurso.

OOSTCAMPUS by Carlos Arroyo

'05 — Coca-cola closes its distribution depot in Oostkamp.
La compañía de bebidas gaseosas cierra su planta de distribución en Oostkamp.

'06 — Oostkamp City Council purchases the land owned by the Coca-Cola company to group together its municipal services.
El ayuntamiento compra los terrenos pertenecientes a la compañía Coca-Cola para agrupar servicios municipales.

'08 — Government of Flanders holds a competition for the OostCampus.
El Gobierno de Flandes convoca un concurso para OostCampus.

'08 — Carlos Arroyo wins the competition with his proposal to reuse the unit.
Gana el concurso apostando por la reutilización de la nave.

| 286 | 66 | 70 | 114 | 198 | 214 |

Groundworks design drafts the project for landscaping the land surrounding the former cargo terminal.
Elabora el proyecto de paisajismo del entorno de la antigua terminal de carga.

'08

Wenk Associates redesigns infrastructural solutions which enhance the fesability and sustaneability of the project.
Redefine soluciones infraestructurales que rmejoran la rentabilidad y la sostenibilidad del proyecto.

'08

2010
PROJECT ENDS

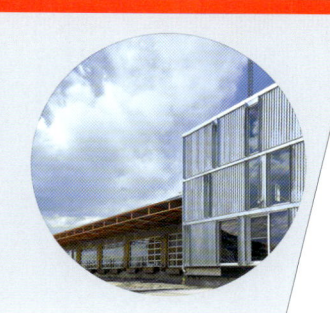

| 286 | 68 | 78 |

Margie Ruddick Landscaping/ WRT were commissioned by the New York City Council to implement a project to improve the area around Queens Plaza.
Reciben el encargo del Ayuntamiento de Nueva York de un proyecto para mejorar los alrededores de Queens Plaza.

'02

Government of the United States earmarks funds to carry out the works, adding to those awarded in 2003 for the first traffic planning works.
Concede fondos para ejecutar las obras, que se suman a los concedidos en 2003 para los primeros trabajos de ordenación del tráfico.

'05

Marpillero Pollak Architects join the teams responsible for drafting the detailed project to renovate the viaducts and to regenerate the surrounding area.
Se incorporan al equipo que redacta el proyecto de rehabilitación de los viaductos y la regeneración del territorio circundante.

'05

2012
PROJECT ENDS

| 286 | 72 | 216 |

Rhode Island Economic Development Corporation subsidies the works to remove the lead in the soil and to cap the site.
Subvenciona los trabajos de eliminación del plomo concentrado en el subsuelo y la impermeabilización del recinto.

'06

Klopfer Martin Design Group awarded the commission to convert the courtyard into a public space at the centre of the site.
Recibe el encargo para realizar la conversión del patio en un espacio público en torno al que gira el complejo.

'08

2010
PROJECT ENDS

259

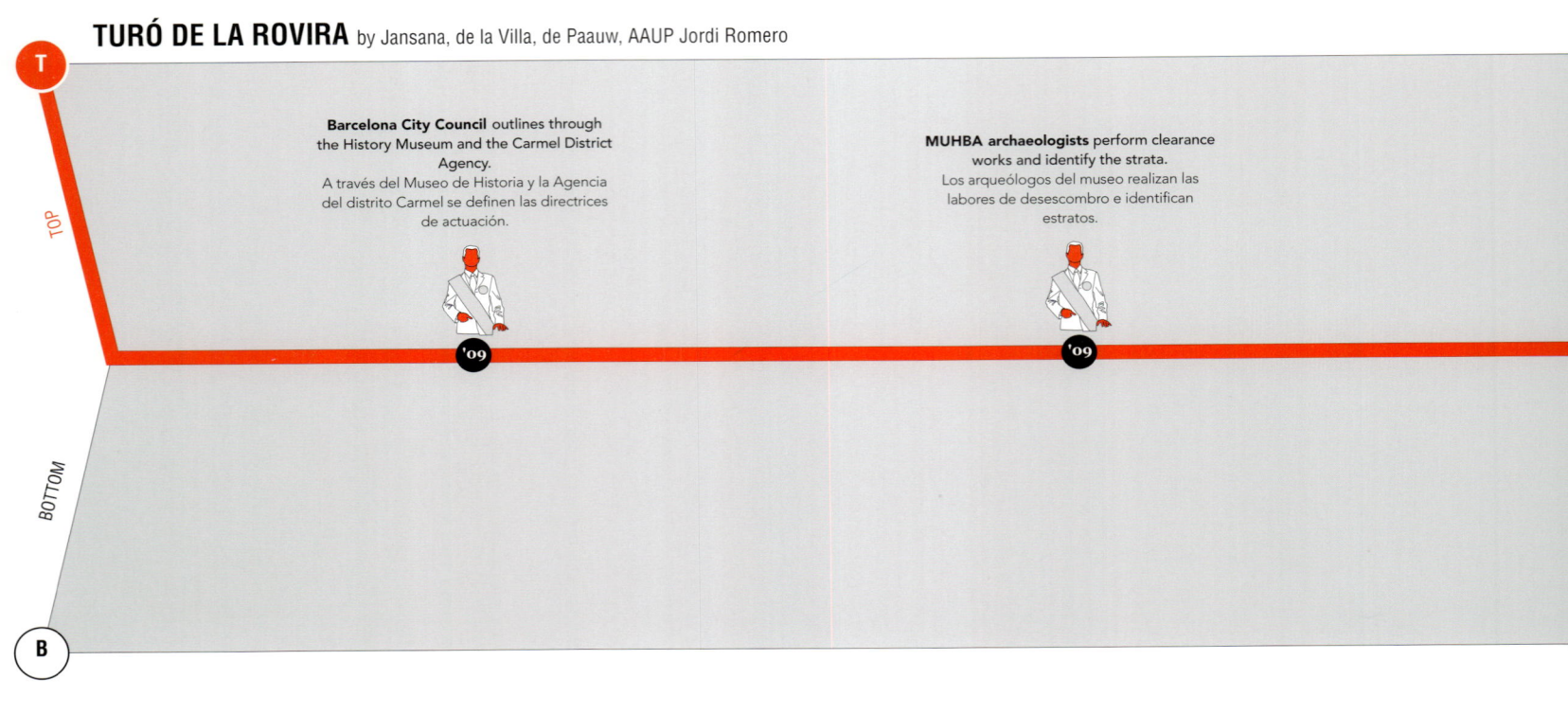

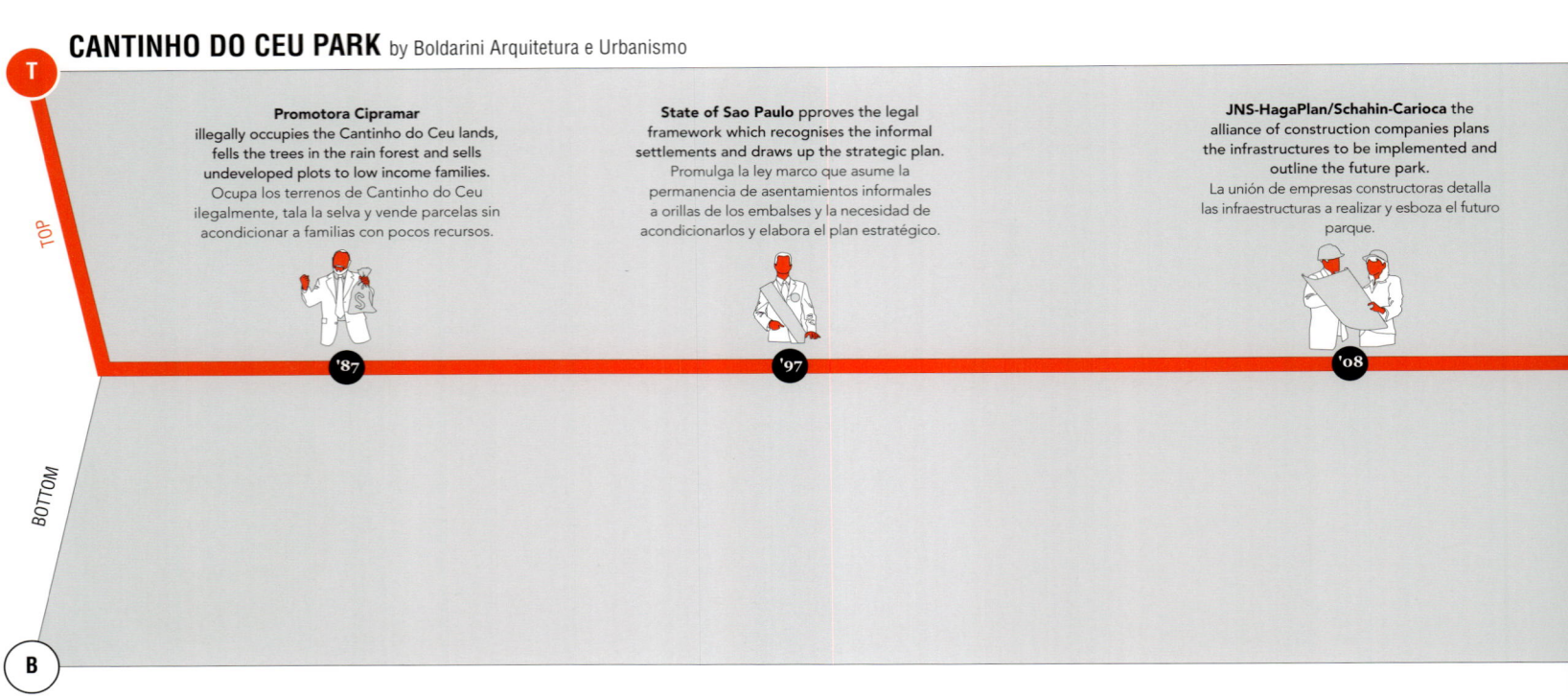

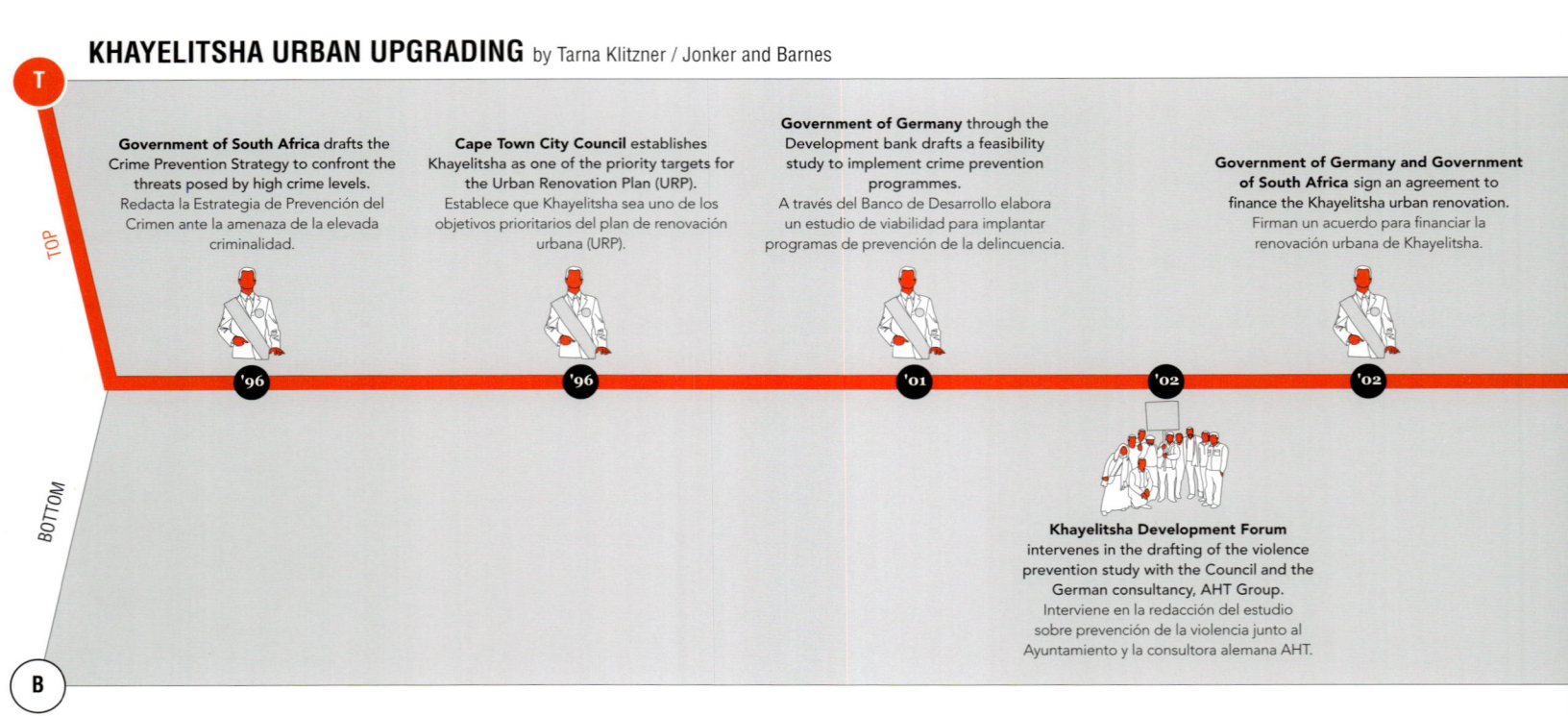

TURÓ DE LA ROVIRA by Jansana, de la Villa, de Paauw, AAUP Jordi Romero

Barcelona City Council outlines through the History Museum and the Carmel District Agency.
A través del Museo de Historia y la Agencia del distrito Carmel se definen las directrices de actuación.

'09

MUHBA archaeologists perform clearance works and identify the strata.
Los arqueólogos del museo realizan las labores de desescombro e identifican estratos.

'09

CANTINHO DO CEU PARK by Boldarini Arquitetura e Urbanismo

Promotora Cipramar illegally occupies the Cantinho do Ceu lands, fells the trees in the rain forest and sells undeveloped plots to low income families.
Ocupa los terrenos de Cantinho do Ceu ilegalmente, tala la selva y vende parcelas sin acondicionar a familias con pocos recursos.

'87

State of Sao Paulo pproves the legal framework which recognises the informal settlements and draws up the strategic plan.
Promulga la ley marco que asume la permanencia de asentamientos informales a orillas de los embalses y la necesidad de acondicionarlos y elabora el plan estratégico.

'97

JNS-HagaPlan/Schahin-Carioca the alliance of construction companies plans the infrastructures to be implemented and outline the future park.
La unión de empresas constructoras detalla las infraestructuras a realizar y esboza el futuro parque.

'08

KHAYELITSHA URBAN UPGRADING by Tarna Klitzner / Jonker and Barnes

Government of South Africa drafts the Crime Prevention Strategy to confront the threats posed by high crime levels.
Redacta la Estrategia de Prevención del Crimen ante la amenaza de la elevada criminalidad.

'96

Cape Town City Council establishes Khayelitsha as one of the priority targets for the Urban Renovation Plan (URP).
Establece que Khayelitsha sea uno de los objetivos prioritarios del plan de renovación urbana (URP).

'96

Government of Germany through the Development bank drafts a feasibility study to implement crime prevention programmes.
A través del Banco de Desarrollo elabora un estudio de viabilidad para implantar programas de prevención de la delincuencia.

'01

'02

Government of Germany and Government of South Africa sign an agreement to finance the Khayelitsha urban renovation.
Firman un acuerdo para financiar la renovación urbana de Khayelitsha.

'02

Khayelitsha Development Forum intervenes in the drafting of the violence prevention study with the Council and the German consultancy, AHT Group.
Interviene en la redacción del estudio sobre prevención de la violencia junto al Ayuntamiento y la consultora alemana AHT.

Jansana, de la Villa, de Paauw, AAUP Jordi Romero are commissioned to exhibit the site with its different strata and to make it accessible.
Reciben el encargo de mostrar el espacio con sus diferentes estratos y hacerlo accesible.

'10

2012
PROJECT ENDS

Boldarini Arquitetura e Urbanismo designs the riverside park and its links to the infrastructures.
El estudio diseña el parque de ribera y su conexión con las infraestructuras.

'08

Residencial dos Lagos Association fights for the right to stay in the area and manages to limit the number of dwellings demolished and families rehoused.
Lucha por el derecho a permanecer en el área y consigue limitar el número viviendas demolidas y familias realojadas.

'08

2012
PROJECT ENDS

Cape Town City Council manages the funds and is in charge of implementing works in several safe areas spread out around Khayelitsha.
Gestiona de los fondos y es responsable de la ejecución de las obras de varias áreas seguras distribuidas por Khayelitsha.

'04

AHT Group AG and SUN Development coordinates the violence prevention programme, oversees the projects and evaluates the functioning of the facilities.
Coordinan el programa de prevención de la violencia, supervisan los proyectos y evalúan el funcionamiento de los equipamientos.

'05

Tarna Klitzner Landscape Architects, Jonker & Barnes Architects design the public spaces and facilities projects from 2005 to 2012.
Elaboran los proyectos de espacios públicos y equipamientos, realizados entre 2005 y 2012.

'05

2014
PROJECT ENDS

SHIHLIN PAPER MILL by Interbreeding Field

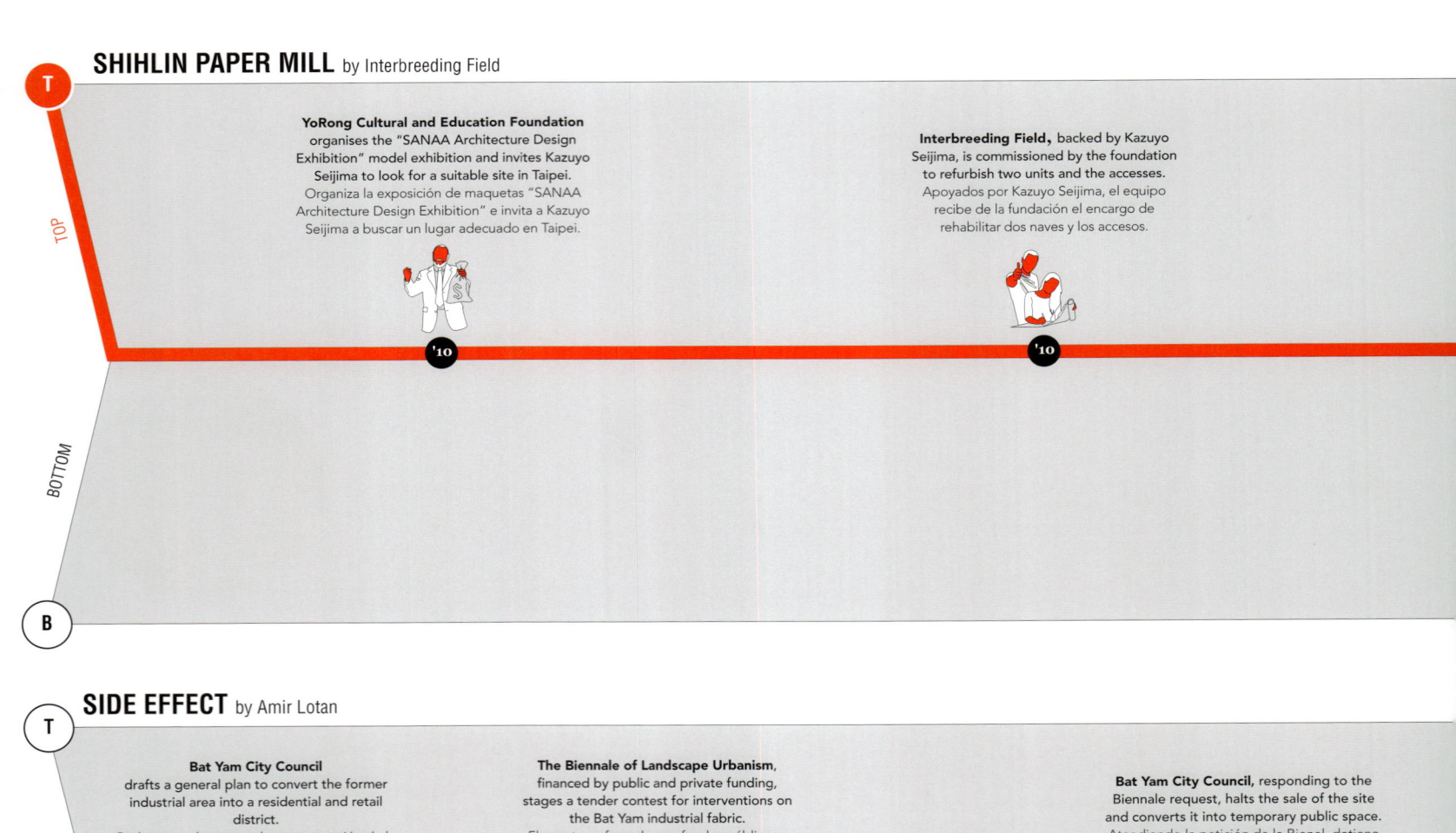

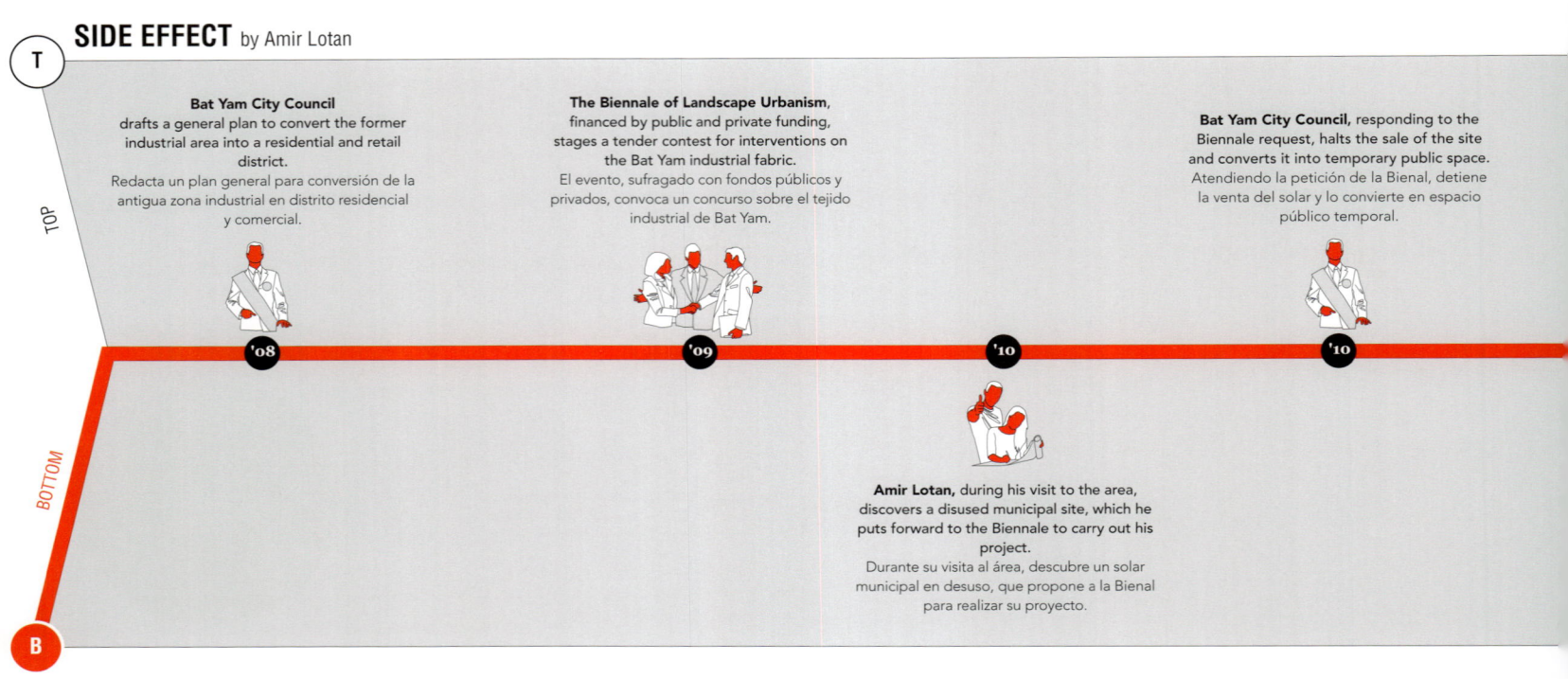

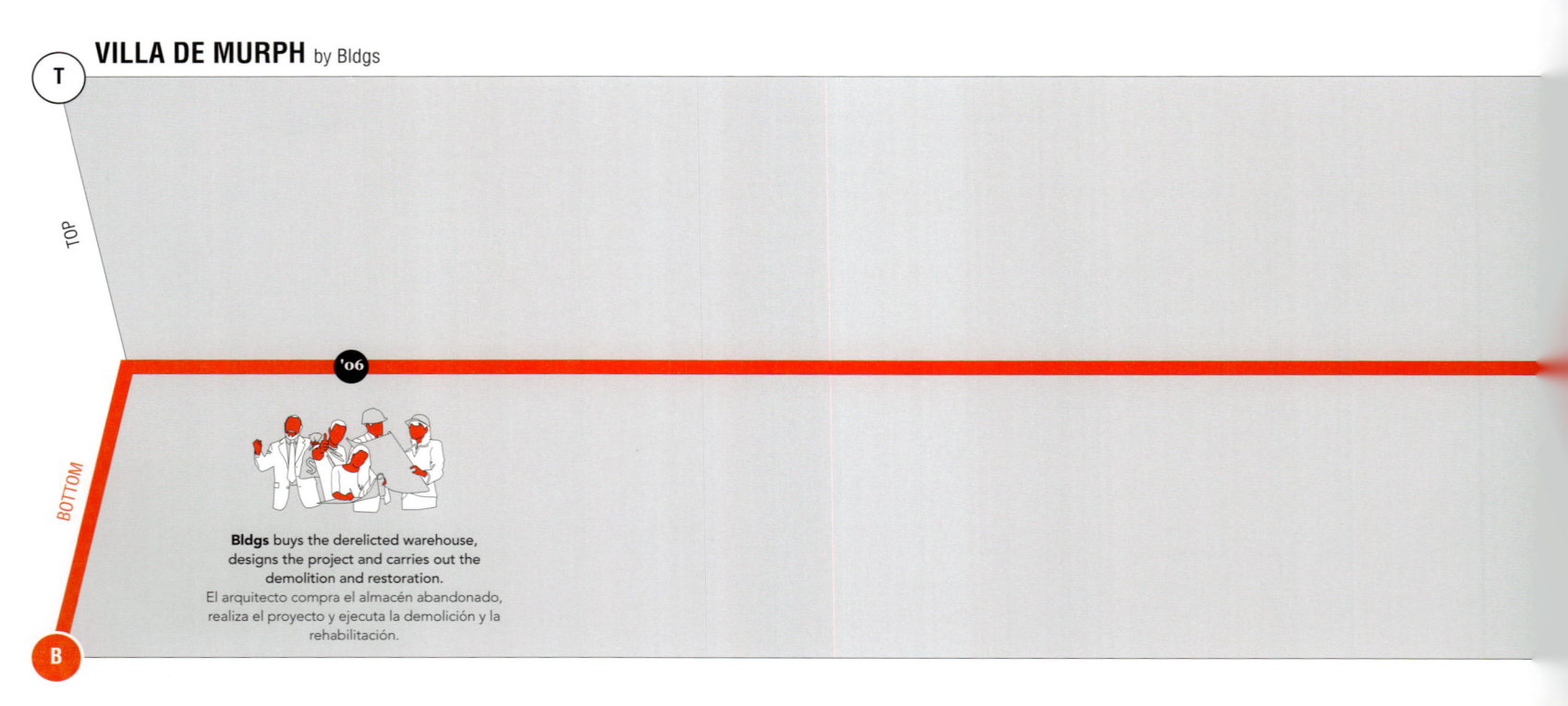

YoRong Cultural and Education Foundation organises the "SANAA Architecture Design Exhibition" model exhibition and invites Kazuyo Seijima to look for a suitable site in Taipei.
Organiza la exposición de maquetas "SANAA Architecture Design Exhibition" e invita a Kazuyo Seijima a buscar un lugar adecuado en Taipei.

'10

Interbreeding Field, backed by Kazuyo Seijima, is commissioned by the foundation to refurbish two units and the accesses.
Apoyados por Kazuyo Seijima, el equipo recibe de la fundación el encargo de rehabilitar dos naves y los accesos.

'10

SIDE EFFECT by Amir Lotan

Bat Yam City Council drafts a general plan to convert the former industrial area into a residential and retail district.
Redacta un plan general para conversión de la antigua zona industrial en distrito residencial y comercial.

'08

The Biennale of Landscape Urbanism, financed by public and private funding, stages a tender contest for interventions on the Bat Yam industrial fabric.
El evento, sufragado con fondos públicos y privados, convoca un concurso sobre el tejido industrial de Bat Yam.

'09

'10

Amir Lotan, during his visit to the area, discovers a disused municipal site, which he puts forward to the Biennale to carry out his project.
Durante su visita al área, descubre un solar municipal en desuso, que propone a la Bienal para realizar su proyecto.

Bat Yam City Council, responding to the Biennale request, halts the sale of the site and converts it into temporary public space.
Atendiendo la petición de la Bienal, detiene la venta del solar y lo convierte en espacio público temporal.

'10

VILLA DE MURPH by Bldgs

'06

Bldgs buys the derelicted warehouse, designs the project and carries out the demolition and restoration.
El arquitecto compra el almacén abandonado, realiza el proyecto y ejecuta la demolición y la rehabilitación.

| 290 | 94 | 220 |

2010
PROJECT ENDS

| 290 | 96 | 212 |

Contractor intervenes in the design, proposing alternative options with simpler implementation than those indicated in the initial project.
Interviene en el diseño, proponiendo alternativas de más fácil ejecución que las indicadas en el proyecto inicial.

'10

'10

Citizens make suggestions regarding use and design and get actively involved with building and maintaining the site.
Proponen sugerencias sobre el uso y diseño, y se involucran activamente en la construcción y cuidado del recinto.

2010
PROJECT ENDS

| 290 | 98 |

2008
PROJECT ENDS

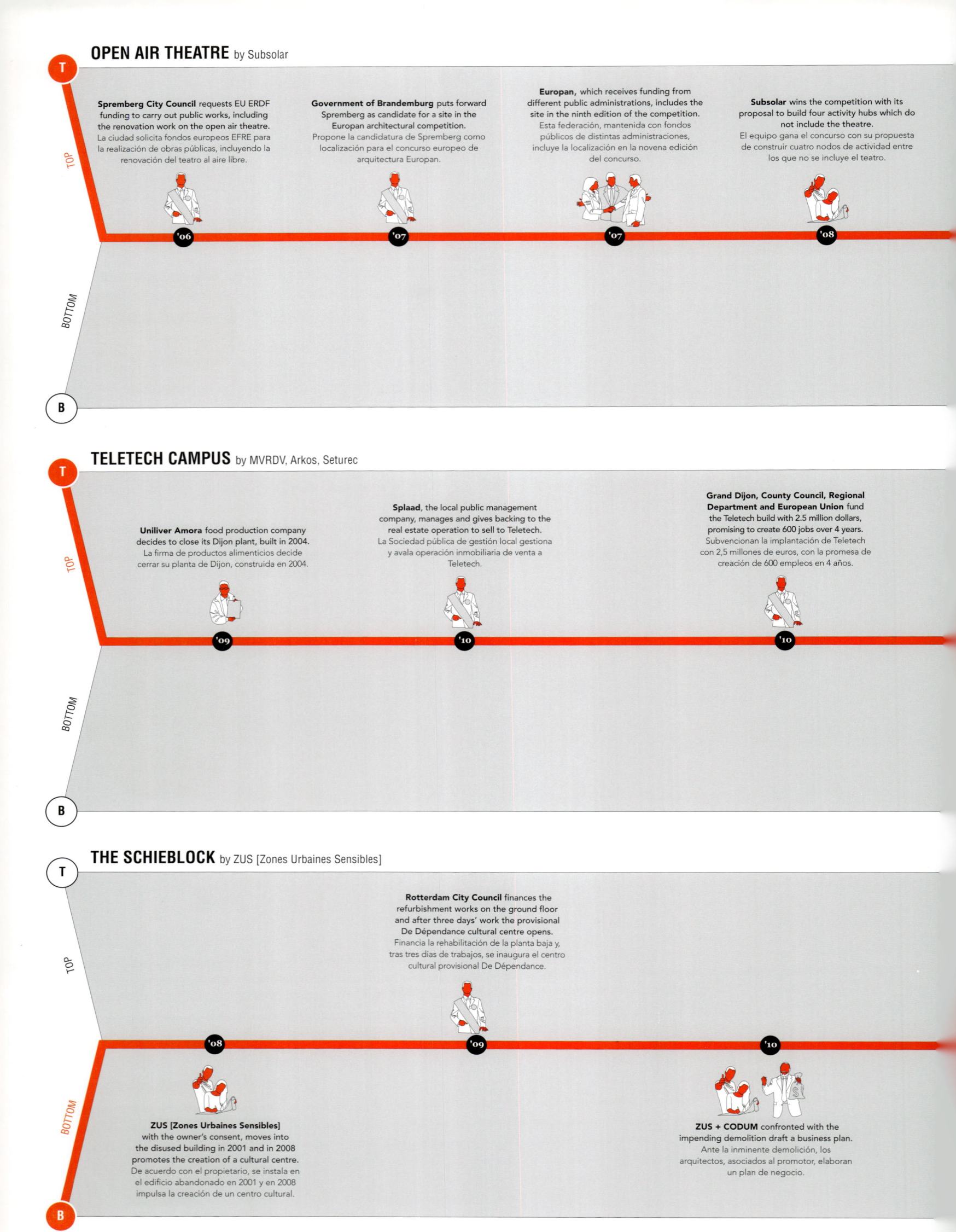

OPEN AIR THEATRE by Subsolar

'06 — **Spremberg City Council** requests EU ERDF funding to carry out public works, including the renovation work on the open air theatre.
La ciudad solicita fondos europeos EFRE para la realización de obras públicas, incluyendo la renovación del teatro al aire libre.

'07 — **Government of Brandemburg** puts forward Spremberg as candidate for a site in the Europan architectural competition.
Propone la candidatura de Spremberg como localización para el concurso europeo de arquitectura Europan.

'07 — **Europan**, which receives funding from different public administrations, includes the site in the ninth edition of the competition.
Esta federación, mantenida con fondos públicos de distintas administraciones, incluye la localización en la novena edición del concurso.

'08 — **Subsolar** wins the competition with its proposal to build four activity hubs which do not include the theatre.
El equipo gana el concurso con su propuesta de construir cuatro nodos de actividad entre los que no se incluye el teatro.

TELETECH CAMPUS by MVRDV, Arkos, Seturec

'09 — **Uniliver Amora** food production company decides to close its Dijon plant, built in 2004.
La firma de productos alimenticios decide cerrar su planta de Dijon, construida en 2004.

'10 — **Splaad**, the local public management company, manages and gives backing to the real estate operation to sell to Teletech.
La Sociedad pública de gestión local gestiona y avala operación inmobiliaria de venta a Teletech.

'10 — **Grand Dijon, County Council, Regional Department and European Union** fund the Teletech build with 2.5 million dollars, promising to create 600 jobs over 4 years.
Subvencionan la implantación de Teletech con 2,5 millones de euros, con la promesa de creación de 600 empleos en 4 años.

THE SCHIEBLOCK by ZUS [Zones Urbaines Sensibles]

'08 — **ZUS [Zones Urbaines Sensibles]** with the owner's consent, moves into the disused building in 2001 and in 2008 promotes the creation of a cultural centre.
De acuerdo con el propietario, se instala en el edificio abandonado en 2001 y en 2008 impulsa la creación de un centro cultural.

'09 — **Rotterdam City Council** finances the refurbishment works on the ground floor and after three days' work the provisional De Dépendance cultural centre opens.
Financia la rehabilitación de la planta baja y, tras tres días de trabajos, se inaugura el centro cultural provisional De Dépendance.

'10 — **ZUS + CODUM** confronted with the impending demolition draft a business plan.
Ante la inminente demolición, los arquitectos, asociados al promotor, elaboran un plan de negocio.

| 292 | 106 |

Spremberg City Council commissions one of the proposed hubs (the station square) and the open air theatre refurbishment.
Encarga uno de los nodos propuestos (la plaza de la estación) y la reforma de teatro al aire libre.

European Union approves ERDF funding for the city of Spremberg, which finances 25% of the works.
Aprueba la concesión de fondos EFRE a la ciudad de Spremberg, que sufraga el 25% de las obras.

Government of Brandemburg awards the remaining 75% funding required to complete the works, which last until June 2010.
Concede el 75% restante de los fondos necesarios para acabar las obras, que se prolongan hasta junio de 2010.

2010
PROJECT ENDS

'08 — ' — ' — '09

Citizens input opinions and propose changes. Their main concern is the theatre, a space which was not part of the initial proposal.
Opinan y proponen cambios. Su preocupación principal es el teatro, un espacio que no formaba parte de la propuesta inicial.

| 292 | 118 | 120 |

Teletech International seeks to create a flexible workplace containing training workshops. Holds a competition.
La compañía de centros de llamadas desea crear un lugar de trabajo flexible y con talleres de formación. Convoca un concurso.

MVRDV wins the competition staged by the client and converts the former laboratory into a continuous workscape.
Gana el concurso convocado por el cliente y convierte el antiguo laboratorio en un paisaje de trabajo continuo.

2009
PROJECT ENDS

'10 — '03

| 292 | 124 |

Biennale Rotterdam appoints ZUS as commissioners of the 5th edition with their proposal to regenerate the centre, which includes the Schieblock building.
Nombra a ZUS comisarios de la 5ª edición con su propuesta de revitalización del centro, que incluye el edificio Schieblock.

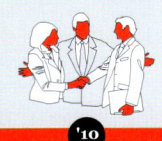

LSI Project Investment halts the demolition and lets the building out to 80 businesses chosen by ZUS, along with the Fabrique Urbaine furniture workshop.
Detiene la demolición y alquila el edificio a 80 empresas seleccionadas por ZUS, así como a los talleres de la Fabrique Urbaine.

2010
PROJECT ENDS

'10 — '10

LE 308 by Fabre/Demarien

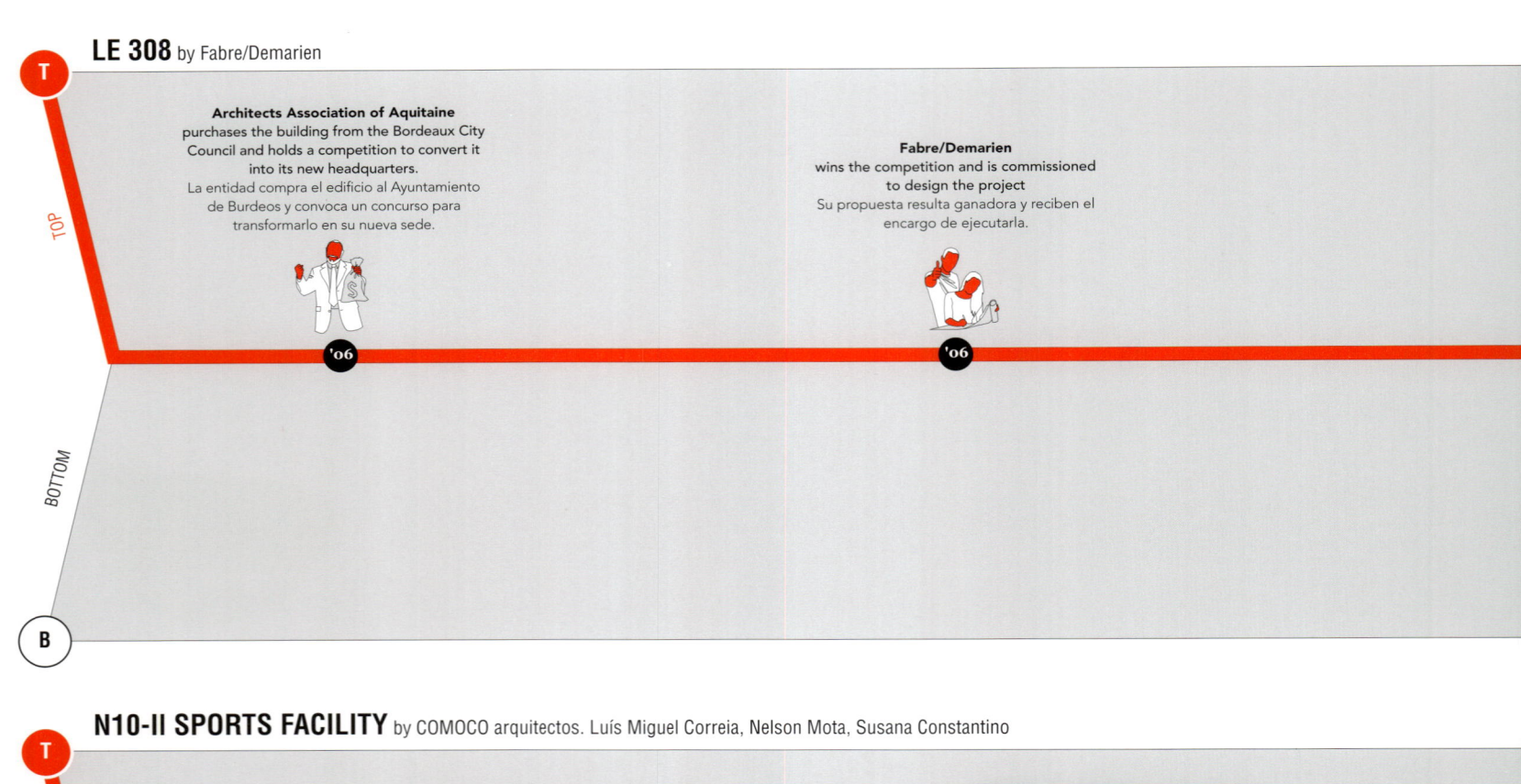

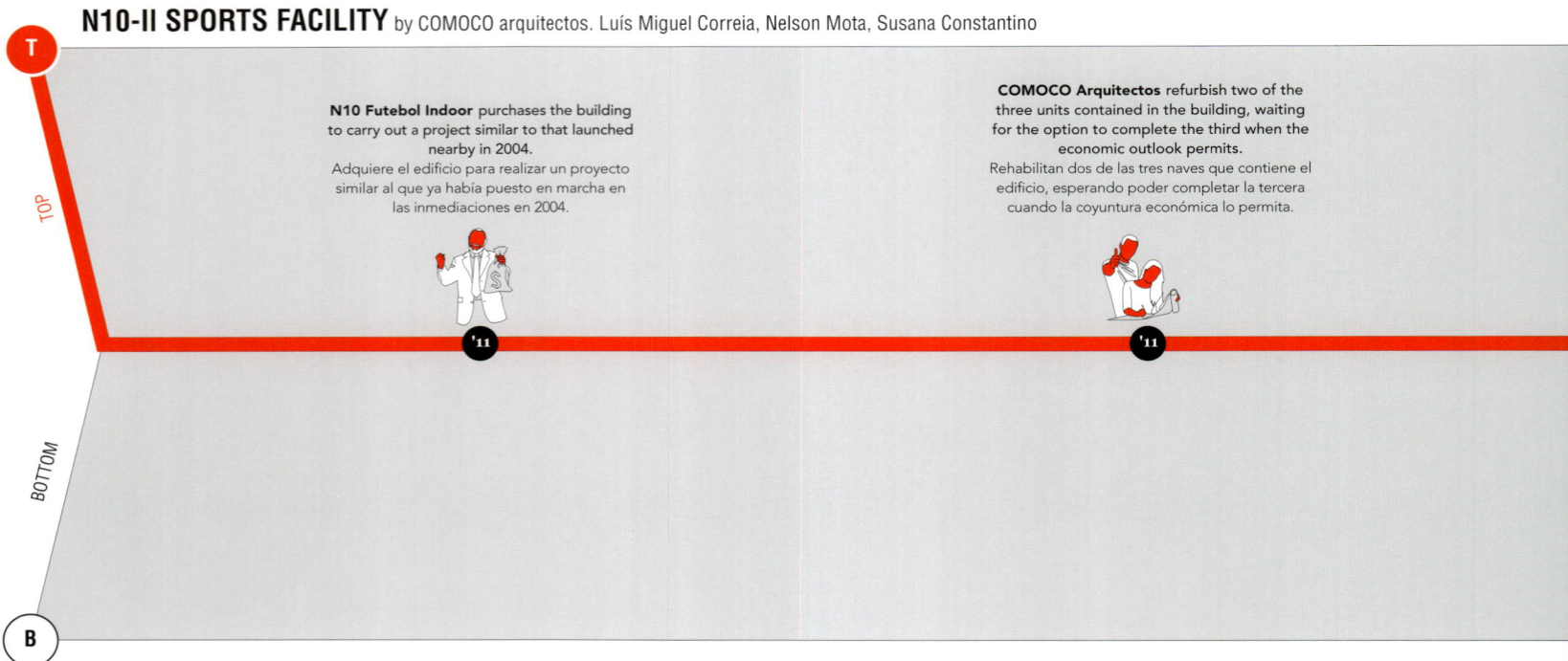

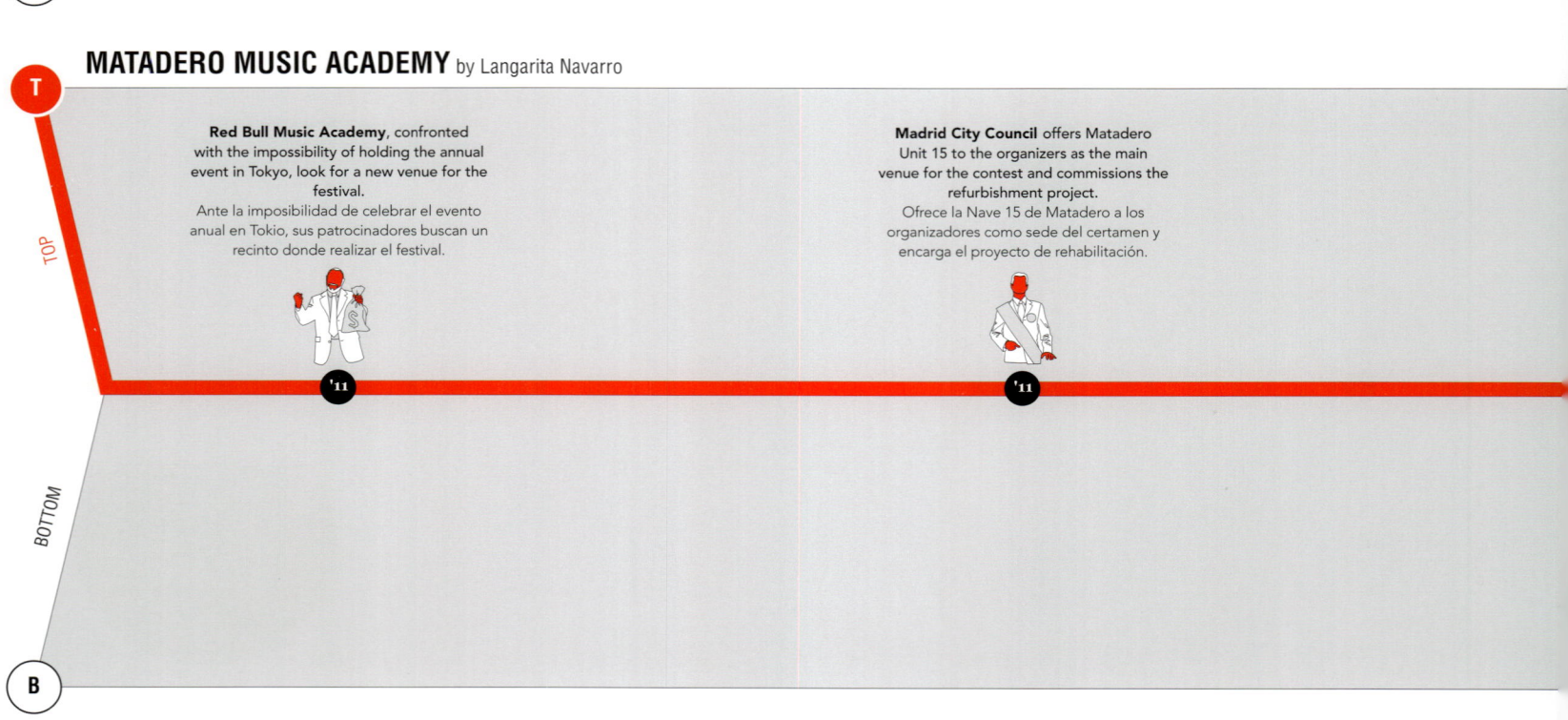

Architects Association of Aquitaine purchases the building from the Bordeaux City Council and holds a competition to convert it into its new headquarters.
La entidad compra el edificio al Ayuntamiento de Burdeos y convoca un concurso para transformarlo en su nueva sede.

'06

Fabre/Demarien wins the competition and is commissioned to design the project
Su propuesta resulta ganadora y reciben el encargo de ejecutarla.

'06

N10-II SPORTS FACILITY by COMOCO arquitectos. Luís Miguel Correia, Nelson Mota, Susana Constantino

N10 Futebol Indoor purchases the building to carry out a project similar to that launched nearby in 2004.
Adquiere el edificio para realizar un proyecto similar al que ya había puesto en marcha en las inmediaciones en 2004.

'11

COMOCO Arquitectos refurbish two of the three units contained in the building, waiting for the option to complete the third when the economic outlook permits.
Rehabilitan dos de las tres naves que contiene el edificio, esperando poder completar la tercera cuando la coyuntura económica lo permita.

'11

MATADERO MUSIC ACADEMY by Langarita Navarro

Red Bull Music Academy, confronted with the impossibility of holding the annual event in Tokyo, look for a new venue for the festival.
Ante la imposibilidad de celebrar el evento anual en Tokio, sus patrocinadores buscan un recinto donde realizar el festival.

'11

Madrid City Council offers Matadero Unit 15 to the organizers as the main venue for the contest and commissions the refurbishment project.
Ofrece la Nave 15 de Matadero a los organizadores como sede del certamen y encarga el proyecto de rehabilitación.

'11

| 294 | 126 |

2009
PROJECT ENDS

| 294 | 134 | 164 |

2012
PROJECT ENDS

| 294 | 136 | 154 | 202 | 204 |

Langarita Navarro Arquitectos drafts the refurbishment project for the unit based on a tight schedule and a limited budget.
Elaboran el proyecto de reforma de la nave en base a un cortísimo plazo de ejecución y un presupuesto limitado.

'11

2011
PROJECT ENDS

CCCB by Lapeña & Torres

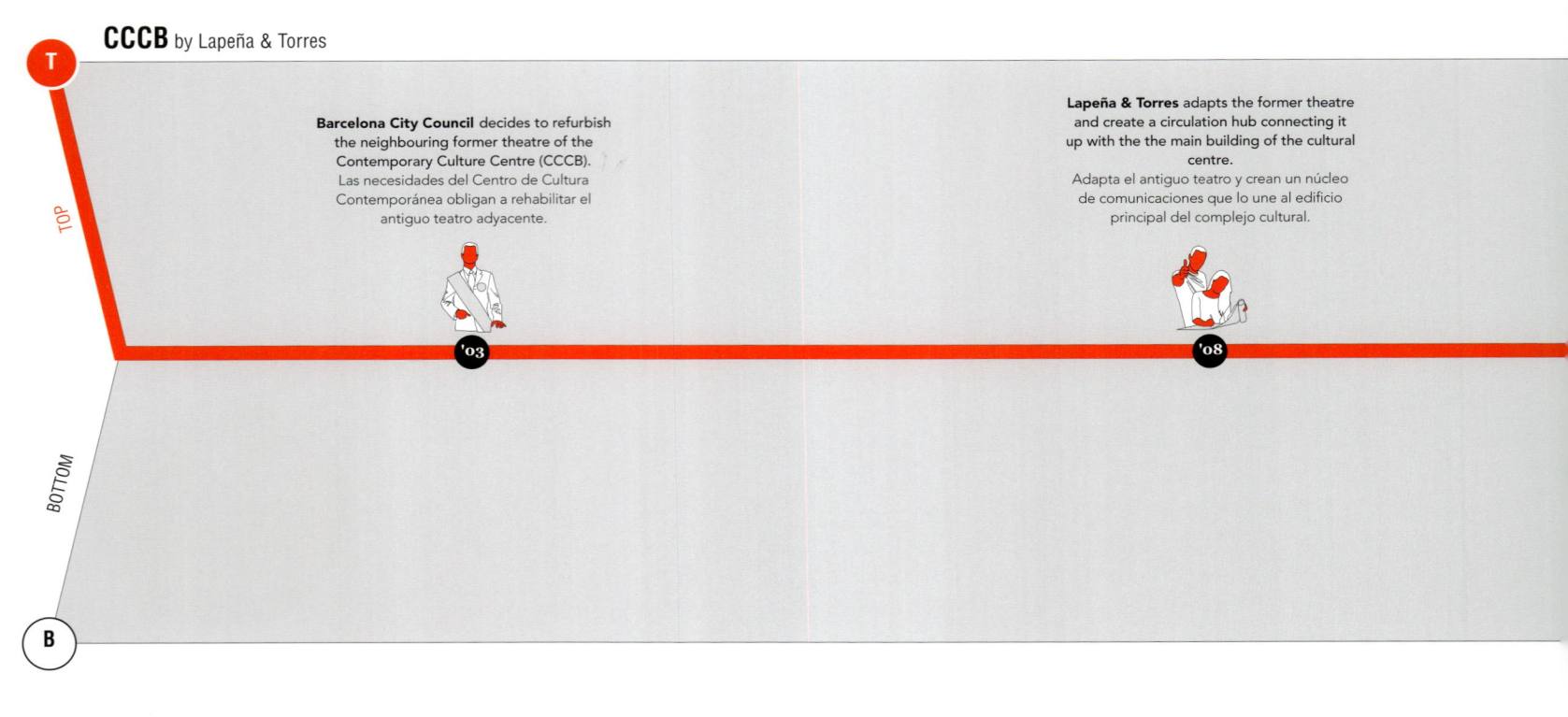

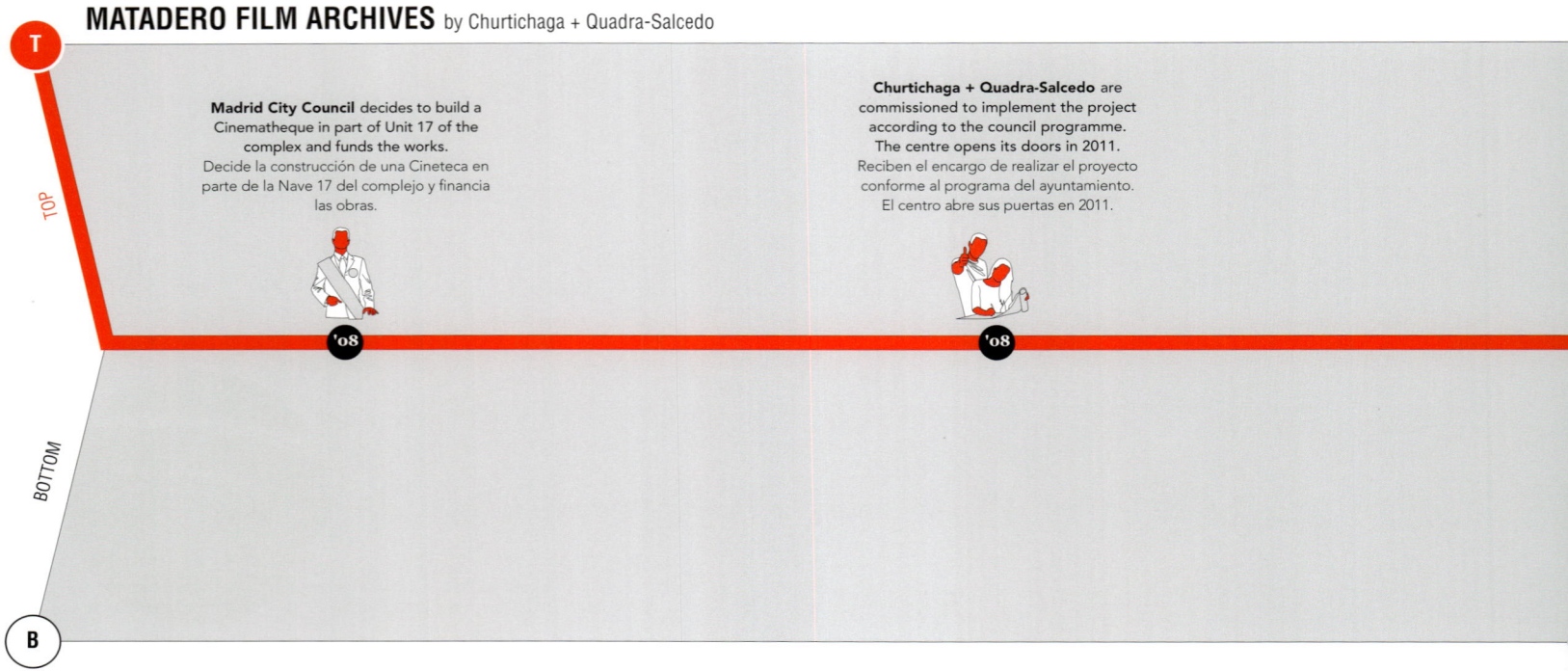

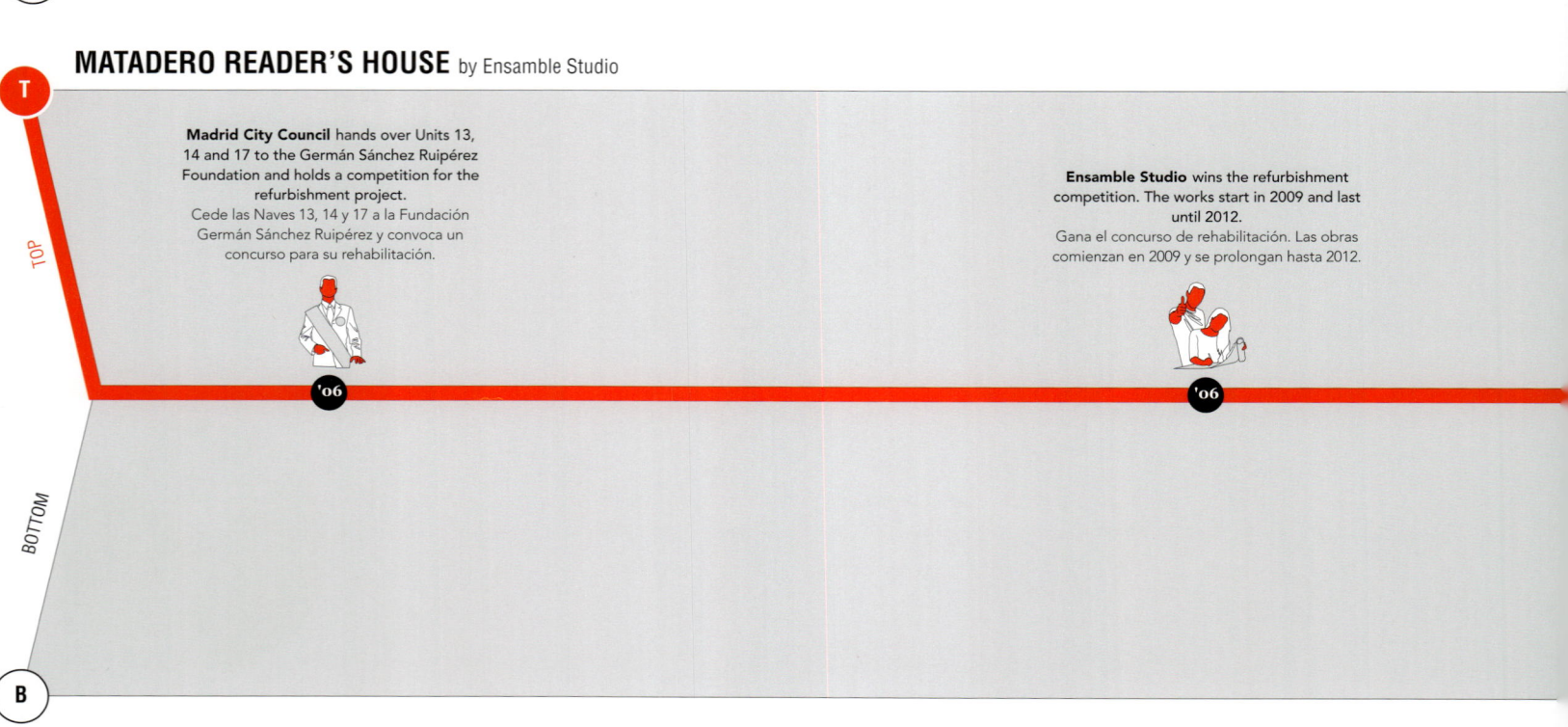

T TOP

Barcelona City Council decides to refurbish the neighbouring former theatre of the Contemporary Culture Centre (CCCB).
Las necesidades del Centro de Cultura Contemporánea obligan a rehabilitar el antiguo teatro adyacente.

'03

Lapeña & Torres adapts the former theatre and create a circulation hub connecting it up with the the main building of the cultural centre.
Adapta el antiguo teatro y crean un núcleo de comunicaciones que lo una al edificio principal del complejo cultural.

'08

BOTTOM

B

MATADERO FILM ARCHIVES by Churtichaga + Quadra-Salcedo

T TOP

Madrid City Council decides to build a Cinematheque in part of Unit 17 of the complex and funds the works.
Decide la construcción de una Cineteca en parte de la Nave 17 del complejo y financia las obras.

'08

Churtichaga + Quadra-Salcedo are commissioned to implement the project according to the council programme. The centre opens its doors in 2011.
Reciben el encargo de realizar el proyecto conforme al programa del ayuntamiento. El centro abre sus puertas en 2011.

'08

BOTTOM

B

MATADERO READER'S HOUSE by Ensamble Studio

T TOP

Madrid City Council hands over Units 13, 14 and 17 to the Germán Sánchez Ruipérez Foundation and holds a competition for the refurbishment project.
Cede las Naves 13, 14 y 17 a la Fundación Germán Sánchez Ruipérez y convoca un concurso para su rehabilitación.

'06

Ensamble Studio wins the refurbishment competition. The works start in 2009 and last until 2012.
Gana el concurso de rehabilitación. Las obras comienzan en 2009 y se prolongan hasta 2012.

'06

BOTTOM

B

| 296 | 138 |

2011
PROJECT ENDS

| 296 | 142 | 200 |

2011
PROJECT ENDS

| 296 | 144 |

Fundación Germán Sánchez Ruipérez funds the works and takes over the management and operations of the Reader's House.
Financia las obras y se hace cargo de la explotación y gestión de la Casa del Lector.

'06

2012
PROJECT ENDS

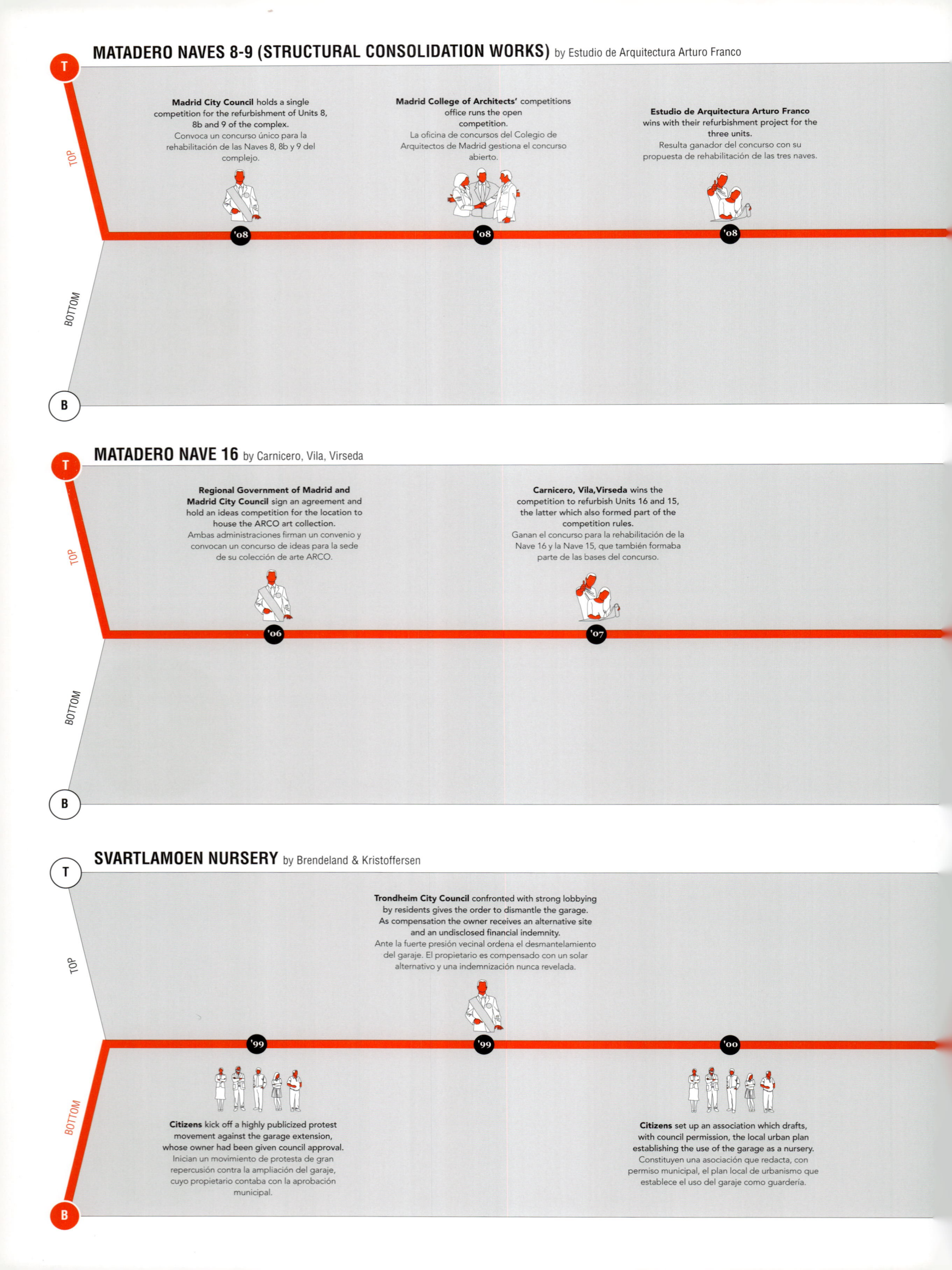

MATADERO NAVES 8-9 (STRUCTURAL CONSOLIDATION WORKS) by Estudio de Arquitectura Arturo Franco

Madrid City Council holds a single competition for the refurbishment of Units 8, 8b and 9 of the complex.
Convoca un concurso único para la rehabilitación de las Naves 8, 8b y 9 del complejo.
'08

Madrid College of Architects' competitions office runs the open competition.
La oficina de concursos del Colegio de Arquitectos de Madrid gestiona el concurso abierto.
'08

Estudio de Arquitectura Arturo Franco wins with their refurbishment project for the three units.
Resulta ganador del concurso con su propuesta de rehabilitación de las tres naves.
'08

MATADERO NAVE 16 by Carnicero, Vila, Virseda

Regional Government of Madrid and Madrid City Council sign an agreement and hold an ideas competition for the location to house the ARCO art collection.
Ambas administraciones firman un convenio y convocan un concurso de ideas para la sede de su colección de arte ARCO.
'06

Carnicero, Vila, Virseda wins the competition to refurbish Units 16 and 15, the latter which also formed part of the competition rules.
Ganan el concurso para la rehabilitación de la Nave 16 y la Nave 15, que también formaba parte de las bases del concurso.
'07

SVARTLAMOEN NURSERY by Brendeland & Kristoffersen

Trondheim City Council confronted with strong lobbying by residents gives the order to dismantle the garage. As compensation the owner receives an alternative site and an undisclosed financial indemnity.
Ante la fuerte presión vecinal ordena el desmantelamiento del garaje. El propietario es compensado con un solar alternativo y una indemnización nunca revelada.
'99

Citizens kick off a highly publicized protest movement against the garage extension, whose owner had been given council approval.
Inician un movimiento de protesta de gran repercusión contra la ampliación del garaje, cuyo propietario contaba con la aprobación municipal.
'99

Citizens set up an association which drafts, with council permission, the local urban plan establishing the use of the garage as a nursery.
Constituyen una asociación que redacta, con permiso municipal, el plan local de urbanismo que establece el uso del garaje como guardería.
'00

| 298 | 148 | 188 |

Madrid City Council given the budgetary constraints, decides to implement Unit 8b and only tackles the first phase of Units 8 and 9.
Ante la falta de presupuesto decide realizar la Nave 8b y abordar solo la primera fase de las Naves 8 y 9.

Government of Spain funds the structural reinforcement works finalized in 2011, when the remaining works are suspended.
Financia las obras de consolidación estructural finalizadas en 2011, fecha en que se suspende el resto de trabajos.

'08   '10

2011
PROJECT ENDS

| 298 | 150 | 152 |

Regional Government of Madrid declines to take part in the project and cancels the agreement to install the ARCO collection in the Madrid Matadero.
Renuncia a participar en el proyecto y anula el convenio para instalar la colección ARCO en el Matadero de Madrid.

Madrid City Council starts work on Unit 16, halving the budget. The unit opens in 2011 with new content.
Inicia las obras de la Nave 16, reduciendo el presupuesto a la mitad. La nave abre en 2011 con nuevos contenidos.

'10   '10

2011
PROJECT ENDS

| 298 | 158 |

Government of Norway as requested by the architects, awards a grant to draft the prior feasibility studies for the nursery project.
A petición de los arquitectos, concede una subvención para elaborar los primeros estudios sobre la viabilidad del proyecto de guardería.

Trondheim City Council joins the project after requests from local residents. Awards funding for the works and manages the nursery, this way avoiding the private management model.
Se incorpora al proyecto por invitación vecinal. Costea las obras y gestiona la guardería, evitando así el modelo de explotación privada.

'02   '04   '05

2007
PROJECT ENDS

Brendeland & Kristoffersen wins the competition organised by the local residents to construct a building with a low budget sustainable energy approach.
Gana el concurso organizado por los vecinos para construir un edificio conforme a criterios de bajo coste y sostenibilidad energética.

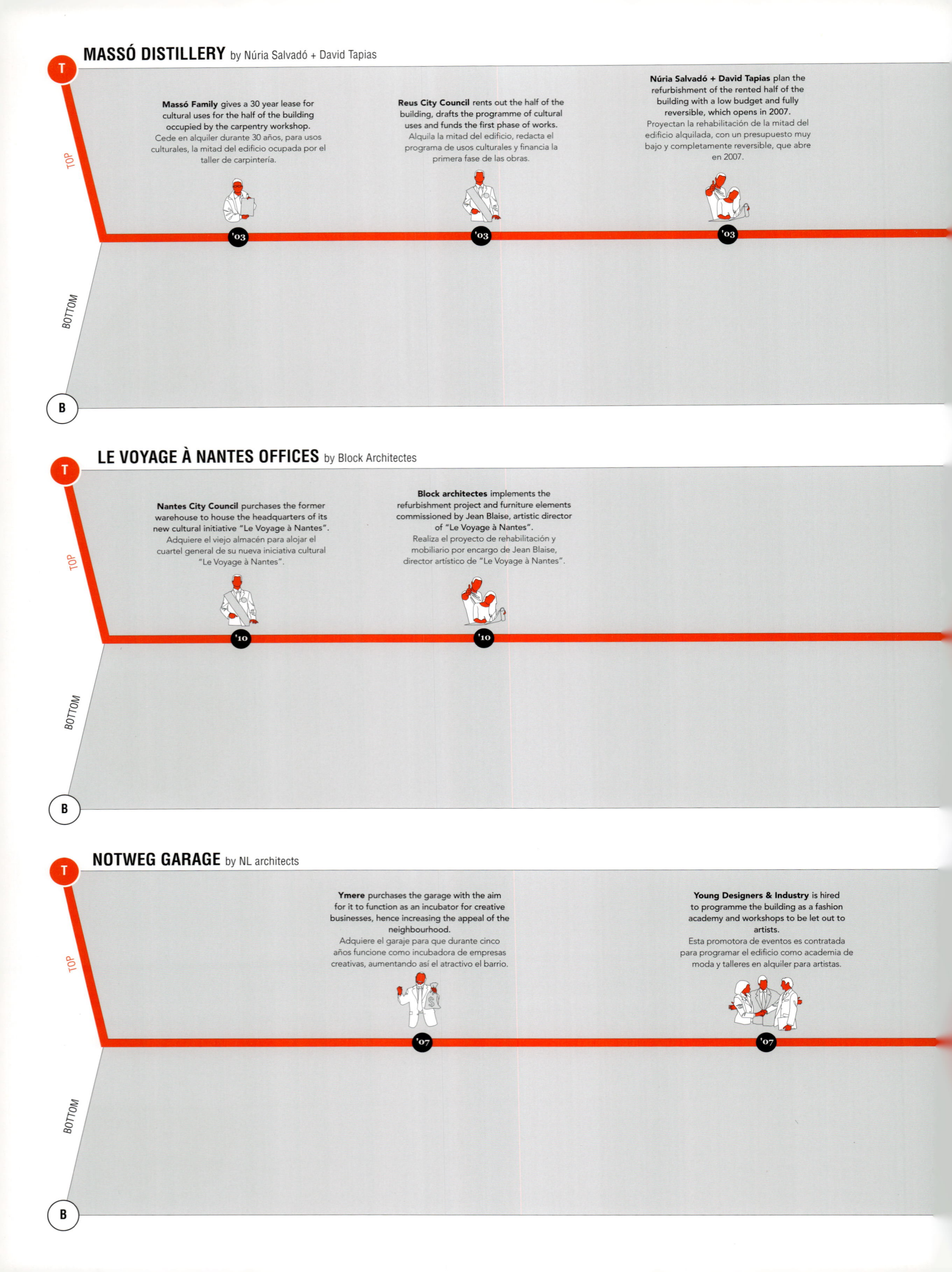

MASSÓ DISTILLERY by Núria Salvadó + David Tapias

Massó Family gives a 30 year lease for cultural uses for the half of the building occupied by the carpentry workshop.
Cede en alquiler durante 30 años, para usos culturales, la mitad del edificio ocupada por el taller de carpintería.

Reus City Council rents out the half of the building, drafts the programme of cultural uses and funds the first phase of works.
Alquila la mitad del edificio, redacta el programa de usos culturales y financia la primera fase de las obras.

Núria Salvadó + David Tapias plan the refurbishment of the rented half of the building with a low budget and fully reversible, which opens in 2007.
Proyectan la rehabilitación de la mitad del edificio alquilada, con un presupuesto muy bajo y completamente reversible, que abre en 2007.

'03 '03 '03

LE VOYAGE À NANTES OFFICES by Block Architectes

Nantes City Council purchases the former warehouse to house the headquarters of its new cultural initiative "Le Voyage à Nantes".
Adquiere el viejo almacén para alojar el cuartel general de su nueva iniciativa cultural "Le Voyage à Nantes".

Block architectes implements the refurbishment project and furniture elements commissioned by Jean Blaise, artistic director of "Le Voyage à Nantes".
Realiza el proyecto de rehabilitación y mobiliario por encargo de Jean Blaise, director artístico de "Le Voyage à Nantes".

'10 '10

NOTWEG GARAGE by NL architects

Ymere purchases the garage with the aim for it to function as an incubator for creative businesses, hence increasing the appeal of the neighbourhood.
Adquiere el garaje para que durante cinco años funcione como incubadora de empresas creativas, aumentando así el atractivo el barrio.

Young Designers & Industry is hired to programme the building as a fashion academy and workshops to be let out to artists.
Esta promotora de eventos es contratada para programar el edificio como academia de moda y talleres en alquiler para artistas.

'07 '07

300 | 168 | 172 | 176

Reus City Council finally purchases the whole building and courtyard and commissions the same architects a new project to keep them occupied.
Termina adquiriendo la totalidad del edificio y su patio, y encarga a los mismos arquitectos un nuevo proyecto para ocuparlos.

'03

Government of Spain through its national financial stimulus plan funds all the works of the second phase.
Financia, mediante su plan nacional de estímulo económico, la totalidad de las obras de la segunda fase.

'09

Núria Salvadó + David Tapias plan the second phase of works which are completed in 2010.
Proyectan la segunda parte fase de las obras que son terminadas en 2010.

'03

2010
PROJECT ENDS

---

300 | 180 | 186

2011
PROJECT ENDS

---

300 | 182

NL Architects is invited by YD&I to transform the building which is to continue functioning beyond the initial set period due to the economic downturn.
Son invitados por YD&I para transformar el edificio, cuyo funcionamiento, debido a la recesión, se prolongará más allá del plazo inicial.

'07

2009
PROJECT ENDS

273

CREATION FACTORY by Manuel Ruisánchez, Francesc Bacardit, Architects

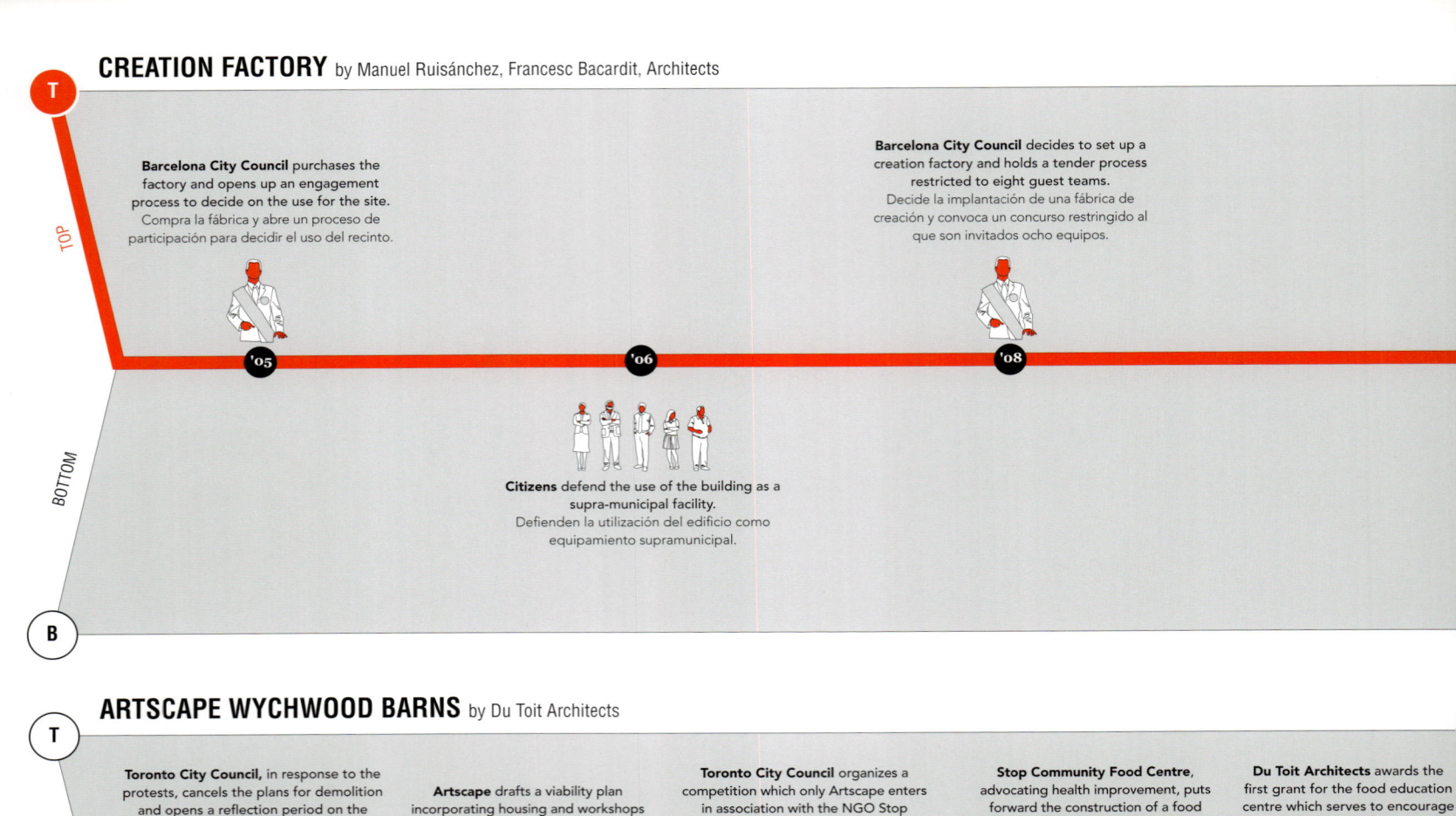

'05 — Barcelona City Council purchases the factory and opens up an engagement process to decide on the use for the site.
Compra la fábrica y abre un proceso de participación para decidir el uso del recinto.

'06 — Citizens defend the use of the building as a supra-municipal facility.
Defienden la utilización del edificio como equipamiento supramunicipal.

'08 — Barcelona City Council decides to set up a creation factory and holds a tender process restricted to eight guest teams.
Decide la implantación de una fábrica de creación y convoca un concurso restringido al que son invitados ocho equipos.

ARTSCAPE WYCHWOOD BARNS by Du Toit Architects

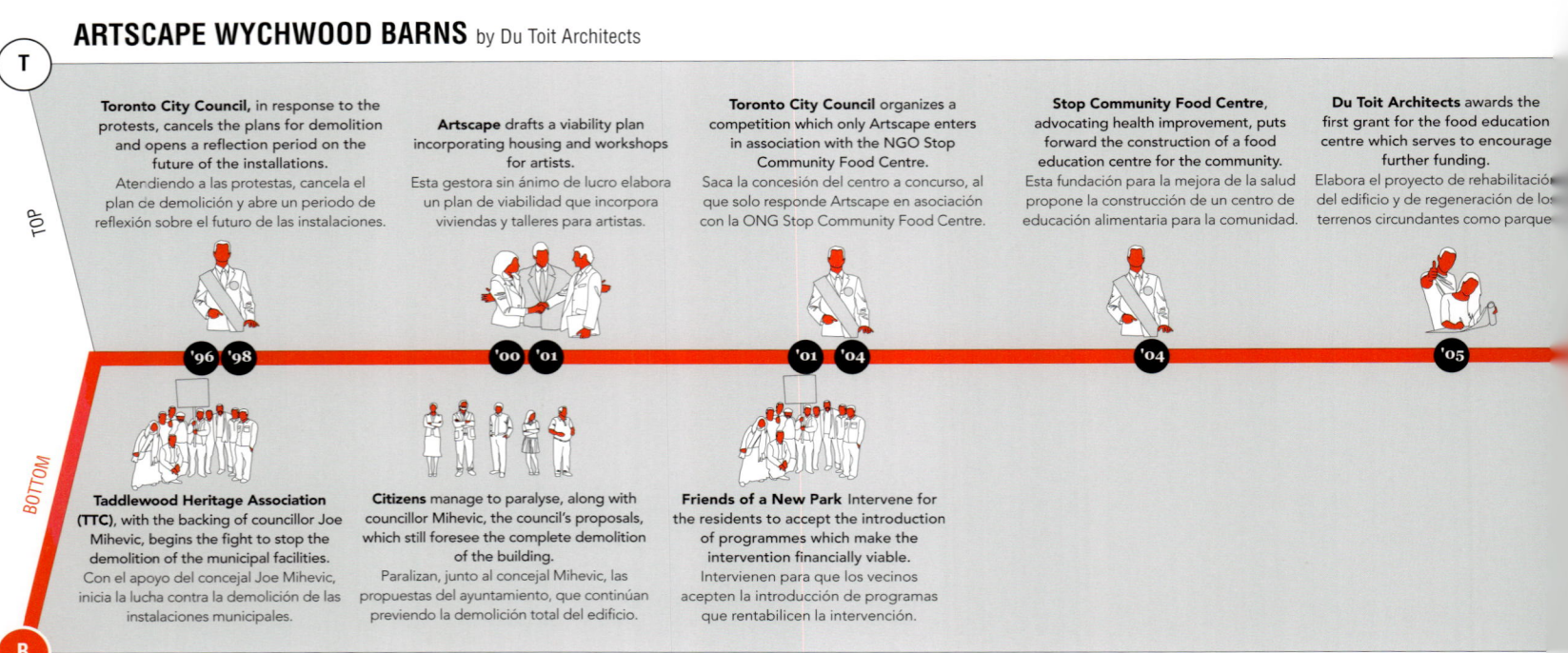

'96 — Taddlewood Heritage Association (TTC), with the backing of councillor Joe Mihevic, begins the fight to stop the demolition of the municipal facilities.
Con el apoyo del concejal Joe Mihevic, inicia la lucha contra la demolición de las instalaciones municipales.

'98 — Toronto City Council, in response to the protests, cancels the plans for demolition and opens a reflection period on the future of the installations.
Atendiendo a las protestas, cancela el plan de demolición y abre un periodo de reflexión sobre el futuro de las instalaciones.

'00 — Artscape drafts a viability plan incorporating housing and workshops for artists.
Esta gestora sin ánimo de lucro elabora un plan de viabilidad que incorpora viviendas y talleres para artistas.

'01 — Citizens manage to paralyse, along with councillor Mihevic, the council's proposals, which still foresee the complete demolition of the building.
Paralizan, junto al concejal Mihevic, las propuestas del ayuntamiento, que continúan previendo la demolición total del edificio.

'01 — Toronto City Council organizes a competition which only Artscape enters in association with the NGO Stop Community Food Centre.
Saca la concesión del centro a concurso, al que solo responde Artscape en asociación con la ONG Stop Community Food Centre.

'04 — Friends of a New Park Intervene for the residents to accept the introduction of programmes which make the intervention financially viable.
Intervienen para que los vecinos acepten la introducción de programas que rentabilicen la intervención.

'04 — Stop Community Food Centre, advocating health improvement, puts forward the construction of a food education centre for the community.
Esta fundación para la mejora de la salud propone la construcción de un centro de educación alimentaria para la comunidad.

'05 — Du Toit Architects awards the first grant for the food education centre which serves to encourage further funding.
Elabora el proyecto de rehabilitación del edificio y de regeneración de los terrenos circundantes como parque.

IMD OFFICES by Ector Hoogstad Architecten

'08 — New Industry, a developer, specializing in industrial reuse, drafts a plan when Stryucken & Co. steelworks winds up activity.
La promotora New Industry, especializada en reuso industrial, elabora un plan cuando la acería Stryucken &Co termina su actividad.

'10 — The Engineering firm IMd decides to move its head office and along with New Industry tackles the industrial unit conversion.
La firma de Ingeniería IMd decide trasladar su sede y junto con New Industry aborda la reconversión de la nave.

'10 — Ector Hoogstad Architecten were commissioned by IMd to adapt the space to be used as office and breakout areas.
Reciben el encargo de IMd de adecuar el espacio para el uso de oficinas y zonas de encuentro.

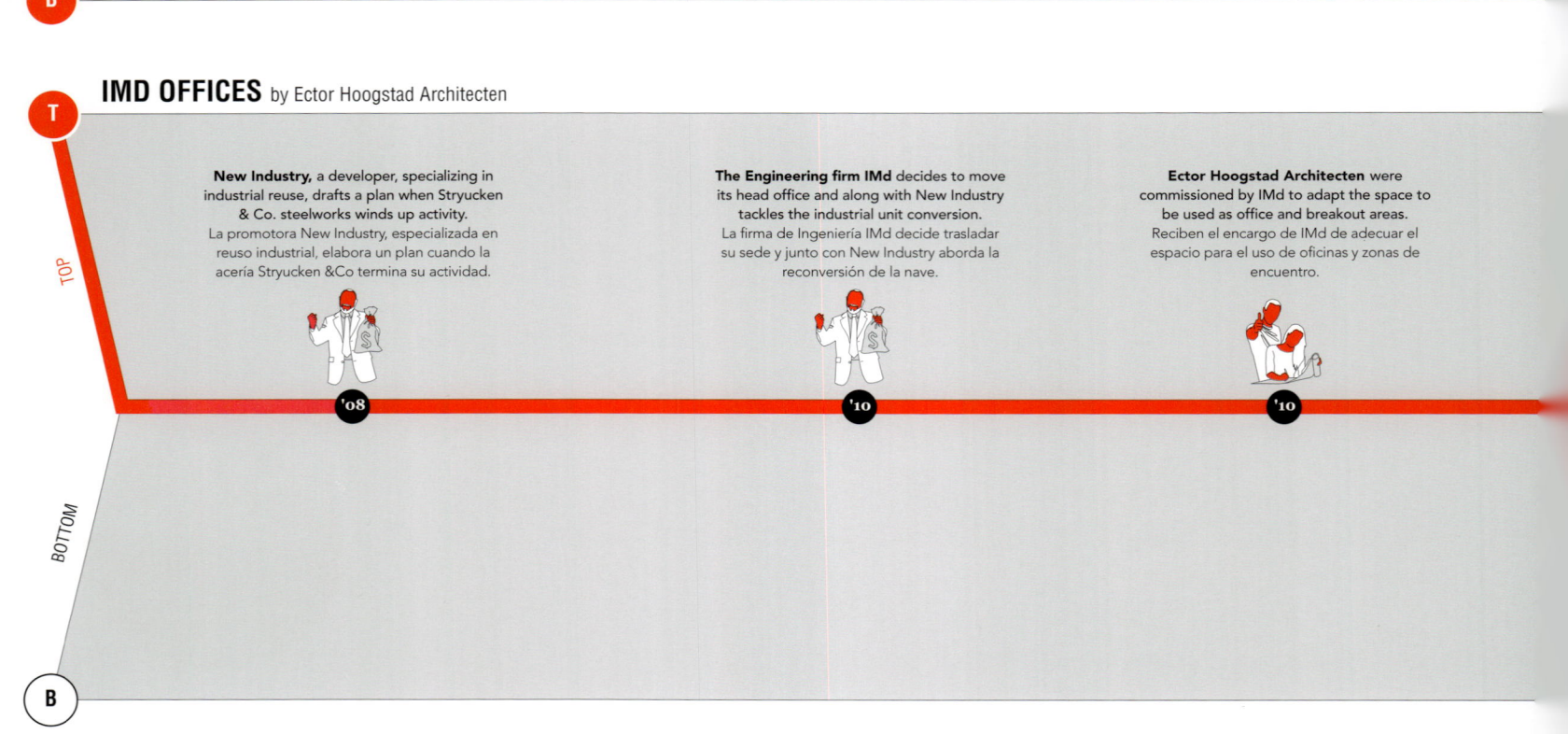

Ruisánchez, Bacardit, Architects are awarded the commission based on the respect shown towards the original building in the proposal.
Ganan el concurso gracias al respeto que la propuesta muestra hacia el edificio original.

Government of Spain finances, through the national financial stimulus plan, the works of the first and second phases, completed in 2011.
Financia, mediante su plan nacional de estímulo económico, las obras de la primera y segunda fase, completadas en 2011.

'08 — '10

2011
PROJECT ENDS

Metcalf Foundation awards the first grant for the food education centre which serves to encourage further funding.
Concede la primera subvención destinada al centro de educación alimentaria, que impulsará la llegada de más fondos.

A private developer, owner of a nearby development, compensates for his excess build with funds which go towards the project.
El dueño de una promoción cercana compensa su exceso de edificabilidad con fondos que van a parar al proyecto.

Canadian Heritage, in charge of preserving Canada's heritage, finances part of the works.
La institución, responsable de la conservación del patrimonio de Canadá, financia parte de las obras.

Federation of Canadian Municipalities awards a grant towards the completion of the works. The building is inaugurated November 2008.
Concede una subvención para finalizar los trabajos. El edificio se inaugura en noviembre de 2008.

'06 '06 — '06 — '06 — '07 '08

2008
PROJECT ENDS

Citizens reviewed details of the project are presented to hundreds of residents in an aim for the greatest possible consensus.
Los detalles del proyecto son presentados a cientos de vecinos para alcanzar el máximo consenso posible.

Wychwood Barns Community Association are responsible for the management of the centre, curating of contents and raising funds
Esta asociación se hace responsable de la gestión del centro, el comisariado de contenidos y la recaudación de fondos.

2011
PROJECT ENDS

WEST SEOUL LAKE PARK by Ctopos design

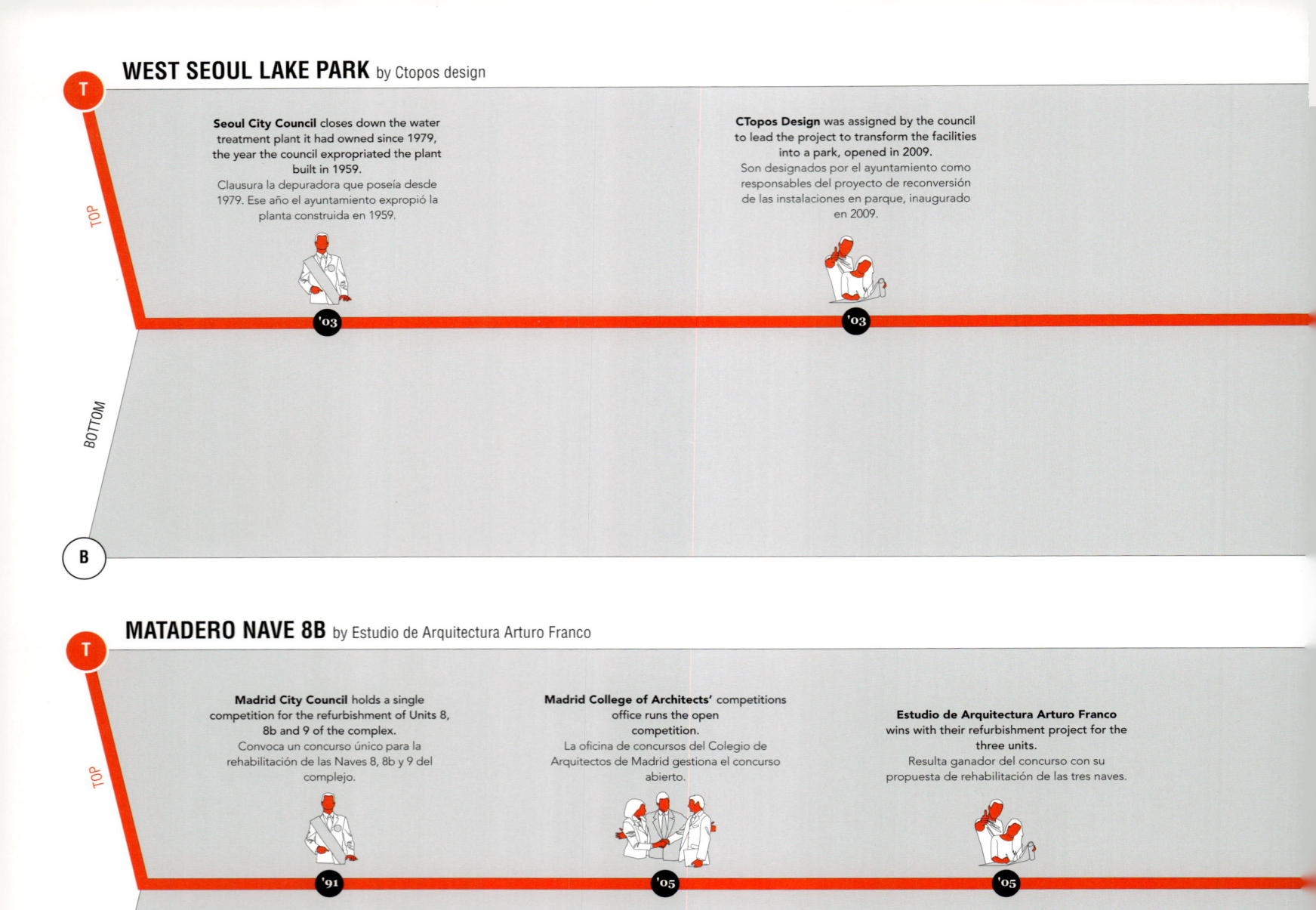

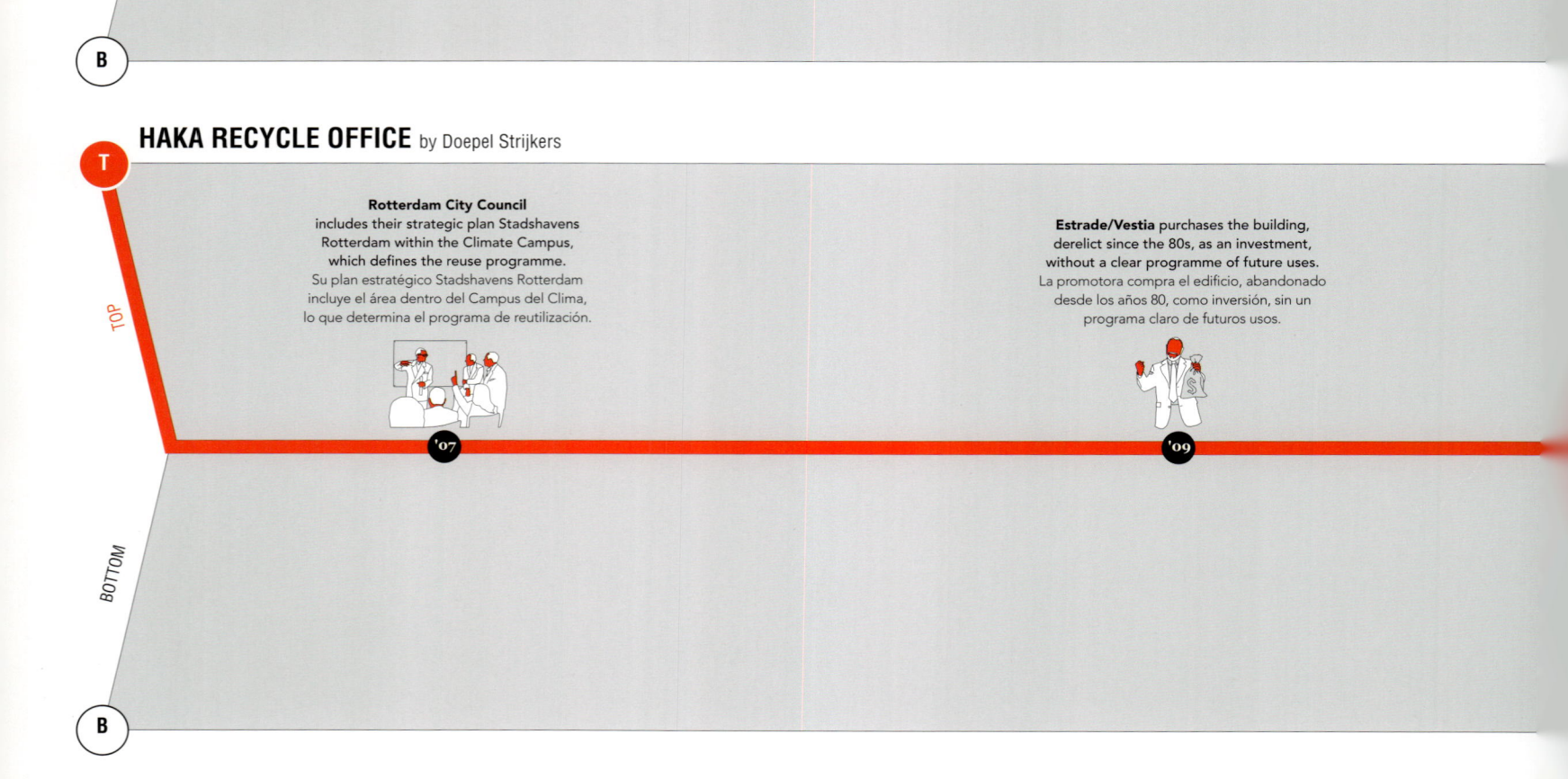

Seoul City Council closes down the water treatment plant it had owned since 1979, the year the council expropriated the plant built in 1959.
Clausura la depuradora que poseía desde 1979. Ese año el ayuntamiento expropió la planta construida en 1959.

'03

CTopos Design was assigned by the council to lead the project to transform the facilities into a park, opened in 2009.
Son designados por el ayuntamiento como responsables del proyecto de reconversión de las instalaciones en parque, inaugurado en 2009.

'03

MATADERO NAVE 8B by Estudio de Arquitectura Arturo Franco

Madrid City Council holds a single competition for the refurbishment of Units 8, 8b and 9 of the complex.
Convoca un concurso único para la rehabilitación de las Naves 8, 8b y 9 del complejo.

'91

Madrid College of Architects' competitions office runs the open competition.
La oficina de concursos del Colegio de Arquitectos de Madrid gestiona el concurso abierto.

'05

Estudio de Arquitectura Arturo Franco wins with their refurbishment project for the three units.
Resulta ganador del concurso con su propuesta de rehabilitación de las tres naves.

'05

HAKA RECYCLE OFFICE by Doepel Strijkers

Rotterdam City Council includes their strategic plan Stadshavens Rotterdam within the Climate Campus, which defines the reuse programme.
Su plan estratégico Stadshavens Rotterdam incluye el área dentro del Campus del Clima, lo que determina el programa de reutilización.

'07

Estrade/Vestia purchases the building, derelict since the 80s, as an investment, without a clear programme of future uses.
La promotora compra el edificio, abandonado desde los años 80, como inversión, sin un programa claro de futuros usos.

'09

304 | 218

2009
PROJECT ENDS

304 | 222

Madrid City Council, as a result of budgetary constraints decides to intervene only on Unit 8b and to separate this intervention from the general proposal.
Ante la falta de presupuesto decide intervenir en la Nave 8b únicamente y segregar esta intervención de la propuesta general.

Government of Spain funds the works for Unit 8b which are executed in 8 months.
Financia las obras de la Nave 8b, que se ejecutan en un plazo de 8 meses.

'06   '08

2009
PROJECT ENDS

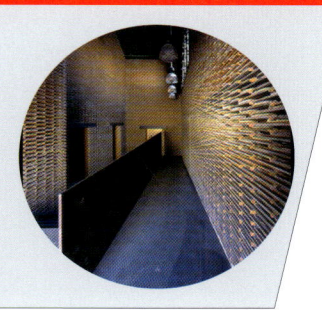

304 | 226 | 232

Clean Tech Delta partnership promotes setting up a centre for clean technology.
Esta asociación de empresas privadas y organismos públicos impulsa la implantación de un centro de tecnologías limpias.

Urban Breezz carries out a feasibility study and manages to get the parties involved to reach an agreement.
Traza el plan de viabilidad y, como intermediario especializado en rehabilitaciones, logra el acuerdo de todas las partes para realizar el proyecto.

Doepel Strijkers transforms the ground floor using recycled materials and a simple building system to be carried out by ex-convicts.
Transforma la planta baja utilizando materiales y elementos reciclados, y un sistema de construcción sencillo para ser ejecutado por ex-presidiarios.

'09   '09   '09

2010
PROJECT ENDS

277

BEFORE & AFTER

- *Background* Antecedentes -

Each one of the Re- processes shown in the previous chapters is located in a given project and dissecting them into micro processes does not aim to ignore the importance of the intervention as a whole. It is just a way of identifying actions and establishing a relationship with other similar interventions in other projects. In any case, so as not to lose the overall view, this chapter presents the general background to each project and the graphic information of that existing before each intervention. It is a summary of the situations at the starting point and the results obtained at a given time.

Cada uno de los procesos Re- mostrado en los capítulos anteriores se localiza dentro de un proyecto dado y la disección en micro procesos no pretende ignorar la importancia del conjunto de una actuación. Es sólo una manera de identificar acciones y ponerlas en relación con otras similares realizadas en otros proyectos. En cualquier caso, para no perder la visión del conjunto, este capítulo presenta los antecedentes generales de cada proyecto y la información gráfica de lo existente antes de cada intervención. Es un resumen de situaciones de partida y resultados obtenidos en un momento determinado.

BEFORE & AFTER - Background Antecedentes

PROJECT INDEX ÍNDICE DE PROYECTOS

280-281
- ATLANTA BELTLINE - Perkins+Will.
- GREEN BELT - CEA Centro de Estudios Ambientales.
- PARCO DORA - Latz + Partner.

282-283
- EVERGREEN/BRICK WORKS - Dtah / Diamond Schmitt Architects / Claude Cormier + Associés.
- RESTORATION OF TUDELA-CULIP NATURAL ENVIRONMENT - Martí Franch, Ton Ardèvol.
- WATER TREATMENT PLANT REVAMP- Frederico Valsassina / Manuel Aires Mateus / Proap.

284-285
- RAILWAY TRANSFORMATION - 3S Studio.
- LETTEN VIADUCTS REFURBISHMENT - Em2n / Schweingruber Zulauf.
- OOSTCAMPUS - Carlos Arroyo.

286-287
- FREIGHT BUILDING AND TAXI'S PUBLIC SPACE - Stephen Dynia, Groundworks Design, Wenk.
- QUEENS PLAZA - Margie Ruddick Landscaping / Wrt / Marpillero Pollak Architects.
- THE STEEL YARD - Klopfer Martin Design Group.

288-289
- TURÓ DE LA ROVIRA - Jansana, de la Villa, de Paauw, AAUP Jordi Romero.
- CANTINHO DO CEU PARK - Boldarini Arquitetura e Urbanismo.
- KHAYELITSHA URBAN UPGRADING - Tarna Klitzner / Jonker And Barnes Architects.

290-291
- SHIHLIN PAPER MILL - Interbreeding Field.
- SIDE EFFECT - Amir Lotan.
- VILLA DE MURPH - Bldgs.

292-293
- OPEN AIR THEATRE - Subsolar.
- TELETECH CAMPUS - MVRDV, Arkos, Seturec.
- THE SCHIEBLOCK - Zus [Zones Urbaines Sensibles].

294-295
- LE 308 - Fabre/Demarien.
- N10-II SPORTS FACILITY - COMOCO Arquitectos.
- MATADERO MUSIC ACADEMY - Langarita Navarro.

296-297
- CCCB THEATRE - Lapeña & Torres.
- MATADERO FILM ARCHIVES - Churtichaga + Quadra-Salcedo.
- MATADERO READER'S HOUSE - Ensamble Studio.

298-299
- MATADERO NAVES 8-9 (STRUCTURAL CONSOLIDATION WORKS) - Estudio de Arquitectura Arturo Franco.
- MATADERO NAVE 16 - Carnicero, Vila, Virseda.
- SVARTLAMOEN NURSERY -Brendeland & Kristoffersen.

300-301
- MASSÓ DISTILLERY - Núria Salvadó + David Tapias.
- LE VOYAGE À NANTES OFFICES - Block Architectes.
- NOTWEG GARAGE - NL Architects.

302-303
- CREATION FACTORY - Manuel Ruisánchez, Francesc Bacardit, Architects.
- ARTSCAPE WYCHWOOD BARNS - Du Toit Architects.
- IMD OFFICES - Ector Hoogstac Architecten.

304-305
- WEST SEOUL LAKE PARK - Ctopos Design.
- MATADERO NAVE 8B - Estudio de Arquitectura Arturo Franco.
- HAKA RECYCLE OFFICE - Doepel Strijkers.

ATLANTA BELTLINE by Perkins+Will
Atlanta (United States) 2006-2031

Site area Superficie de la parcela (m²) 26,300,000
Project budget Presupuesto del proyecto (euros/m²) 85.55

(252) (28) (34) (62) (90)

PROJECT DESCRIPTION DESCRIPCIÓN DEL PROYECTO

The railway line encircling Atlanta was built to decongest rail traffic converging in the central area. When industry moved out to the edges of the freeways, freight transport no longer needed the railway and the 35 kilometres of the railroad corridor fell into disuse. An ambitious revitalization project planned to convert the belt into a new tramway line with pedestrian walkways alongside and new parks. The project links up forty neighbourhoods and it is foreseen that 100,000 new residents will make their homes there. To finance all this, the authorities plan to leverage part of the large revenues generated by urbanizing the adjacent land.

El cinturón ferroviario que rodea Atlanta se construyó para descongestionar el tráfico de trenes que convergía en el área central. Cuando la industria se trasladó a los bordes de las autopistas, el transporte de mercancías dejó de necesitar al ferrocarril y los 35 kilómetros de corredor ferroviario fueron abandonados. Un ambicioso proyecto de remodelación prevé la transformación del anillo en una nueva línea de tranvía acompañada de sendas peatonales y nuevos parques. El proyecto enlaza cuarenta barrios, y se espera que 100.000 nuevos habitantes se instalen en ellos. Para poder financiarlo, las autoridades cuentan con recaudar parte de las enormes plusvalías que generarán los terrenos adyacentes al ser urbanizados.

GREEN BELT by CEA Centro de Estudios Ambientales
Vitoria-Gasteiz (Spain) 2011

Site area Superficie de la parcela (m²) 8,250,000
Project budget Presupuesto del proyecto (euros/m²) 2.69

(252) (32) (38) (42) (60) (74) (80)

PROJECT DESCRIPTION DESCRIPCIÓN DEL PROYECTO

Vitoria-Gasteiz is a compact city where the phenomenon of suburbanization barely exists. Until the 90s, certain practises were taking place in the peri-urban setting which showed little respect for the environment and which sorely needed regulating. In the periphery there existed, in a disconnected fashion, several natural areas which needed to be protected and connected. In the early 90s, the Centre for Environmental Studies, dependent on the Council, put forward the creation of a filter between the urban world and the rural area. It designed a series of environmentally functional corridors, recovered the run-down areas and linked up the areas of interest by creating a green belt.

Vitoria-Gasteiz es una ciudad compacta donde el fenómeno de la sub-urbanización casi no existe. Hasta los años 90, se producían en el entorno periurbano determinadas prácticas poco respetuosas con el medio ambiente que necesitaban ser reguladas. En la periferia existían, de manera desconectada, varias zonas naturales que exigían ser protegidas y relacionadas. A principios de los años 90, el Centro de Estudios Ambientales, dependiente del Ayuntamiento, planteó la creación de un filtro entre lo urbano y lo rural. Diseñó una serie de corredores ecológicamente funcionales, recuperó las áreas degradadas y conectó las zonas de interés mediante la creación de un cinturón verde que rodea la ciudad.

PARCO DORA by Latz + Partner
Turin (Italy) 2012

Site area Superficie de la parcela (m²) 456,000
Project budget Presupuesto del proyecto (euros/m²) 49.21

(252) (36) (110) (112)

PROJECT DESCRIPTION DESCRIPCIÓN DEL PROYECTO

In the 80s the land on the banks of the Dora River was home to one of the largest industrial areas in the Po Valley. In the surroundings, a solid social structure grew up, noted for a sense of belonging and a climate of solidarity fed by a dense associativist network. When industry died out, the council promoted the plan "Spina Centrale" to rezone the lands to take in a vast housing, retail and services programme in 2000. These new uses were split up into seven sectors, corresponding to the former landowners and they surround the Dora Park, resulting from the regeneration of the five old adjoining industrial plots.

Los terrenos a orillas del río Dora, en Turín, albergaron hasta los años 80 una de las mayores concentraciones industriales del valle del Po. A su alrededor se creó un sólido entramado social, marcado por el sentimiento de pertenencia y por un clima de solidaridad alimentado por una tupida red asociativa. Tras la desaparición de la industria, el ayuntamiento promovió en 2000 el plan "Spina Centrale" de recalificación de los terrenos para albergar un vasto programa residencial, comercial y terciario. Los nuevos usos se reparten en siete sectores, correspondientes a los antiguos propietarios, y rodean al Parque Dora, nacido de la regeneración de cinco viejas parcelas industriales contiguas.

281

EVERGREEN/BRICK WORKS by Dtah / Diamond Schmitt Architects / Claude Cormier + Associés
Toronto (Canada) 2010

Site area Superficie de la parcela (m²) 49,000
Project budget Presupuesto del proyecto (euros/m²) 525.92

(254) (40)

PROJECT DESCRIPTION DESCRIPCIÓN DEL PROYECTO

Two rivers (the Humber and the Don) and many streams criss-cross Toronto creating deep wooded ravines. The landscape is of great environmental value and is integrated into the city grid, playing a significant role in flood water drainage during the rainy season. Almost a century ago, the Don Valley brick works and the quarries which accompany it broke up the natural flow of one of these ravines. Today, these quarries have been converted into a park. The brick works have been turned into a community centre by an independent entity to integrate nature into the city.

Toronto está atravesada por dos ríos (el Humber y el Don) y numerosos arroyos, que crearon profundos y boscosos barrancos. Se trata de unidades paisajísticas de gran valor ecológico, integradas en la retícula de la ciudad, y que desempeñan un importante papel en el drenaje de inundaciones durante la época de lluvias. La fábrica de ladrillos de Don Valley y las canteras que la acompañaban interrumpieron durante casi un siglo los flujos naturales de uno de estos barrancos. Hoy, las canteras se han reconvertido en parque. La fábrica, de la mano de una gestora independiente, en centro comunitario para la integración de la naturaleza en la ciudad.

RESTORATION OF TUDELA-CULIP NATURAL ENVIRONMENT by Martí Franch, Ton Ardèvol
Creus (Spain) 2010

Site area Superficie de la parcela (m²) 900,000
Project budget Presupuesto del proyecto (euros/m²) 12.22

(254) (44) (46) (52) (54) (210)

PROJECT DESCRIPTION DESCRIPCIÓN DEL PROYECTO

The Cabo del Creus, 45 km away from the border between France and Spain, is a rocky formation which runs down from the Pyrenees mountain range to the Mediterranean Sea. In 1960 Club Med built a hotel resort designed by the architects Pelayo Martínez and Jean Weiler on this land, the result of which was a significant architectural complex which, however, also disrupted the outstanding original landscape. Following the declaration of Cabo de Creus as a Nature Park, an environmental restoration and access re-design project was commissioned which after successive modifications led to the complex being completely demolished and the recovery of the land relief and original ecosystem, which had suffered greatly from the effects of tourist activity.

El Cabo de Creus, a 45 km de la frontera entre Francia y España, es una formación rocosa que se descuelga de los Pirineos hasta adentrarse en el mar Mediterráneo. En 1960, Club Med construyó un complejo turístico proyectado por los arquitectos Pelayo Martínez y Jean Weiler sobre estos terrenos, cuyo resultado fue un destacable conjunto arquitectónico que sin embargo trastocó el valioso paisaje original. Tras la declaración del Cabo de Creus como Parque Natural, se encargó un proyecto de restauración ambiental y de ordenación de accesos que tras sucesivas modificaciones ha supuesto la demolición total del complejo y la recuperación del relieve y el ecosistema original, muy afectado por la actividad turística.

WATER TREATMENT PLANT REVAMP by Frederico Valsassina / Manuel Aires Mateus / Proap
Lisbon (Portugal) 2011

Site area Superficie de la parcela (m²) 48,996
Project budget Presupuesto del proyecto (euros/m²) 1,314.39

(254) (48)

PROJECT DESCRIPTION DESCRIPCIÓN DEL PROYECTO

The Alcantara valley separates Lisbon from the Monsanto Forest park and directs the flow of water from several streams down towards the Tagus estuary. Here the natural landscape lies between aqueducts, railway lines and access points to the 25 April Bridge. There are many interstitial spaces and it was decided to install the first residual water treatment plant for Lisbon in one of them. The original outdoor design led to pungent odours and could not guarantee the proper treatment of the waste water. But now the wound has healed and a green roof conceals the new facilities in the surrounding landscape and prevents unwanted gases from being leaked into the environment.

El Valle de Alcántara separa Lisboa del Parque Forestal de Monsanto y conduce las aguas de varios arroyos hasta su desembocadura en el Tajo. Aquí, el paisaje natural se abre paso entre acueductos, vías de tren y los accesos al puente 25 de abril. Abundan los espacios intersticiales, y en uno de ellos se decidió instalar la primera planta de tratamiento de las aguas residuales que Lisboa vertía al río. El esquema original, al aire libre, provocaba muy malos olores y no garantizaba el tratamiento riguroso de los vertidos. Pero la herida se ha cerrado. Ahora, una cubierta verde camufla las nuevas instalaciones en el paisaje circundante y evita la emisión de gases no deseados a la atmósfera.

283

RAILWAY TRANSFORMATION by 3S Studio
Albissola (Italy) 2011

Site area Superficie de la parcela (m²) 5,600
Project budget Presupuesto del proyecto (euros/m²) 350.81

256 56 100

PROJECT DESCRIPTION DESCRIPCIÓN DEL PROYECTO

The railway track between Albissola and Celle Ligure tourist resorts had been disused for over 40 years. However, in recent years it had become an informal seaside promenade between the beaches, which was unsafe and badly lit. The renovation works for this part of the route have had a very positive economic impact which was not foreseen in the initial plans. The low budget available meant low cost strategies. In spite of this, the effects of the intervention have been noticed far and beyond the site itself as the whole seafront area as far as Savona has been consolidated.

La vía férrea que unía las localidades turísticas de Albissola y Celle Ligure llevaba más de 40 años abandonada. Sin embargo, en los últimos tiempos se había convertido en un paseo marítimo informal, inseguro y mal iluminado que enlazaba las playas. Las obras de adecuación de esta parte del recorrido han logrado un impacto económico muy positivo y no previsto por los planes iniciales. El bajo presupuesto disponible redundó en el despliegue de estrategias de bajo coste. Aún así, los efectos de la intervención se notan mucho más allá del recinto de actuación, ya que consolida todo un frente costero que se extiende hasta Savona.

LETTEN VIADUCTS REFURBISHMENT by Em2n / Schweingruber Zulauf
Zurich (Switzerland) 2010

Site area Superficie de la parcela (m²) 11,838
Project budget Presupuesto del proyecto (euros/m²) 2,594

256 58 102

PROJECT DESCRIPTION DESCRIPCIÓN DEL PROYECTO

Zurich West was born in the first Industrial Revolution, strategically located between the train stations, the river Limmat and the Letten viaduct, which borders it to the south. Its industry was thriving until the 1970s and today, after a period of downturn, it is experiencing a strong revival.
The Zurich-West plan is a result of City Council-led cooperation between all parties involved including public opinion for whom specific information channels were opened informing of the progress of the works. Zurich West incorporates a technology park and new public spaces and blends in business with housing and retail units in refurbished or new buildings (see *a+t 26*, pp. 88-93; *a+t 32*, pp. 94-107; *a+t 33-34*, pp. 142-155).

Zúrich-Oeste nació con la primera Revolución Industrial, estratégicamente situado entre la estación de trenes, el río Limmat y el viaducto Letten, que lo delimita por el sur. Sus industrias prosperaron hasta los años 70 del siglo XX y hoy, tras un paréntesis de declive, resurge con fuerza. El plan Zurich-West es fruto de la cooperación, orquestada por el Ayuntamiento, entre todas las partes implicadas incluida la opinión pública, para quien se abrieron canales de información puntual sobre el progreso de las obras. Zurich-West incorpora un parque tecnológico y nuevos espacios públicos, y mezcla empresas con viviendas y comercios en edificios rehabilitados o nuevos (véanse *a+t 26*, pp. 88-93; *a+t 32*, pp. 94-107; *a+t 33-34*, pp. 142-155).

OOSTCAMPUS by Carlos Arroyo
Oostkamp (Belgium) 2012

Site area Superficie de la parcela (m²) 40,000
Project budget Presupuesto del proyecto (euros/m²) 22.50

256 64 116 130 162 196 230

PROJECT DESCRIPTION DESCRIPCIÓN DEL PROYECTO

Converting this former soft drinks depot into municipal facilities was achieved by making use of what is called grey energy, that is what is already being used in the original construction. Technical improvements, enabling everyday use of the building, are added, as well as an interior corridor which fits in with the new on site functions. The low budget did not impede the creation of a space meeting municipal requirements such as holding wedding ceremonies, meeting rooms, citizen service offices and maintenance workshops.

La conversión de esta nave de almacenamiento de bebidas en equipamiento municipal se consigue a través del aprovechamiento de la denominada energía gris, que es la ya empleada en la construcción original. A los elementos existentes se incorporan mejoras técnicas, que permitan el uso diario del edificio, a la vez que un paisaje interior acorde con las nuevas funciones que debe albergar. La austeridad del presupuesto no ha impedido crear un espacio adecuado a las necesidades municipales, como celebración de bodas, salas de encuentro, oficinas de atención al público y talleres de mantenimiento.

285

FREIGHT BUILDING AND TAXI'S PUBLIC SPACE by Stephen Dynia, Groundworks Design, Wenk
Denver (United States) 2010

Site area Superficie de la parcela (m²) 73,000
Project budget Presupuesto del proyecto (euros/m²) .... -

258 · 66 · 70 · 114 · 198 · 214

PROJECT DESCRIPTION DESCRIPCIÓN DEL PROYECTO

River North (RiNo) was the district selected to establish the Denver creative community. Just two kilometres away from the financial centre, the industrial territory changed uses and the prices rose. Taxi was the depot belonging to a transport company located next to the Platte River, surrounded by expressways and railway land. Private initiative brought up the land and after purchasing the adjoining plots, financed the urban plan which included the decontamination of the land, reusing the existing buildings and constructing several horizontal hybrids. When the plan has been completed, some 75,000 m² for offices, retail and residential use will have been implemented.

River North (RiNo) ha sido el barrio elegido por la economía creativa de Denver para establecerse. A menos de dos kilómetros del centro financiero, el territorio industrial cambia de uso y los precios suben. Taxi era el depósito de una compañía de transportes situado junto al río Platte rodeado de autopistas y terrenos ferroviarios. La iniciativa privada se hizo con ellos y, tras adquirir los solares contiguos, financió el plan urbano que incluye la descontaminación de los terrenos, la reutilización de los edificios existentes y la construcción de varios híbridos horizontales. Cuando el plan sea completado, se habrán puesto en marcha unos 75.000 m² de uso terciario y residencial.

QUEENS PLAZA by Margie Ruddick Landscaping / Wrt / Marpillero Pollak Architects
New York (United States) 2012

Site area Superficie de la parcela (m²) 6,070
Project budget Presupuesto del proyecto (euros/m²) 5,683.69

258 · 68 · 78

PROJECT DESCRIPTION DESCRIPCIÓN DEL PROYECTO

Long Island City, at the foot of the Queensboro Bridge which links this area with Manhattan, is being gentrified as rents rise in neighbouring Brooklyn. The PS1 arts centre occupied a former state school in the surrounding area in 1976, paving the way towards the reclamation of derelict buildings in the area. Nowadays, creative and IT-related companies are arriving en masse and their presence is completely changing the district. Queens Plaza is a transportation hub where six subway lines (four of them on elevated subway tracks), several bus lines and all the traffic generated from the Queensboro Bridge converge.

Long Island City, a los pies del puente Queensboro que lo une a Manhattan, se gentrifica a medida que suben los alquileres en el vecino Brooklyn. El Centro de Arte PS1 ya ocupó en 1976 una antigua escuela pública en las inmediaciones, abriendo paso a la reutilización de edificios abandonados en la zona. Hoy, la instalación masiva de empresas relacionadas con la creación y las nuevas tecnologías está cambiando por completo el distrito. Queens Plaza es un nudo de conexiones de transporte donde convergen seis líneas de metro (cuatro de ellas sobre viaductos elevados), varias líneas de autobuses y todo el tráfico que genera el puente de Queensboro.

THE STEEL YARD by Klopfer Martin Design Group
Providence (United States) 2010

Site area Superficie de la parcela (m²) 14,163
Project budget Presupuesto del proyecto (euros/m²) 64.68

258 · 72 · 216

PROJECT DESCRIPTION DESCRIPCIÓN DEL PROYECTO

The Olneyville neighbourhood forms part of the industrial Providence Valley district, an area which has been in decline for 20 years. It is a district with high levels of poverty and unemployment, with a run-down housing stock, lacking green spaces and scattered with many empty brownfield sites. Regenerating the Valley district is one of the main measures outlined in the General Plan for Providence, which is based on cleaning up the industrial soils as the first stage to regenerate the impoverished neighbourhoods. The Steel Yard contributes with the action of reinforcing the sense of community in the residents by offering education and employment opportunities.

El barrio de Olneyville forma parte del valle industrial de Providence, un distrito en declive desde hace 20 años. Es un área con altísimos niveles de pobreza y desempleo, con un parque de viviendas en estado ruinoso, carente de espacios verdes y repleta de solares vacíos y contaminados. La regeneración del valle es una de las principales medidas que contempla el Plan General de Providence, que parte de la descontaminación de los suelos industriales como primera medida para revitalizar los barrios empobrecidos. Steel Yard contribuye con su actividad a reforzar el sentimiento de comunidad entre los residentes ofreciendo alternativas educativas y laborales.

287

TURÓ DE LA ROVIRA by Jansana, de la Villa, de Paauw, AAUP Jordi Romero
Barcelona (Spain) 2011

Site area Superficie de la parcela (m²) 9,611
Project budget Presupuesto del proyecto (euros/m²) 100.83

PROJECT DESCRIPTION DESCRIPCIÓN DEL PROYECTO

The Turó de la Rovira hill had an agricultural background. During the Spanish Civil War it housed an anti-aircraft battery and from the 40s on it was taken over by slum dwellings. The project aims to restore the landscape values of a site which stands in the Tres Turones Park, in the heart of the city of Barcelona, without removing the different strata which had helped form the history of the location. At the same time, the fact of its being an observation point with breathtaking views made the Turó de la Rovira a very popular site for visitors to observe the city, which required routes and safety elements to be incorporated to facilitate large-scale use.

La colina del Turó de la Rovira tuvo un pasado agrícola. Durante la guerra civil española albergó una batería militar antiaérea y a partir de los años 40 fue colonizada por un asentamiento de chabolas. El objetivo del proyecto es restaurar los valores paisajísticos que forman parte del Parque de los tres Turones, en el corazón de la ciudad de Barcelona, sin eliminar los diferentes estratos que han ido conformando la historia del lugar. Al mismo tiempo, la situación de mirador privilegiado convierte al Turó de la Rovira en un emplazamiento muy visitado para la contemplación de la ciudad, lo que obliga a la creación de itinerarios y elementos de seguridad que faciliten su uso masivo.

CANTINHO DO CEU PARK by Boldarini Arquitetura e Urbanismo
Sao Paulo (Brazil) 2012

Site area Superficie de la parcela (m²) 1,543,761
Project budget Presupuesto del proyecto (euros/m²) 38.81

PROJECT DESCRIPTION DESCRIPCIÓN DEL PROYECTO

Billings Reservoir is part of a network of reservoirs located in the south of Sao Paolo which supply drinking water to the city. Its shores are home to many illegal settlements such as Cantinho do Ceu, whose waste was disposed of directly into its waters. When the water pollution levels became alarming, the Brazil federal authorities decided that the best solution was not to pull these settlements down but to remediate them, to save them from the legal limbo they found themselves in and equip them with the basic services and infrastructures of the formal city. The Programa Mananciais legally recognises the favelas and aims to restore the water quality to the reservoirs, enhance residents' living conditions and guarantee social inclusion.

La presa Billings es parte de la red de embalses situados al sur de Sao Paulo que abastecen de agua potable a la ciudad. En sus orillas proliferaron los asentamientos ilegales como Cantinho do Ceu, cuyos residuos se vertían directamente al lago. Cuando los niveles de contaminación del agua se hicieron alarmantes, las autoridades federales brasileñas decidieron que lo mejor no era demoler sino adecuar estos asentamientos, sacarlos del limbo legal en que se encontraban y equiparlos con las infraestructuras y servicios básicos de la ciudad formal. El Programa Mananciais legitima las favelas y pretende recuperar la calidad del agua de los embalses, mejorar las condiciones de vida de los residentes y garantizar su inclusión social.

KHAYELITSHA URBAN UPGRADING by Tarna Klitzner / Jonker And Barnes Architects
Cape Town (South Africa) 2014

Site area Superficie de la parcela (m²) 78,000
Project budget Presupuesto del proyecto (euros/m²) 183.97

PROJECT DESCRIPTION DESCRIPCIÓN DEL PROYECTO

Khayelitsha was created by the Apartheid regime in order to segregate the black population in easily controllable townships outside the large cities. The consequences of this plan are pockets of poverty, crime and social unrest. Khayelitsha was designed around several storm-water retention basins, connected by a system of unmaintained open spaces, which are empty most of the year. The residents live on the edges and live in poor conditions in low-roofed dwellings in a high crime area. The violence prevention plan aimed to reduce crime and fear of crime by upgrading public spaces.

Khayelitsha fue creado por el régimen de Apartheid para segregar a la población negra en recintos fácilmente controlables fuera de las grandes ciudades. El resultado de esta planificación son bolsas de pobreza, criminalidad y malestar social. Kayelitsha se planeó en torno a varias cuencas de retención de pluviales, conectadas por un sistema de espacios abiertos sin mantenimiento, que permanecen vacías la mayor parte del año.
La población se concentra en sus márgenes, y malvive en viviendas de baja altura soportando elevadísimos niveles de delincuencia. El plan de prevención de la violencia se ha propuesto reducir la delincuencia y el miedo al crimen a través de la mejora de los espacios públicos.

289

SHIHLIN PAPER MILL by Interbreeding Field
Taipei (Taiwan) 2010

Site area Superficie de la parcela (m²) 4,800
Project budget Presupuesto del proyecto (euros/m²) 15.21

PROJECT DESCRIPTION DESCRIPCIÓN DEL PROYECTO

The Shihlin paper mill was built during the Japanese occupation of Taiwan in 1918 and after having changed ownership several times was definitively abandoned in 1998. Since then it occupied a remote corner of the Shihlin residential district, far from the Taipei cultural circuit. Chance was to have it that Kazuyo Sejima discovered the abandoned building and the premises were refurbished in a very short time as an exhibition centre to hold a temporary exhibition. Today, this provisional low-cost intervention, undertaken by a professor of Architecture and his students, has been preserved: the centre regularly programmes events and exhibitions.

La fábrica de papel de Shihlin fue construida durante la ocupación japonesa de Taiwan en 1918 y, tras cambiar de dueño varias veces, fue abandonada definitivamente en 1998. Desde entonces ocupaba un rincón apartado del distrito residencial de Shihlin, lejos del circuito cultural de Taipei. La casualidad quiso que Kazuyo Sejima descubriera el edificio abandonado y el recinto se habilitó en muy poco tiempo como centro de exposiciones para acoger una exposición temporal. Hoy, esta intervención efímera y de muy bajo coste, llevada a cabo por un profesor de arquitectura y sus alumnos, se conserva. El centro programa eventos y exposiciones de forma regular.

SIDE EFFECT by Amir Lotan
Bat Yam (The Netherlands) 2010

Site area Superficie de la parcela (m²) 2,000
Project budget Presupuesto del proyecto (euros/m²) 31.50

PROJECT DESCRIPTION DESCRIPCIÓN DEL PROYECTO

The edges of Bat Yam, in south Tel Aviv, were programmed by Alexander Baerwald, in his 1926 plan, as an area for exclusive industrial use. Over time, residential areas have surrounded the area and the retail use which supports these is replacing the declining industry. This is an area undergoing change, where new uses are spontaneously appearing. There are a multitude of derelict buildings and residual spaces. Invasive plant species grow spontaneously in these spaces. In this context, the authorities have started to support specific initiatives which act upon this area, as part of a larger more ambitious plan to transform the area.

Los márgenes de Bat Yam, al sur de Tel Aviv, fueron programados por Alexander Baerwald, en su plan de 1926, como zona de uso exclusivamente industrial. Con el tiempo, las áreas residenciales han rodeado el área, y el uso comercial que les da soporte está sustituyendo a la industria en declive. Se trata de una zona en mutación, donde espontáneamente se dan cita nuevos usos. Abundan las construcciones abandonadas y los espacios residuales. En ellos, crecen de forma espontánea especies de plantas invasivas. En este contexto, las autoridades han comenzado a apoyar iniciativas puntuales de intervención en el área, dentro de un plan más ambicioso de transformación del barrio.

VILLA DE MURPH by Bldgs
Atlanta (United States) 2008

Site area Superficie de la parcela (m²) 334
Project budget Presupuesto del proyecto (euros/m²) 286.27

PROJECT DESCRIPTION DESCRIPCIÓN DEL PROYECTO

The area between the Adair Park and West End wards, south-east of the downtown business district, was one of the cheapest real estate areas in Atlanta. This is a typical post-industrial cityscape, scattered with empty plots, derelict buildings and obsolete railway infrastructures which used to serve the city's industry. Yet things have started to change: the implementation of the ambitious Atlanta BeltLine project, one kilometre away (see pp. 98-99) has meant that this zone is right in its area of influence. The new residents are arriving, drawn in by the forthcoming arrival of the tramway and the construction of new parks.

El área entre las circunscripciones de Adair Park y West End, al suroeste del centro de negocios, era una de las zonas más baratas de Atlanta. Se trata del paisaje típico de la ciudad postindustrial, a base de solares vacíos, edificios abandonados e infraestructuras ferroviarias obsoletas que alimentaban la industria de la ciudad. Pero las cosas empiezan a cambiar. La puesta en marcha del ambicioso proyecto Atlanta Beltline, a un kilómetro de distancia (véase pp. 98-99), ha colocado la zona dentro de su área de influencia inmediata. Los nuevos vecinos están llegando, atraídos por la futura llegada de la línea tranvía y la construcción de nuevos parques.

291

OPEN AIR THEATRE by Subsolar
Spremberg (Germany) 2010

Site area Superficie de la parcela (m²) 4,172
Project budget Presupuesto del proyecto (euros/m²) 311.60

PROJECT DESCRIPTION DESCRIPCIÓN DEL PROYECTO

When a new road was built between the station and the historic centre of Spremberg in 1942, the original topography of the city was never to be the same. Since then the Bahnhofsstrasse crosses the existing valley over a man-made embankment. The proposal forms part of the award-winning plan in the Europan 9 competition and proposes four specific interventions to deal with the presence of this blot on the landscape and to fill the run-down public space in Spremberg with activities. Renovating the open air theatre (which already took advantage of the embankment) was the first intervention to be completed.

La construcción de una carretera en 1942, entre la estación y el centro histórico de Spremberg, trastocó para siempre la topografía original de la ciudad. Bahnhofsstrasse atraviesa desde entonces el valle existente con un barranco artificial. La propuesta forma parte de un plan ganador del concurso Europan 9 y plantea un total de cuatro intervenciones puntuales para superar la presencia de esta herida en el paisaje y llenar de actividad el maltrecho espacio público de Spremberg. La remodelación del viejo teatro al aire libre (que ya aprovechaba el talud artificial) es la primera de las intervenciones finalizadas.

TELETECH CAMPUS by MVRDV, Arkos, Seturec
Dijon (France) 2012

Site area Superficie de la parcela (m²) 6,000
Project budget Presupuesto del proyecto (euros/m²) 600

PROJECT DESCRIPTION DESCRIPCIÓN DEL PROYECTO

The reuse of the laboratory building and newly built offices from 2004 does not follow the classic renovation patterns. This does not involve renovating or repairing the existing elements but rather the project entails preparing the space for flexible schedule-based use with different intensities of staff numbers and with an unlimited number of posts assigned. This is the physical paradigm of modern day work. A shifting workscape which changes according to requirements. The space experiences minimum interior modifications and the only addition to the facade is a vinyl skin. Its use as a call centre distances it from the requirements of an office building and priority is given to total connectivity.

El reuso de un edificio de laboratorio y oficinas de reciente construcción 2004, no se ajusta a los patrones clásicos de renovación. No se trata de renovar o reparar lo existente, el proyecto consiste en preparar el espacio para un uso de horario flexible, con diferentes intensidades de personal y con un número indeterminado de puestos asignados. Es el paradigma físico de la situación laboral contemporánea. Un paisaje continuo de trabajo que cambia en función de las necesidades. El espacio sufre las alteraciones mínimas en el interior y sólo una adición de vinilo sobre la fachada. Su utilización como centro de llamadas se aleja de las necesidades de un edificio de oficinas y otorga prioridad a la conectividad total.

THE SCHIEBLOCK by Zus [Zones Urbaines Sensibles]
Rotterdam (The Netherlands) 2010

Site area Superficie de la parcela (m²) 8,000
Project budget Presupuesto del proyecto (euros/m²) 187.5

PROJECT DESCRIPTION DESCRIPCIÓN DEL PROYECTO

Since the 90s the Rotterdam authorities have been locating the headquarters of cultural institutions in the different new peripheral urban development areas to make these areas more appealing. This decentralizing policy was also popular with developers who lost interest in working on the real estate built in the city centre in the post-war period. The recession has halted this trend and today we are witnessing how these existing buildings are being refurbished. Schieblock is located on a strip of land parallel to the railway tracks where refurbishment work on the former Central Post Office (Central Post, Claus en Kaan, 2009) has just been completed and just a few metres from the Hofplein viaduct, now converted to a shopping mall (Mini Mall, Peña Architecture, 2011).

Desde los años 90, las autoridades de Róterdam han ido repartiendo las sedes de las instituciones culturales por los nuevos desarrollos periféricos para hacerlos atractivos. Esta política descentralizadora caló también entre los promotores, que perdieron el interés en la explotación de los activos inmobiliarios construidos en el centro durante la posguerra. La recesión ha frenado esta tendencia expansiva y hoy asistimos a la revitalización de los edificios existentes. Schieblock se sitúa en una franja paralela a las vías del tren, donde también se acaba de concluir la rehabilitación de la antigua sede de correos (Central Post, Claus en Kaan, 2009) y a pocos metros del viaducto Hofplein, reconvertido en zona comercial (Mini Mall, Peña Architecture, 2011).

293

LE 308 by Fabre/Demarien
Bordeaux (France) 2009

Site area Superficie de la parcela (m²) 950
Project budget Presupuesto del proyecto (euros/m²) 1,168.42

PROJECT DESCRIPTION DESCRIPCIÓN DEL PROYECTO

La Bastide is a former industrial district on the right bank of the Garonne river. The district never had a good reputation but it was strategically located opposite the historic centre. In 2000 an ambitious project to convert the area was launched. From that point on, new housing, a botanical garden and a university campus have all been built. Furthermore, some of these public spaces have been targeted for temporary action to promote their revitalization (see *a+t* 38, pp 142-151) It is crossed by the Thiers Avenue, the route from Paris to Bordeaux on which a tram line is now operated.

La Bastide es un viejo barrio industrial sobre la orilla derecha del Garona. El barrio nunca gozó de buena fama, pero estaba estratégicamente situado frente al centro histórico. En 2000 se lanzó un ambicioso proyecto de reconversión del área. Desde entonces, se han construido nuevas viviendas, un jardín botánico y un campus universitario. Además, algunos de los espacios públicos de área han sido objeto de acciones temporales para promover su reactivación (véase *a+t* 38, pp-142-151). Está atravesado por la avenida Thiers, la ruta por la que se llegaba a Burdeos desde París y por la que ahora circula una línea de tranvía.

N10-II SPORTS FACILITY by COMOCO Arquitectos
Coimbra (Portugal) 2012

Site area Superficie de la parcela (m²) 2,385
Project budget Presupuesto del proyecto (euros/m²) 419.29

PROJECT DESCRIPTION DESCRIPCIÓN DEL PROYECTO

Eiras, in the north of Coimbra, is home to the bulk of industrial production in the local area. The N-10 project was for the refurbishment of an industrial warehouse and follows in the footsteps of a previous project (N10) from 2004. At the time a unit belonging to a former cotton mill was converted into a sports centre by a private developer. Today the same programme and the same approach to the existing architecture has served to incorporate two football courts into a large industrial unit. The courts come with a set of services and an area for children's parties, concentrated into a new timber frame structure which is contained inside the existing building.

Eiras, al norte de Coimbra, concentra buena parte de la producción industrial de la comarca. El proyecto N-10 II ha supuesto la rehabilitación de un almacén industrial y sigue los pasos de un primer proyecto, N-10 I, de 2004. Entonces, una nave perteneciente a una vieja hilatura fue reconvertida en polideportivo de la mano de un promotor privado. Ahora, el mismo programa y la misma aproximación a la arquitectura existente han servido para introducir dos campos de fútbol en el interior de una gran nave industrial. Las pistas se acompañan de un paquete de servicios y un área para fiestas infantiles, concentrados en una nueva estructura de madera que se posa en el interior del edificio existente.

MATADERO MUSIC ACADEMY by Langarita Navarro
Madrid (Spain) 2011

Site area Superficie de la parcela (m²) 4,750
Project budget Presupuesto del proyecto (euros/m²) 272.33

PROJECT DESCRIPTION DESCRIPCIÓN DEL PROYECTO

Matadero Unit 15 was programmed along with Unit 16 to house an art collection. When the initiative was abandoned by the developers and the budget was cut, this space was removed from the programme for works of art. In early 2012, a private sponsor accepted the Madrid City Council proposal to install a temporary music production on the site. In spite of lack of available time and resources to execute the works, the initiative was highly successful and was to leave behind it a new space for sound production.

La Nave 15 de Matadero fue programada junto a la Nave 16 para albergar una colección de arte. El abandono de la iniciativa por parte de uno de los promotores y la consiguiente reducción del presupuesto sacaron este espacio del programa de obras. A principios de 2012 un patrocinador privado aceptó la propuesta del Ayuntamiento de Madrid para instalar en este recinto un festival temporal de producción musical. Pese a la escasez de recursos y el escaso tiempo disponible para ejecutar las obras, la iniciativa fue un éxito, y ha dejado tras de sí un espacio nuevo para la producción sonora.

295

CCCB THEATRE by Lapeña & Torres
Barcelona (Spain) 2011

Site area Superficie de la parcela (m²) 3,164
Project budget Presupuesto del proyecto (euros/m²) 1,373.76

268 | 138

PROJECT DESCRIPTION DESCRIPCIÓN DEL PROYECTO

The Barcelona Contemporary Culture Centre (CCCB) has extended its premises by redesigning the former Casa de la Caritat theatre and converting the adjoining cloister into a circulation hub facilitating internal circulation between the two buildings.
The intervention involved removing the unnecessary structures, incorporating circulation elements and redefining the windows on the facade and roof to increase natural lighting. Identifying the complex was achieved by engraving the initials identifying the cultural centre on the cloister frontage.

El Centro de Cultura Contemporánea de Barcelona, CCCB ha ampliado sus dependencias con la remodelación del antiguo teatro de la Casa de la Caritat y la conversión del claustro adyacente en un núcleo de comunicaciones que permite la circulación interna entre ambos edificios.
La intervención ha consistido en eliminar las estructuras innecesarias, introducir los elementos de comunicación y redefinir huecos de fachada y cubierta para incrementar la iluminación natural. La identificación con el conjunto se consigue a través del troquelado en la fachada del claustro de las iniciales identificativas del centro cultural.

MATADERO FILM ARCHIVES by Churtichaga + Quadra-Salcedo
Madrid (Spain) 2011

Site area Superficie de la parcela (m²) 2,688
Project budget Presupuesto del proyecto (euros/m²) 1,527.10

268 | 142 | 200

PROJECT DESCRIPTION DESCRIPCIÓN DEL PROYECTO

The new facilities house, in addition to a film archive, a TV and cinema stage, two screens, vestibules, box offices, offices, a canteen and a courtyard for summer cinema. Access is from the Calle Matadero, designed by the team responsible for the Madrid Río project (see *a+t* 37, pp. 64-93), who were also in charge of designing the free spaces which separate the units from the Matadero, to ensure the full integration of the facilities into the park. Calle Matadero is part of this project and links the main site access to the Plaza de Legazpi. In this street a group of green hexagonal islands designed by the artist Jerónimo Hagerman have been laid out to follow the route to the *Cineteca*.

El nuevo equipamiento alberga, además de un archivo cinematográfico, un plató de televisión y cine, dos salas de proyecciones, vestíbulos, taquillas, oficinas, una cantina y un patio para cine de verano. Al él se accede desde la calle Matadero, proyectada por el equipo redactor del proyecto Madrid Río (véase *a+t* 37, pp. 64-93), quien se encargó también del diseño de los espacios libres que separan las naves del Matadero, para asegurar la integración de las instalaciones en el parque. La calle Matadero es parte de esta actuación y une el acceso principal al recinto con la plaza de Legazpi. En esta calle se ha dispuesto un conjunto de islas vegetales hexagonales, diseñadas por el artista Jerónimo Hagerman que acompañan el recorrido hasta la Cineteca.

MATADERO READER'S HOUSE by Ensamble Studio
Madrid (Spain) 2012

Site area Superficie de la parcela (m²) .... -
Project budget Presupuesto del proyecto (euros/m²) .... -

268 | 144

PROJECT DESCRIPTION DESCRIPCIÓN DEL PROYECTO

The Casa del Lector (Reader's House) is the result of the collaborative policy of the Madrid Matadero with public institutions or private foundations to manage its spaces. The programme is shared out into four units. The two largest units are carbon copies and are separated by an alley which has been roofed over. This passageway now houses the access and the circulation elements between the main sites of the Reader's House. These two units house the classrooms, the exhibition and workshop spaces and the research areas. The concert hall occupies an adjoining unit and is joined to the office areas. These spaces are connected up with the two main units by the Calle Matadero which runs through the middle of the complex.

La Casa del Lector es resultado de la política colaboración de Matadero Madrid con instituciones públicas o fundaciones privadas para la gestión y explotación de sus espacios. El programa se reparte en cuatro naves. Las dos más grandes eran idénticas y estaban separadas por un callejón que ha sido cubierto. Este corredor concentra ahora el acceso y las circulaciones entre los dos recintos principales de la Casa del Lector. En ellos se distribuyen las aulas, el espacio de exposiciones y talleres y las áreas para investigadores. El auditorio ocupa una nave opuesta y está adosado al área de oficinas. Estos espacios se comunican con las dos naves principales por la calle Matadero que atraviesa el complejo.

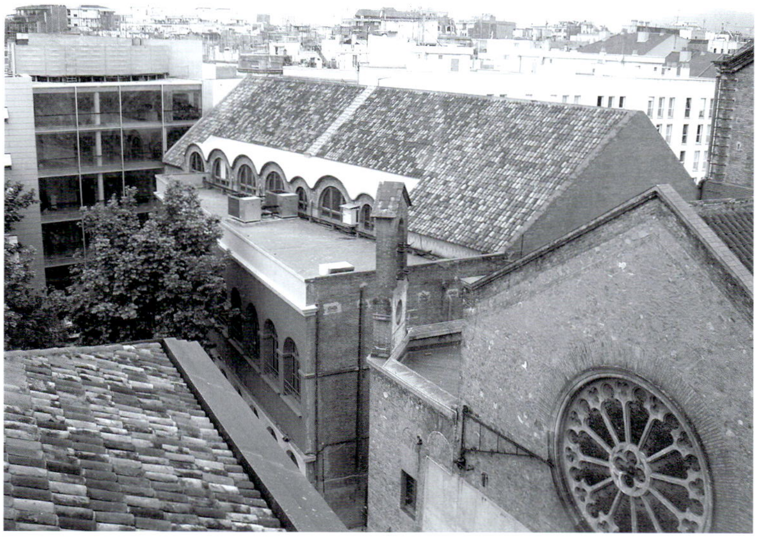

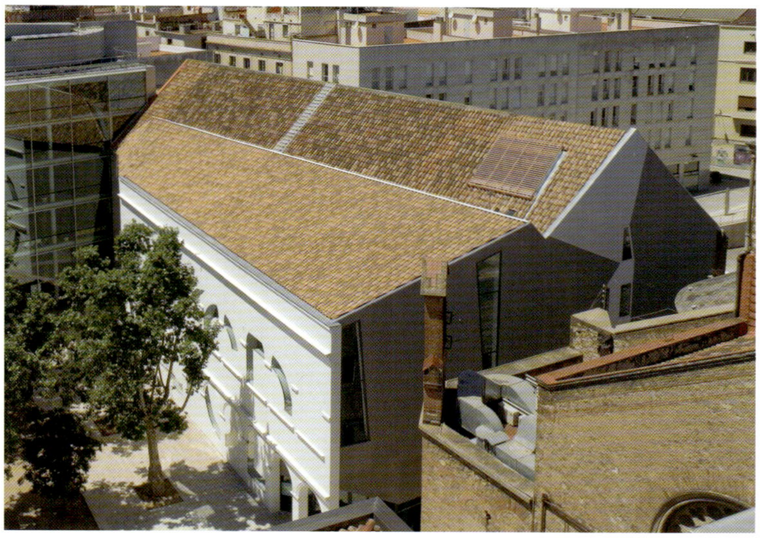

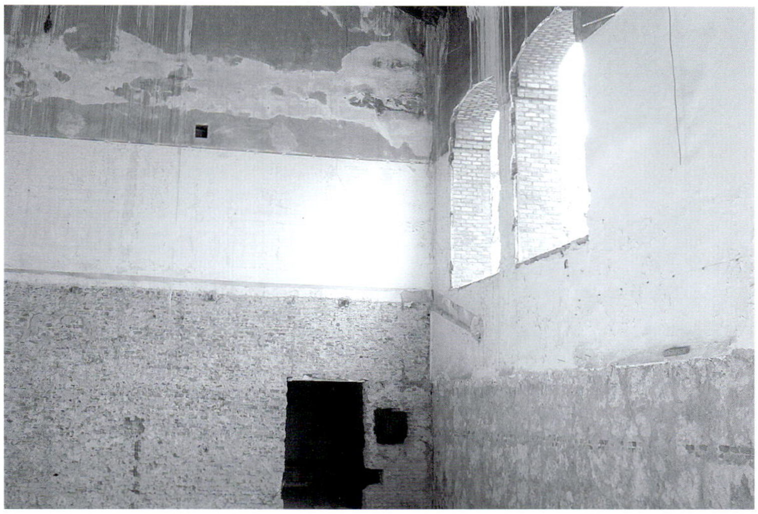

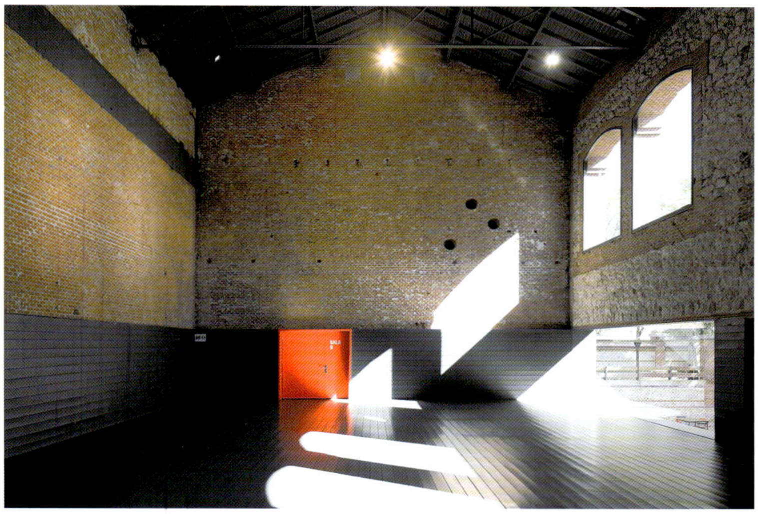

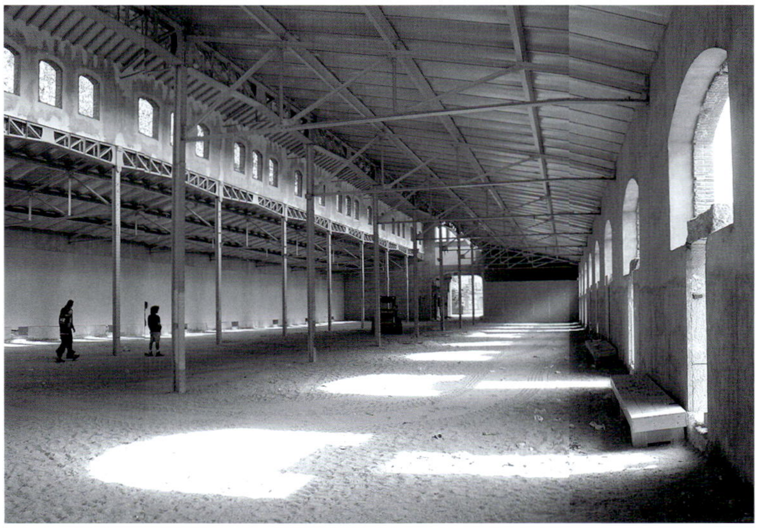

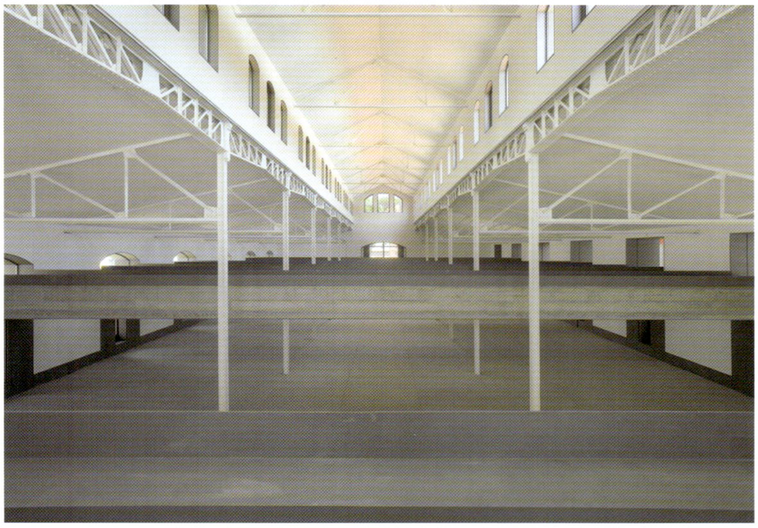

MATADERO NAVES 8-9 (STRUCTURAL CONSOLIDATION WORKS) by Estudio de Arquitectura Arturo Franco
Madrid (Spain) 2011

Site area Superficie de la parcela (m²) 20,891
Project budget Presupuesto del proyecto (euros/m²) 262.03

270 148 188

PROJECT DESCRIPTION DESCRIPCIÓN DEL PROYECTO

Matadero Units 8 and 9 will, when they are completed, house a production and visual arts centre. For the moment, the works to reinforce the existing structure have been implemented. These works required drastic changes to the original project when a detailed report on industrial unit pathology recommended an urgent structural reinforcement for safety reasons to allow for new loads. This information was not available during the competition and required important modifications to be made to the initial project.
Now the structural reinforcement has taken on a lead role and can be seen as an independent intervention awaiting the second phase.

Las Naves 8 y 9 del Matadero albergarán cuando se finalicen un centro de producción y difusión de artes visuales. Por el momento, se han ejecutado las obras de consolidación de la estructura existente. Dichas obras obligaron a dar un vuelco al proyecto inicial cuando un informe detallado de patologías de las naves aconsejó una intervención de consolidación urgente por motivos de seguridad que permitiera recibir nuevas cargas. Esta información no se tenía durante el concurso y obligó a realizar modificaciones importantes en el planteamiento del proyecto inicial. Ahora, el refuerzo estructural se ha convertido en protagonista y puede considerarse una intervención autónoma a la espera de la siguiente fase.

MATADERO NAVE 16 by Carnicero, Vila, Virseda
Madrid (Spain) 2011

Site area Superficie de la parcela (m²) 5,913
Project budget Presupuesto del proyecto (euros/m²) 1,009.64

270 150 152

PROJECT DESCRIPTION DESCRIPCIÓN DEL PROYECTO

Unit 16 of the Matadero is a new multi purpose space for exhibiting contemporary art. It is a versatile polyvalent hall which can function either as the largest exhibition hall in Madrid or as a set of smaller independent spaces, divided into three rooms simultaneously. Depending on the requirements of each point in time, the space is used as rooms for exhibitions, live art activities or as a concert, conference or fashion hall. To achieve this aim, the rules of the competition demanded a mobile system which would transform the space according to the required programme.

La Nave 16 del Matadero es un nuevo espacio multifuncional donde exponer arte contemporáneo. Se trata de una sala versátil y polivalente, que puede funcionar, bien como la mayor sala de exposiciones de Madrid, o como un conjunto de espacios independientes de menor tamaño, dividida hasta en tres salas simultáneas. Dependiendo de las necesidades de cada momento, el espacio se utiliza como sala de exposiciones, instalaciones o actividades de artes vivas, o como sala de conciertos, sala de conferencias o pasarela de moda. Para lograr este objetivo, las bases del concurso exigieron un sistema móvil que transformase el espacio de acuerdo con el programa requerido.

SVARTLAMOEN NURSERY by Brendeland & Kristoffersen
Trondheim (Norway) 2007

Site area Superficie de la parcela (m²) 478
Project budget Presupuesto del proyecto (euros/m²) 3,033.47

270 158

PROJECT DESCRIPTION DESCRIPCIÓN DEL PROYECTO

Savartlamoen is a modest neighbourhood in the outskirts of Trondheim. Its landscape is dominated by the huge volume of the German Dora 1 bunker which presently functions as a municipal archive. The neighbourhood has undergone pressure since the 50s exerted by the growth of the port and the expansion of industrial uses. The progressive demolition of the residential fabric left in its wake a mixed landscape of industry and run-down housing. From the 90s on, with the establishment of an influential alternative community, the strong political engagement of the Svartlamoen residents enabled them to have significant control over the land use planning for the area.

Savartlamoen es un barrio modesto a las afueras de Trondheim. Su paisaje está dominado por el volumen masivo del bunker alemán Dora 1, que en la actualidad funciona como archivo municipal. El barrio ha estado sometido desde los años 50 a la presión que ejercen el crecimiento del puerto y la expansión de los usos industriales. La demolición progresiva del tejido residencial dejó un paisaje mixto de industrias y viviendas en mal estado. Desde los años 90, con el establecimiento de una influyente comunidad alternativa, la fuerte implicación política de los residentes de Savartlamoen les ha permitido tomar buena parte del control sobre la planificación de usos en la zona.

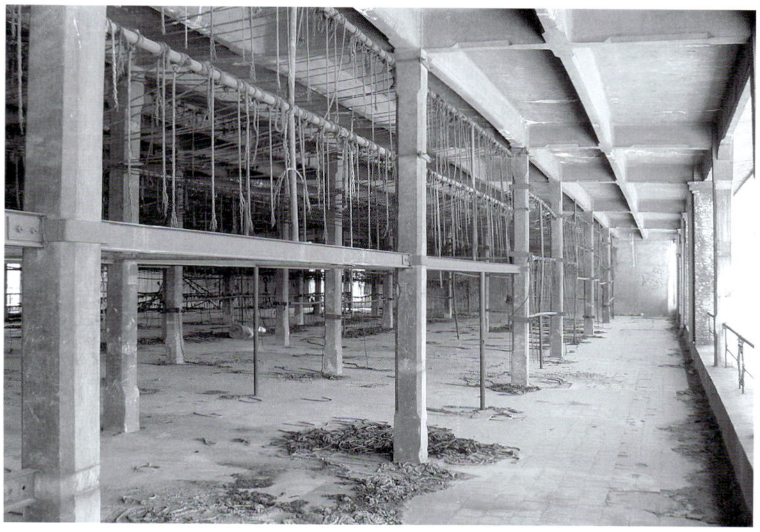

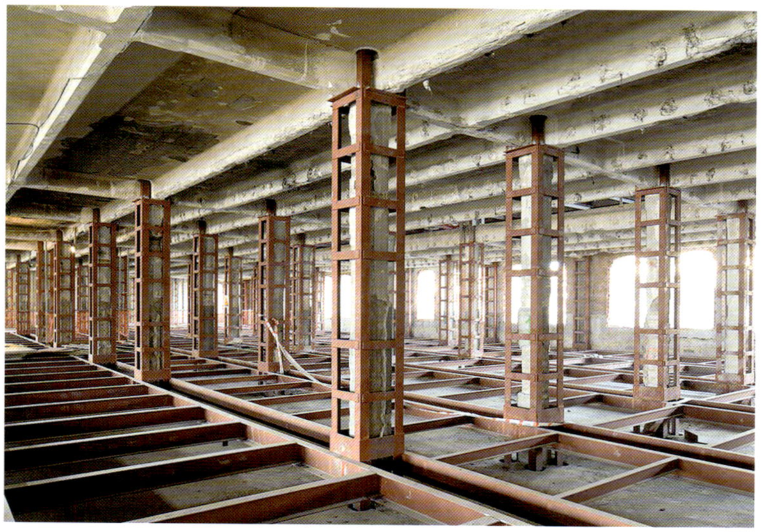

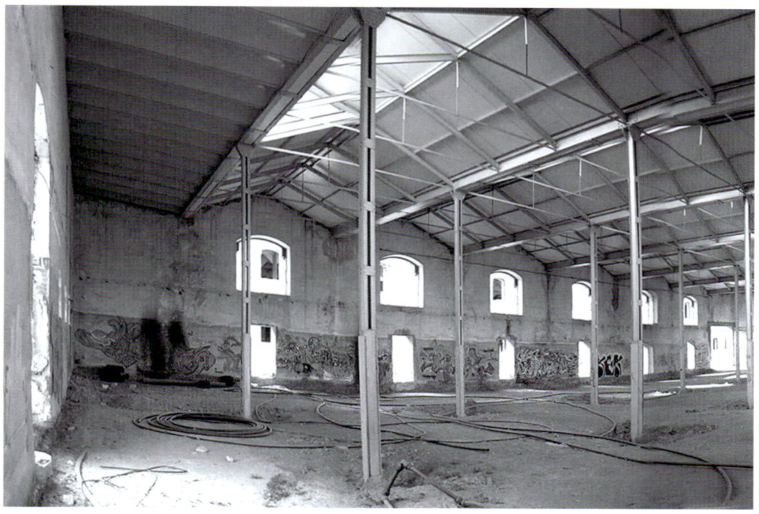

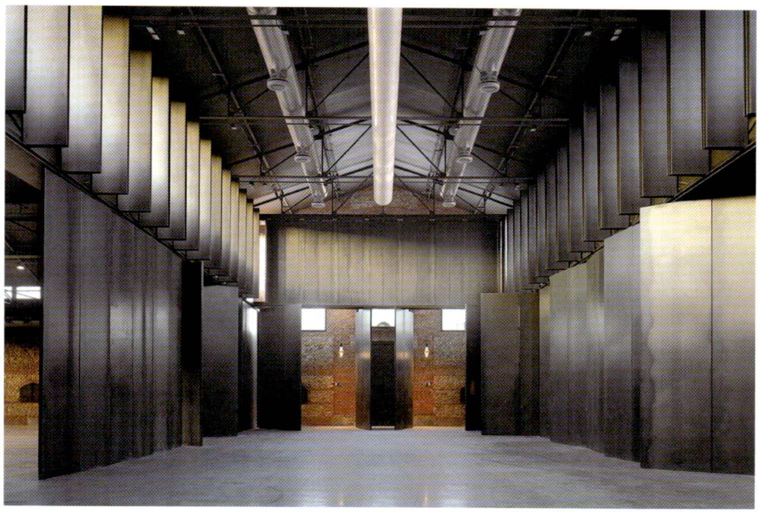

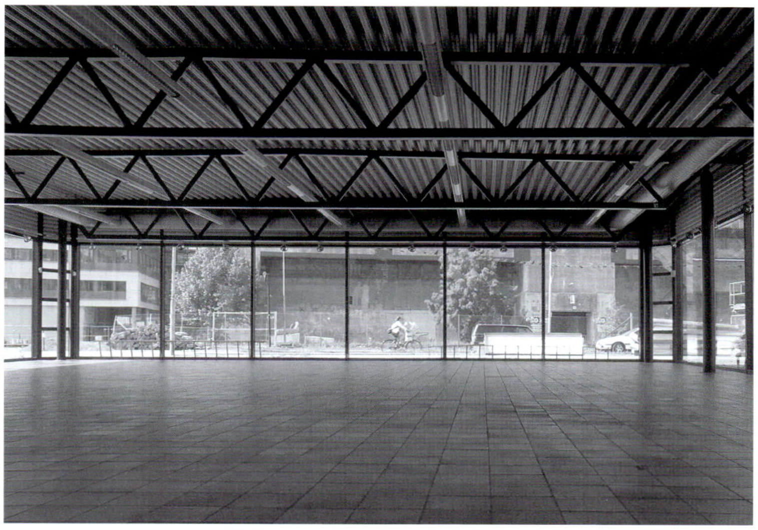

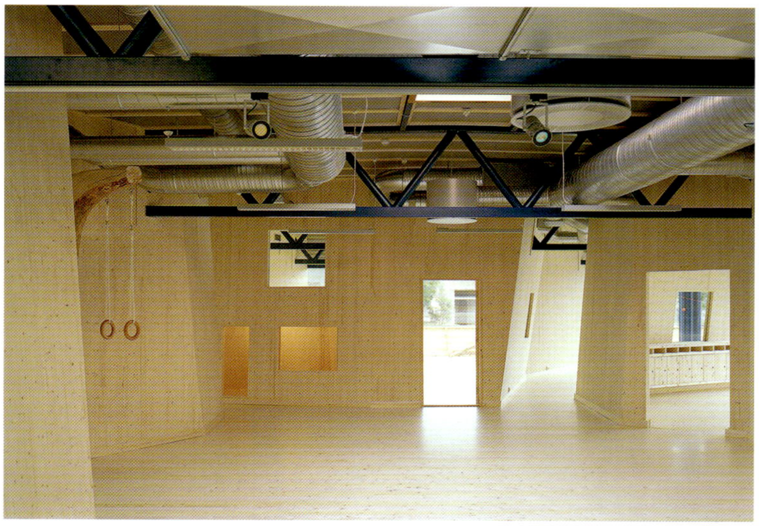

MASSÓ DISTILLERY by Núria Salvadó + David Tapias
Reus (Spain) 2010

Site area Superficie de la parcela (m²) 800
Project budget Presupuesto del proyecto (euros/m²) 1,335.975

272 168 172 176

PROJECT DESCRIPTION DESCRIPCIÓN DEL PROYECTO

Until the dawn of the 19th Century Reus was the second largest city in Catalonia. Its urban grid was laid out to join the medieval town with the mainline station of one of the first railway lines in Spain. The industrial units of the Massó distillery and the Corts blinds factory occupy half of one of the blocks in the urban grid. The other half is now a site set aside for residential use, awaiting the arrival of new housing units. In addition to the refurbishment of the existing building there is also its extension over the courtyard whose design is based on the need to protect the site from the views from the forthcoming constructions.

Reus fue hasta los albores del siglo XIX la segunda mayor ciudad de Cataluña. Su ensanche fue trazado para unir el centro medieval con la estación de cabecera de la que fuera una de las primeras líneas de tren de España. Las naves de la destilería Massó y la fábrica de persianas Corts ocupan la mitad de una de las manzanas del ensanche. La otra mitad es hoy un solar de uso residencial, que aguarda la llegada de nuevas viviendas. A la reforma del edificio existente se suma la ampliación sobre el patio, cuyo diseño está condicionado por la necesidad de proteger el recinto de las vistas desde las futuras construcciones.

LE VOYAGE À NANTES OFFICES by Block Architectes
Nantes (France) 2011

Site area Superficie de la parcela (m²) 2,000
Project budget Presupuesto del proyecto (euros/m²) 475

272 180 186

PROJECT DESCRIPTION DESCRIPCIÓN DEL PROYECTO

The LU factory moved out of its headquarters in downtown Nantes in the 70s. Most of the buildings were converted into Le Lieu Unique, a council centre for artistic creation in 2000. Since then the city council has encouraged new programmes to bring art out from its traditional containers. In 2007, it held the L'Estuaire biennale which flooded the banks of the Loire river with art installations. Nowadays, Nantes goes further and and distributes the works of art throughout its stores and public spaces. This initiative, Le Voyage à Nantes, takes to the streets in summer 2012 and the organizers work from the refurbished offices in one of the former buildings of the LU factory.

La fábrica LU abandonó su cuartel general del centro de Nantes en los años 70. El mayor de aquellos edificios se convirtió en 2000 en Le Lieu Unique, un centro municipal de creación artística. Desde entonces, el municipio ha impulsado nuevos programas para sacar el arte de sus contenedores tradicionales. En 2007 convocó la bienal L'Estuaire, que inundó las orillas del Loira de instalaciones artísticas. Ahora, Nantes da un paso más y distribuye las piezas por sus comercios y espacios públicos. Esta convocatoria, Le Voyage à Nantes, sale a las calles en el verano de 2012, y sus organizadores trabajan desde las oficinas acondicionadas en uno de los viejos edificios de la fábrica LU.

NOTWEG GARAGE by NL Architects
Amsterdam (The Netherlands) 2009

Site area Superficie de la parcela (m²) 2,800
Project budget Presupuesto del proyecto (euros/m²) 250

272 182

PROJECT DESCRIPTION DESCRIPCIÓN DEL PROYECTO

Osdorp, in the outskirts of Amsterdam, was constructed in the 1960s and is at present being redeveloped. The renewal project sought to introduce a greater variety of individualised housing for the middle classes, to compact the fabric with new buildings and to make the cars vanish into underground car parks. Many buildings are being pulled down to make way for housing blocks with larger dwellings (see: HoCo, *a+t* architecture publishers, 2009, pp. 230-239; *Density is Home*, *a+t* architecture publishers, 2011, pp.174-181). Garage Notweg, built in 1962 was also set to be demolished but it was decided that before, during a five-year time period, it would be used as creative business incubator as this environment would help to raise the price of neighbouring developments.

Osdorp, en las afueras de Ámsterdam, fue construido en los años 60 y en la actualidad está siendo rehabilitado. El proyecto de reforma busca introducir una mayor variedad de viviendas, compactar el tejido con nuevas edificaciones y hacer desaparecer los automóviles en aparcamientos subterráneos. Numerosos edificios están siendo demolidos, para dejar paso a bloques con viviendas de mayor tamaño (véanse: HoCo, a+t architecture publishers, 2009, pp. 230-239; *Density is Home*, a+t architecture publishers, 2011, pp.174-181). El Garage Notweg, construido en 1962, también iba a ser demolido, pero se decidió que antes, durante cinco años, acogiese una incubadora de empresas creativas porque ese ambiente contribuiría a subir el precio de las promociones vecinas.

301

CREATION FACTORY by Manuel Ruisánchez, Francesc Bacardit, Architects
Barcelona (Spain) 2011

Site area Superficie de la parcela (m²) 15,647
Project budget Presupuesto del proyecto (euros/m²) 304.94

274 | 184

PROJECT DESCRIPTION DESCRIPCIÓN DEL PROYECTO

Barcelona City Council set up the Creation Factories to grow the network of centres supporting cultural production. They are spaces to facilitate the work of creators and cultural agents, which aim to promote social cohesion in the areas in which they are located. In total, eight centres have been set up which have reclaimed eight obsolete buildings in the city. The Fabra i Coats Factory has given new life to the Sant Andreu neighbourhood. Along with the creation centre, a social housing block will be added in another refurbished building on the site (see Next, a+t architecture publishers, pp. 218-225), while the work for the huge La Sagrera railway development goes on nearby.

El Ayuntamiento de Barcelona puso en marcha las Fábricas de Creación para incrementar la red establecimientos que ofrecen apoyo a la producción cultural. Se trata de espacios donde facilitar el trabajo de creadores y agentes culturales que pretenden promover la cohesión social del territorio donde están ubicados. En total se han iniciado ocho centros que recuperan otros tantos edificios obsoletos de la ciudad. La Fábrica Fabra i Coats ha inyectado vida en el barrio de Sant Andreu. Al centro de creación se sumará un bloque de viviendas protegidas en otro edificio rehabilitado del recinto (véase Next, a+t architecture publishers, pp. 218-225), al tiempo que las obras del macro-complejo ferroviario de la Sagrera avanzan en las proximidades.

ARTSCAPE WYCHWOOD BARNS by Du Toit Architects
Toronto (Canada) 2008

Site area Superficie de la parcela (m²) 20,000
Project budget Presupuesto del proyecto (euros/m²) 881.02

274 | 190

PROJECT DESCRIPTION DESCRIPCIÓN DEL PROYECTO

Toronto's District 21 is a well-off area with a high population density where a quarter of the housing comprises single-family houses*. The large quantity of gardens contrasts with the lack of free public space and for this reason the former railway land is an important safety valve. In this context, strong neighbourhood awareness, along with the ongoing perseverance of local councillor Joe Mihevic, made it possible for the Toronto City Council to change the course of the plans they had in mind for the neighbourhood. The final project is a result of joint participation by residents, associations and public authorities in the city building process.
*toronto.ca, 2006

El Distrito 21 de Toronto es un área acomodada con una alta densidad de población, donde la cuarta parte de las viviendas son unifamiliares*. La gran cantidad de jardines privados contrasta con la escasez de espacio libre público y por este motivo los antiguos terrenos del tranvía suponen un importante desahogo. En este contexto, la fuerte concienciación vecinal, unida a la perseverancia durante años del concejal del distrito Joe Mihevic, hizo posible que el Ayuntamiento de Toronto cambiara el rumbo de los planes que tenía trazados para el barrio. El proyecto final resulta de sumar la participación de residentes, asociaciones y poderes públicos en el proceso de construcción de la ciudad.
*toronto.ca, 2006

IMD OFFICES by Ector Hoogstad Architecten
Rotterdam (The Netherlands) 2011

Site area Superficie de la parcela (m²) 2,014
Project budget Presupuesto del proyecto (euros/m²) 886.30

274 | 194

PROJECT DESCRIPTION DESCRIPCIÓN DEL PROYECTO

Reusing this former steelworks as office space was implemented through a selective HVAC strategy entailing split level work areas meaning the air conditioning requirements were reduced to the minimum possible area. The remainder of the unit was kept as a large covered space, with low heating installations, to be used as a space for employees to socialise during breaks and which can also be used to hold provisional events.

La reutilizacion de una antigua acería como espacio para oficinas se consigue a través de una estrategia de climatización selectiva, que permite situar las áreas de trabajo apiladas en dos pisos, de manera que la necesidad de aire acondicionado se reduzca al mínimo de superficie posible. El resto de la nave se mantiene como un gran espacio cubierto, de bajo acondicionamiento térmico, que sirve como lugar de encuentro para los trabajadores en sus ratos libres y permite organizar eventos temporales.

303

WEST SEOUL LAKE PARK by Ctopos Design
Seoul (Korea) 2009

Site area Superficie de la parcela (m²) 225,368
Project budget Presupuesto del proyecto (euros/m²) 82.65

PROJECT DESCRIPTION DESCRIPCIÓN DEL PROYECTO

West Seoul is home to most of the industry in the metropolitan area and for years was renowned for its low living standards. The area is also affected by the proximity of Gimpo Airport which has a high level of air traffic. The Sinwol water treatment plant was built In 1959 on the border between Seoul and the satellite town Bucheon and until 2003 it supplied drinking water to the western metropolitan area. Reclaiming the site as a public park seeks to regenerate the area and improve the living standards of local residents with a mix of culture, ecology and connectivity.

El oeste de Seúl concentra la mayor parte de la industria del área metropolitana y durante mucho tiempo fue conocido por su bajo nivel de vida. El área sufre además la cercanía del aeropuerto Gimpo, que genera un incómodo tráfico de aviones. Justo en el límite entre Seúl y la ciudad satélite de Bucheon, en el bosque de Neunggolsan, se construyó en 1959 la depuradora Sinwol, que hasta 2003 satisfizo la demanda de agua del oeste metropolitano. La reconversión del recinto en parque público busca revitalizar el área y mejorar la calidad de vida de los vecinos, a través de la mezcla de cultura, ecología y conectividad.

MATADERO NAVE 8B by Estudio de Arquitectura Arturo Franco
Madrid (Spain) 2009

Site area Superficie de la parcela (m²) 1,000
Project budget Presupuesto del proyecto (euros/m²) 500

PROJECT DESCRIPTION DESCRIPCIÓN DEL PROYECTO

Unit 8b is a space allocated for administration work. It comprises a work area, a storage area and a multi-purpose space for talks and presentations. Originally they were additional halls to store the goods produced in the adjacent Unit 8 where the skins and the salted meat were dried. This is a smaller unit but in terms of space of great interest. The original layout has been preserved. The intervention prioritised reinstating a flat tiled roof on top of boards and bricks in bad condition, reinforcing the structure of the building and thermally and acoustically retrofitting the interior in preparation for the new uses.

La Nave 8b es un espacio destinado a la gestión administrativa. Se compone de una zona de trabajo, un almacén y un espacio polivalente para charlas o presentaciones. Originalmente eran unas salas de apoyo para el almacenaje de los restos producidos en la Nave 8 contigua, donde se secaban las pieles y el salazón. Se trata de una nave menor pero de gran interés espacial, cuya configuración original ha sido respetada. La prioridad de la intervención fue restituir una cubierta de teja plana sobre tableros y rasillas en mal estado, reforzar la estructura del conjunto y acondicionar el interior, térmica y acústicamente, para dar servicio a los nuevos usos.

HAKA RECYCLE OFFICE by Doepel Strijkers
Rotterdam (The Netherlands) 2010

Site area Superficie de la parcela (m²) 1,000
Project budget Presupuesto del proyecto (euros/m²) .... -

PROJECT DESCRIPTION DESCRIPCIÓN DEL PROYECTO

1,600 hectares of land close to Rotterdam city centre. The city plans to regenerate this land by introducing innovative industry and the creative economy. One of the areas put forward in the plan is the climate innovation campus, which is expected to attract companies linked to research on climate change and energy conservation. The Haka Building, a former wholesale goods packing centre, will become the headquarters of a community dedicated to research on water and clean energy. Refurbishing the ground floor has laid the foundations for the future complex.

El traslado de las actividades del puerto a nuevas instalaciones próximas al Mar del Norte ha liberado 1.600 hectáreas junto al centro de Róterdam. La ciudad se propone regenerar este territorio con la introducción de industria innovadora y economía creativa. Una de las áreas contempladas por el plan es el campus de innovación climática, al que se pretende atraer empresas relacionadas con la investigación sobre el cambio climático y la conservación de la energía. El edificio Haka, una antigua empaquetadora de mercancía al por mayor, será sede de una comunidad dedicada a la investigación del agua y las energías limpias. La reforma de su planta baja sienta las bases del futuro complejo.

305

CREDITS

3S STUDIO
p..................................56,100,257,284

Project team: 3S Studio Associated Architects (Silvia Dagna, Serena Galassi, Simona Maurone), Voarino Cairo (associated), Caire Cooperative Architects and Engineers (L. Villa)
Geological reports: Geoteam
Hydraulics: Studio dot, Ing. A. Da Corte
Contractor: Betonbit
Client: Municipality of Albisola Superiore (Savona)
Images: Daniele Voarino

AMIR LOTAN
p..................................96,212,262,290

Architects: Amir Lotan
Commissioned by: Bat-Yam Municipality - Bat-Yam Biennale of Landscape Urbanism 2010
Curators: Yael Moria, Sigal Barnir
Images: Amir Lotan

BLDGS
p..98,262,290

Architect: David Yocum
Images: Dwight Eschliman

BLOCK ARCHITECTES
p................................180,186,272,300

Project manager: Pascal Riffaud
Collaborator architect: Noémie Camus
Project team: ERM Structural Engineerings: Sethel Fluids, Itac Bet Acoustical
Scheduling, construction management and coordination: Gotec
Construction contractors: Drouin Cattoni, Ateliers David, TPSB, Blandin, Ragueneau, Isolux, Lucatermy, Thyssenkrupp ascenseurs, Escalev, Forclum
Furniture : Metalobil
Client : Le Voyage à Nantes
Images: Nicolas Pineau

BOLDARINI ARQUITETURA E URBANISMO
p......................................84,86,262,288

Urban Design and Landscape Project: Boldarini Arquitetura e Urbanismo. Marcos Boldarini e Melissa Matsunaga (authors), Cristiana Salomão, Josiane Viana, Juliana Junko P. de Melo, Larissa Reolon dos Santos, Lucas Nobre, Martha Hitner, Melina Giannoni, Renato Bomfim, Ricardo Falcoski, Sergio Faraulo, Simone Ikeda (team)
General Coordination: São Paulo Municipal Housing Secretariat
Consulting team: Suzel Maciel (landscape), Wagner Garcia (structures), George Rotatori (skate park), Maurício Adnolfi (mural)
Drainage, road system and paving: Geobrax Engenharia and Linear Engenharia
Public lighting: Luz Urbana
Sewage and water supply network: Argos Engenharia
Construction: Consórcio Schahin / Carioca
Images: Leonardo Finotti, Boldarini Arquitetura e Urbanismo

BRENDELAND & KRISTOFFERSEN
p..158,272,298

Authors: Geir Brendeland and Olav Kristoffersen
Client: Municipality of Trondheim
Contractor: Hent
Images: David Grandorge

CARLOS ARROYO
p........64,116,130,162,196,230,256,284

Architects: Carlos Arroyo Architects
Lead Architects: Carlos Arroyo, Vanessa Cerezo
Design Team: David Berkvens, Carmina Casajuana, Irene Castrillo, Miguel Paredes, Benjamin Verhees, Pieter Van Den Berge, Luis Salinas Sara Miguelez, Sarah Schouppe
ELD Partnership
Partner architects: Marc Van Doninck, Bart Anthonissen
Design team: Evelien Pringels, Luc Berghmans, Nico Bogemans, Margarita Fernandez y Lago
Partner engineer: Stefaan Wasiak
Structure Team: Leslie Degueldre, Erwin Van Meel
M&E Engineering: Vik Vanackere, Lieven Indigne, Christof Van Put
Quantity surveyor: Koen Hermans,
Construction management: Zeger Cootjans
Acoustics: Bureau Venac
Furniture advisors: Procos Group, Hendrik Deroo
Main Contractors: CEI de Meyer
Site Managers: Dieter Dobbelaere, Pieter De Schepper
Bubble fabrication: VARI b.v.b.a.
Bubble assembly: Beddeleem nv
Furniture contractor: Ahrend
Client: Autonoom Gemeetebedrijf Oostkamp
Mayor: Luc Vanparys
Deputy Mayor: Jan Compernol
First alderperson: Lisette Vandeputte
Facility Management: Jan Decorte
Social services OCMW: Herman Himpens, Tom Vandenberghe
Images: Miguel de Guzmán,

CARNICERO, VILA, VIRSEDA
p.................................150,152,270,298

Architects: Iñaqui Carnicero, Ignacio Vila, Alejandro Virseda
Quantity surveyor: Manuel Iglesias Velasco
Structural Engineer: JG
Client: City of Madrid
Images: Roland Halbe

CENTRO DE ESTUDIOS AMBIENTALES
p..................32,38,42,60,74,80,252,280

Images: Centro deEstudios Ambientales, Javier Mozas

CHURTICHAGA + QUADRA-SALCEDO
p.................................142,200,268,296

Authors: Churtichaga+Quadra-Salcedo Arquitectos (Josemaría de Churtichaga, Cayetana de la Quadra-Salcedo).
Collaborators: Mauro Doncel Marchán, Natanael López Pérez (project), Leticia López de Santiago (execution)
Quantity surveyors: Joaquín Riveiro Pita, Martín Bilbao Bergantiños
Structural engineers: Euteca
Installations: Úrculo Ingenieros Consultores
Images: Fernando Guerra, Josemaria de Churtichaga

COMOCO ARQUITECTOS
p.................................134,162,266,294

Authors: COMOCO arquitectos (Luís Miguel Correia, Nelson Mota, Susana Constantino)
Engineering: MyOption
Building Contractor: Timotec; Flexifusão, Lda
Client: N10 Futebol Indoor
Images: FG+SG – Fotografia de Arquitectura, Comoco arquitectos

CTOPOS DESIGN
p...218,276,304

Ctopos design (Project Lead)
Principal-in-Charge: Shin Hyun Choi
Lead Project Designers: Yunche Kim, Daeyoung Yi
Project Team: Junsuk Bae, Changwon Lee, Seong ki Kim, Taeyoung Ko, Sangkook Lee, Dongwon Kim, Suhyun Kim, Jungun Choi, Sanghun Yoon, Kwangho Hong, Hyunjung Lee, Myungbo Son, Heejin Park, Jihwan Kim, Semin Oh, Eunji Kim, Yoonyoung Lee, Yoon Jang, Wonki Jang

Jian Architects
Lead Designer: Sehee Park
Chihun Kim, Hyejin Cho, Youngsun Jung, Saeyoung Whang, Miran Lyu
Prof. Byunglim Lyu(Seoul national university) / Landscape Design
Prof. Jaeha Lyu / Media Art

Pill Architects
Sanghyun Lee, Piljung Kang, Youngmi Kim
Bitzro / Lighting Design
Kiyoung Ko
EGStech / Electric installation 1
Kyungjin Jung, Hyunhwa Lim, Youngjoo Mo
Narae / Electric installation 2
Jongho Park
Taechung / Civil engineering and Construction / Surveying
Gilmoo Kim, Chungnam Kim
Jeil / Structural Engineering
Chulwoo yang
Neo design / Construction detail drawing
Sunkyu Lee, Suk Choi
Planting Consulting
Junkyu Bae
Ildeung / Irrigation
Yangsoo, Kim, Euisup Jung
Plus fountain / Water Feature Engineering
Woojin Kim, Sanghoon Han
CG DONG / Computer Graphic
Jiwhan Park
Eyevision / Signage
Miok Ju
Unitech homes / Wood Structure
Sangdon Nam, Kyungjun Cha, Myungsun Park
Woodai enp / Prior Environmental Review System
Miok Kim, Eunjoo Lee
Sambon eng. / Environmental Engineering / Site Remediation
Jinmo Kim
Ctopos design / Landscape Construction Management
Taesang / General Contractor
Seoul metropolitan city /

Construction Management
Client/Owner: Seoul Metropolitan City
Images: Ctopos Design

DOEPEL STRIJKERS
p..................................226,232,276,304

Client research: Stadshavens Rotterdam
Research: Doepel Strijkers Architects i.c.w. Cor Luijten (Engineering Office Gemeentewerken Rotterdam), Otto Friebel (van Gansewinkel)
Client design: Estrade Rotterdam
Design: Duzan Doepel, Eline Strijkers with Chantal Vos, Stefan van der Weele and Lieke Genten
Images: Ralph Kämena

DTAH / DIAMOND SCHMITT ARCHITECTS / CLAUDE CORMIER + ASSOCIÉS
p...40,254,282

Client: Evergreen
Architecture (Lead): du Toit Architects Limited
Architecture (Centre for Green Cities: Diamond Schmitt Architects
Heritage Architecture: ERA Architects
Landscape Architecture (lead): du Toit Allsop Hillier
Landscape architecture: Claude Cormier + Associés
Mechanical/Electrical Engineering: Stantec Consulting
Civil engineering: AECOM
Structural engineering: Halsall Associates limited
sustainability and leed: Halsall Associates limited
Code & life safety: Leber Rubes
Traffic demand ,anagement: BA Group
Interpretive planning: Aldrich Pears
Ecology: Dougan and Associates
Archaeology: Archaeological Services
Signage/graphic design: Adams + Associates
Construction: Eastern Construction
Images: du Toit Architects, Elizabeth Gyde

DU TOIT ARCHITECTS
p..192,274,302

Architecture: du Toit Architects Limited, Joe Lobko (Architect)
Landscape architecture: The Planning Partnership, David Leinster (Landscape Architect)
Heritage consulting: ERA Architects Inc., Michael McClelland and Edwin Rowse (Heritage Architects)

Greenhouse consulting: Michael Dixon, University of Guelph (Greenhouse Consultant)
Engineering and environmental: Stantec Consulting, Mike Godawa (Mechanical Engineering); Zorica Gombac (Electrical Engineering); Daniel Gosselin (LEED consultant); Blackwell Bowick Partnership Limited, David Bowick, Chris Cucco (Structural engineering); Nancy Gillespie (Concrete restoration consultant); BA Group, Alun Lloyd (Traffic Demand Management); Leber Rubes Inc., Jonathan Rubes and David Galvao (Code Consultant & Life Safety)
Public interface: Gottschalk + Ash International, Roberto Grillo, Udo Schliemann (Interpretive Planning)
Construction: Dalton, Mike Pharant (Construction Management; Matthew Myszkowski (Site Supervisor)
Images: Tom Arban

ECTOR HOOGSTAD ARCHITECTEN
p..194,274,302

Commissioning party: IMd Consulting Engineers
Design: Ector Hoogstad Architects
Project team (staff): Joost Ector, Max Pape, Chris Arts, Markus Clarijs, Hetty Mommersteeg, Arja Hoogstad, Paul Sanders, Roel Wildervanck and Ridwan Tehupelasury
Contractor: De Combi, The Hague
Installation design: Unica, Bodegraven
Structural advice: IMd Consulting Engineers, Rotterdam
Building physics advice: LBP Sight, Nieuwegein
Fixed furnishings: Interior architects L.P. van Vliet, Bergshenhoek (sub-contractor of De Combi)
Furniture design: Ector Hoogstad Architects, Rotterdam
Electrical installations: Unica, Bodegraven
Lighting: Muuto, Philips and Lightyears via FormFocus, Zeist
Walls and doors: Qbic and Rodeca, Alphen a/d Rijn
Floors: Bolon via Brandt bv, Oosterhout, Ege via Onstein Textiel Agenturen, Blaricum
Movable furnishings: Drentea, Feek, Vitra, Wilkhahn and AVL via PVO Interieur zh, Pijnacker
Images: Petra Appelhof, Ossip van Duivebode

EM2N / SCHWEINGRUBER ZULAUF
p..................................58,102,256,284

Architects: Em2n Architects, Mathias Müller and Daniel Niggli
Landscape Architects: Schweingruber Zulauf Landschaftsarchitekten
Project Architect: Marc Holle, Claudia Peter, Tanja Schmid
Construction Management: b + p Baurealisation AG
Structural Engineer: WGG Schnetzer Puskas Ingenieure
Mechanical Engineer: Consultair / Sertis Engineering
Electrical Planning: IBG B. Graf AG Engineering
Building Physics, Acoustics: BAKUS Bauphysik + Akustik GmbH
Geologist, Geo–Technique: Gysi Leoni Mader AG
Agitation: Ziegler Consultants
Client: Foundation PWG
Light Concept: Priska Meier, Turgi
Signage, Graphic Design: Office for spacial identity
Clients: Foundation PWG, Municipality of Zurich
Images: Roger Frei, Ralph Hut, Antje Quiram

ENSAMBLE STUDIO
p..144,268,296

Author: Antón García-Abril
Associated Architect: Débora Mesa Molina
Collaborators: Marina Otero, Elena Pérez, Ricardo Sanz, Alba Cortés
Quantity surveyor: Javier Cuesta
Developer: Fundación Germán Sánchez Ruipérez
Contractor: Ferrovial
Images: Roland Halbe

ESTUDIO DE ARQUITECTURA ARTURO FRANCO (NAVE 8B)
p..222,276,304

Author: Arturo Franco
Collaborators: Diego Castellanos, Yolanda Ferrero.
Quantity surveyor: Jose H. Largo Díaz. DITE SL.
Client: Concejalía de las Artes del Ayuntamiento de Madrid
Contractor: Pesca
Images: Carlos Fernandez Piñar

ESTUDIO DE ARQUITECTURA ARTURO FRANCO (NAVES 8-9)
p................................148,188,270,298

Authors: Arturo Franco, Juan Arregui
Collaborators: Diego Castellanos,

Yolanda Ferrero, Isabel Gil Cruz
Quatity surveyor: Jose H. Largo Díaz. DITE SL.
Client: Concejalía de las Artes del Ayuntamiento de Madrid
Images: Carlos Fernandez Piñar, Miguel de Guzmán

FABRE/DEMARIEN
p..126,266,294

Architect: Fabre/Demarien
Engineer: Cetab
Client: Architects Association of Aquitaine
Images: Stéphane Chalmeau Photographe d'architecture

FREDERICO VALSASSINA / MANUEL AIRES MATEUS / PROAP
p...48,254,282

Architects: Frederico Valsassina/ Aires Mateus e Associados
Collaborators: Jorge Silva, João Esteves, Elisa Laval, Humberto Fonseca, Inês Cordovil, Duarte Madrugo
Landscape architects: Proap (João Ferreira Nunes, Carlos Ribas)
Collaborators: Nuno Mota, Sara Neves, Mariana Sargo, Miguel Coelho de Sousa, Clara Guedes
Client: SimTejo
Images: FG+SG Foto galería de arquitectura

INTERBREEDING FIELD
p..................................94,220,262,290

Director: Li H. Lu
Collaborators: Cheng-Chi Cheng, Hsuan-Cheng Chen, Chien-Chih Chen, Yu-Jung Chen, Ching-Wu Yang, Kuo-Hsin Wnag, Wei-Hung Wu, I-Fan Chen, Chin-Kun Wnag, Chen-Chuan Kuo, Yu-Hsiang Lin, Chun-Min Tsaien, Yi-Kuang Huang, Shih-Hao Wang, Fu-Chia Chang, Yu-Hsiang Lin, Chun-Min Tsaien, Yi-Kuang HUANG, Shih-Hao Wnag, Fu-Chia Chang, Chia-Hao Lao, Kai-Hsuan Lin, Chih-Chiang Wu, Teng-Yen Yu, Yi-Hsun Hung
Images: Interbreeding Field

JANSANA, DE LA VILLA, DE PAAUW, AAUP JORDI ROMERO
p....................................76,82,260,288

Autors: Jansana, de la Villa, de Paauw arquitectes SLP
AAUP Jordi Romero i associats SLP

Collaboradores:
Museu D'història De Barcelona
Memorial Democràtic
Attics (Jordi Ramos, arqueologia)
SGS (Raquel Campo, direcció tècnica)
LIMONIUM SL (Eduardo Soler, enginyer agrònom)
AAUP (Encarna Cortés, Borja Iglesias, Pau Asens i Andreu Marfull, arquitectes, Oscar Cabrera, installacions i costos)
JDVDP (Toni Abelló, Carlota Socías, Josep M. Vidal, Betta Canepa, Barbara Hellin, arquitectes, Claudia Belli, Estudiant d'arquitectura)
Empresa constructora: Urcotex
Promotor: Agència de Promoció del Carmel i Entorns S.A., Districte de Gracia-Guinardo, Ayuntamiento de Barcelona
Images: Lourdes Jansana

KLOPFER MARTIN DESIGN GROUP
p.................................72,216,258,286

Client: The Steel Yard (Drake Patten, Executive Director; Clay Rockefeller and Nick Bauta, Co-founders; Peter Gill Case, Board Chairman)
Landscape Architect: Klopfer Martin Design Group (Mark Klopfer, Kaki Martin, David Taylor, Kurt Petschke, Liz Hoogheem, Cheri Ruane, Elise Mazareas)
Environmental engineering: EA Engineering, Science & Technology
Civil engineer: Morris Beacon Design
Structural engineer: Structures Workshop
Contractor: Catalano Construction
Wetland Plant Consultant: Vermont Wetland Plants
Volunteer Planting Day Partner: Groundwork Providence & Trees 2020 Program
Images: Christian Philips

LANGARITA NAVARRO
p..................136,154,202,204,266,294

Architects: María Langarita y Víctor Navarro
Collaborators: Juan Palencia, Gonzalo Gutierrez, Tonia Papanikolau, Paula García-Masedo
Quantity Surveyor: Javier Reñones
Landscape: Jerónimo Hagerman
Mechanicals: Úrculo ingenieros
Acoustics: Imar Sanmartí Acousthink S.L.
Structures: Mecanismo S.L.
Light structures: Arquiges y Cuatro50
Images: Miguel de Guzmán, Luis Diaz Diaz

LAPEÑA & TORRES
p.........................138,268,296

Architects: Martínez Lapeña-Torres
José Antonio Martínez Lapeña & Elías Torres Tur
Lead Architect: Luís Valiente Bermejo
Colaborators: Pau Badia i Roca, Alexandra de Châtillon Oliveira, Borja José Gutiérrez Febles, Luis Moranta Sastre
Quantity Surveyor: Jesús Montero de Novoa Etxeberría, LKS Studio SA
Clients: Diputación de Barcelona
Ayuntamiento de Barcelona
Centro de Cultura Contemporánea de Barcelona

LATZ + PARTNER
p............................36,110,112,252,280

Lead Design and Artistic Supervision: Latz + Partner, Landscape Architects, Urban Planners (Tilman Latz, Peter Latz)
Team: Dörte Dannemann, Daniela Strasinsky, Felix Metzler, Susanne Genilke
Architects: Agostino Magnaghi, AI Studio, Dario Grua, Base engineering
Project management: STS Servizi Tecnologie Sistemi
Restoration of Historic Buildings, Tendering and Costs: Studio Pession Associato
Structural Analysis and Surveys: CMC Studio Ingegneri Associato
Agronomy, Tendering and Costs: Dario Grua
Lighting: Pfarré Lighting Design
Art: Ugo Marano
Clients: Presidenza del Consiglio dei Ministri (Unità Tecnica di Missione), Città di Torino, Divisione Urbanistica ed Edilizia Privata (Settore Progetti di Riassetto Urbano)
Contractors: Lande, A.T.I. Consorzio Cooperative Costruzioni/ Borio Giacomo, Consorzio Stabile Litta, Edil Garden 90
Images: Ornella Orlandini

MANUEL RUISÁNCHEZ, FRANCESC BACARDIT, ARCHITECTS
p.......................184,274,302

Authors: Manuel Ruisánchez, Francesc Bacardit
Client: Ajuntament de Barcelona, Institut de Cultura
Project architects: Mateu Baylina (Bammp arquitectes i associats), Fabio Ferone (Ruisánchez arquitectes)
Quantity surveyors: Josep Malgosa I Morera, Xavier Delgado I Ferrer, Montserrat Riera Valenciano De Mendiolaza (Bammp arquitectes i associats)
Engineers: JSS Enginyeria i Arquitectura
Structure: Boma Consultors d'Estructures
Acoustics: Querol i Colomer Consultors Acústics
Images: Ferran Mateo

MARGIE RUDDICK LANDSCAPING / WRT / MARPILLERO POLLAK ARCHITECTS
p....................................68,78,258,286

Architect and Urban Designer: Marpillero Pollak Architects (Sandro Marpillero, Linda Pollak)
Landscape Architect
Project Team lead: Margie Ruddick/ WRT
Artist: Michael Singer Studio
Lighting consultant: Leni Schwendinger light projects (LSLP)
Environmental and civil engineer: Langan engineering & environmental Services
Client agencies: New York City Department of City Planning, NYC Economic Development Corporation
Selected Stakeholder Agencies: NYC Department of Transportation, NYC Department of Environmental Protection, NYC Transit / Metropolitan Transit Authority
Images: Marpillero Pollak Architects (Sandro Marpillero, Linda Pollak)
Javier Arpa

MARTÍ FRANCH, TON ARDÈVOL
p....................44,46,52,54,210,254,282

Landscape architects: EMF Arquitectura del paisatge (Martí Franch)
Architect: J/T Ardèvols S.L. (Ton Ardèvol)
Collaborators EMF: M. Batalla, M. Bianchi, A. Lopez, G. Batllori, L. Majer, C. Gomes M. Solé, L. Ochoa, J.L Campoy
Collaborators Ardèvols: Raul Lopez, Cristina Carmona, Maria Guirado (invasive exotic flora)
Client: Ministerio de Medio Ambiente (MMAMRM), Departament de Medi Ambient de Catalunya, Parc Natural de Cap de Creus, Gestora de runes d elas construcció, S.A.
Project designers: Martí Franch (EMF), Ton Ardèvol (Ardèvols)
Construction directors: Martí Franch (EMF), Ton Ardèvol y Raul Alvarez (Ardèvols), Jose Luis Tostado (MMAMRM)
Contractors: Tragsa, Control&Demeter, Massachs Slu., Jardineria Sant Narcís, Serralleria Ferran Cullell
Images: Martí Franch, Pau Ardèvol, Esteve Bosch

MVRDV, ARKOS, SETUREC
p................................118,120,264,292

Design team: Winy Maas, Jacob van Rijs and Nathalie de Vries with Fokke Moerel, Bertrand Schippan, Catherine Drieux, Rune Veile, Macieje Zawadzki and David Sebastian
Co-architect: Arkos concepteurs Associés, Dijon
Seturec Architecture
Advisors / consultants
Structure: ET BAT, Dijon
Building Services/Installations: AGICCES, Romagnat
Quality control: DEKRA, Dijon
Acoustic: Acoustique France, Chalon-sur-saône
Geotech: GEOTEC, Quétigny
Security: Prosseco, Neuilly les Dijon
Contractor: Curot, Longvic cedex
Artist Impressions/ 3D modeling: MVRDV
Images: Philippe Ruault

NL ARCHITECTS
p........................182,272,300

Authors: NL Architects (Pieter Bannenberg, Walter van Dijk, Kamiel Klaasse)
Project Architect: Sarah Möller
Collaborators: Lieke van Hooijdonk, Elisa Ventura, Murk Wymenga
Client: Ymere, YD+I
Structrual engineers: Strackee
Contractor: De Geus Bouw
Images: Raoul Kramer

NÚRIA SALVADÓ + DAVID TAPIAS
p.........................168,172,176,272,300

Collaborator: Pep Anglès
Quantity surveyor: Jordi Royo
Cost controllers: Núria Salvadó, David Tapias
Structure: Proenar
Installations: Josep M. Delmuns
Contractors: Construccions Vinaixa, Cal Fuster (1st phase); Constècnia, Auximesa, Parquets del Baix Camp, QVerd (2nd phase)
Client: Institut Municipal de Museus de Reus
Images: José Hevia

PERKINS+WILL
p............................28,34,62,90,253,280
Client/Project Administrator: Atlanta BeltLine, Inc.
Design team: Perkins+Will
Design/project lead: Perkins+Will,
Lead engineer and surveyor: Amec, Inc.,
Conceptual design partner: James Corner Field Operations,
Transit engineer: HDR
Roadway engineer + surveyor: Stantec consulting – engineer + surveyor: B&E Jackson Associates
Surveyor: Agility Surveying Company
Civil engineer + PDP: Kimley-Horn Associates
Landscape architect + PDPPond: Ecos Leni Schwendinger Light Projects: Lighting Designer
Sustainability engineer: Buro Happold:
Ecologist: Biohabitats
Public art consultant: Danielle Roney LLC
Cultural Historian: Morrison Design LLC Public Realm O+M Consultant: BCN Consulting
Economics + Operations Strategist: HR&A
Preservation Architect: Lord Aeck Sargent Architecture
Cost estimator: Costing Services
Group panache communications: Community Engagement Consultant
Images: Perkins + Will,
Atlanta Beltline Inc,
Christopher T. Martin Photography

STEPHEN DYNIA, GROUNDWORKS DESIGN, WENK
p................66,70,114,198,214,258,286

Structural engineer: KL&A
Electrical engineer: Deerns America
Mechanical engineer: Deerns America
General contractor: White Construction
Images: Wenk Associates,
Tim Hursley, Ben Nesbeitt

SUBSOLAR
p...106,264,292

Competition team: Saskia Hebert
Implementation team:
Saskia Hebert, Matthias Lohmann, Franz Orschulik, Kathleen Behrendt, Susann Noack
Visualisation (comic): Lorenz Kirchner
Involved experts: Studio c / Nicole Zahner, (structural analysis building)
INGTRA (structural analysis gate), ING FTG (piping), Ing-Büro Kaczmarek (electrics, light), Moll Akustik (acoustics), GWJ Brandschutz (safety regulations)

Client: Stadt Spremberg
Client's team:
Responsible urban planner in charge: Claudia Wolf with Silvia Schimko
Chief coordinator during Construction: Doritha Drews, with Sandra Mager and Ansgar Schmitt
Head of planning department: Gerd Schmiedel
Mayor of Spremberg: Klaus-Peter Schulze
Images: Anja Weber, Christoph Rokitta

TARNA KLITZNER / JONKER AND BARNES ARCHITECTS
p..88,260,288

VPUU Demonstration Project
Text: Kathryn Ewing, Jackie James, Michael Krause
The community of Harare, Khayelitsha
VPUU team leader and director of SUN development: Michael Krause
AHT Group AG/SUN Development Team
Consultants for Harare urban park:
Landscape architects: Tarna Klitzner Landscape Architects
Architects: Jonker & Barnes Architects, Jackie James
Structural and electrical engineers: Naylor Naylor Van Schalwyk
Quantity surveyor: DV Cape Consulting/Talani
Contractor: N2 Construction and Ross Engineering
ISTP demonstration project
text: Kathryn Ewing
The community of Monwabisi Park, Khayelitsha
VPUU team leader and director of SUN development: Michael Krause
SUN development Team:
Workstream leader planning and design: Kathryn Ewing
Workstream leader social development: Chris Giles
Workstream leader institutional development: Don Shay
Images: Bruce Sutherland

ZUS [ZONES URBAINES SENSIBLES]
p...124,264,292

Authors: Zus (Zones Urbaines Sensibles)
Client: unsollicited
Contrator: BAM, jointly with CODUM
Images: Ruben Darío Kleimeer

a+t magazine

Detailed information
Información detallada
www.aplust.net

9. Baja tecnología **Low tech**
136 **Pages** Páginas
Only available in Cd
Disponible sólo en Cd

11. Capas **Layers**
136 **Pages** Páginas
Only available in Cd
Disponible sólo en Cd

12. Vivienda y flexibilidad **Housing and flexibility** (I)
136 **Pages** Páginas
Only available in Cd
Disponible sólo en Cd

13. Vivienda y flexibilidad **Housing and flexibility** (II)
136 **Pages** Páginas
Only available in Cd
Disponible sólo en Cd

14. Materiales sensibles **Sensitive materials** (I)
136 **Pages** Páginas
Only available in Cd
Disponible sólo en Cd

15. Materiales sensibles **Sensitive materials** (II)
136 **Pages** Páginas
Only available in Cd
Disponible sólo en Cd

24. Nueva materialidad **New materiality** II
160 **Pages** Páginas
Only available in Cd
Disponible sólo en Cd

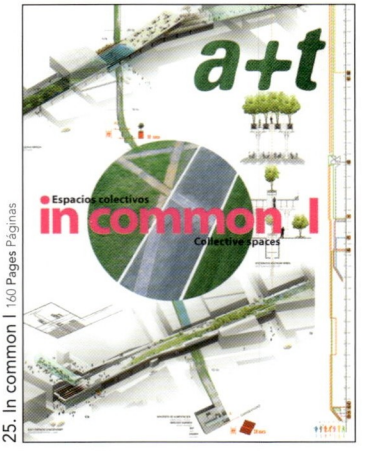

25. In common I 160 **Pages** Páginas 
26. In common II 160 **Pages** Páginas 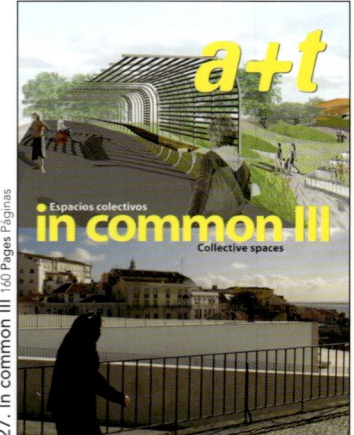
27. In common III 160 **Pages** Páginas 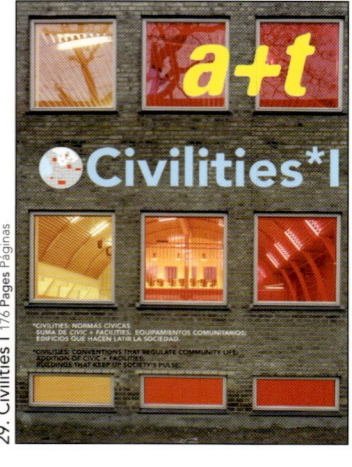
29. Civilities I 176 **Pages** Páginas

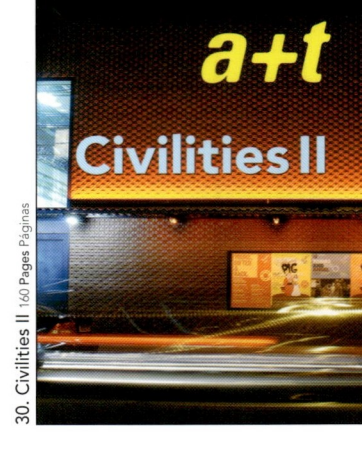

30. Civilities II 160 **Pages** Páginas 
31. Hybrids I 168 **Pages** Páginas 
32. Hybrids II 160 **Pages** Páginas 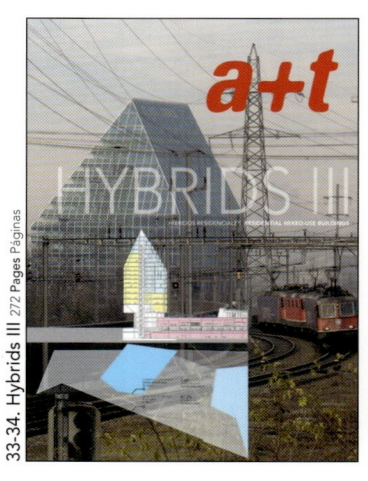
33-34. Hybrids III 272 **Pages** Páginas

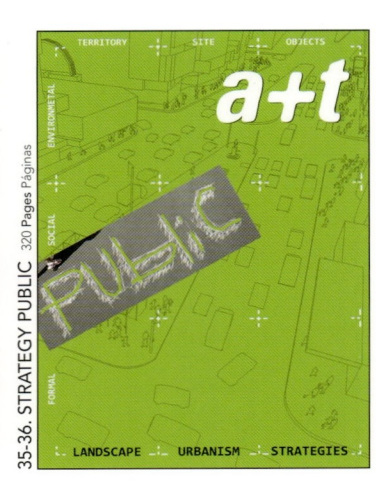

35-36. STRATEGY PUBLIC 320 **Pages** Páginas
37. STRATEGY SPACE 168 **Pages** Páginas 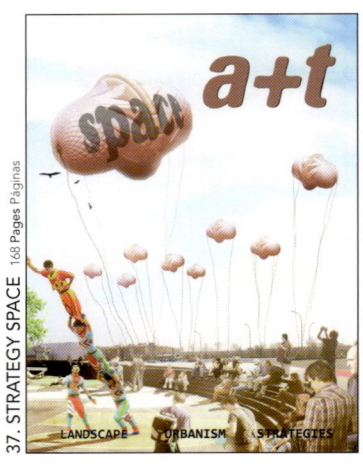

Digital Issue Versión Digital: Zinio.com

38. Strategy and Tactics in Public Space 176 **Pages** Páginas

Digital Issue Versión Digital: Zinio.com

39-40. Reclaim 312 **Pages** Páginas

subscriptions and back issues suscripciones y números anteriores

Subscription Suscripción

Valid till 31.12.2013 Válida hasta el 31.12.2013

2 issues (1 year). Shipping costs included 2 números (1 año). Gastos de envío incluidos
Spain España 47 € (courier delivery) (envío por mensajero) ❏
Except Canary Islands, Ceuta and Melilla Excepto Canarias, Ceuta y Melilla (registered mail) (envío certificado) ❏
Europe Europa: 70 € (courier delivery) (envío por mensajero) ❏
Rest of the world Resto del mundo: 80 € (courier delivery) (envío por mensajero) ❏

Students 20% discount on subscription (Shipping by normal mail. Send copy of the relevant document)
Estudiantes 20% descuento en suscripción (envío sin certificar. Adjuntar documentación justificativa)

I wish to subscribe the magazine a+t starting with issue number 41 Deseo comenzar mi suscripción a la revista a+t a partir del número 41 ❏

Printed available issues Números disponibles impresos

		Quantity Cantidad				Quantity Cantidad
a+t 16	22 € ❏	____	a+t 32	25 € ❏	____
a+t 17	22 € ❏	____	a+t 33-34	39 € ❏	____
a+t 18	23 € ❏	____	a+t 35-36	49 € ❏	____
a+t 23	23 € ❏	____	a+t 37	25 € ❏	____
a+t 25	23 € ❏	____	a+t 38	26 € ❏	____
a+t 26	23 € ❏	____	a+t 39-40	49 € ❏	____
a+t 27	23 € ❏	____			
a+t 29	25 € ❏	____			
a+t 30	25 € ❏	____			
a+t 31	25 € ❏	____			

No shipping costs in Spain
For checking shipping costs to other countries: www.aplust.net

Sin costes de envío a España
Para consultar costes de envío a otros paises: www.aplust.net

CD available issues Números disponibles en Cd

		Quantity Cantidad
a+t 8	18 € ❏	____
a+t 9	18 € ❏	____
a+t 11	21 € ❏	____
a+t 12	21 € ❏	____
a+t 13	21 € ❏	____
a+t 14	21 € ❏	____
a+t 15	21 € ❏	____
a+t 24	23 € ❏	____

No shipping costs when buying any printed product
No shipping costs in Spain
For checking shipping costs to other countries: www.aplust.net

Sin costes de envío al adquirir cualquier título impreso
Sin costes de envío a España
Para consultar costes de envío a otros paises: www.aplust.net

Name Nombre_____

Address Dirección_____

Code Código_____ City Ciudad_____

Country País_____ Passport No. CIF/DNI_____

Tel._____ Fax_____ E-mail Correo-e_____

Pay form   Credit CardVisa ❏   Mastercard ❏   Eurocard ❏

No._____/_____/_____/_____/ Expiry Date_____/_____/_____/ Cardholder's name_____

Date Fecha_____/_____/_____/ Signature Firma

Forma de pago (España)   Pago contra-reembolso ❏   Domiciliación bancaria ❏

Banco/Caja_____ C.C. Nº_____

Dirección_____ Código_____ Ciudad_____

Tarjeta de crédito Visa ❏   Mastercard ❏   Eurocard ❏

Nº_____/_____/_____/_____/ Caduca final_____/_____/_____/ Nombre del titular_____

Send this order form or a copy to Envía este boletín de pedido o una fotocopia a:
a+t architecture publishers. General Álava, 15 2º A. 01005 Vitoria–Gasteiz. **Spain**.
Tel. +34 945 13 42 76. pedidosysuscripciones@aplust.net
or order through o haz tu pedido a través de **www.aplust.net**

a+t books

DBOOK. Density, Data, Diagrams, Dwellings
65 € ❏   Quantity Cantidad ____

THE PUBLIC CHANCE. Nuevos paisajes urbanos New urban landscapes
65 € ❏   Quantity Cantidad ____

This is Hybrid
19 € ❏   Quantity Cantidad ____

Density. Edicion condensada. Condensed edition
39 € ❏   Quantity Cantidad ____

HoCo. Density Housing Construction & Costs
39 € ❏   Quantity Cantidad ____

DENSITY IS HOME
39,90 € ❏   Quantity Cantidad ____

Density projects
39 € ❏   Quantity Cantidad ____

Next. COLLECTIVE HOUSING in progress
39 € ❏   Quantity Cantidad ____

RASHOMON
12 € ❏   Quantity Cantidad ____

No shipping costs in Spain
For checking shipping costs to other countries: www.aplust.net

Sin costes de envío a España
Para consultar costes de envío a otros paises: www.aplust.net

Name Nombre_____

Address Dirección_____

Code Código_____ City Ciudad_____

Country País_____ Passport No. CIF/DNI_____

Tel._____ Fax_____ E-mail Correo-e_____

Pay form   Credit CardVisa   ❏   Mastercard   ❏   Eurocard   ❏

No._____/_____/_____/_____/ Expiry Date_____/_____/ Cardholder's name_____

Date Fecha_____/_____/_____/ **Signature** Firma

Forma de pago (España)   Pago contra-reembolso   ❏   Domiciliación bancaria   ❏

Banco/Caja _____ C.C. Nº _____

Dirección _____ Código _____ Ciudad _____

Tarjeta de crédito Visa ❏   Mastercard ❏   Eurocard ❏

Nº _____/_____/_____/_____/ Caduca final _____/_____/ Nombre del titular _____

Send this order form or a copy to Envía este boletín de pedido o una fotocopia a:
a+t architecture publishers. General Álava, 15 2º A. 01005 Vitoria–Gasteiz. **Spain.**
Tel. +34 945 13 42 76. pedidosysuscripciones@aplust.net
or order through o haz tu pedido a través de **www.aplust.net**

FREE OF ADVERTISING / NO CONTIENE PUBLICIDAD